DAS GROSSE BUCH DER MEERESFRÜCHTE:

genießbare MEERES-Tiere: S. 7-119
+
VERARBEITUNG dieser FAUNA:
S. 119-297

DAS GROSSE BUCH DER MEERESFRÜCHTE

*Fotos: FoodPhotography Eising: Susie Eising und Martina Görlach
Teubner Foodfoto GmbH: Odette Teubner, Andreas Nimptsch*

IN DIESEM BUCH

WARENKUNDE 12

EINLEITUNG 6
Zum Gebrauch dieses Buches.

MEERESFRÜCHTE IM WANDEL DER ZEITEN 8
Meeresfrüchte in der kulinarischen Geschichte der Menschheit.

MEERESFRÜCHTE IM ÜBERBLICK 18
Die kulinarisch wichtigsten Meeresfrüchte der Welt.

KRUSTENTIERE 20
Von Garnele bis Heuschreckenkrebs.

SCHALTIERE 74
Von Auster bis Turbanschnecke.

KOPFFÜSSER 112
Von Sepia bis Zirrenkrake.

SONSTIGE MEERESFRÜCHTE 118
Von Pfeilschwanzkrebs bis Qualle.

KÜCHENPRAXIS 120

DIE WICHTIGSTEN GARMETHODEN 126
Wie man Meeresfrüchte am besten zubereitet.

KRUSTENTIERE VORBEREITEN 128
Wie man sie ausbricht, entdarmt und zerteilt.

SCHALTIERE VORBEREITEN 144
Wie man sie putzt, von Sand befreit und öffnet.

KOPFFÜSSER VORBEREITEN 152
Wie man sie säubert, häutet und die Tinte gewinnt.

COURT-BOUILLONS UND FONDS 159
Als Sud oder Basis für Suppen und Saucen in der feinen Meeresfrüchteküche unentbehrlich.

HUMMER- UND CORAILBUTTER 166
Zum Würzen und Aromatisieren von Saucen.

Küchengeheimnisse – *ausgeplaudert*

Ökosiegel für Garnelen 29
Hummer aus Europa oder Kanada 49
Die ominösen Rs 81
Austernzucht heute 87
Jakobsmuscheln – eine Delikatesse als Emblem 93
Schnecken – eine spanische Spezialität 107
Tintenfisch und Tinte 112

Wichtige Geräte in der Meeresfrüchteküche 150
Wer weiß schon, warum der Hummer rot wird 158
Das Geheimnis eines guten Fonds 162
Meeresfrüchte – konserviertes Aroma 165
Gepanzerter Luxus aus dem Süßwasser 218
Wie der Hummer Thermidor zu seinem Namen kam 282
Der letzte Schliff – Saucen und Butter 301

IN DIESEM BUCH

REZEPTE 168

Alle Rezepte sind für 4 Portionen berechnet, sofern nichts anderes angegeben ist.

KALTE MEERESFRÜCHTEKÜCHE
UND VORSPEISEN 172
 Von der großen Meeresfrüchteplatte über feine Muschelsalate bis zu Hummermousse.

SUPPEN UND EINTÖPFE 202
 Von Hummerconsommé über Clam Chowder bis Gazpacho mit Calamaretti: Feines zum Löffeln, kalt und warm.

KOCHEN, DÄMPFEN UND DÜNSTEN 222
 Von Schwertmuscheln im Kräutersud über Hummer in Olivenöl bis zu Kaisergranaten: Schonend gegart bleiben sie schön zart.

BRATEN UND FRITTIEREN 246
 Von Klassikern wie Surf 'n' Turf über Languste aus der Pfanne bis hin zu Gambas, frittiert in Filoteig.

AUS DEM OFEN UND VOM GRILL 274
 Von Garnelen-Tartelettes mit Ziegenfrischkäse über Seeigelgratin bis hin zum halben Hummer vom Grill.

DELIKATE SAUCEN 294
 Von den Klassikern der Saucenküche wie Hummer- und Weißweinsauce bis zu mediterranen und asiatischen Varianten.

GLOSSAR 306
REGISTER 308
UNSERE SPITZENKÖCHE 316
IMPRESSUM 320

Teubner Edition 5

WARENKUNDE   KÜCHENPRAXIS   REZEPTE
→ *Einleitung*

Früchte des Meeres

Sie sind ein Wunder der Natur und eine Herausforderung für jeden Koch, doch mit etwas Know-how und einer Portion Leidenschaft gelingen die schönsten Gerichte.

MEERESFRÜCHTE verbreiten einen Hauch von Weite und Meer und wecken Erinnerungen an Wärme und Salzluft. Sie gehören zu den feinsten Leckerbissen, die das Meer zu bieten hat – auch wenn sie auf den ersten Blick keine Augenweide sind. Echte Genießer lassen sich vom urtümlichen Äußeren der Wasserbewohner aber nicht irritieren. Durch Schalen und Panzer hindurch, vorbei an Fühlern und Tentakeln bahnen sie sich einen Weg, um an das köstlich zarte Fleisch zu gelangen. Richtig zubereitet haftet ihnen etwas Sinnliches an: Meeresfrüchte sind nicht umsonst feste Bestandteile der aphrodisischen Küche.

Gerichte aus Meeresfrüchten haben ihre ganz eigene Magie: Gerade Kompositionen aus wenigen, ausgewählten Zutaten bringen ihren Charakter am besten zur Geltung. Dabei geben Meeresfrüchte ihr Geheimnis nie ohne Weiteres preis. Das weiche Innere schützen sie mit Kalkharnisch und Chitinpanzer. Bei der Verarbeitung darf man weder zu zaghaft noch zu kraftvoll zu Werke gehen: Sie verlangt Leidenschaft und Fingerspitzengefühl. Die Mühe lohnt sich aber auf jeden Fall.

KOCHEN MIT ALLEN SINNEN

Mit Hilfe der Rezepte dieses Bandes gelingt es leicht, die Exoten aus dem Meer richtig in Szene zu setzen. Neun renommierte Spitzenköche haben ihre Lieblings-Rezepte zusammengestellt und uns Einblick in ihre Küchengeheimnisse gewährt. Zu jedem Klassiker der Meeresfrüchte-Küche verraten sie eine interessante Variante, die die Gerichte in besondere Gaumenfreuden verwandelt. So ist eine Sammlung entstanden, die ebenso einfach zuzubereitende wie auch aufwändige Gerichte, Klassiker und innovative Rezepte – in jedem Fall jedoch überraschende Kreationen enthält.

Die opulente Bebilderung unterstreicht die Anziehungskraft der Meeresbewohner und animiert zum sofortigen Gang zum Fischhändler.

AUS HANDWERK WIRD KOCHKUNST

Bei Sachfragen hilft ein rascher Blick in das Kapitel Küchenpraxis. Anhand von anschaulichen Bildfolgen wird Schritt für Schritt erklärt, wie man Hummer und Krebse knackt, Austern öffnet, Tintenfische füllt und Garnelen schält.

Das Meeresfrüchte-Lexikon im Kapitel Warenkunde leistet unverzichtbare Dienste, wenn es etwa darum geht, Langustinen, Gambas und Scampi zu unterscheiden. Hier finden sich aber auch wichtige Hinweise zu den Themen Einkauf, Haltbarkeit und Lagerung – Informationen, die man bei aller Begeisterung nicht aus dem Auge verlieren sollte.

So unverzichtbar diese Grundlagen für den Erfolg auch sind, die Seele des Kochens ist die Inspiration. Eingestreut in diesen Band finden sich Geschichten, Reportagen und Texte, die den Geist anregen und die Vorstellungskraft beflügeln.

Wir wünschen Ihnen viel Vergnügen beim Kochen und Genießen!

Teubner Edition

Meeresfrüchte im Wandel der Zeiten

Hummer, Austern, Tintenfische, Seeigel – die skurril anmutenden Lebewesen aus den Tiefen des Meeres, einige Verwandte sind auch in Süßwasserseen und Flüssen beheimatet, sind ein wahres Wunderwerk der Natur. Schneckengleich kriechend, über den Grund krabbelnd oder geschickt die Strömungen des Wassers nutzend, sind diese Tiere in ihrem Lebensraum auf alle erdenklichen Hilfen angewiesen, um nicht zum Futter für die größeren und schnell schwimmenden Fische zu werden. So hat die Natur die Meeresfrüchte mit schützenden harten Panzern und Schalen ausgestattet, lässt sie, wenn sie sich dieser entledigen müssen, nahezu durchsichtig werden oder hat einige von ihnen mit Tintenfarbe bestückt, die einen möglichen Angreifer im Dunkeln stehen lässt. Auf Fischmärkten und in den Auslagen von Fischfachgeschäften sind sie die eigentliche Attraktion. Fremd und andersartig erscheinen Tentakel, Saugnäpfe, Spinnenbeine oder kompakt verschlossene Gehäuse und Panzer. Auch wenn die Erscheinungsform mancher Meeresfrüchte gelegentlich daran zweifeln lässt, es handelt sich dabei um exquisite Köstlichkeiten.

AUSTERN – SCHON BEI DEN RÖMERN SEHR BELIEBT

Austern, in der Antike für viel Geld gehandelt, waren wohl schon damals eine begehrte Speise. So verwundert es nicht, dass Marcus Gavius Apicius (geb. um 25 n. Chr.), Autor der ältesten erhaltenen Rezeptsammlung mit dem Namen »Das Kochbuch der Römer«, eine Brennnessel-Ummantelung für die beliebten Mollusken erfand, die sie lange frisch hielt. Diese antike Form der »Kühltasche« fand übrigens bis weit ins 19. Jahrhundert Anwendung. Die Römer verzehren Austern in wahren Massen als Vorspeise oder Zwischengericht und nicht zuletzt wegen der ihr nachgesagten aphrodisierenden Wirkung. Die Austernbestände von den Küsten Tarrents und den Pontinischen Sümpfen reichten angesichts der regen Nachfrage kaum aus, und so wurden im alten Rom bereits künstliche Austernbänke angelegt.

Auch ein exquisites Mahl in der französischen Gesellschaft des 18. und 19. Jahrhunderts begann meist mit einer regelrechten »Austernschlacht«. Der im 18. Jahrhundert lebende Casanova verzehrte an die 50 Austern täglich, um sich seine Manneskraft zu erhalten. Andere Gourmets genossen Austern allein wegen ihres Geschmacks. Jean-Anthelme de Brillat-Savarin (1755 bis 1826), der berühmte Feinschmecker, lud einst einen austernversessenen Gast ein, der sich darüber beklagte hatte, nie ausreichende Mengen dieser Delikatesse serviert zu bekommen. Dieser verspeiste sodann 32 Dutzend Austern – immerhin 384 Stück! Danach ging man mit dem Aufruf »Speisen wir« zum eigentlichen Menü über.

In aller Regel wurden Austern immer schon so frisch wie nur möglich – das heißt lebend – gereicht. Die traditionelle Zugabe von Zitronensaft rührt wohl eher daher, mögliche unangenehme Geruchskomponenten der schon manchmal etwas durch den langen Transport in Mitleidenschaft gezogenen Ware zu verdecken. Aber nicht nur einfach »nature« waren Austern schon bei unseren Vorfahren sehr beliebt, auch als Zutat für Saucen wurden sie verschwenderisch eingesetzt, was Saucenrezepte aus dem 19. Jahrhundert belegen.

AUSTERN»SCHWUND« IM 19. JAHRHUNDERT
Bis in die Mitte des 19. Jahrhunderts hielt man die Austernbänke an den Küsten Frankreichs für ein schier unerschöpfliches Austern-Reservoir. Doch wie sich bereits unter der Regierung Napoleons III. herausstellte, bewirkten Überfischung und Naturereignisse ein rapides Verschwinden dieser natürlichen Ressourcen. Sofort wurden im Lande der Feinschmecker und Gourmets Gegenmaßnahmen eingeleitet, um diese geschätzte Delikatesse der kulinarischen Welt zu erhalten. Mit Hilfe von Fachleuten wurden die Grundlagen zur modernen Austernkultur gelegt – eine Aquakultur, deren Grundstein in der Antike zu finden ist und die in Asien ebenfalls eine lange Tradition aufweist.

BELIEBTE MIESMUSCHELN
Leichter hatten es dagegen die Miesmuscheln, die zwar ebenfalls als exquisite Speise geschätzt wurden, aber bei weitem nicht den gleichen Gourmet-Stellenwert erhielten, wie ihre berühmten Verwandten. Die Römer waren geradezu verrückt nach ihnen und Ludwig der XVIII. zog sie angeblich sogar den Austern vor.

Im Jahr 1235 strandete ein mit Schafen beladenes Schiff an der Küste von Aiguillon, einige Kilometer

Bereits 1246 n. Chr. wurde der Grundstein für die erste Muschelkultur in Form von Pfählen im Wasser gelegt.

von Escande entfernt. Nur der Schiffseigner, ein junger Ire, konnte sich retten. Völlig mittellos ließ er sich an Ort und Stelle nieder und lebte von der Jagd. Um tieffliegende Vögel fangen zu können, rammte er eines Tages Pfähle ins Wasser und spannte dazwischen Fangnetze. Von seiner Vogel-Fangquote ist nichts überliefert, man weiß aber, dass sich an den Pfählen Kolonien von Miesmuscheln ansiedelten und diese an den Pfählen sogar schneller wuchsen, als auf den natürlichen Muschelbänken. Damit war im Jahre 1246 der Grundstein für die erste Muschelkultur gelegt.

TIEFGRÜNDIGE KRABBELTIERE
Sie sind der Blickfang auf jedem Fischmarkt: Lebende Hummer, Langusten und Krebse, auf Eis gelegte Kaisergranate und Krabben sowie bereits vorgegarte Garnelen und Shrimps. Mit ihren langen Fühlern, den zum Teil enormen Scheren, harten Panzern und ihrem allgemein ungewöhnlichen Äußeren erregen sie immer wieder Aufsehen. Kaum zu glauben, dass sich unter hartem Chitin und Kalziumkarbonat delikates festes Muskelfleisch verbirgt, das durch seinen leicht süßlichen Geschmack besticht. Zwar leben einige Vertreter dieser Tiere auch in wärmeren Gefilden – in Südseegewässern gibt es zahlreiche Garnelenfarmen, auch Langusten mögen es eher wohl temperiert –, die leckersten ihrer Art führen jedoch ein Leben in kalten Meeresgewässern.

In welches Jahrhundert man auch blickt – Krustentiere mit ihrem unnachahmlichen Geschmack waren bei Feinschmeckern seit jeher sehr beliebt. Die

Römer schätzten Flusskrebse aus den wasserreichen Regionen des Po- und Piavedeltas sowie aus der Lagune Venedigs. Aus dem Mittelalter sind Rezepte überliefert, die Krustentiere als willkommene Fastenspeise feiern und seit Meisterkoch François Pierre de la Varenne (1625 bis 1678) Hummer und Austern etablierte, sind sie aus der gehobenen Küche gar nicht mehr wegzudenken.

Sie zu fangen war nie einfach. Heutzutage werden Hummer mit Hilfe von mit Ködern bestückten Reusen und Körben angelockt und gefangen. Angelandet werden nur die Männchen, Weibchen und zu kleine Tiere dagegen befördert man zurück ins

Damit sie sich weiter fortpflanzen können, verzichtet man auf den Fang von Hummerweibchen und sichert damit den Bestand der köstlichen Tiere.

Meer, damit sie sich weiter fortpflanzen können, auch wenn gerade sie einen noch exquisiteren Geschmack haben. Ganz gleich, welches Krabbeltier man bevorzugt – auch hier stehen Frische und Saison an erster Stelle. Hummer und Langusten, die ein Dasein in veralgten Bassins beim Fischhändler führen, magern oft in ihren Panzern langsam ab und verlieren täglich an geschmacklicher Qualität. Daher sollten gerade Krustentiere möglichst frisch aus dem Meer kommen.

FLUSSKREBSE – VERWANDTSCHAFT IM SÜSSWASSER

Als der französische Schriftsteller Michel de Montaigne im 16. Jahrhundert seine Reise über die Schweiz, Deutschland und Österreich nach Italien antrat, bekam er nahezu in jedem noch so bescheidenen Gasthof nördlich der Alpen Flusskrebsgerichte serviert. In Feinschmeckerkreisen des 19. Jahrhunderts bescheinigte man diesen Tieren eine ähnlich gute Qualität wie den Hummern. Allerdings sollten – so die damalige Empfehlung unter Gourmets – die Tierchen acht Tage vor ihrem Verzehr morgens und abends über eine feuchte Wiese getrieben werden, da dies ihrer Reinigung und damit ihrem Geschmack dienen würde.

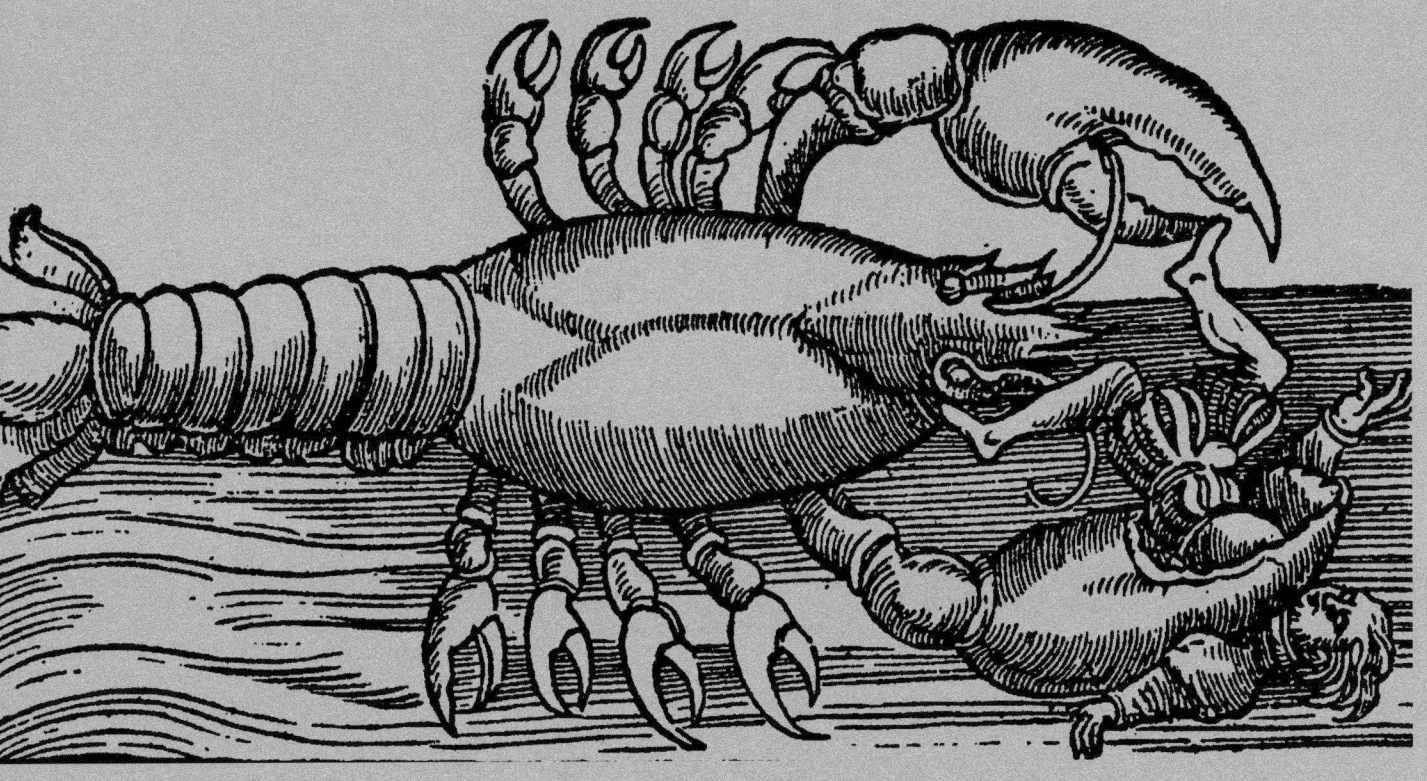

Auch der italienische Opernkomponist und erklärte Gourmet Gioacchino Rossini schätzte Flusskrebse und war begeistert über die Gerichtekombination »Steinbutt auf Pariser Art«. Hierfür wurden dem sowieso schon edlen Fisch, der übrigens in nichts Geringerem als einer üppigen Trüffelsauce schwamm, als krönende Beilage sautierte Flusskrebse zugegeben. Auch der Meisterkoch Auguste Escoffier nahm dieses Gericht in sein Repertoire auf. Allerdings sind diese delikaten Krebstiere in den letzten 50 Jahren des 20. Jahrhunderts aus mitteleuropäischen Flüssen und Bächen nahezu verschwunden. Wasserverschmutzung und die Begradigung der Bach- und Flussläufe ließen den anspruchsvollen Tieren keinen Überlebensraum. Heute erholen sich die Bestände langsam und allmählich wieder, dank intensiver Umweltschutzmaßnahmen, Renaturierung der Wassergebiete und Verbesserung der Wasserqualität.

TINTENFISCHE IN DER KÜCHE

Die schwimmstarken Tintenfische, hier als Oberbegriff für Kalmare, Sepien und Oktopusse verwendet, sind wahre Unterwassertorpedos. Mit kräftigen Stößen ihrer Fangarme jagen sie durch die Meere, immer auf der Suche nach Nahrung oder einem bereitwilligen Liebespartner. Letzteres wird ihnen oft zum Verhängnis, da Fischer zum Fang oft Attrappen benutzen.

Die Tiere wurden auch in früheren Jahrhunderten gerne gegessen. So finden sich im bereits erwähnten »Kochbuch der Römer« zahlreiche Rezepte, vornehmlich für gefüllte Kraken. Dennoch haben Tintenfische im Lauf der Jahrhunderte nie so richtig Eingang in die »haute cuisine« gefunden. Überliefert sind junge gebratene Tintenfische mit Zitrone als Bestandteil eines dreizehngängigen Menüs, das zu Ehren Kaiser Karl V. von Kardinal Campeggio gegeben wurde. Bartolomeo Scappi, Autor des fundamentalen Küchenwerkes »Opera«, kreierte Mitte des 16. Jahrhunderts dieses sowie viele andere Gerichte. Allerdings waren die Tintenfische auch hier nur Teil eines gesamten Ganges.

Heutzutage sind Tintenfische nicht mehr nur rund ums Mittelmeer gefragt: Auch bei uns sind sie – kurz in Olivenöl gebraten oder frittiert und mit Zitronensaft gewürzt – eine begehrte Delikatesse. Als Carpaccio, Salat- oder Suppenbeigabe halten sie seit einigen Jahren vermehrt Einzug in die gehobenen Küchen, wie es auch schon damals im alten Rom Brauch war.

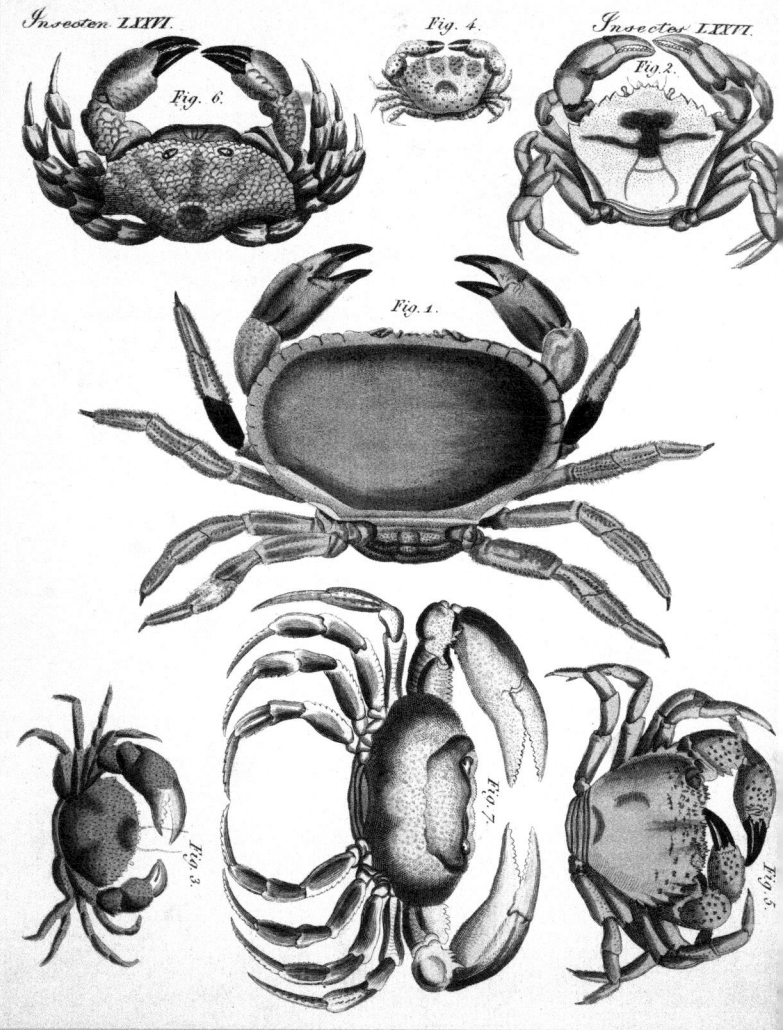

EHER EIN »EXOT«: SEEIGEL

Seeigel, die »Kastanien des Meeres«, waren im Laufe der Geschichte für Gourmets immer wieder eine Gaumenfreude – in freier Wildbahn gleichzeitig aber auch ein Leid, denn sie ernähren sich gerne von Austern und verzehren von ihrer Lieblingsspeise täglich bis zu 12 Stück.

Für das Aufschneiden der stacheligen Seeigel braucht man etwas Können und Geschick. Hat man dann aber das Produkt in der Hand, eine sternartige Schale mit einer orangefarbenen cremeartigen Masse, kann es gleich im Rohzustand ausgelöffelt werden, was allerdings etwas gewöhnungsbedürftig ist.

Küchenchefs verwenden Seeigel oft, um aus ihnen exquisite Saucen und Füllungen anzurühren.

Meeresfrüchte aller Art sind auch heute fester Bestandteil der gehobenen Küche. Jeder Gast ist sich bewusst, etwas Besonderes, nicht Alltägliches auf dem Teller zu haben.

WARENKUNDE

WARENKUNDE

Meeresfrüchte-Lexikon

Die Welt der Meeresfrüchte

Was Sie schon immer über Austern, Garnelen, Hummer und Langusten wissen wollten: Vorkommen, Merkmale und Verwendung.

WARENKUNDE KÜCHENPRAXIS REZEPTE
→ *Einführung*

Meeresfrüchte: weltweit gefragt!

Äußerst wohlschmeckend und angenehm leicht: Meeresfrüchte sind heute auf dem Markt beliebt wie nie und ein kulinarisches Spitzenthema. Einziger Wermutstropfen: der stolze Preis vieler Tiere.

DER INBEGRIFF VON LUXUS! Austern, Hummer und Langusten sind seit jeher geschätzte Delikatessen und gelten als Symbol der feinen Küche – bei keinem Empfang, bei keinem großen Büfett dürfen sie fehlen. Doch während früher nur die Bewohner der Küstengebiete in diesen Genuss kamen, hat sich die Situation heute entscheidend gewandelt. Heute lassen sich die empfindlichen, leicht verderblichen Meeresfrüchte dank modernster Kühltechnik und Transportmittel so schnell an jeden gewünschten Ort der Erde bringen – und sei er auch Hunderte von Kilometern entfernt –, dass eine gleich bleibend hohe Qualität garantiert werden kann. Noch einfacher ist der Transport tiefgekühlter Ware. Und diese kann, sofern sie ohne Unterbrechung der Kühlkette geliefert wurde, geschmacklich durchaus ein Ersatz für frische Meeresfrüchte sein.

ANGEBOT UND NACHFRAGE

Mit den Fortschritten in Kühltechnik und Logistik stieg zugleich auch die Nachfrage. Die Fangmethoden und -techniken wurden immer raffinierter, die Fangschiffe größer. Was zur Folge hatte, dass die Bestände an Hummern, Langusten, Bärenkrebsen, Austern, Entenmuscheln und einigen anderen Tieren rücksichtslos überfischt wurden. Viele Arten sind derzeit bereits stark gefährdet. Verschärft wird die Situation noch durch eine zunehmende Verschmutzung der Meere und durch immer wieder ausbrechende Erkrankungen der Tiere. Hoffnung geben die in jüngster Zeit erlassenen strengen Fangvorschriften, Schonzeiten und Schutzbestimmungen. Werden diese eingehalten, könnten sich die Bestände langsam wieder regenerieren.

VERANTWORTUNGSVOLLER UMGANG

Von Seiten der Fangnationen ist daher ein verantwortungsvoller Umgang mit den Ressourcen nötig. Eine respektvolle Behandlung verdienen Meeresfrüchte aber auch in der Küche, vor allem, wenn man bedenkt, dass ein Hummer gut und gern 60 Jahre alt werden kann oder wie komplex der Lebenszyklus einer Languste ist. Die Weibchen legen nur alle zwei Jahre Eier. Die daraus schlüpfenden Larven leben frei schwimmend im Meer und setzen sich erst – Tausende Kilometer und 12 Häutungen später – im Alter von etwa einem Jahr auf dem Meeresboden ab. Kein Wunder, dass es bisher nicht gelungen ist, Langusten aus Eiern zu züchten, doch Versuche laufen in Australien. Überhaupt bietet eine ökologisch ausgerichtete, verantwortungsvoll betriebene Aquakultur Chancen, die wundervolle Vielfalt der Meeresfrüchte zu erhalten.

KREBSTIERE UND WEICHTIERE

Zur ersten großen Gruppe unter den Meeresfrüchten rechnet man die meist fest gepanzerten Krebstiere *(Crustacea)* – kulinarisch als Krustentiere bezeichnet. Zu ihnen gehören Garnelen, Langusten, Hummer und Krabben, um nur einige zu nennen. Die zweite große Gruppe bilden die Weichtiere *(Mollusca)*. Zu ihnen zählen Muscheln, Schnecken und Kopffüßer. Kulinarisch werden die Mollusken weiterhin in Schaltiere und Kopffüßer unterteilt – zu diesen zählen Sepien, Kalmare und Kraken, die umgangssprachlich oft als Tintenfische zusammengefasst werden.

DIE KULINARISCH WICHTIGSTEN ARTEN

Bei allein 50.000 Arten von Krustentieren kann die folgende Warenkunde keinen vollständigen Überblick über die zoologischen Zusammenhänge der Meeresfrüchte geben. Sie bietet aber eine Übersicht über die kulinarisch wichtigen Arten und gibt wertvolle Tipps zu Bestimmung und Verwendung.

Der Gipfel des Geschmacks

Meeresfrüchte sind bei richtiger Zubereitung ein kulinarischer Hochgenuss. So gut wie jedes Spitzenrestaurant hat sie auf der Karte. Voraussetzung für den Erfolg der feinen Meeresfrüchteküche ist allerdings eine Portion Know-how über die einzelnen Arten, ihre Lagerung und Verwendung.

WARENKUNDE
→ Übersicht Meeresfrüchte

Meeresfrüchte im Überblick

SO SEHR SIE SICH AUCH UNTERSCHEIDEN, die meisten Meeresfrüchte lassen sich vier großen Gruppen zuordnen, wie es die unten stehende, aus zoologischer Sicht allerdings stark vereinfachte Grafik zeigt. Da gibt es einmal die Krustentiere, in der Zoologie heißen sie Krebstiere, die alle einen mehr oder weniger starren Panzer tragen. Die zweite große Gruppe stellen die Weichtiere oder Mollusken, die sich wiederum in zwei Gruppen unterteilen: in Schaltiere und Kopffüßer. Zu den Schaltieren wer-

Krustentiere *(Crustacea)*

ZEHNFUSSKREBSE (S. 20)
(Decapoda)

- **GARNELEN** (S. 22)
  (Nantantia)
- **LANGUSTEN** (S. 36)
  (Palinuridae)
- **BÄRENKREBSE** (S. 42)
  (Scyllaridae)
- **HUMMER** (S. 44)
  (Homaridae)
- **KAISERGRANATE** (S. 50)
  (Nephropsidae)
- **FLUSSKREBSE** (S. 52)
  (Astacidae, Cambaridae, Parastacidae)
- **MITTELKREBSE** (S. 55)
  (Anomura)
- **KRABBEN** (S. 60)
  (Brachyura)

SONSTIGE KREBSTIERE (S. 72)

Weichtiere/Schaltiere *(Mollusca)*

MUSCHELN (S. 74)
(Bivalvia)

- **MIESMUSCHELN** (S. 76)
  (Mytilidae)
- **AUSTERN** (S. 82)
  (Ostreidae)
- **ANDERE MUSCHELN** (S. 90)

SCHNECKEN (S. 104)
(Gastropoda)

- **MEERESSCHNECKEN/ VORDERKIEMER** (S. 104)
  (Prosobranchia)

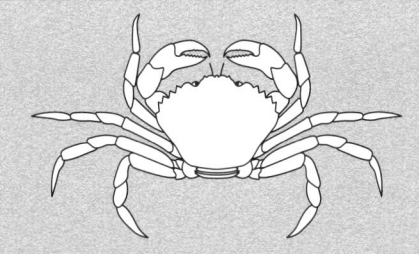

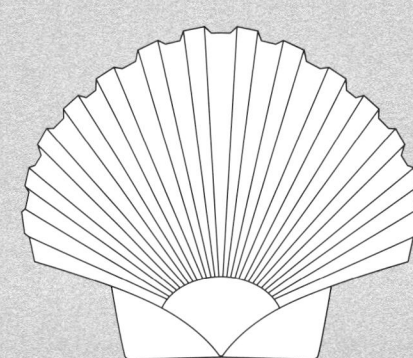

KRUSTENTIERE
Fast alle der kulinarisch wichtigen Krebse gehören zur Ordnung der Zehnfußkrebse (Decapoda).

MUSCHELN UND SCHNECKEN
Beide lassen sich anhand ihrer Schale gut unterscheiden. Das Gehäuse der Muschel besteht aus zwei Schalenhälften, das der Schnecke aus einer.

WARENKUNDE
→ Übersicht Meeresfrüchte

den sämtliche Muschelarten gerechnet, aber auch die Schnecken gehören dazu. Charakteristisch für beide ist das Gehäuse, das bei den Muscheln aus zwei Schalenklappen besteht, während die Schnecken nur eine haben. Ganz ohne äußere Schale auskommen müssen dagegen die Kopffüßer, die häufig allesamt einfach als Tintenfische bezeichnet werden. Ihren weichen Körper stützt lediglich eine innere Schale wie der Kalkschulp bei den Sepien oder das Fischbein beim Kalmar. Der Krake wiederum hat überhaupt keine Schale mehr; weder innen noch außen. Die letzte Gruppe in der Grafik unten fasst die sonstigen Meeresfrüchte zusammen, die jedoch alle nicht miteinander verwandt sind. Kulinarisch interessant sind hier nur wenige, obwohl es zoologisch natürlich sehr viel mehr Arten gibt. Alle Meeresfrüchte dieser Gruppe haben eine eher regionale Bedeutung und gelten hierzulande als Exoten.

Weichtiere/Kopffüßer (Cephalopoda)

ZEHNARMIGE TINTENFISCHE/ TINTENSCHNECKEN (S. 113)
(Decabrachia)

- **SEPIEN** (S. 113)
  (Sepiidae)
- **KALMARE** (S. 115)
  (Teuthida)

ACHTARMIGE TINTENFISCHE (S. 116)
(Octobrachia)

- **KRAKEN** (S. 116)
  (Octopoda)

Sonstige Meeresfrüchte

SCHWERTSCHWÄNZE (S. 118)
(Xiphosura)

SEEIGEL (S. 118)
(Echinoidea)

SEEGURKEN (S. 119)
(Holothurioidea)

MEDUSEN/SCHEIBENQUALLEN (S. 119)
(Scyphozoa)

TINTENFISCHE
Sie zählen ebenfalls zu den Mollusken, haben aber kein äußeres Gehäuse. Typisch für die Kopffüßer sind die mit Saugnäpfen besetzten Fangarme.

WARENKUNDE   KÜCHENPRAXIS   REZEPTE
→ Krustentiere

Krustentiere
Ein kulinarisches Spitzenthema! Doch ist die Arten- und Begriffsvielfalt immens: Das Who's who bei Hummer, Languste und Krabbe. Die wichtigsten Arten im Überblick.

BEWAFFNET MIT SCHEREN UND ANTENNEN sind die meisten Angehörigen der großen Familie der Krustentiere. Bei dem Wort Krustentiere handelt es sich übrigens um eine kulinarische Bezeichnung, die inhaltlich mit dem zoologischen Begriff Krebstiere *(Crustacea)* übereinstimmt. Sie zählen zu den Gliederfüßern und leben im Gegensatz zu ihren Verwandten, den Insekten, überwiegend im Meer, einige auch im Süß- oder Brackwasser. Von den weltweit über 50.000 Arten werden im Folgenden die kulinarisch und wirtschaftlich wichtigsten Krustentiere beschrieben.

DER BEGRIFFSWIRRWARR IST GROSS
Im Fischgeschäft, im Restaurant oder auf dem Markt trifft man sie immer wieder unter falschem Namen: Garnelen werden als Scampi verkauft und keiner kennt sich aus mit Langoustines und Langostinos – das ist doch das Gleiche, oder? Nein, eben nicht, im ersten Fall handelt es sich um Kaisergranate, Langostinos sind Mittelkrebse und kommen aus Chile. Und Langusten? Das sind wieder ganz andere. Aber das ist noch nicht alles: Krabben können Garnelen sein, wie etwa bei den Nordseekrabben der Fall, der Unterschied zwischen Shrimps und Prawns ist nicht gesichert und manche Muscheln sind gar Krebse – wie zum Beispiel die Felsen-Entenmuschel. Ein bisschen Licht ins Dunkel bringt diese Warenkunde. Auf den folgenden Seiten werden die einzelnen Arten inklusive ihrer wissenschaftlichen Bezeichnung jeweils in einer Art Steckbrief vorgestellt.

ANATOMIE
Fast alle kulinarisch wichtigen Krustentiere gehören zoologisch der Gruppe der Zehnfüßer *(Decapoda)* an, die so aussehen, wie man sich einen Krebs vorstellt: zwei große Scheren oder Antennen und dahinter links und rechts je vier Beine. Das ergibt dann insgesamt zehn Gliedmaßen, daher der Name Zehnfüßer. Auch wenn die Scherenfüße einmal kleiner oder nicht als Scheren ausgebildet sind, bleibt es doch immer bei zehn Beinen. Der Körper besteht bei diesen Krustentieren aus zwei Teilen: dem Vorderkörper, zoologisch das Kopfbruststück, und dem Hinterleib, dem Schwanz, der bei den Zehnfüßern in sieben Segmente gegliedert ist. Dabei bildet das letzte Segment zusammen mit den paddelartigen Anhängen des vorletzten einen Schwanzfächer. Im Laufe der Zeit haben Zehnfußkrebse sehr unterschiedliche Formen entwickelt. Der Hinterleib der Tiere kann so lang sein wie bei Garnelen, Hummern und Langusten – sie gehören zu den Langschwanzkrebsen – oder auch so kurz wie bei den Krabben, bei denen er von oben gar nicht mehr zu sehen ist. Die zu den Kurzschwanzkrebsen gerechneten Krabben tragen ihn als kleine Schwanzklappe unter dem Vorderkörper, wo er die Geschlechtsorgane bedeckt. Aus kulinarischer Sicht macht das Vorhanden- oder Nichtvorhandensein eines langen Hinterleibs einen großen Unterschied: Statt des fleischigen Schwanzes muss man bei Krabben mit dem Fleisch aus Scheren, Beinen und Körper vorlieb nehmen, wobei Letzterer nur eine geringe Ausbeute bietet. Bei den Krabben steckt das Fleisch vor allem in den Scheren.

FANGMETHODEN
Viele Krustentiere werden speziell gefischt, dabei kommen ganz unterschiedliche Geräte zum Einsatz. Die Palette reicht von in die Tiefe versenkbaren beköderten Reusen bis hin zu Schleppnetzen. Oft wird das feine, aber meist leicht verderbliche Fleisch schon an Bord der Fangschiffe gekocht und anschließend tiefgekühlt oder zu Konserven weiterverarbeitet.

KRUSTENTIERE IN DER ERNÄHRUNG
Das Fleisch der Krustentiere gilt ernährungsphysiologisch als hochwertig: Es hat einen hohen Gehalt an Eiweiß und ist zugleich sehr fettarm. Allerdings weist es einen relativ hohen Cholesteringehalt auf, die Werte liegen in etwa doppelt so hoch wie bei Kalb-, Rind- oder Schweinefleisch. Da einige Krustentierarten heute bereits überfischt sind, haben viele der wohlschmeckenden Delikatessen aus dem Meer einen entsprechend hohen Preis.

WARENKUNDE KÜCHENPRAXIS REZEPTE
→ Krustentiere
Garnelen

Garnelen
Weltweit gefragt – weltweit gefischt! Die schlanken Schwimmer sind aus kommerzieller Sicht die wichtigsten unter den Krustentieren. In der Qualität gibt es jedoch große Unterschiede.

- Garnelen haben einen lang gestreckten, seitlich zusammengedrückten Hinterleib.
- Es gibt sie weltweit in allen Meeren.
- In den Tropen und Subtropen kommen sie auch im Süßwasser vor.
- Gehandelt werden Garnelen nach Größe und nicht nach Sorte.

Auf den Speisekarten tauchen sie unter den verschiedensten Namen auf: Shrimps, Prawns, Gambas, Gamberi, Granate oder Hummerkrabben. Was immer Sie bestellen, meist werden Garnelen auf Ihrem Teller liegen. Um welche Art genau es sich dabei handelt und was Sie geschmacklich von ihr erwarten dürfen, erfahren Sie auf den nächsten Seiten.

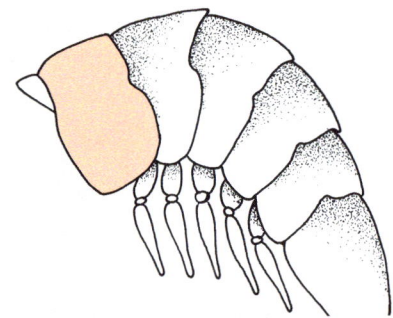

(1) Bei den **GEISSELGARNELEN** *(Penaeoidea)* überlappen sich die Seitenplatten der einzelnen Schwanzsegmente alle gleichmäßig jeweils etwas am Hinterrand.

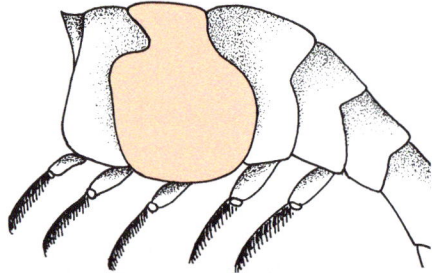

(2) Bei den **EIGENTLICHEN GARNELEN** *(Caridea)* überlappt die Seitenplatte des zweiten Segments sowohl die des ersten als auch die des dritten Segments – ein sicheres Erkennungszeichen.

Garnelen *(Nantantia)*

Rund 3.000 verschiedene Arten existieren weltweit, davon werden derzeit etwa 350 Arten kommerziell gefischt. Genauere Angaben sind schwierig, da alle massenhaft auftretenden Arten potenziell nutzbar sind. Garnelen werden in vielen Ländern nicht nach der jeweiligen Art, sondern nach Größe gehandelt, daher fällt es kaum auf, wenn eine Art wegen Überfischung durch eine andere ersetzt wird.
Überwiegend leben Garnelen im Salzwasser, Süßwassergarnelen kommen lediglich in den Tropen und Subtropen vor. Nur wenige und wirtschaftlich unbedeutende Süßwassergarnelen dringen bis in Regionen mit kaltgemäßigtem Klima vor.
<u>Merkmale:</u> Erkennen können Sie Garnelen leicht an ihrem ausgesprochen langen Hinterleib. Der kann entweder ausgestreckt oder auch eingekrümmt sein und ist im Verhältnis zum Vorderkörper stark entwickelt.
Ein weiteres wichtiges Unterscheidungskriterium gegenüber anderen Krebstieren ist die Form des Hinterleibs: Bei sämtlichen weltweit gehandelten Garnelen ist er seitlich mehr oder weniger stark zusammengedrückt, niemals aber ist der Hinterleib waagerecht abgeplattet.
Ganz typisch für die Mehrzahl der Garnelen ist zudem das seitlich etwas abgeplattete, mit kleinen Sägezähnen besetzte Stirnhorn, das bei keiner anderen Krebsgruppe in derselben Ausprägung auftritt. Ist ein langes bezahntes Stirnhorn vorhanden, handelt es sich also mit Sicherheit um eine Garnele. Umgekehrt gilt diese Regel allerdings nicht, es gibt auch Arten mit kurzen Stirnhörnern.
Bei den Garnelen lassen sich zwei große Gruppen – zoologisch: Ordnungen – ausmachen: Zum einen die größeren Geißelgarnelen *(Penaeoidea)*, die vorwiegend in wärmeren Gewässern leben, zum andern die Eigentlichen oder Echten Garnelen *(Caridae)*. Letztere sind deutlich kleiner und leben in den Kaltwasserzonen der Meere. Obwohl die Eigentlichen Garnelen etwa fünf Mal so viele Arten umfas-

So tiefrot leuchten lebende Garnelen selten, in der Regel sind die Tiere leicht durchscheinend und weisen eine bräunlich grüne oder auch eine rosa bis braunrote Färbung auf.

sen wie die Geißelgarnelen, spielen sie aufgrund ihrer geringeren Größe kommerziell eher eine untergeordnete Rolle. Was den Geschmack anbelangt, sind sie ihren größeren Verwandten jedoch meist überlegen.

Anhand eines signifikanten Unterschiedes lassen sie sich leicht auseinander halten, auch dann, wenn nur die ungeschälten Schwänze vorliegen. Während sich die Seitenplatten der einzelnen Segmente bei den Geißelgarnelen alle gleichmäßig überlappen (1), ist dies bei den Eigentlichen Garnelen anders. Hier überlappen die Seitenplatten des zweiten Segments sowohl jene des ersten als auch die des dritten Segments, wie in der Grafik links gezeigt (2).

<u>Verwendung:</u> In den Handel gelangen Garnelen frisch oder tiefgekühlt. Dabei sind Kaltwassergarnelen grundsätzlich von hoher kulinarischer Qualität. Bei den Warmwassergarnelen kommt es auf die Herkunft an: Geißelgarnelen aus Brackwasser können einen sumpfigen Geschmack haben. Da der Handel jedoch ausschließlich nach Größe unterscheidet, ist es für den Käufer nicht immer ganz leicht, erstklassige Ware zu finden. Geschmacklich einwandfreie Tiere eignen sich sehr gut zum Kochen, Dämpfen, Braten oder Grillen.

Geißelgarnelen *(Penaeoidea)*

Gambas, Riesengarnelen, King oder Tiger Prawns zählen zu den größten Garnelen – die meisten Arten erreichen eine Länge zwischen 10 und 20 cm, manche können jedoch auch bis zu 30 cm lang werden. Sie sind weltweit in allen wärmeren Gewässern verbreitet und überall gefragt. Lebend-frisch gelangen jedoch, wenn überhaupt, nur die in Europa gefangenen Tiere auf den Markt. Alle anderen bei uns angebotenen Riesengarnelen kommen tiefgekühlt aus Übersee und werden dann in den Geschäften tiefgekühlt oder auch bereits aufgetaut angeboten.

WARENKUNDE → Krustentiere
Geißelgarnelen

- Geißelgarnelen können je nach Art bis zu 20 oder gar 30 cm lang werden. Die Weibchen sind meist größer als die Männchen.
- Sie sind in den wärmeren Meeren verbreitet.
- Geißelgarnelen gelangen meist tiefgekühlt in den Handel.

BLASSROTE TIEFSEEGARNELE (1)

(Aristeus antennatus)

engl. blue and red shrimp; franz. crevette rouge; ital. gambero rosso chiaro; span. gamba rosada.

Die Blassrote Tiefseegarnele ist im Atlantik von Portugal bis Nordwestafrika und im Mittelmeer verbreitet. Bedeutende Fischerei gibt es vor Marokko sowie im Mittelmeer ab einer Tiefe von 200 m. Die Art gelangt regelmäßig, aber nur in geringen Mengen nach Mitteleuropa, auf spanischen Fischmärkten ist sie dagegen häufig anzutreffen.

Merkmale: Die Blassrote Tiefseegarnele ähnelt der Roten Tiefseegarnele, unterscheidet sich aber durch die blassere Rotfärbung. Das Stirnhorn ist beim Weibchen länger als beim Männchen und nur an der Basis mit kleinen Dornen versehen.

Verwendung: Die Art ist kulinarisch absolut hochwertig. Am besten bereitet man sie in der Schale zu; sie schmeckt gekocht, gebraten und gegrillt sehr gut.

ROTE TIEFSEEGARNELE *(Aristaeomorpha foliacea)*

engl. red shrimp; franz. gambon rouge; ital. gambero rosso chiaro; span. langostino moruño.

Die Art ist weit verbreitet und kommt in den meisten Ozeanen vor. Im Mittelmeer wird sie vor den Küsten Frankreichs, Spaniens, Italiens, Algeriens und Israels gefischt und gelangt im westlichen Mittelmeer regelmäßig auf die Märkte.

Merkmale: Diese Art weist ein dunkleres Rot auf als die Blassrote Tiefseegarnele, ähnelt ihr aber sonst. Die Weibchen können über 20 cm lang werden.

Verwendung: Die Rote Tiefseegarnele ist qualitativ hochwertig und eignet sich zum Braten oder Grillen.

ROTE RIESENGARNELE (2)

(Plesiopenaeus edwardsianus)

engl. red shrimp; franz. gambon écarlat, crevette royale (Marokko); span. gamba carabinero.

Die Rote Riesengarnele ist im Atlantik verbreitet, im Mittelmeer kommt sie jedoch nicht vor.

Merkmale: Sie wird oft mit den beiden anderen Roten Großgarnelen verwechselt, ist aber leicht an den langen scharfen Kanten auf den Seiten des Rückenpanzers zu erkennen. Sehr große Tiere (Weibchen) können bis zu 33 cm lang werden.

Verwendung: Diese Riesengarnelen eignen sich für viele Zubereitungsarten, insbesondere jedoch zum Braten und Grillen.

FURCHENGARNELE (3) *(Penaeus kerathurus)*

engl. caramote prawn; franz. caramote; ital. spannocchio, mazzancolla; span. langostino; griech. garida; kroat. mekušica; türk. karides.

Die Art ist im Ostatlantik verbreitet und kommt im ganzen Mittelmeer bis in etwa 40 m Tiefe vor. Früher war sie die in Europa am häufigsten angebotene Art, inzwischen haben die Bestände jedoch abgenommen.

(1) Die **BLASSROTE TIEFSEEGARNELE** *(Aristeus antennatus)* zählt zu den besten Geißelgarnelen. Typisch sind die hellere rote Farbe des Schwanzes und die langen Hinterleibsbeine.

(2) Die **ROTE RIESENGARNELE** *(Plesiopenaeus edwardsianus)* unterscheidet sich von anderen roten Tiefseegarnelen durch die scharfen Kanten auf den Rückenpanzerflanken.

(3) Die **FURCHENGARNELE** *(Penaeus kerathurus)* ist leicht an ihren durchbrochenen Querbändern zu erkennen. Eine hochwertige Garnelenart aus europäischen Gewässern.

Merkmale: Die Weibchen der Furchengarnelen können über 20 cm lang werden. Lebend-frisch weisen die Tiere eine deutliche Querbänderung auf, bei den Weibchen ist sie grünlich, bei den Männchen rosa. Nach dem Tod bleichen die Bänder schnell aus, auch bei Tiefkühlware sind sie nicht mehr zu sehen.

Verwendung: Die Furchengarnele ist kulinarisch sehr hochwertig, zu uns gelangt sie meist als Tiefkühlware. Sie eignet sich für alle Zubereitungsarten, sehr gut jedoch zum Braten und Grillen.

RADGARNELE *(Penaeus japonicus)*

engl. kuruma shrimp, ginger prawn (Südafrika); franz. crevette kuruma; span. camarón kuruma; japan. kuruma-ebi.

Die Art ist im Indischen und Pazifischen Ozean verbreitet und ist durch den Suezkanal auch ins östliche Mittelmeer eingewandert. Dort ist die Radgarnele mittlerweile häufiger als die Furchengarnele. In Japan und Ostasien hat die Art große wirtschaftliche Bedeutung und wird dort auch gezüchtet.

Merkmale: Die Radgarnele ist der Furchengarnele sehr ähnlich, allerdings sind die Querbänder bei der Radgarnele durchgehend und nicht unterbrochen.

Verwendung: Die Radgarnele ist von sehr guter Qualität und eignet sich für alle Zubereitungen.

GRÜNE TIGERGARNELE (4) *(Penaeus semisulcatus)*

engl. green tiger prawn; franz. crevette tigrée verte; span. camarón tigre verde; japan. kuma-ebi.

Die Grüne Tigergarnele ist im Indischen und Pazifischen Ozean verbreitet. Sie gelangte durch den Suezkanal ins Mittelmeer und wird in der Türkei gefischt.

Merkmale: Der Körper der Grünen Tigergarnele ist blassbraun, teils grünlich mit dunkler Querbänderung. Die Beine sind gelbrot geringelt; die Rückenpanzerfurchen kurz. Die Weibchen können maximal 23 cm lang werden.

Verwendung: Die Grüne Tigergarnele eignet sich für alle klassischen Garnelenzubereitungen.

HAUPTMANNSGARNELE (5)

(Penaeus chinensis)

engl. fleshy prawn; franz. crevette charnue; japan. korai-ebi.

Die Hauptmannsgarnele ist in chinesischen und koreanischen Gewässern verbreitet; in China und Südkorea wird die Art auch gezüchtet. Aus kommerzieller Sicht gehört sie zu den wichtigsten Geißelgarnelen.

Merkmale: Die Grundfarbe des Körpers ist hell und leicht durchscheinend, der Schwanzfächer dunkel. Rückenpanzerfurchen und Beine sind relativ kurz. Die Weibchen können bis zu 18 cm lang werden.

Verwendung: Die Hauptmannsgarnele ist sehr schmackhaft. Meist gelangt sie tiefgekühlt zu uns; der Handel rechnet sie zu den Weißen Garnelen. Besonders große Exemplare werden auch als »sea swallow«, etwas kleinere als »billow« gehandelt. Die Art ist für alle Garnelenzubereitungen geeignet.

(4) Die **GRÜNE TIGERGARNELE** *(Penaeus semisulcatus)* kommt als Tiefkühlware mittlerer Größe auf den Markt. Sie ist blassbraun bis grünlich und ihre Beine sind gelbrot geringelt.

(5) Die **HAUPTMANNSGARNELE** *(Penaeus chinensis)* ist eine der wirtschaftlich wichtigsten und besten Garnelen Asiens. Ihr Körper ist hell bis durchscheinend, typisches Merkmal ist der auffällig dunkel gefärbte Schwanzfächer.

WARENKUNDE KÜCHENPRAXIS REZEPTE
→ Krustentiere
  Geißelgarnelen

(1) Die **SCHIFFSKIELGARNELE** *(Penaeus monodon)*, international auch Tiger Prawn genannt, ist an ihrer auffälligen Musterung – helle Querbänder auf dunklem Grund – leicht zu erkennen. Sie ist eine der größten und kommerziell wichtigsten Garnelenarten. Aufgrund ihrer Größe – die Weibchen können über 30 cm lang werden – erzielen Schiffskielgarnelen hohe Preise. In puncto Geschmack sind sie allerdings nicht immer erste Wahl.

SCHIFFSKIELGARNELE (1) *(Penaeus monodon)*
engl. giant tiger prawn; franz. crevette géante tigrée; japan. ushi-ebi.

Die Schiffskielgarnele ist in asiatischen Gewässern zu Hause. Bedeutende Fischerei findet in Indien, im Indopazifik und in Fernost statt. Sie ist eine der wirtschaftlich wichtigsten Garnelen Asiens. In verschiedenen Ländern, insbesondere in Indonesien und China, wird sie auch erfolgreich gezüchtet.
Merkmale: Die Schiffskielgarnele hat kurze Rückenpanzerfurchen. Aufgrund der hellen Querstreifen auf dem dunklen Körper ist sie leicht zu erkennen.
Verwendung: Als Tiefkühlware spielt die Schiffskielgarnele auf dem Weltmarkt eine große Rolle. Sie eignet sich gut zum Braten oder Grillen.

Die **Bananen-Garnele** *(Penaeus merguiensis)*, engl. banana prawn, ist vom Persischen Golf bis nach Ostaustralien und Südchina anzutreffen. Die meist gelbe Färbung mit kleinen rötlichen Punkten hat der Art ihren Namen gegeben. Weltweit zählt diese relativ große Garnelenart – die Weibchen können knapp 25 cm lang werden – zu den wirtschaftlich wichtigsten Arten. Zu uns gelangt die Bananen-Garnele als Tiefkühlware. Die **Braune Garnele** *(Penaeus aztecus)*, engl. Northern brown shrimp, ist an der Atlantikküste der USA und vor Mexiko verbreitet. Ihre Färbung ist variabel, meist dominiert ein bräunlicher Ton. Große Exemplare können auch orange bis zitronengelb gefärbt sein und bis zu 23 cm lang werden. Charakteristisch für diese Art sind das kurze Stirnhorn und die langen Rückenpanzerfurchen. Mit ihrem ausgeprägten Geschmack eignet sie sich gut zur Kombination mit kräftigen Gewürzen und Saucen.

SENEGAL-GARNELE (2) *(Penaeus notialis)*
engl. Southern pink shrimp; franz. crevette rodché du sud, crevette blanche (Senegal); span. camarón rosado sureño.

Das Verbreitungsgebiet der Senegal-Garnele ist groß und erstreckt sich auf beiden Seiten des Atlantiks

---

Black Tiger Prawns
So heißen Schiffskielgarnelen im Handel. Im Gegensatz zu einem Tiger tragen sie aber helle Streifen auf dunklem Grund, deshalb also Black Tiger. Schiffskielgarnelen zählen zu den wichtigsten Garnelen.

– im Westen von den Großen Antillen bis nach Südbrasilien, im Osten von Mauretanien bis Angola. In beiden Gebieten wird diese Art intensiv befischt.
Merkmale: Ihre Färbung ist variabel: Die Senegal-Garnele kann fast weiß, aber auch braun oder rosa sein. Typisch für die Art sind die langen Rückenpanzerfurchen. Maximal erreicht sie eine Länge von knapp 20 cm; gehandelt werden meist Exemplare von knapp 15 cm Länge.
Verwendung: Zu uns gelangt die Art tiefgekühlt. Da die Senegal-Garnele sehr empfindlich ist – ihr Fleisch wird in der Sonne schnell weich – kann die Qualität schwanken. Sie ist geschmacklich nicht so gut wie die Furchen- oder Radgarnele; am besten wird sie gebraten oder gegrillt.

ROSA GOLFGARNELE (3) *(Penaeus duorarum)*

engl. Northern pink shrimp; franz. crevette rose du nord; span. camarón rosado norteño.

Das Verbreitungsgebiet der Rosa Golfgarnele deckt sich in etwa mit dem der Braunen Garnele und erstreckt sich entlang der Atlantikküste der USA und Mexikos. Hauptfanggebiete sind die Küsten in Südwest-Florida sowie von Westtexas.
Merkmale: Die Rosa Golfgarnele ähnelt der Braunen Garnele, unterscheidet sich aber von dieser durch eine viel engere Mittelfurche des Rückenpanzers. Die Weibchen können eine Länge von bis zu 28 cm erreichen.

Verwendung: Tiefgekühlt erreichen die Schwänze dieser schmackhaften Art den nordamerikanischen und europäischen Markt; in den Südstaaten der USA wird sie meist frisch vermarktet. Die Rosa Golfgarnele verträgt kräftige Gewürze und lässt sich vielfältig zubereiten.

ATLANTISCHE WEISSE GARNELE (4)
(Penaeus setiferus)

engl. Northern white shrimp; franz. crevette ligubam du nord; span. camarón blanco norteño.

Die Atlantische Weiße Garnele kommt an der Atlantikküste der USA und vor Mexiko vor. Sie ist für beide Länder wirtschaftlich wichtig, bedeutende Fanggebiete liegen vor Louisiana und Texas.
Merkmale: Die Atlantische Weiße Garnele ist durchscheinend, die Oberfläche vorwiegend weiß. Der Hinterrand des Rückenpanzers und der Hinterleibssegmente ist dunkel gesäumt, die Hinterränder der Schwanzfächerflossen sind gelblich gebändert. Ihre Rückenpanzerfurchen reichen nur bis etwa zur Mitte des Rückenpanzers, das ist bei den anderen dort vorkommenden Arten der Gattung *Penaeus* nicht so. Die Weibchen dieser Art werden etwa 20 cm lang.
Verwendung: Kleine, im Winter gefangene Exemplare werden zu Konserven verarbeitet. Große, in den Sommermonaten gefangene Tiere kommen in den USA frisch oder tiefgekühlt auf den Markt. Die Art eignet sich zum Kochen, Braten und Grillen.

(2) Die **SENEGAL-GARNELE** *(Penaeus notialis)* gehört zu den kleineren Geißelgarnelen. Sie kann weiß, braun oder rosa gefärbt sein. Typisch sind die langen Rückenpanzerfurchen.

(3) Die **ROSA GOLFGARNELE** *(Penaeus duorarum)* ist meist rosa, kann aber auch blasser oder bräunlich sein. Sie wird überwiegend in den Südstaaten der USA gefischt.

(4) Die **ATLANTISCHE WEISSE GARNELE** *(Penaeus setiferus)* ist durchscheinend weißlich, der Hinterrand des Rückenpanzers sowie der Hinterleibssegmente ist dunkel gesäumt.

WARENKUNDE   KÜCHENPRAXIS   REZEPTE
→ *Krustentiere*
  Geißelgarnelen

In den Südstaaten der USA zählen Garnelen – hier die Rosa Golfgarnele – zu den wichtigsten Exportgütern. Die Garnelen werden von Hand vom Kopfteil befreit, dann tiefgekühlt und nach Nordamerika, aber auch nach Europa verkauft.

(1) Die **GLATTRÜCKEN-GARNELE** *(Metapenaeus ensis)* weist einen glatten Rückenpanzer und eine orangerosa Färbung auf. Gefischt wird sie insbesondere in Südostasien, tiefgekühlt gelangt sie auch nach Europa.

PAZIFISCHE WEISSE GARNELE
(Penaeus occidentalis)

engl. Western white shrimp, Central American white shrimp; franz. crevette royale blanche du pacifique; span. camarón blanco del pacífico.

Das Verbreitungsgebiet der Pazifischen Weißen Garnele erstreckt sich von der Pazifikküste Südmexikos bis Mittelperu. Sie ist die wirtschaftlich wichtigste der Weißen Garnelen an der amerikanischen Pazifikküste und zugleich auch eine der weltweit meistgefischten Garnelen – Hauptfangnation ist Ecuador. Neben der Pazifischen Weißen Garnele gibt es in dieser Region noch zwei weitere kommerziell wichtige Weiße Garnelenarten (*Penaeus stylirostris*) und (*Penaeus vannamei*). Alle drei werden im Handel nicht unterschieden, einen Hinweis gibt jedoch die Herkunft: Die Pazifische Weiße Garnele wird hauptsächlich im südlichen Mittelamerika und in Südamerika gefischt (Panama, Kolumbien, Ecuador), während die beiden anderen Arten meist in Mittelamerika angelandet werden (Mexiko, Costa Rica, El Salvador).

Merkmale: Die Färbung der Pazifischen Weißen Garnele ist weißlich durchscheinend, mit einem leicht grauen oder gelbrosa Schimmer. Typisch sind die kurzen Rückenfurchen, die etwa bis zur Mitte des Rückenpanzers reichen. Ihr Stirnhorn ist relativ kurz und überragt knapp den Stiel der ersten Antennen. Diese Art kann bis zu 22 cm lang werden.

Verwendung: Die Pazifische Weiße Garnele kommt tiefgekühlt auf den Markt. Aus kulinarischer Sicht ist eine Unterscheidung der drei genannten Arten nicht wichtig, da sie alle hervorragend schmecken. Daher kann es nicht verwundern, dass Weiße Garnelen in den USA – gleichgültig ob aus dem Atlantik oder dem Pazifik – deutlich höhere Preise erzielen als etwa Braune Garnelen. Die Pazifische Weiße Garnele eignet sich sehr gut zum Kochen, Dämpfen, Braten und Grillen.

WEISSBEIN-GARNELE
(Penaeus vannamei)

engl. white-leg shrimp; franz. crevette patte blanche; span. camarón patiblanco, camarón blanco.

Die Weißbein-Garnele ist im mittel- bis südamerikanischen Pazifik von Nordmexiko (Baja California) bis Mittelperu verbreitet. Insbesondere vor der mexikanischen Küste wird sie viel gefischt, ebenso wie

vor Guatemala und El Salvador. In mittel- und südamerikanischen Ländern wird sie auch erfolgreich in Teichkultur gehalten.
Merkmale: Zu erkennen ist die grauweiße Garnele an den sehr kurzen Rückenpanzerfurchen, die den ersten Zahn der zum Stirnhorn führenden Reihe nicht nach hinten überragen. Sie wird bis zu 23 cm lang. Gehandelt wird die gefragte Art meist als »White shrimp« plus Angabe des Herkunftslandes.
Verwendung: Die Weißbein-Garnele eignet sich gut zum Kochen, Braten und Grillen.

Die **Glatthorn-Garnele** *(Xiphopenaeus kroyeri)*, engl. seabob, ist von der Atlantikküste der USA bis in die Karibik verbreitet. Die Glatthorn-Garnele hat ein sehr langes Stirnhorn, das vor den Augen zahnlos und glatt ist. Zudem sind die hinteren Beinpaare relativ lang. Die Art gehört mit etwa 10 cm Länge zu den kleineren Geißelgarnelen. Die **Einhorn-Garnele** *(Metapenaeus monoceros)*, engl. speckled shrimp, ist vom Roten Meer bis Indien verbreitet. Durch den Suezkanal ins östliche Mittelmeer eingewandert, taucht sie inzwischen oft auf türkischen Fischmärkten auf. Typisch für die mit maximal 15 cm eher kleine Art ist das auf der Unterseit unbezahnte Stirnhorn. Die Art ist geschmacklich nicht so hochwertig, zu uns kommt sie als Konserve oder tiefgekühlt.

GLATTRÜCKEN-GARNELE (1)
(Metapenaeus ensis)

engl. greasyback shrimp.

Die mit der Einhorn-Garnele nahe verwandte Art ist von Indien bis Südjapan und Australien verbreitet. Sie wird von Trawlern aus gefischt, aber auch gezüchtet und erzielt sehr gute Preise.
Merkmale: Der Rückenpanzer dieser Art ist völlig glatt, die Färbung ist hell orangerosa, die Beine und das Schwanzsegment tragen ein dunkleres Rot.
Verwendung: Die hochwertige Glattrücken-Garnele eignet sich gut zum Kochen, Braten und Grillen.

ROSA GARNELE
(Parapenaeus longirostris)

engl. deep water rose shrimp; franz. crevette rose du large; ital. gambero bianco; port. camarão da costa; span. camarón de altura.

Die Tiefwassergarnele ist im Atlantik und im Mittelmeer verbreitet und wird in 150 bis 300 m Tiefe gefischt, vor allem in Spanien, Frankreich und Italien.
Merkmale: Die Art wird maximal etwa 15 cm groß, ist blassrosa gefärbt und trägt ein rotes, an der Unterseite unbezahntes Stirnhorn.
Verwendung: Diese Tiefseegarnelenart schmeckt gekocht, gedämpft, gebraten oder auch gegrillt gut.

Ökosiegel für Garnelen

Aufgrund wachsender Nachfrage kommen Garnelen zunehmend aus Aquakulturen in den Handel. Doch die Zucht von Garnelen in solchen Farmen ist nicht immer unbedenklich: Oft werden Medikamente eingesetzt und ganze Ökosysteme zerstört. Da macht es Sinn, beim Kauf auf öko-zertifizierte Produkte zu achten. Sie sind zwar etwas teurer, dafür bekommt der Verbraucher dann aber die Gewissheit, dass seine Garnelen in nachhaltig wirtschaftenden Betrieben gezüchtet wurden, die sich um den Erhalt der benachbarten Ökosysteme bemühen. Garnelen mit Öko-Siegel dürfen auch nicht mit Antibiotika behandelt werden, um die Verseuchung der umliegenden Gewässer und der Trinkwasserreserven zu vermeiden. Damit der Ausbruch von Krankheiten trotzdem verhindert werden kann, liegt die Besatzdichte in Öko-Farmen deutlich unter der in konventionellen Betrieben üblichen Anzahl. Zusätzlich wird auf die Gabe von Fischmehl als billigem Eiweißlieferanten verzichtet, was sich auf Geschmack und Verträglichkeit der Tiere sehr positiv auswirkt.

Margarethe Brunner

WARENKUNDE KÜCHENPRAXIS REZEPTE
→ *Krustentiere*
Eigentliche Garnelen

- Die Eigentlichen oder Echten Garnelen leben überwiegend in kalten Gewässern.
- Eigentliche Garnelen sind alle relativ klein.
- Bei den Eigentlichen Garnelen überlappt die Seitenplatte des zweiten Segments sowohl die des ersten als auch die des dritten Segments.

Eigentliche Garnelen (Caridea)

Obwohl die Eigentlichen oder Echten Garnelen sehr artenreich sind – von ihnen gibt es etwa fünf Mal mehr Arten als von den Geißelgarnelen – spielen sie im Vergleich zu diesen wirtschaftlich eine eher untergeordnete Rolle. Der Grund dafür liegt bei den Salzwassergarnelenarten durchweg in ihrer deutlich geringeren Körpergröße. Die großen Süßwassergarnelen der Tropen, die ebenfalls zu den Eigentlichen Garnelen gerechnet werden, stellen hier eine Ausnahme dar. Die Angehörigen der Oberfamilie der Eigentlichen Garnelen erkennt man an der speziellen Ausprägung eines Hinterleibssegments. Überlappen die Seitenränder des zweiten Segments sowohl die des ersten als auch die des dritten, dann handelt es sich mit Sicherheit um eine Eigentliche Garnele. International werden die Eigentlichen Garnelen überwiegend als »shrimps« gehandelt, »Camarones« aus Chile tauchen auf dem Markt oder auf den Speisekarten gelegentlich auch als »langostinos« auf. Zusammenfassend lässt sich sagen, dass alle Eigentlichen Garnelen aus dem Meer absolut hochwertig sind, einen feinen Geschmack haben und sich für Zubereitungsarten eignen, bei denen das Eigenaroma nicht übertönt wird. Garmethoden mit sehr großer Hitzeeinwirkung wie beispielsweise Grillen, sind weniger geeignet. Kochen, Dämpfen oder leichtes Anbraten, kombiniert mit einer fein dosierten Würzung, überdecken den feinen Geschmack nicht und eignen sich deshalb besser. Für kalte Zubereitungen wie feine Vorspeisensalate, Cocktails oder Ähnliches werden ebenfalls gerne die delikaten Kaltwassergarnelen verwendet. Als »Hummerkrabben«-Schwänze werden Süßwassergarnelen angeboten, sie sind zwar sehr fleischig, geschmacklich ihren Verwandten aus dem Salzwasser jedoch unterlegen.

CHILENISCHE KANTENGARNELE (1)
(Heterocarpus reedei)

engl. Chilean nylon shrimp; span. camarón nailon (Chile).

Das Verbreitungsgebiet der Chilenischen Kantengarnele ist sehr eng und umfasst nur eine Region vor der mittelchilenischen Küste, wo die Art in mittleren Wassertiefen zwischen 150 und 450 m lebt. Gefischt wird sie nur von chilenischen Trawlern. In den sechziger und siebziger Jahren machten die Anlandungen der Chilenischen Kantengarnele etwa 95 Prozent des gesamten chilenischen Garnelenfangs aus. Dann mussten Fangbeschränkungen erlassen werden, um die Bestände zu schonen.

Merkmale: Die Färbung der Chilenischen Kantengarnele ist auch im ungekochten Zustand tiefrot. Ein weiteres Merkmal dieser Art ist das lange, oben und unten gezähnte Stirnhorn. Die Gesamtlänge der Weibchen beträgt bis zu 16 cm, davon entfallen allein 4 cm auf das Stirnhorn. Zudem weisen die Seiten des Rückenpanzers zwei kräftige Längskan-

(1) Die **CHILENISCHE KANTENGARNELE** *(Heterocarpus reedei)* ist auch ungekocht tiefrot gefärbt. Typisch ist das lange, unten gezähnte Stirnhorn. Nach Europa gelangt diese hochwertige Art nur als tiefgekühltes Garnelenfleisch.

(2) Die **GEFLECKTE TIEFWASSERGARNELE** *(Pandalus platyceros)* unterscheidet sich vom ähnlichen Grönland-Shrimp durch das längere Stirnhorn und die typischen weißen Längsstreifen auf den Rückenpanzerseiten.

ten auf, deren Vorderenden in spitze Zähne auslaufen. Die Hinterenden der mittleren Hinterleibssegmente tragen kräftige Dornen.
Verwendung: Neben dem lokalen Verbrauch in den Fanggebieten wird das Schwanzfleisch der gekochten Garnelen tiefgekühlt und exportiert. Auf diese Weise gelangt das geschmacklich sehr hochwertige Fleisch dieser Garnelenart auch nach Europa. Es eignet sich für alle Zubereitungen, bei denen das feine Aroma dieser Art nicht überdeckt wird, wie zum Beispiel Kochen, Dämpfen oder Braten.

TIEFSEEGARNELE, GRÖNLAND-SHRIMP (3)
(Pandalus borealis)

engl. pink shrimp; dän. dybhavsreje; norw. dybvannsreke; schwed. nordhavsräka.

Diese geschmacklich hochwertige Kaltwasserart ist im Nordatlantik sowie im Nordpazifik verbreitet und lebt meist in etwa 100 m Tiefe; gelegentlich ist sie jedoch auch deutlich tiefer anzutreffen. Die Tiefseegarnele wird in großen Mengen um Grönland, ebenso um Island, vor Norwegen und in der nördlichen Nordsee gefangen. Die Fänge werden sofort in Seewasser gegart – aber nur kurz, um den feinen Geschmack zu erhalten – und dann tiefgekühlt. Ein Teil wird vor dem Tiefkühlen noch geschält. In den USA findet man Tiefseegarnelen unter dem Namen »shrimps«, bei uns werden sie als »Grönland- oder Nordmeer-Garnelen« angeboten.
Merkmale: Die Tiefseegarnele ist rot gefärbt und hat ein langes, aufgebogenes und gleichmäßig bezahntes Stirnhorn. Die Weibchen können maximal etwa 16 cm lang werden, meist bleibt es jedoch bei etwa 12 cm.
Verwendung: Tiefseegarnelen werden – geschält oder ungeschält – gegart und tiefgekühlt vermarktet. Ihr Fleisch ist hochwertig, allerdings sollte man sie langsam und schonend auftauen. Tiefseegarnelen sind dann ideal für feine kalte Vorspeisen, weil sie nicht mehr gekocht werden müssen.

GEFLECKTE TIEFWASSERGARNELE (2)
(Pandalus platyceros)

engl. spot shrimp; japan. hokkai-ebi.

Die Gefleckte Tiefwassergarnele kommt im Nordpazifik von der Beringstraße bis Südkalifornien auf der Ostseite und Japan und Korea auf der Westseite

(3) TIEFSEEGARNELEN oder GRÖNLAND-SHRIMPS *(Pandalus borealis)* sind auf dem Weltmarkt von großer Bedeutung. Sie werden sofort – noch auf dem Fangschiff – in Seewasser gegart und tiefgekühlt. Vermarktet werden sie auch geschält und tiefgekühlt. Das Fleisch dieser Kaltwassergarnelenart ist von hoher Qualität.

vor. Die Anlandungen sind jedoch relativ gering, nur im kanadischen Bundesstaat British Columbia gibt es eine etwas größere Fischerei. In den USA wird der Fang meist frisch vermarktet und direkt an Restaurants verkauft.
Aus kanadischen Exporten gelangt die Art nach Amerika, Japan und China. Nach Europa kommt sie bisher nicht, da der Markt mit preiswerteren Grönland-Shrimps gesättigt ist.
Merkmale: Die Gefleckte Tiefwassergarnele ähnelt dem Grönland-Shrimp, nur ist bei ihr das Stirnhorn kräftiger und länger. Die Grundfarbe ist ebenfalls rot, typisch sind die weißen Längsstreifen auf den Rückenpanzerseiten sowie die weißen Flecken auf den Seiten der Hinterleibssegmente. Die Gefleckte Tiefwassergarnele kann bis zu 25 cm lang werden.
Verwendung: Wie der Grönland-Shrimp eignet sich die Art vor allem für kalte Salate oder Cocktails.

WARENKUNDE
→ *Krustentiere*
  Eigentliche Garnelen

SÄGEGARNELE (2) *(Palaemon serratus)*

franz. bouquet; ital. gambero sega; span. camarón común, quisquilla; kroat. kozica obična; türk. kanal karidesi, teke.

Die Sägegarnele ist im östlichen Nordatlantik von Dänemark bis Nordwestafrika weit verbreitet und kommt auch im gesamten Mittelmeer sowie im Schwarzen Meer vor. Intensiv befischt wird die Art an der französischen Küste, aber auch im Mittelmeer. Es kommt jedoch nie zu einem Massenfang, da die Sägegarnele felsigen Untergrund bevorzugt und daher mit Schleppnetzen nicht zu erreichen ist. Der Fang erfolgt mit Handnetzen oder mittels beköderter Körbe, was sich im Preis niederschlägt.

Merkmale: Der Körper der Sägegarnele ist durchscheinend und weist braune Querstreifen auf. Typisch für sie ist das auf beiden Seiten gezähnte, aufgebogene Stirnhorn. Mit einer Maximallänge von 11 cm zählt sie zu den kleinen Garnelen.

Verwendung: Außerhalb der Fanggebiete sind Sägegarnelen kaum zu bekommen; falls aber doch, sollte man unbedingt zugreifen. Am besten kommt ihr feiner Geschmack zur Geltung, wenn man sie einfach nur 5 Minuten in Salzwasser kocht.

(1) Die **ROSENBERGGARNELE** *(Macrobrachium rosenbergii)* ist eine Süßwassergarnele. Sie lebt in tropischen Binnengewässern. Charakteristisches Merkmal sind die langen pinzettenartigen Scheren. Die bläulich gefärbte Garnele kann über 30 cm lang werden. Geschmacklich ist die als »Hummerkrabben-Schwanz« gehandelte Art den Geißelgarnelen unterlegen.

(2) Die **SÄGEGARNELE** *(Palaemon serratus)* hat ein auf beiden Seiten gezähntes Stirnhorn, ihr Körper ist durchscheinend. Qualitativ sind Sägegarnelen sehr hochwertig.

(3) Die **OSTSEEGARNELE** *(Palaemon adspersus)* ist durchsichtig mit bräunlichen Punkten. Sie wird 7 bis 8 cm groß und ist ebenso schmackhaft wie die Sägegarnele.

OSTSEEGARNELE (3) *(Palaemon adspersus)*

dän. roskildereje; norw. strandreke; schwed. allmänräka.

Die Art ist von der Ostsee bis zum Mittelmeer sowie im Schwarzen Meer verbreitet. Regional wird die Ostseegarnele in Deutschland und Dänemark gefangen und frisch vermarktet. Im Schwarzen Meer wird sie in Rumänien und Bulgarien gefischt.
Merkmale: Die Art ist stark durchscheinend mit bräunlichen Punkten, das Stirnhorn ist auf beiden Seiten gezähnt und in der unteren Hälfte dunkel gefärbt. Maximal wird diese Art etwa 8 cm lang.
Verwendung: Die Ostseegarnele ist ebenso hochwertig wie die Sägegarnele. Ihr feiner Geschmack sollte nicht durch Gewürze oder zu große Hitze beeinträchtigt werden. Besonders gut schmeckt sie, wenn man sie nur kurz, etwa 5 Minuten, kocht.

ROSENBERGGARNELE (1)

(Macrobrachium rosenbergii)

engl. giant river prawn; franz. bouquet géant; span. camarón gigante.

Die Rosenberggarnele ist eine große, von Indien bis Australien verbreitete Süßwassergarnele, die in Binnengewässern lebt.
Merkmale: Der Körper der Rosenberggarnele ist blau gefärbt und besitzt lange, dünne, pinzettenförmige Scheren mit pelzig behaarten Scherenfingern. Das Stirnhorn ist auf beiden Seiten gezähnt und aufgebogen. Diese große Süßwassergarnelenart erreicht eine Körperlänge von bis zu 32 cm.
Verwendung: Im Handel erhältliche Tiefkühlware stammt aus Aquakulturen, oft aus Israel. Die als »Hummerkrabben-Schwänze« gehandelte Art sollte gut durchgegart werden, denn rohe Süßwasserkrebse aus tropischen Breiten können Lungenwürmer übertragen. Die Wurmlarven werden jedoch durch zehnminütiges Kochen oder Braten bei hoher Temperatur sicher abgetötet.

SANDGARNELE, GRANAT (4) *(Crangon crangon)*

engl. brown shrimp; franz. crevette grise; ital. gamberetto grigio; span. quisquilla; dän. sandhest; niederl. nordzeegarnaal, garnaat; kroat. pieskorovna kozica, račič obićni; türk. çalı karidesi.

Diese Garnelenart ist entlang der Küsten Europas vom Weißen Meer bis Portugal einschließlich der

(4) Die **SANDGARNELE** oder der **GRANAT** *(Crangon crangon)* zählt mit zum Besten, was die Nordsee an Meeresfrüchten zu bieten hat. Sie wird bereits gekocht angelandet und schmeckt am besten frisch, selbst aus der Schale gepult und aus der Hand verzehrt.

Nord- und Ostsee, im Mittelmeer und im Schwarzen Meer verbreitet; viel gefischt wird sie an der deutschen Nordseeküste. Die Sandgarnele – im Binnenland und in Schleswig-Holstein »Krabbe« genannt – wird meist unmittelbar nach dem Fang direkt an Bord gekocht.
Merkmale: Die Sandgarnele ist grau gefärbt, hat ein sehr kurzes Stirnhorn und zählt mit maximal knapp 9 cm Körperlänge zu den kleinen Garnelen.
Verwendung: Der Fang wird direkt oder geschält (gepult) verkauft. Da Sandgarnelen leicht verderblich sind, können sie ohne Kühlung nicht lange transportiert werden. In den Handel gelangen sie als »Nordseekrabben« meist in Form von Konserven oder tiefgekühlt. Tiefkühlware sollte schonend aufgetaut werden. Sandgarnelen zählen zu den besten Garnelen überhaupt. Sie sollten nur mild gewürzt und kurz gegart werden, sehr gut eignen sie sich für kalte Gerichte.

Verwandt ist die im Pazifik entlang der amerikanischen Küste lebende **Pazifik-Sandgarnele** *(Crangon franciscorum)*, engl. California shrimp, gray shrimp; sie ist von der europäischen kaum zu unterscheiden.

Nordseekrabben

Die kleinen Nordseekrabben gelten als echte Delikatesse. Genau genommen sind sie aber, obwohl sie so heißen, keine Krabben, sondern kleine Garnelen.

WARENKUNDE KÜCHENPRAXIS REZEPTE
→ *Krustentiere*
Garnelen

Garnelen im Handel *Je frischer, desto besser!*
Doch nur, wer an der Küste wohnt, kann die besten Stücke selbst aussuchen. Alle anderen müssen auf Handelsware zurückgreifen.

TEILS ALS KONSERVEN, überwiegend jedoch tiefgekühlt, werden Garnelen weltweit vermarktet und tauchen dann als »Shrimps«, »Prawns« oder als »Hummerkrabben-Schwänze« in den Geschäften auf. Für den Verbraucher ist es nicht immer ganz einfach, da den Überblick zu behalten. Zumal es für die Unterscheidung zwischen Shrimps und Prawns keine einheitliche Regelung gibt.

Meist werden jedoch größere Garnelen als Prawns, kleinere als Shrimps bezeichnet. In Australien und Neuseeland sind die Handelsbezeichnungen genauer: Dort heißen – unabhängig von ihrer Größe – alle *Crangon*-Arten Shrimps, der Handelsname Prawns bezeichnet dagegen ausschließlich Geißelgarnelen der Arten *Palaemonidae* und *Penaeidae*. Auch andernorts wäre eine solche Trennung wünschenswert, zumal die Geschmacks- und Preisunterschiede erheblich sein können und die Größe der Tiere noch nichts über ihre Qualität aussagt. Denn auch die Herkunft der Garnelen spielt eine große Rolle. Als Faustregel gilt: Alle Kaltwasser-Garnelen sind kulinarisch hochwertig. Bei den Geißelgarnelen aus den wärmeren subtropischen oder tropischen Gewässern hat die Wasserqualität einen erheblichen Einfluss, Tiere aus klarem Meerwasser schmecken frisch, solche aus Brackwasser oft sumpfig.

Ebenso können bei Garnelen aus Aquakulturen die Qualitätsunterschiede erheblich sein. Wer also in puncto Geschmack sicher gehen will, sollte Tiere aus den Kaltwasserzonen der Meere bevorzugen. Die großen Süßwassergarnelen aus tropischen Binnengewässern, die oft als »Hummerkrabben-Schwänze« angeboten werden, sind trotz des hohen Preises den Geißelgarnelen geschmacklich unterlegen.

Unterschiede bei Tiefkühlware

Einen Einfluss auf Geschmack und Qualität von Garnelen haben auch Tiefkühltechnik und Verpackung der Ware. Auskunft darüber, wie die Garnelen vor dem Tiefkühlen behandelt wurden, geben zumeist englische Bezeichnungen und Abkürzungen auf der Handelspackung: »frozen« steht generell für tiefgekühlt. »blockfrozen« (B/F) bedeutet, dass die Garnelen als Blockware tiefgekühlt wurden und im Ganzen auch wieder aufgetaut werden

(1) BLOCKFROZEN (B/F): Der Vorteil der Blockfrostung liegt in der längeren Haltbarkeit. Auch lässt sich Blockware besser transportieren und lagern. Der Nachteil: eine Einzelentnahme ist nicht möglich, der ganze Block muss aufgetaut werden.

(2) FROZEN COOKED: Diese Garnelen sind geschält, gekocht und glasiert.

(3) FROZEN RAW: Diese Ware ist geschält, ohne Darm und roh tiefgekühlt.

WARENKUNDE   KÜCHENPRAXIS   REZEPTE
→ *Krustentiere*
Garnelen

müssen. Leichter dosieren lässt sich dagegen IQF-Ware. IQF steht für »individually quick frozen«, das heißt, dass die einzeln tiefgekühlten Garnelen der Verpackung später auch wieder einzeln entnommen werden können.

IQF-Garnelen werden mit zerstäubtem Wasser besprüht, das sie dann während des Tiefkühlens wie eine »Glasur« umhüllt und vor Gefrierbrand schützt. Semi-IQF-Garnelen werden, in Formen geordnet, aber ohne Glasur tiefgekühlt, sie lassen sich im Gegensatz zu blockgefrosteter Ware bei der Verwendung leicht auseinander nehmen.

Bei Blockware werden die Garnelen in mit Folie ausgelegte Formen eingeschichtet, mit Wasser übergossen, mit Deckeln verschlossen, tiefgekühlt und mit der Folie in Kartons verpackt.

Seriöse Anbieter berechnen bei IQF-Ware das Gewicht nach dem Nettogewicht der Garnelen. Doch es gibt leider unrühmliche Ausnahmen: Anbieter, die mit der Glasur Geld verdienen, indem sie das Gesamtgewicht als Gewicht der Garnelen angeben. In Ausnahmefällen werden bis zu 40 Prozent Wasser mitverkauft. Den Glasuranteil der Ware erkennt man am Verhältnis zwischen Füll- und Abtropfgewicht: Das Füllgewicht bezeichnet das Gewicht der Garnelen inklusive Glasur, das Abtropfgewicht ist das Gewicht der Ware ohne Glasur. Beträgt das Füllgewicht 1.100 g und das Abtropfgewicht 1000 g, sind 10 Prozent reines Wasser. Bei seriösen Anbietern wird der Prozentsatz der Glasur genannt und beträgt zwischen 10 und 15 Prozent.

Als beste Qualität gilt IWP-Ware: IWP steht für »individually poly wrapped«, das heißt, die Garnelen werden zuerst glasiert, dann einzeln in Folie und so in Kartons verpackt.

Am unteren Rand der Qualitätsskala stehen tiefgekühlte Garnelen, die nicht in Folie, sondern nur lose in Kartons gehandelt werden. Sie können Fremdgerüche annehmen oder nach Karton schmecken.

Garnelen werden als Stück (engl. pieces: pcs) pro Kilo (kg) oder als Stück pro Pfund (engl. pound: lb) verkauft, je nachdem, ob es sich um ganze Tiere (head on) oder um Garnelenschwänze (headless) handelt. Ganze Garnelen mit Kopf – roh oder gekocht – werden meist als Stück pro kg, Garnelenschwänze als Stück pro Pfund gehandelt (pcs/lb). Ware aus Spanien (Gambas), frankophonen Ländern und Westafrika wird in den Größen »00 bis 5« angeboten, wobei »00« für die größten und »5« für die kleinsten Garnelen steht. In den USA werden Garnelen auch unter den Bezeichnungen extra large, jumbo, large, medium, small oder tiny verkauft.

Fangfrisch schmecken Garnelen – wie alle Krustentiere – am besten. Aber auch Tiefkühlware gibt es heute in ausgezeichneter Qualität.

(4) PEELED DEVEINED (PD): Die Ware ist geschält, ohne Darm und glasiert.

(5) »EASY PEEL«: Ware ohne Kopf und Darm, zum Schälen am Rücken aufgeschnitten.

(6) HEADLESS, SHELL ON (H/L): Ware ohne Kopf, aber noch mit der Schale.

(7) INDIVIDUALLY POLY WRAPPED (IWP): Glasiert und einzeln in Folie verpackt.

WARENKUNDE KÜCHENPRAXIS REZEPTE
→ Krustentiere
Langusten

Langusten – *Symbol des Luxus* – *zählen zum Feinsten vom Feinen. Aber Achtung, mit den wehrhaften Tieren ist nicht zu spaßen: Hüten Sie sich vor ihren spitzen Stacheln und Spornen!*

- Langusten haben einen kräftigen, starren Panzer und keine Scheren.
- Sie werden im Schnitt etwa 30 cm lang, teils auch deutlich darüber.
- Langusten sind vor allem in wärmeren Gewässern verbreitet.

Langusten *(Palinuridae)*

Immer wieder wird die Languste mit dem Hummer verwechselt, was sie wohl in erster Linie ihrem englischen Namen »spiny lobster« zu verdanken hat; kein Wunder, denn oft sind tiefgekühlte Langustenschwänze als »lobster tails« im Handel. In Frankreich, Italien und Spanien wird der Unterschied deutlicher: auf Französisch heißt das Objekt der Begierde »langouste«, auf Italienisch »aragosta« und auf Spanisch »langosta«. Zwar tragen beide einen kräftigen Panzer, doch gibt es einen ganz signifikanten Unterschied: Den Langusten fehlen die großen Scheren. Die ersten Beinpaare tragen stattdessen so genannte Scheinscheren, bei denen der Scherenfinger senkrecht gegen das vorletzte Glied

eingeschlagen wird. Dafür sind sie mit zwei mehr als körperlangen Antennen ausgerüstet, mit denen sie ihre Umgebung erforschen. Die nachtaktiven Langusten sind überwiegend Warmwassertiere, die an den felsigen Küsten der tropischen und subtropischen Meere vorkommen und sich vorwiegend von lebenden und toten Muscheln, Schnecken und anderen Kleinlebewesen ernähren. In den kälteren Gewässern – insbesondere der Nordhalbkugel – sind dagegen Hummer charakteristisch. Weltweit verteilen sich die kommerziellen Fänge etwa zur Hälfte auf hummer- und langustenartige Krebstiere. Ein weiteres Merkmal der Langusten ist zudem ihre Körpergröße: Bei den kommerziell wichtigen Arten – hierzu werden vor allem die Vertreter der Gattungen *Palinurus*, *Panulirus* und *Jasus* gerechnet – liegt sie

WARENKUNDE KÜCHENPRAXIS REZEPTE
→ *Krustentiere*
Langusten

im Schnitt bei etwa 30 cm, einzelne Tiere können jedoch auch eine Körperlänge von 50 cm und mehr erreichen. Die Unterschiede zwischen den jeweiligen Arten liegen vor allem in der Ausprägung äußerer Merkmale wie Färbung und Musterung, qualitativ hochwertig sind alle Langusten. Aufgrund ihres ausgezeichneten Geschmacks werden die langsam wachsenden Langusten im gesamten Verbreitungsgebiet gefangen und sind vielfach bereits stark dezimiert. Nur alle zwei Jahre legen die Weibchen ihre Eier (2) ab, die sie unter den Hinterleibsbeinen verbergen, welche bei den Weibchen sehr viel größer und breiter sind als bei den Männchen (1).

EUROPÄISCHE LANGUSTE (3) *(Palinurus elephas)*

engl. common spiny lobster; franz. langouste rouge; ital. aragosta, palinuro; span. langosta común; griech. astakos; kroat. jastog; türk. böcek.

Das Verbreitungsgebiet der Europäischen Languste reicht im Atlantik von England bis nach Marokko und umfasst zudem das gesamte Mittelmeer. In ihrem Verbreitungsgebiet wird sie überall gefischt.
Merkmale: Unter den europäischen Langusten ist diese Art leicht an ihrer intensiven ziegelrotlila Färbung sowie an einer Reihe heller Flecken auf den Seitenteilen der Hinterleibssegmente zu erkennen. Die Antennen sind intensiv rot geringelt. Maximal kann die Europäische Languste eine Länge von 50 cm erreichen, meist bleibt es aber bei einer Körpergröße zwischen 20 und 40 cm.
Verwendung: Rund ums Mittelmeer sowie am Atlantik ist die Art regelmäßig auf den Fischmärkten anzutreffen. Bei uns wird die Europäische Languste tiefgekühlt, aber auch lebend-frisch angeboten, wobei große Exemplare beachtliche Preise erzielen können. Die Vitalität einer Languste lässt sich durch das Berühren der Stirnhörner überprüfen: Frische Tiere reagieren sofort und beginnen zu zappeln. Die Europäische Languste schmeckt ausgezeichnet und eignet sich für alle typischen Zubereitungen – von Kochen über Braten bis Grillen. Sie sollte jedoch – wie alle Langusten – ausreichend lange gegart werden; bei größeren Exemplare kann dies bis zu 30 Minuten und länger dauern.

Richtig anpacken:

Lebende Langusten hält man am Rückenpanzer fest, so lässt sich ein schmerzhafter Kontakt mit den Antennengliedern und den Seitenspornen der Schwanzsegmente vermeiden.

(1) Das Langustenweibchen (links) hat große plattenförmige Hinterleibsbeine.

(2) Eiertragende Weibchen dürfen nicht gefangen und vermarktet werden.

(3) Die **EUROPÄISCHE LANGUSTE** *(Palinurus elephas)* hat mächtige Antennen. Sie ist im Atlantik und im Mittelmeer verbreitet.

MAURETANISCHE LANGUSTE (1)

(Palinurus mauritanicus)

engl. pink spiny lobster; franz. langouste rose; ital. aragosta mauritanica; span. langosta mora.

Die Mauretanische Languste ist im Nordostatlantik von den Britischen Inseln bis zum Senegal verbreitet und kommt auch im westlichen Mittelmeer vor. Sie lebt in Wassertiefen von 160 bis 600 m, im Mittelmeer ist sie hauptsächlich in Tiefen zwischen 400 bis 500 m anzutreffen. Bedeutende Fischerei findet vor allem vor Nordwestafrika statt, genauer gesagt in Südmarokko und Mauretanien. Im Mittelmeer ist sie seltener als die Europäische Languste.

Merkmale: Die Mauretanische Languste unterscheidet sich von der Europäischen Languste in erster Linie durch die rosa Färbung, zudem weisen die Antennen eine rosa Ringelung auf. Die hellen Flecken des Hinterleibs sind viel kleiner und enger umgrenzt und auch die Bestachelung des Rückenpanzers ist kleiner. Die Art kann bis zu 75 cm Körperlänge erreichen, meist bleibt die Mauretanische Languste mit einer Länge von etwa 50 cm aber gleich groß wie die Europäische Languste.

Verwendung: Zu uns gelangt die Art aus Nordwestafrika hauptsächlich über Spanien und Frankreich, manchmal sogar lebend und auch auf den Fischmärkten um Genua ist sie regelmäßig zu finden. Der Geschmack der Mauretanischen Languste ist vorzüglich und dem der Europäischen ebenbürtig. Sie eignet sich von Kochen über Braten und Grillen für alle für Langusten typischen Zubereitungsarten.

Die zur Gattung *Panulirus* zählenden Langusten-Arten leben meist in tropischen Gewässern. Im Gegensatz zu den Vertretern der Gattung *Palinurus* sind bei ihnen beide Stirnhörner glatt und am Vorderrand nicht gezähnt. Das Fleisch dieser Arten ist vorzüglich, insbesondere das der Karibischen Languste.

JAPANISCHE LANGUSTE (2)

(Panulirus japonicus)

engl. Japanese spiny lobster; japan. ise-ebi.

Das Verbreitungsgebiet der Japanischen Languste umfasst die japanischen Inseln, Korea, Mittelchina und Taiwan. In Japan wird sie intensiv befischt und spielt auch in den Bräuchen eine große Rolle. Frü-

(1) Die **MAURETANISCHE LANGUSTE** *(Palinurus mauritanicus)* weist im Gegensatz zur Europäischen Languste eine rosa Färbung auf.

(2) Die **JAPANISCHE LANGUSTE** *(Panulirus japonicus)* ist dunkel gefärbt, die Beine tragen helle Längsstreifen, der Hinterleib ist braunrot.

(3) Die **ORNATLANGUSTE** *(Panulirus ornatus)* ist auffällig gezeichnet, ihre Beine sind hell gefleckt und die Stirnhörner typisch geringelt.

WARENKUNDE   KÜCHENPRAXIS   REZEPTE
→ *Krustentiere*
Langusten

her war ein Hochzeitsbankett ohne eine echte ise-ebi nicht denkbar. Durch die starke Befischung sind die Bestände aber so weit zurückgegangen, dass heute in japanischen Restaurants häufiger importierte als einheimische Langusten serviert werden.
Merkmale: Die Art hat kräftige, behaarte Querfurchen auf den Hinterleibssegmenten. Der Brustpanzer ist dunkel gefärbt, wobei die zahlreichen winzigen Dornen helle Spitzen aufweisen. Die Beine haben helle Längsstreifen. Der Hinterleib ist einfarbig braun bis braunrot, der Schwanzfächer zur Hälfte dunkel. Diese Japanische Languste ist relativ kleinwüchsig und wird maximal bis zu 30 cm lang.
Verwendung: Die Japanische Languste wird lokal verkauft und gelangt fast nicht nach Europa. Ihr Fleisch ist für alle Zubereitungsarten geeignet.

ORNATLANGUSTE (3) *(Panulirus ornatus)*

engl. ornate rock lobster, painted cray (Australien); franz. grosse langouste porcelaine (Neukaledonien); japan. nishiki-ebi; port. lagosta ornamentada (Moçambique).

Die auffällig gezeichnete Ornatlanguste ist im Indopazifik weit verbreitet und kommt vom Roten Meer und der ostafrikanischen Küste bis nach Australien, Japan und Melanesien vor. Einzelne Exemplare sind durch das Rote Meer ins Mittelmeer eingewandert. Setzt sich diese Tendenz fort, könnte diese Art in Zukunft öfter in Europa auf den Markt kommen.
Merkmale: Die Grundfarbe der Ornatlanguste ist grünlich braun, die Stirnhörner sind quer geringelt. Die glatten Hinterleibssegmente weisen in der Nähe der Seitenränder eine Reihe heller Flecken auf. Die Beine sind hell gefleckt, an manchen Stellen auch geringelt. Die Ornatlanguste kann bis zu 50 cm lang werden, meist bleibt sie aber unter 35 cm.
Verwendung: Derzeit wird die Ornatlanguste vorwiegend innerhalb ihres Verbreitungsgebietes vermarktet. Nur von Nordaustralien und den Philippinen gelangen gelegentlich tiefgekühlte Schwänze zu uns. Das Fleisch der Ornatlanguste eignet sich gut zum Kochen, Braten oder Grillen.

Der **Spotted Spiny Lobster** (4) *(Panulirus guttatus)*, ist wie die Karibische Languste im tropischen Westatlantik verbreitet, gelangt jedoch im Gegensatz zu dieser kommerziell äußerst wichtigen Art kaum in den europäischen Handel. In der Verwendung unterscheidet sie sich nicht von der karibischen Art.

(4) Der **SPOTTET SPINY LOBSTER** *(Panulirus guttatus)* lebt im tropischen Westatlantik. Typisch für diese Art sind die vielen hellen Punkte.

(5) Die **KAPLANGUSTE** *(Jasus lalandii)* weist im Gegensatz zu Langusten der Gattung *Panulirus* einen zweispitzigen mittleren Stirndorn auf.

(6) Die **AUSTRAL-LANGUSTE** *(Jasus novaehollandiae)* ist schwer von der Kaplanguste zu unterscheiden. Kulinarisch sind sie gleichwertig.

WARENKUNDE KÜCHENPRAXIS REZEPTE
→ Krustentiere
Langusten

KARIBISCHE LANGUSTE (1) *(Panulirus argus)*

engl. Caribbean spiny lobster, Florida spiny lobster; franz. langouste blanche; span. langosta del golfo, langosta caribe; niederl. kreef (Aruba, Curaçao).

Die Karibische Languste ist in den wärmeren Gewässern des Atlantiks von North Carolina unter Einschluss des Golfs von Mexiko und der gesamten Karibik bis zur brasilianischen Küste verbreitet und wird überall stark befischt; meist fängt man sie in beköderten Reusen.
Merkmale: Ein charakteristisches Merkmal dieser Art ist ihre Färbung: Die rötlichen oder bräunlichen Hinterleibssegmente mit durchgehenden Querfurchen haben in der Nähe beider Seitenecken helle Flecken, von denen die auf dem 2. und 6. Segment als große, schwarz gerandete Augenflecken ausgebildet sind. Der Schwanzfächer weist ein rötliches Querband auf. Anhand dieser Merkmale lassen sich auch die Schwänze dieser Art identifizieren (5). Die Karibische Languste kann bis zu 45 cm lang werden, meist bleibt es jedoch bei etwa 20 cm.
Verwendung: Die Karibische Languste wird frisch vermarktet, in den Export gelangen meist die tiefgekühlten Schwänze. Sie ist von bester Qualität und eignet sich für alle klassischen Zubereitungen.

KALIFORNISCHE LANGUSTE (2)
(Panulirus interruptus)

engl. California spiny lobster, red lobster; span. langosta roja, langosta colorada (Mexiko).

Das Verbreitungsgebiet dieser Art beschränkt sich auf Kalifornien sowie die mexikanische Halbinsel Niederkalifornien. Die Anlandungen sind deutlich geringer als bei der Karibischen Languste.
Merkmale: Typisch für die Kalifornische Languste ist ihre einheitliche rote bis rotbraune Färbung sowie die kräftigen, in der Mitte unterbrochenen Querfurchen der Hinterleibssegmente. Sie kann bis zu 60 cm lang werden, im Schnitt bleibt es jedoch bei etwa 30 cm.
Verwendung: Sie wird meist regional gehandelt und eignet sich für alle Zubereitungsarten.

Die **Rifflanguste** *(Panulirus penicillatus)*, engl. coral cray, tufted spiny lobster, variegated crayfish, kann eine Länge von etwa 30 cm erreichen. Auffällig sind die vielen kleinen weißen Punkte. Sie ist weit verbreitet, gelangt jedoch nur selten nach Europa.

> *Meist gehandelte Art*
> Die Karibische Languste mit ihrem vorzüglichen Geschmack ist sehr gefragt und wird weltweit am meisten gehandelt. Allein Kuba liefert etwa ein Drittel des Gesamtertrages, Tendenz steigend.

(1) Die **KARIBISCHE LANGUSTE** *(Panulirus argus)* ist in Europa sehr geschätzt.

(2) Die **KALIFORNISCHE LANGUSTE** *(Panulirus interruptus)* ist seltener.

(3) Die **SCHLICKLANGUSTE** *(Panulirus polyphagus)* ist in Asien beliebt.

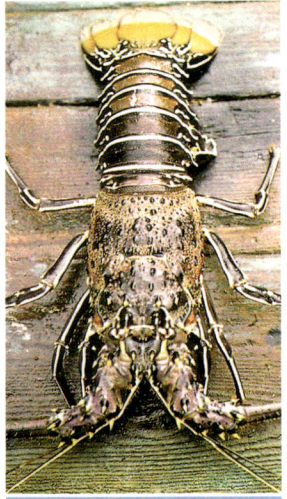

(4) Die **GRÜNE LANGUSTE** *(Panulirus regius)* lebt in den Gewässern Westafrikas.

WARENKUNDE   KÜCHENPRAXIS   REZEPTE
→ *Krustentiere*
Langusten

SCHLICKLANGUSTE (3) *(Panulirus polyphagus)*

engl. mud spiny lobster.

Die Art ist vom mittleren Indischen Ozean bis zum westlichen Pazifik verbreitet und wird überall intensiv befischt, da sie schlickigen Boden bevorzugt und mit Schleppnetzen gefangen werden kann.
Merkmale: Ihre Grundfarbe ist graugrün, auffällig sind die hellen Querbänder der Hinterleibssegmente. Die Schlicklanguste erreicht im Schnitt eine Länge von 20 bis 25 cm.
Verwendung: Die Art ist vor allem in Asien beliebt. Nach Europa gelangt sie gelegentlich tiefgekühlt. Ihr Fleisch eignet sich gut zum Braten und Grillen.

GRÜNE LANGUSTE (4) *(Panulirus regius)*

franz. langouste verte, langouste royale; span. langosta verde.

Die Grüne Languste lebt in den tropischen Gewässern Westafrikas.
Merkmale: Ihre Grundfarbe ist grünlich bis bläulich, die Hinterleibssegmente haben auffällige, vorne und hinten dunkel eingefasste blasse Querstreifen am Hinterrand. Der Schwanzfächer ist einheitlich grün oder braun gefärbt. Die Art wird im Durchschnitt etwa 25 cm lang.
Verwendung: Die Art kommt in Frankreich teils lebend auf den Markt, bei uns nur tiefgekühlt. Ihr Fleisch ist für alle Zubereitungsarten geeignet.

Im Indischen und Pazifischen Ozean weit verbreitet ist die **Bunte Languste** *(Panulirus versicolor)*, engl. painted rock lobster (Australien), striped crayfish (Südafrika); japan. goshiki-ebi; port. lagosta pintada (Moçambique). Sie hat ein schmackhaftes Fleisch.

Die Kaltwasserlangusten der Südkontinente zählen zur Gattung *Jasus* und unterscheiden sich von den *Panulirus*-Arten durch das Vorhandensein eines meist zweispitzigen mittleren Stirndorns zwischen beiden Stirnhörnern. Auch sind die Segmente des Hinterleibs oberseits beschuppt.

KAPLANGUSTE (S. 39, 5) *(Jasus lalandii)*

engl. Cape spiny lobster; franz. langouste du Cap.

Die Kaplanguste ist in den Gewässern um Südafrika und Namibia verbreitet. Dort bewohnt die Art flache Felsgründe bis zu 45 m Tiefe. Aus wirtschaftlicher Sicht ist sie in ihrem Verbreitungsgebiet von großer Bedeutung.
Merkmale: Die Kaplanguste ist einfarbig dunkel, meist braun. Die vordere Hälfte des ersten Hinterleibssegmentes vor der deutlich sichtbaren Querfurche trägt eine Reihe von Schuppen. Maximal erreicht diese Art eine Länge von 45 cm.
Verwendung: Die Schwänze der Kaplanguste gelangen meist tiefgekühlt auf den europäischen Markt, manchmal wird sie jedoch auch frisch importiert. Ihr Fleisch hat einen vorzüglichen Geschmack und eignet sich zum Kochen, Braten und Grillen.

AUSTRAL-LANGUSTE (S. 39, 6)

(Jasus novaehollandiae)

engl. Southern rock lobster (Australien).

Das Verbreitungsgebiet dieser Art ist das südliche Australien. Dort wird sie mit Reusen befischt.
Merkmale: Die Austral-Languste wird bis zu 50 cm groß. Sie ist einheitlich dunkelbraun gefärbt, die Vorderhälfte des ersten Hinterleibssegments trägt bei dieser Art keine Beschuppung.
Verwendung: Tiefgekühlt werden die Schwänze meist in die USA exportiert. Nach Europa kommt sie kaum. Ihr Fleisch schmeckt sehr gut und ist zum Kochen, Braten und Grillen geeignet.

(5) Die Schwänze der **KARIBISCHEN LANGUSTE** *(Panulirus argus)* sind gefragt und werden – gut verpackt und tiefgekühlt – nach Europa, zunehmend aber auch nach Japan exportiert. Gut zu erkennen ist die typische Zeichnung des Hinterleibs.

Teubner Edition **41**

WARENKUNDE   KÜCHENPRAXIS   REZEPTE
→ *Krustentiere*
Bärenkrebse

Bärenkrebse
Sie gewinnen nicht gerade einen Schönheitspreis, in Sachen Geschmack sind die flachen, mittlerweile leider selten gewordenen Bodenbewohner aber allererste Wahl.

- Bärenkrebse sind an den schuppenartig verbreiterten Antennengrundgliedern vor den Augen zu erkennen.
- Bärenkrebse sind typische Bodenbewohner.
- Im Gegensatz zu Hummern tragen Bärenkrebse keine Scheren.

Bärenkrebse *(Scyllaridae)*

Im Gegensatz zu Langusten und Hummern haben Bärenkrebse weder lange Antennen noch große Scheren vorzuweisen. Stattdessen sind ihre Antennengrundglieder schuppenartig verbreitert. Diese Schuppen werden als Platten vor den Augen am Kopf des Tieres getragen. Bärenkrebse sind typische Bodenbewohner, ihr Körper ist abgeplattet und relativ flach. Bärenkrebse werden nur lokal und eher selten angeboten, sind jedoch sehr schmackhaft. Leider sind in vielen früher klassischen Fischereigegenden die großen Arten bereits überfischt.

Das relativ feste Schwanzfleisch der Bärenkrebse ist von ganz hervorragender Qualität. Sein feiner Geschmack kommt gekocht und gebraten gleichermaßen gut zur Geltung.

GROSSER BÄRENKREBS (1) *(Scyllarides latus)*

franz. grande cigale; ital. magnosa; span. cigarra; griech. lyra; kroat. kuka; türk. büyük ayı istakozu.

Der Große Bärenkrebs kommt im nördlichen Ostatlantik von Portugal bis Gambia sowie im gesamten Mittelmeer vor. Früher war er dort recht häufig anzutreffen, heute sind seine Bestände durch Überfischung stark dezimiert. Im Mittelmeer versucht man ihm durch den Bau künstlicher Riffe aus Beton wieder mehr Lebensraum zu bieten. Besonders große Exemplare kommen noch in den Gewässern der Azoren und Kapverden vor.
Merkmale: Von anderen Bärenkrebsen unterscheidet sich der Große Bärenkrebs durch seine glatten Antennenschuppen. Zudem weist das erste Hinterleibssegment drei rote Flecken auf, einen runden in der Mitte und zwei unregelmäßige, die den ersten zu beiden Seiten flankieren. Die Art erreicht eine Länge von bis zu 45 cm.
Verwendung: Auch auf den Fischmärkten Südeuropas ist die Art selten geworden, gelegentlich kommt sie als Tiefkühlware auf den Markt. Das Schwanzfleisch schmeckt ausgezeichnet und eignet sich zum Kochen und Braten.

BRASILIANISCHER BÄRENKREBS (2)
(Scyllarides brasiliensis)

engl. Brazilian slipper lobster; portug. sapateira (Brasilien).

Sein Verbreitungsgebiet umfasst die brasilianische Küste und beschränkt sich dort auf die Bundesstaaten Maranhão und Bahia, wo es auch eine intensive Fischerei auf diese Art gibt.
Merkmale: Der Brasilianische ähnelt dem Großen Bärenkrebs, beide sind braungelb. Die Art bleibt mit 25 cm jedoch kleiner. Sicher zu erkennen ist er an den zwei eng umgrenzten roten Flecken auf der Vorderhälfte des ersten Hinterleibssegments.
Verwendung: Der Brasilianische Bärenkrebs kommt gelegentlich auf den Europäischen Markt. Er eignet sich zum Kochen und Braten.

WARENKUNDE   KÜCHENPRAXIS   REZEPTE
→ *Krustentiere*
Bärenkrebse

(1) Der **GROSSE BÄRENKREBS** *(Scyllarides latus)* unterscheidet sich von anderen Arten durch seine glatten Antennenschuppen.

(2) Der **BRASILIANISCHE BÄRENKREBS** *(Scyllarides brasiliensis)* hat zwei rote Flecken auf dem ersten Hinterleibssegment.

(3) Der **KLEINE BÄRENKREBS** *(Scyllarus arctus)* ist deutlich kleiner. Bei ihm sind die Antennenschuppen vorne kräftig gezähnelt.

(4) Der **BREITKOPF-BÄRENKREBS** *(Thenus orientalis)* wird nach vorne hin breiter, die Augen liegen an den äußersten Ecken.

KLEINER BÄRENKREBS (3) *(Scyllarus arctus)*

franz. petite cigale; ital. magnosella, cigala de mare; span. santiaguiño; griech. lyra; kroat. zezavac; türk. küçük ayı istakozu.

Der Kleine Bärenkrebs ist im Nordostatlantik vom Ärmelkanal bis Marokko sowie im gesamten Mittelmeer verbreitet, wo er auch überall gefischt wird.
Merkmale: Charakteristisches Merkmal des Kleinen Bärenkrebses sind die am Vorderrand kräftig gezähnelten Antennenschuppen. Die roten Flecken fehlen. Die Art bleibt mit einer Länge von maximal 16 cm, meist aber nur zwischen 5 und 10 cm, viel kleiner als andere Bärenkrebsarten.
Verwendung: Die Art erscheint unregelmäßig auf den Märkten des westlichen und zentralen Mittelmeeres. Zwar ist sie wenig ergiebig, jedoch sehr schmackhaft, zum Beispiel gebraten oder gegrillt.

BREITKOPF-BÄRENKREBS (4) *(Thenus orientalis)*

engl. flathead lobster, moreton bay bug (Australien); japan. uchiwa-ebi; port. cava-cava triangular (Moçambique).

Das Verbreitungsgebiet dieser Art erstreckt sich vom Roten Meer und der ostafrikanischen Küste bis nach Japan und Australien. Eine spezielle Fischerei auf diese Art existiert nicht, der Breitkopf-Bärenkrebs wird jedoch gelegentlich als Beifang der Garnelenfischerei angelandet.
Merkmale: Der hellbraun gefärbte Breitkopf-Bärenkrebs ist an seiner Form leicht zu erkennen: Bei ihm wird der Rückenpanzer vom Schwanz zum Kopf hin immer breiter, ganz außen liegen die Augen. Seine Antennenschuppen sind ebenfalls breit, halbkreisförmig und weisen wenige kräftige Zähne auf. Die Art kann bis zu 25 cm lang werden, bleibt jedoch meist darunter.
Verwendung: In den Export gelangt der Breitkopf-Bärenkrebs kaum. Sein Fleisch schmeckt wie das aller Bärenkrebse ganz ausgezeichnet und eignet sich gut zum Kochen, Braten oder Grillen.

Kulinarisch hochwertig ist auch der **Gedrungene Bärenkrebs** (*Parribacus* spp.), engl. mitten lobster, der weltweit in mehreren Arten vorkommt, jedoch nicht nach Europa gelangt. Seine Körperform ist flach und lang gestreckt, gefärbt ist er braun mit rötlich braunen Flecken. Auch er eignet sich gut zum Kochen, Braten oder Grillen.

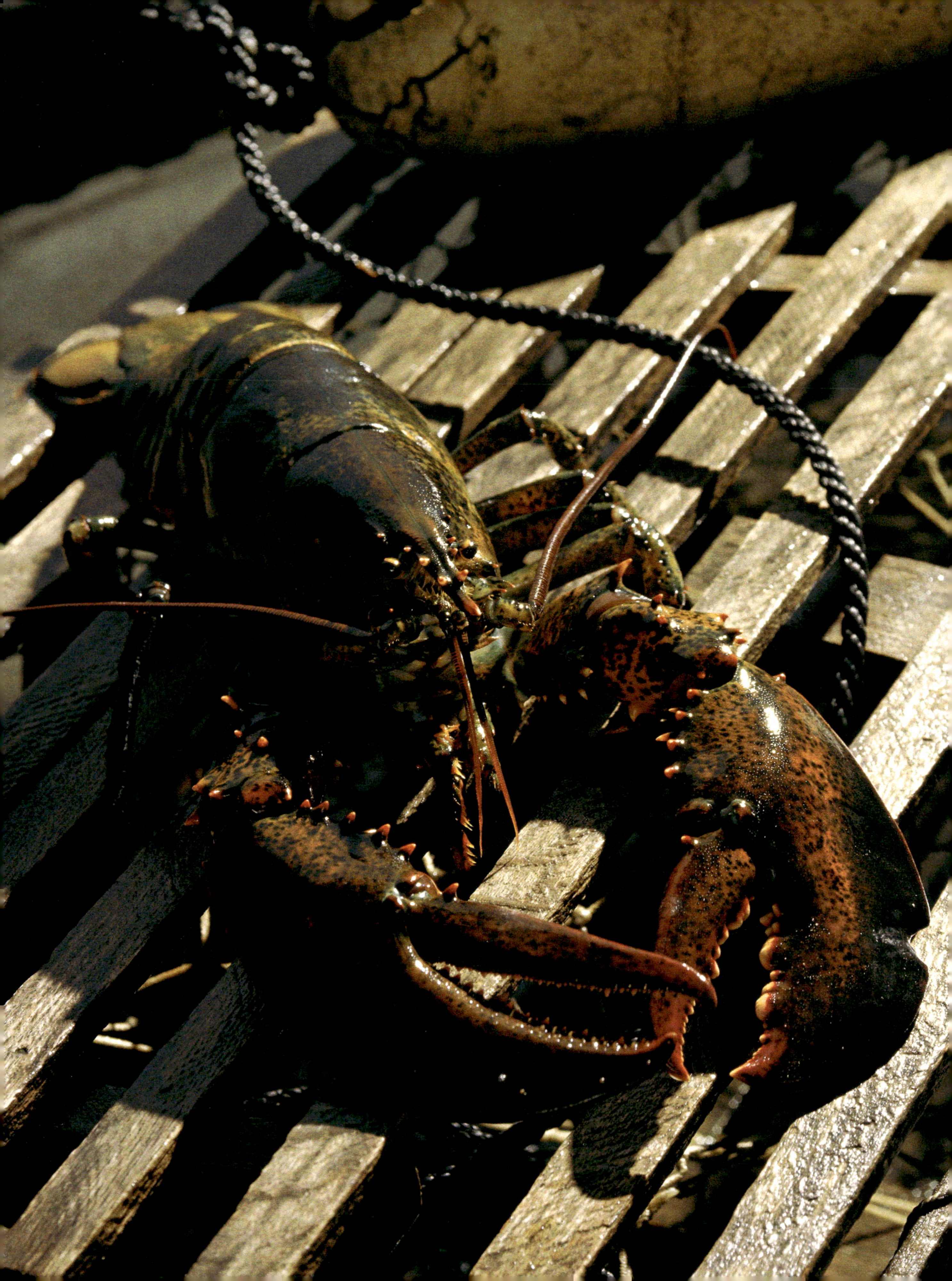

WARENKUNDE   KÜCHENPRAXIS   REZEPTE
→ *Krustentiere*
Hummer

Hummer und ihre Verwandtschaft: Die Scherenträger sind in Feinschmeckerkreisen seit jeher hoch geschätzt und sehr gefragt. Verbreitet sind sie vor allem in den kälteren Meeresregionen.

Hummerartige *(Nephropidae)*

Das charakteristische Merkmal der hummerartigen Krebse sind ihre großen und kräftigen Scheren. Es handelt sich dabei um das erste Beinpaar, die folgenden vier Laufbeinpaare sind viel schlanker, wobei die ersten zwei aber auch kleine Scheren tragen. Verbreitet sind sie vor allem in kälteren Gewässern. Zu den hummerartigen Krebsen, die alle ein sehr schmackhaftes Fleisch haben, gehören außerdem die Kaisergranat-Arten, die auch in tropische Breiten vordringen, sowie die im Süßwasser lebenden Flusskrebse. Hummer und ihre Verwandten gelten seit jeher als große Delikatesse, die zu hohen Preisen gehandelt wird.

DIE HUMMER-FISCHEREI

Hummer werden gezielt in Europa und Nordamerika gefischt, dabei ist der nordamerikanische Fang ungleich größer als der europäische, doch geraten die Bestände der USA und Kanadas langsam ebenfalls unter Druck. Die Fischereimethoden haben sich im Vergleich zu früheren Zeiten kaum verändert: Noch immer fängt man Hummer in küstennahen Gebieten mit Hilfe von beköderten Reusen, so genannten Hummerkörben, deren Form kastenförmig oder rund sein kann. Als Köder dient meist Fisch- oder Krebsfleisch, etwa von Strandkrabben oder Taschenkrebsen, seltener nimmt man Schnecken oder Muscheln.

Dann werden die mit Bojen markierten Reusen meist von den Fangschiffen aus in den Küstengewässern versenkt und regelmäßig kontrolliert. Der Fang kann je nach Jahreszeit und Wetter sehr schwankend ausfallen: Nicht alle Körbe enthalten Hummer – oft sind andere Meeresbewohner darin – und nicht alle Hummer dürfen mitgenommen werden. In vielen Ländern gibt es zum Schutz der Bestände gesetzliche Regelungen, nach denen nur Hummer mit einer gewissen Mindestgröße gehandelt werden dürfen. So ist in Deutschland eine Mindestrückenlänge von 90 mm vorgeschrieben. In den USA muss der Rückenpanzer 79 bis 81 mm lang sein; Eier tragende Weibchen dürfen gar nicht gefangen werden. In Deutschland, Portugal, Spanien, Norwegen und Schweden gibt es spezielle Schonzeiten.

- Alle hummerartigen Krebse sind an ihren großen Scheren leicht zu erkennen.
- Hummer können eine Größe von etwas über 60 cm erreichen.
- Die amerikanische Art trägt im Gegensatz zur europäischen an der Unterseite des Stirnhorns einen Dorn.

(1) Der Hummerfang erfolgt heute noch wie früher mit beköderten Reusen, die in Küstennähe versenkt werden.

(2) Die Drahtkörbe werden regelmäßig kontrolliert, aber nicht alle Hummer dürfen mitgenommen werden.

(3) Die jeweiligen Landesgesetze schreiben zum Schutz der Hummer eine gewisse Mindestgröße vor.

(4) Das Mindestmaß ist in den USA auf 79 bis 81 mm Rückenpanzerlänge festgesetzt, in Deutschland sind es 90 mm.

Teubner Edition **45**

WARENKUNDE   KÜCHENPRAXIS   REZEPTE
→ *Krustentiere*
Hummer

EUROPÄISCHER HUMMER (1)
(Homarus gammarus)

engl. European lobster; franz. homard européen; ital. astice; port. lavagante; span. bogavante; griech. astakos; norw. hummer; kroat. hlap; türk. istakoz.

Der Europäische Hummer ist im Nordostatlantik von Norwegen bis nach Marokko und im größten Teil des Mittelmeeres – hier fehlt er nur im sehr warmen Osten – verbreitet. Eine bedeutende Fischerei gibt es rund um die Britischen Inseln, vor Norwegen und an der französischen Atlantikküste. Im Mittelmeer wird der Europäische Hummer vor allem in den kälteren Gebieten wie der nördlichen Ägäis und dem Marmarameer gefangen. Die Helgoländer Hummerfischerei ist nach einem Höhepunkt in den dreißiger Jahren des letzten Jahrhunderts (jährlich etwa 80.000 Stück) sehr stark zurückgegangen, heute werden jährlich noch etwa 130 Tiere gefangen. Grund dafür ist vermutlich die Zerstörung ihres Lebensraumes: Hummer leben und pflanzen sich in felsigen Höhlen fort und viele davon wurden vor Helgoland infolge des Zweiten Weltkrieges zerstört. Aquakultur-Experimente laufen auf Helgoland, in Frankreich und Spanien, jedoch ist eine Produktion im wirtschaftlich interessanten Maßstab bislang noch nicht gelungen.

Merkmale: Der Europäische Hummer hat große, breite Scheren. Seine Körperfarbe ist dunkel, teils auch blau, insbesondere bei den in der Nordsee lebenden Exemplaren. Maximal kann ein Europäischer Hummer 60 cm Körperlänge erreichen, solche Tiere wiegen dann 5 bis 6 kg und sind über 60 Jahre alt. Durch starke Befischung sind Tiere dieser Größe selten, meist fängt man den Europäischen Hummer mit einer Körperlänge zwischen von 25 und 50 cm.

Verwendung: Das Fleisch eines frischen Europäischen Hummers ist sehr delikat und sollte nicht zu stark gewürzt werden. Sehr gut schmeckt es gekocht, aber auch gebraten oder gegrillt ist es eine Delikatesse. Gekochte und tiefgekühlte Hummerschwänze eignen sich für Zubereitungen wie Cocktails oder Salate.

AMERIKANISCHER HUMMER (2)
(Homarus americanus)

engl. American oder Maine lobster; franz. homard américain.

Der Amerikanische Hummer ist im nordwestlichen Atlantik von Kanada bis nach Kap Hatteras in North Carolina (USA) verbreitet. Er wird in seinem gesamten Verbreitungsgebiet stark befischt.

Merkmale: Der Amerikanische Hummer unterscheidet sich nur wenig von seinem europäischen Verwandten. Oft scheinen seine Scheren etwas breiter zu sein, doch ist dies kein sicheres Indiz. Auch die Länge des Amerikanischen Hummers ist mit maximal 65 cm ähnlich wie bei der europäischen Art. Der Amerikanische Hummer erscheint oft größer, weil im Schnitt größere Exemplare auf den Markt kommen, was jedoch eher ein Spiegel der Überfischung des Europäischen Hummers ist. Ein sicheres Unterscheidungsmerkmal ist dagegen die Unterseite des Stirnhorns: dort befindet sich beim Amerikanischen Hummer ein Dorn, beim Europäischen Hummer fehlt dieser, die Unterseite ist glatt.

Verwendung: Der Amerikanische Hummer wird in großem Maßstab nach Europa importiert und ist bei sachgemäßem Transport dem Europäischen Hummer geschmacklich ebenbürtig. Sein feines Fleisch eignet sich zum Kochen, Braten sowie zum Grillen.

Gefragte Delikatesse
Die meisten Hummer kommen heute aus Kanada und den USA nach Europa auf den Markt, da die Fänge des Amerikanischen jene des Europäischen Hummers um das Sechzehnfache übersteigen.

HUMMERMÄNNCHEN UND -WEIBCHEN: Beim Weibchen (rechts) sind die Schwanzsegmente breiter. Beim Männchen (links) ist das erste Hinterleibsbeinpaar zu Ruten umgebildet.

WARENKUNDE   KÜCHENPRAXIS   REZEPTE
→ *Krustentiere*
Hummer

(1) Der **EUROPÄISCHE HUMMER** *(Homarus gammarus)* ist mittlerweile selten geworden. Vor Irland werden aber noch stattliche Exemplare gefangen, die gute Preise erzielen. Seine Körperfarbe ist dunkel, teils auch blau.

(2) Der **AMERIKANISCHE HUMMER** *(Homarus americanus)* wird hierzulande sehr viel häufiger angeboten als der Europäische. Im Unterschied zu diesem trägt der Amerikanische Hummer einen Dorn an der Unterseite des Stirnhorns, beim Europäischen Hummer ist die Unterseite dagegen glatt.

Teubner Edition 47

WARENKUNDE   KÜCHENPRAXIS   REZEPTE
→ *Krustentiere*
  Hummer

(1) Scheren fixieren: Zuerst legt man ein Gummiband um den kleinen Scherenfinger.

(2) Dann klappt man beide Scherenteile zusammen und umwickelt sie mit dem Band.

(3) Transportiert werden können Hummer in einer Box zwischen feuchter Holzwolle.

(4) Optimal gelagert werden Hummer bei einer Temperatur zwischen plus 2 und 4 °C.

Hummer wachsen langsam, die Weibchen laichen nur alle zwei Jahre und tragen dann die befruchteten Eier 9 bis 11 Monate an den Hinterleibsbeinen mit sich herum (5). Nach dem Durchlaufen von vier verschiedenen Entwicklungsstadien gehen die Larven dann zum Bodenleben über. Sie reagieren sehr empfindlich auf Schadstoffe, die zu einer hohen Mortalität beitragen. Erst im Alter von 5 bis 6 Jahren werden Junghummer geschlechtsreif, ab dieser Zeit sind sie dann auch marktfähig.

TRANSPORT UND LAGERUNG

Um die Verletzungsgefahr zu minimieren und um zu verhindern, dass die Hummer sich beim Transport gegenseitig angreifen, werden die Scheren oft schon direkt an Bord der Fangschiffe mit einem Gummiband oder mit einer Schnur fixiert (1), (2). Früher wurde von amerikanischen Fischern zur Fixierung der Scheren oft ein Holzkeil in die Gelenkhaut der Fingerbasis getrieben, was jedoch häufig zu Entzündungen und damit zu Verlusten führte, zudem wurde die Qualität des Scherenfleisches negativ beeinflusst.

Nach dem Fang werden die Hummer entweder lebend vermarktet oder gekocht und im Eisblock verkauft. Ein Teil der Fänge wird auch zu Konserven verarbeitet. Zunehmend wichtiger ist der Export lebender Tiere per Luftfracht. Hummer sind sehr widerstandsfähig und lassen sich in feuchter Holzwolle, Stroh, Plastikwolle oder auch Torf gut transportieren (3). Dafür legt man das Tier in eine Box mit in Salzwasser getränkter Holzwolle zwischen Pergamentpapier. Wichtig bei der Lagerung zu Hause ist die richtige Temperatur, sie sollte immer zwischen plus 2 und 4 °C liegen (4).

Am Bestimmungsort angekommen, werden die Hummer in Becken mit Seewasser gesetzt und gehältert, bevor sie im Fischgeschäft oder Restaurant aus dem Aquarium verkauft werden; man kann also überall lebende Ware erwerben. Im Zweifel sollte man sich die Vitalität des Tieres vorführen lassen: Lebendige Hummer werden beim Herausheben aus Aquarium oder Karton aktiv, sie rudern mit den Beinen und spreizen drohend die Scheren. Ohne Hälterungssystem können Hummer 3 bis 4 Tage gelagert werden, müssen dabei jedoch regelmäßig kontrolliert werden. Zeigt ein Tier kein Lebenszeichen mehr, sollte es sofort gekocht werden, denn jetzt ist es noch genießbar.

(5) DIE WEIBCHEN TRAGEN DIE EIER an den Hinterleibsbeinen 9 bis 11 Monate mit sich. Daher sollten Hummerweibchen auch in Ländern, in denen es noch erlaubt ist, nicht gefangen werden.

Hummer aus Europa oder Kanada?

Er ist der König des Meeres, und so viel kostet er auch: der Hummer. Aber Hummer ist nicht gleich Hummer, denn es gibt den Europäischen und den Amerikanischen, der oft aus Kanada importiert wird. Letzterer ist weitaus häufiger und billiger, soll aber, so sagen viele überzeugte Hummeresser, längst nicht so aromatisch sein wie der in Europa gefangene. In zahlreichen Restaurants steht »Bretonischer Hummer« auf der Karte, und dieser genießt noch immer den Ruf, der beste zu sein. An Europas Küsten gibt es aber nur eine echte Hummerart, den *Homarus gammarus*. Er lebt sowohl an den Küsten der Bretagne zwischen St. Malo und Brest als auch vor Irland, Norwegen und Schottland. Tatsächlich schrumpft die Zahl der Hummer, die in der Bretagne gefangen werden, von Jahr zu Jahr. Inzwischen kommen viele Tonnen aus den USA, Kanada und Norwegen. Lebendig unterscheiden sich Hummer aus Europa und aus Übersee deutlich: Der Europäische Hummer ist oft tiefblau mit schöner Sprenkelung auf dem Panzer, der Amerikanische hat eine dunkelbraungraue Schale. Liegen sie beide zubereitet auf dem Teller, sind sie nicht mehr voneinander zu unterscheiden.

»Wir haben einmal ein Hummeressen mit vielen Sterneköchen gemacht«, erzählt Jean-Claude Bourgueil, Drei-Sterne-Koch vom Düsseldorfer »Schiffchen«, »auch Paul Bocuse war dabei. Es gab Hummer, der uns alle begeisterte. Hinterher erfuhren wir, dass es kanadischer war«. Peter Nöthel, Patron des Düsseldorfer »Hummerstübchen« hat in den letzten 20 Jahren über 60 Tonnen Hummer verarbeitet. Der Zwei-Sterne Koch erzählt, dass er jedem, der behauptet, Europäischer Hummer sei besser, anbietet, ihm mit verbundenen Augen jeweils fünf Schwanzstücke vom bretonischen und fünf vom Maine-Lobster zu servieren, »und ich wette, dass niemand den Unterschied schmeckt«. Ein direkter Vergleichstest bei Nöthel brachte das Ergebnis: Der kanadische Hummer ist beim Scherenfleisch süßer, sein Fleisch etwas weicher. Der bretonische ist fester und härter, muss häufiger gekaut werden und schmeckt etwas nussig, besser ist er auf keinen Fall. Wenn der Hummer mit Sauce serviert wird, merkt man gar keinen Unterschied mehr. Ist er wie hier hervorragend gekocht, gibt es einen geringen geschmäcklichen, aber keineswegs qualitativen Unterschied, erst recht nicht einen, der den doppelten Preis rechtfertigen würde. Ein Großteil der überall auf der Welt zubereiteten Hummer ist schlicht totgekocht: Labberig und matschig fallen sie nahezu geschmacksfrei auseinander. Und wer einen solchen Hummer aß, und der stammte dann zufällig aus Kanada, wird beim nächsten Mahl im Sternelokal den ausnahmsweise gut gegarten Hummer, vielleicht aus der Bretagne, loben. Außerdem liest man unablässig in einschlägigen Restaurantführern, Gourmetzeitschriften und Büchern, der bretonische sei ja viel besser – wer würde das nicht selber irgendwann glauben und schmecken? Man kann sich viel einbilden. Auch Jörgen Christensen von »Cap-Fish-Co« aus St. Margarethen bei Hamburg, der jedes Jahr 230 Tonnen Hummer aus Amerika nach Deutschland importiert, kann dem Europäischen Hummer nicht mehr abgewinnen. »Der Handel damit lohnt sich nicht«, sagt er.

Der Ami-Hummer ist nicht nur wegen seines schlechteren Namens billiger: Er ist einfacher zu fangen und noch in größerer Menge vorhanden. Im US-Bundesstaat Maine und den kanadischen Provinzen Nova Scotia und New Brunswick krabbeln den Fischern je nach Jahr 60.000 bis 80.000 Tonnen *Homarus americanus* in die Körbe – gegenüber maximal 3.000 bis 4.000 Tonnen an Europas Küsten. Versuche, Hummer in großem Stil zu züchten, scheiterten bisher aus Kostengründen: Der König wächst viel zu langsam.

Robert Lücke

WARENKUNDE KÜCHENPRAXIS REZEPTE
→ *Krustentiere*
  Kaisergranate

Kaisergranate
Von hohem Adel ist nicht allein ihr Name, auch der feine Geschmack dieser Tiere überzeugt. Daher stehen sie auf der Feinschmecker-Rangliste der Krustentiere ziemlich weit oben.

Vielen ist diese Art besser bekannt unter ihrem italienischen Namen: Scampi sind immer wieder auf der Speisekarte zu finden. Ob dann allerdings auch tatsächlich die teuren Kaisergranate serviert werden, oder doch einmal mehr Riesengarnelen – das ist nicht gewiss. Sicher aber ist, dass die beiden aufgrund ihrer – im ausgelösten Zustand – ähnlichen Form immer wieder verwechselt werden. Dabei gibt es eindeutige Unterscheidungsmerkmale (3).

KAISERGRANAT (1) *(Nephrops norvegicus)*

engl. Norway lobster; franz. langoustine; ital. scampo; port. lagostim; span. cigala; griech. karavida; kroat. škamp.

Die Kaltwasserart ist im Nordostatlantik von Island bis Marokko verbreitet und fast im gesamten Mittelmeer mit Ausnahme des östlichsten Warmwassergebiets. Bedeutende Fischerei findet in der Nordsee statt, ebenso wie in englischen Gewässern, an der französischen, spanischen und portugiesischen Atlantikküste, im Mittelmeer besonders vor der spanischen und ligurischen Küste sowie in der Adria. Der Kaisergranat wird regelmäßig auf Fischmärkten dieser Regionen angeboten, allerdings kaum einmal lebend, weil er sehr empfindlich ist.

Merkmale: Der Kaisergranat ist ein hummerähnlicher Krebs mit einem im Vergleich zu den Garnelen stark entwickelten Vorderkörper. Im Gegensatz zu diesen haben Kaisergranate sehr stabile Panzerglieder, die an den Seiten nach unten spitz auslaufen. Ganz typisch für die Art sind die schlanken, lang gestreckten Scheren und die rosa Färbung. Kaisergranate werden maximal 25 cm groß, meist liegt ihre Länge aber zwischen 10 und 20 cm.

Verwendung: Kaisergranate sind hierzulande frisch und tiefgekühlt erhältlich. Da sie rasch verderben, sollte man beim Kauf frischer Ware besonders kritisch sein: Frische Kaisergranate haben eine rosa Farbe, ihr Muskelfleisch ist transparent. Wenn die Tiere zu lange liegen, geht die Farbe zunehmend in Orange über und die Muskulatur wird undurchsichtig weiß. Im Zweifelsfall hilft eine Geruchsprobe

(1) Der **KAISERGRANAT** *(Nephrops norvegicus)* hat ein sehr delikates Fleisch und wird hoch geschätzt. Im Gegensatz zu Garnelen ist sein Vorderkörper stark entwickelt. Typisches Merkmal sind die langen schlanken Scheren.

WARENKUNDE KÜCHENPRAXIS REZEPTE
→ *Krustentiere*
Kaisergranate

zwischen Rückenpanzer und Hinterleib: Dazu beide Teile zwei- bis dreimal gegeneinander bewegen – ist ein unangenehmer »fischiger« Geruch wahrnehmbar, ist die Ware nicht mehr frisch und vom Kauf ist abzuraten. Die feinen Krustentiere schmecken gekocht, gebraten oder auch gegrillt ausgezeichnet.

NEUSEELÄNDISCHER KAISERGRANAT (2)
(Metanephrops challengeri)

engl. New Zealand scampi, deep water scampi (Neuseeland).

Der Neuseeländische Kaisergranat ist auf die Gewässer um Neuseeland beschränkt, wo er in Tiefen zwischen 120 und 700 m vorkommt.

Merkmale: Die neuseeländische Art unterscheidet sich von der europäischen durch die kräftige Bestachelung des Rückenschildes hinter den Augen. Die Scheren sind beim Neuseeländischen Kaisergranat beide völlig gleich, während sie sich beim Europäischen Kaisergranat in Größe und Form etwas unterscheiden. Zudem weist die neuseeländische Art auf den Hinterleibssegmenten dünne, kräftig rot gefärbte Querbänder auf und auch die Scheren sind kontrastreicher gefärbt.

Verwendung: Der Neuseeländische Kaisergranat gelangt tiefgekühlt auf den europäischen Markt. Seine Qualität ist hervorragend und unterscheidet sich nicht vom Europäischen Kaisergranat. Sein Fleisch eignet sich zum Kochen, Braten und Grillen.

Kaisergranate, fangfrisch aus dem Meer, sind eine große Delikatesse.

(2) Der **NEUSEELÄNDISCHE KAISERGRANAT** *(Metanephrops challengeri)* unterscheidet sich von der europäischen Art durch die kräftige Bestachelung des Rückenschildes hinter den Augen sowie durch die konstrastreichere Färbung.

(3) Beim ungeschälten **KAISERGRANAT-SCHWANZ** fällt die Unterscheidung leicht: Er ist im Gegensatz zur Garnele breiter und seitlich nicht zusammengedrückt.

Teubner Edition

WARENKUNDE   KÜCHENPRAXIS   REZEPTE
→ Krustentiere
　Flusskrebse

Flusskrebse
Vom Arme-Leute-Essen zur geschätzten Delikatesse! Nach ihrer Beinahe-Ausrottung sind einige Arten der geschätzten Süßwasserkrebse wieder aus Aquakultur erhältlich.

(1) Der **SUMPFKREBS** oder **GALIZIER** *(Astacus leptodactylus)* ist die derzeit in Europa am häufigsten angebotene Flusskrebsart. Zu erkennen ist er an seinen schlanken Scheren. Geschmacklich kommt der Sumpfkrebs an den Edelkrebs heran, allerdings enthalten seine schmaleren Scheren wesentlich weniger Muskelfleisch.

- Flusskrebse sind mit dem Hummer verwandt, leben aber im Süßwasser.
- Sie leben in langsam fließenden kalten Flüssen, Teichen, Seen und Sumpfgewässern.

Flusskrebse *(Astacidae, Cambaridae, Parastacidae)*

Flusskrebse sehen mit ihren großen Scheren dem Hummer ähnlich und sind auch mit diesem verwandt. Sie leben aber im Gegensatz zu den anderen Mitgliedern dieser Familie im Süßwasser. Weltweit gibt es etwa 300 Arten, die große Mehrzahl davon ist in den USA beheimatet, die restlichen Arten stammen aus Europa und Australien. Der Lebensraum der Flusskrebse sind langsam fließende kalte Flüsse sowie Teiche, Seen und Sumpfgebiete. Dort bewegen sich die Krebse meist auf dem Grund. Tagsüber verstecken sie sich unter Wasserpflanzen, Steinen und in selbst gegrabenen Uferhöhlen.

EDELKREBS (2) *(Astacus astacus)*

engl. crayfish; franz. écrevisse; finn. rapu; norw. ferskvannskreps; schwed. flodkräfta; niederl. rivierkreeft.

Der Edelkrebs war im 19. Jahrhundert und davor die wirtschaftlich wichtigste Flusskrebsart in Europa. Er war so häufig, dass es per Gesetz verboten wurde, Dienstboten mehr als zwei Mal wöchentlich ein Krebsgericht vorzusetzen. Durch die Krebspest – eine vermutlich aus Amerika eingeführte Pilzerkrankung – wurden die Bestände jedoch stark dezimiert. Heute ist die Art kommerziell kaum noch von Bedeutung. Obwohl der Edelkrebs, hauptsächlich in Bayern, aber auch in den skandinavischen Ländern, in Teichwirtschaft wieder gezüchtet wird, gelangt er nur in begrenztem Umfang auf den Markt.
Merkmale: Der Edelkrebs ist einheitlich dunkel gefärbt. Er ist leicht zu erkennen an seinen breiten und massiven Scheren. Der Edelkrebs wird maximal 18 cm lang, bleibt jedoch meist etwas kleiner.
Verwendung: Kulinarisch ist der Edelkrebs hoch geschätzt. Die Zubereitungsart der Wahl ist Kochen, sein delikates Fleisch schmeckt warm und kalt.

SUMPFKREBS, GALIZIER (1)
(Astacus leptodactylus)

franz. écrevisse orientale; finn. kapeasaksirapu; schwed. smalkloig sumpkräfta; türk. kerevit.

Der Sumpfkrebs ist die in Europa derzeit kommerziell wichtigste Flusskrebsart. Er wird vorwiegend aus der Türkei importiert und dann in norddeutschen Seen gefarmt. Hauptabnehmer sind Frankreich, Deutschland und Belgien.
Merkmale: Der Sumpfkrebs hat schlankere Scheren als der Edelkrebs. Er erreicht eine Maximallänge von etwa 20 cm.
Verwendung: Was den Geschmack anbelangt, reicht der Sumpfkrebs beinahe an den Edelkrebs heran, allerdings enthalten seine schmäleren Scheren deutlich weniger Fleisch. Hell gefärbte Tiere schmecken besser als dunkle, diese stammen aus sumpfigen

WARENKUNDE KÜCHENPRAXIS REZEPTE
→ *Krustentiere*
Flusskrebse

Gebieten und sind geschmacklich minderwertig. Die Art eignet sich wie alle Flusskrebse vorwiegend zum Kochen und schmeckt warm und kalt.

SIGNALKREBS (3) *(Pacifastacus leniusculus)*

engl. signal crayfish; finn. täglärapu; schwed. signalkräfta.

Ursprünglich ist der Signalkrebs im Süßwasser an der Nordwestküste der USA beheimatet. Als Ersatz für den Edelkrebs wurde er nach Europa eingeführt. Da inzwischen aber auch er die Erreger der Krebspest übertragen kann, darf der Signalkrebs laut Fischereigesetz bei uns nur in geschlossenen Zuchtanlagen gehalten werden. In Skandinavien und in Österreich kommt er aber bereits in größeren Mengen in freier Natur vor.

Merkmale: Äußerlich ähnelt der Signalkrebs stark dem Edelkrebs. Ein sicheres Unterscheidungsmerkmal sind jedoch die beiden hellen, manchmal auch türkisfarbenen Flecken nahe der Basis der beweglichen Scherenfinger. Seine maximale Größe beträgt wie beim Edelkrebs 18 cm, meist bleibt er aber etwas kleiner.

Verwendung: Geschmacklich ist der insbesondere in Kalifornien beliebte Signalkrebs von hoher Qualität, er kann als vollwertiger Ersatz für den Edelkrebs gelten. Die klassische Zubereitung ist Kochen, das delikate Fleisch des Signalkrebses schmeckt warm, aber auch kalt in Cocktails, Salaten und Vorspeisen.

Signale setzen

Seinen Namen verdankt der Signalkrebs dem auffälligen hellen Fleck auf der Oberseite der beiden Scheren an der Basis der Scherenfinger – ein Merkmal, das ihn von anderen Flusskrebsarten unterscheidet.

(2) Der **EDELKREBS** *(Astacus astacus)* ist an seiner dunklen Färbung und an den breiten, massiven Scheren zu erkennen. Er wird hierzulande mittlerweile in Teichwirtschaft gezüchtet und ist qualitativ sehr hochwertig.

(3) Der **SIGNALKREBS** *(Pacifastacus leniusculus)* ist an seinen hellen, leicht türkisfarbenen Flecken an der Basis des beweglichen Scherenfingers zu erkennen. Er ist aus kulinarischer Sicht dem Edelkrebs ebenbürtig.

WARENKUNDE   KÜCHENPRAXIS   REZEPTE
→ *Krustentiere*
   Flusskrebse

LOUISIANA SUMPF-FLUSSKREBS (2)

(Procambarus clarkii)

engl. *Louisiana swamp crayfish, red swamp crayfish;* span. *cangrejo rojo de la marisma;* japan. *zari-gani.*

Der Louisiana Sumpf-Flusskrebs kommt in den Mangrovensümpfen der Überschwemmungsgebiete entlang der Küste von Louisiana (USA) noch in großen Massen vor. Er ist der weltweit am meisten gefischte Flusskrebs, wobei die Erträge aus Wildfängen, aber auch aus Teichwirtschaft stammen. In den USA zählt er zu den wichtigsten kommerziell genutzten Arten. Er wurde in Spanien (Andalusien) eingebürgert, wo er zur Zeit große Populationen bildet, und gelangt von dort auch zu uns. Vor allem in der ersten Jahreshälfte, wenn die heimischen Flusskrebse Schonzeit haben.

Merkmale: Der Louisiana-Flusskrebs ist an seiner auffälligen dunkelroten Farbe zu erkennen. Typisch für die Art sind auch die perlförmigen Knoten auf den Scheren und dem Vorderkörper.

Verwendung: Die Schale des Louisiana Sumpf-Flusskrebses ist viel härter als die der europäischen Flusskrebse. In puncto Geschmack kann der amerikanische Verwandte nicht ganz mit den europäischen Arten mithalten. In den USA ist er jedoch sehr beliebt. Am besten schmeckt er gekocht.

KLEINER AUSTRALKREBS, YABBIE (1)

(Cherax destructor)

engl. *yabbie (Australien).*

Der Kleine Australkrebs ist in einem großen Gebiet in Süd-, Mittel- und Ostaustralien verbreitet, die Küstenregionen erreicht er nicht. Er lebt vor allem in Überflutungsgebieten, wo er tiefe Gänge in den Boden der Gewässer gräbt, die bei Austrocknung noch das Grundwasser erreichen. Die Fischerei auf Yabbies ist in Australien eine Art Volkssport. Die Zucht ist mehrfach versucht worden, hat aber bislang noch keine kommerziellen Maßstäbe erreicht.

Merkmale: Australkrebse der Gattung *Cherax* sind an den weichen, nicht kalzifizierten Hinterhälften aller Teile des Schwanzfächers zu erkennen. Vom

(1) **AUSTRALKREBSE** der Gattung *Cherax* erlangen auf dem europäischen Markt zunehmend größere Bedeutung. Im Vordergrund der **GROSSE AUSTRALKREBS** oder **MARRON** *(Cherax tenuimanus)*, dahinter der hellere **KLEINE AUSTRALKREBS** oder **YABBIE** *(Cherax destructor)* mit seinen großen, fleischigen Scheren.

(2) Der **LOUISIANA SUMPF-FLUSSKREBS** *(Procambarus clarkii)* kommt entlang der Küste von Louisiana in Massen vor. Typisch für die Art ist die leuchtend rote Farbe. Geschmacklich ist er nicht ganz so hochwertig.

WARENKUNDE KÜCHENPRAXIS REZEPTE
→ *Krustentiere*
Mittelkrebse

Großen Australkrebs unterscheidet sich der Kleine durch die breiteren Scheren, den glatten hinteren Brustpanzer und die glatten Hinterleibssegmente. Zudem trägt das Mittelstück des Schwanzfächers nur ein Paar Seitenrandstacheln, Mittelstacheln fehlen. Der Yabbie ist etwa 15 cm lang und meist bräunlich, manchmal aber grünlich, bläulich oder rötlich.
Verwendung: Lebende Tiere müssen vor der Zubereitung mindestens 24 Stunden in klarem Süßwasser gehältert werden, damit sie ihren Schlammgeschmack verlieren. Dann ist das Fleisch gut, reicht aber nicht ganz an das des Marrons heran. Yabbies eignen sich vor allem zum Kochen.

GROSSER AUSTRALKREBS, MARRON (1)
(Cherax tenuimanus)
engl. marron (Australien).

Das natürliche Vorkommen des Marrons ist auf ein kleines Gebiet in Südwestaustralien beschränkt. Dort ist er streng geschützt und darf nur von Mitte Dezember bis Ende April in kleinen Mengen gefangen werden. Die gesetzlich vorgeschriebene Mindestgröße beträgt 75 mm Rückenpanzerlänge. Eine kommerzielle Fischerei auf ihn ist nicht erlaubt. Die im Handel angebotene Ware stammt ausnahmslos aus Teichwirtschaften, die sowohl in Westaustralien als auch in Queensland gute Erträge erbringen, wobei die Nachfrage das Angebot bei weitem übersteigt. In Südafrika wurde der Marron nachgezüchtet, dort ist er als Cape Marron im Handel.
Merkmale: Der Marron ist die drittgrößte Flusskrebsart der Welt. Vom Yabbie unterscheidet sich der bräunlich gefärbte Marron durch sein raues Brustpanzer-Hinterteil und die rauen Hinterleibssegmente. Außerdem hat er ein Paar Mitteldornen auf der Mittelplatte des Schwanzfächers.
Verwendung: Der Marron schmeckt vorzüglich und eignet sich für alle Flusskrebs-Zubereitungen, meist wird er gekocht und warm oder kalt serviert.

Mittelkrebse
Teils weniger bekannt, aber regional durchaus geschätzt sind die Krebse dieser Gruppe. Ergiebig und sehr delikat sind insbesondere die großen Königskrabbenarten.

Mittelkrebse *(Anomura)*

Die Mittelkrebse sind vielgestaltig: Zu ihnen zählen Springkrebse, Einsiedlerkrebse und Scheinkrabben. Unterscheiden lassen sich die kommerziell wichtigen Arten von anderen Krebsen dadurch, dass hinter den Scheren nur drei große Beinpaare vorhanden sind, das letzte ist stark verkleinert.

EINSIEDLERKREBS (1) *(Pagurus ssp.)*
engl. hermit crab; franz. l'hermite orientale; finn. kapeasak

Einsiedlerkrebse gibt es weltweit in zahlreichen Arten, viele davon bewohnen Schneckenhäuser. Bei uns verbreitet ist vor allem der Bernhardseinsiedler *(Pagurus bernhardus)*.
Merkmale: Ihr weicher Hinterleib ist ungepanzert. Die vorderen zwei Beinpaare sind als kräftige Laufbeine entwickelt, die hinteren stark zurückgebildet.
Verwendung: Einsiedlerkrebse werden oft gekocht.

(1) **EINSIEDLERKREBSE** *(Pagurus ssp.)* spielen kommerziell keine große Rolle, sie werden allenfalls regional genutzt. Ihr Hinterleib ist weich und ungepanzert, deshalb bewohnen sie oft Schneckenhäuser.

- Die Formenvielfalt der Mittelkrebse ist enorm.
- Typisches Merkmal der Mittelkrebse ist, dass sie nur drei große Beinpaare hinter den Scheren haben.
- Das vierte Beinpaar ist stark verkleinert und kaum zu erkennen.

Teubner Edition 55

WARENKUNDE   KÜCHENPRAXIS   REZEPTE
→ *Krustentiere*
  Mittelkrebse

(1) Der **TIEFWASSER-SPRINGKREBS** *(Munida rugosa)* gelangt in Europa gelegentlich auf den Markt. Sein Fleisch schmeckt sehr gut, doch ist die Ausbeute denkbar gering.

(2) Der **CHILE-LANGOSTINO** *(Cervimunida johni)* ist an seiner abgeplatteten Körperform sowie an den langen, relativ breiten Scheren zu erkennen. Er hat einen sehr guten Geschmack.

(3) Der **LANGOSTINO** *(Pleuroncodes monodon)* ist mit dem Chile-Langostino eng verwandt. Im Handel werden die beiden kulinarisch hochwertigen Sorten nicht unterschieden.

Springkrebse *(Galatheidae)*

Die zu den Mittelkrebsen *(Anomura)* zählenden Springkrebse sind relativ abgeplattet. Hinter den Scheren haben sie drei große Beinpaare. Wegen der geringen Fleischausbeute werden sie nur regional genutzt.

TIEFWASSER-SPRINGKREBS (1) *(Munida rugosa)*

engl. squat lobster; franz. galathée rouge.

Der Tiefwasser-Springkrebs ist die einzige in Europa genutzte Art der Familie. Er wird – meist als Beifang – an der französischen und spanischen Atlantikküste in geringem Umfang gefischt und in der Regel vor Ort frisch vermarktet.
Merkmale: Die Art erinnert wegen der langen Scheren an den Kaisergranat, ist aber viel mehr abgeplattet als dieser. Hinter den Scheren hat sie nur drei große Beinpaare, das vierte ist stark verkleinert und dient nur noch als Putzbein; beim Kaisergranat sind dagegen alle Laufbeinpaare etwa gleich groß.

Verwendung: Die Art hat zwar eine geringe Fleischausbeute, schmeckt jedoch sehr fein. Zu uns auf den Markt gelangt sie nicht. In den Fanggebieten wird sie meist gekocht und gern als Vorspeise serviert.

CHILE-LANGOSTINO (2) *(Cervimunida johni)*

engl. red crab, langostino; span. langostino amarillo, langostino chileno.

Die Art ist in den Gewässern vor Chile verbreitet und wird zusammen mit einer anderen, vom Nichtfachmann kaum zu unterscheidenden Art *(Pleuroncodes monodon)* (3) vermarktet.
Merkmale: Der Chile-Langostino ist an seiner abgeplatteten Körperform und an den relativ breiten Scheren zu erkennen. Seine Hinterleibsmuskulatur ähnelt der von Kaisergranat oder Flusskrebs, ist aber stark abgeplattet und eingerollt.
Verwendung: Der Geschmack seines Fleisches ist sehr gut, zu uns gelangt der Chile-Langostino aber ausschließlich tiefgekühlt oder als Konserve. Er eignet sich hervorragend für Cocktails und feine Salate.

WARENKUNDE   KÜCHENPRAXIS   REZEPTE
→ *Krustentiere*
  Mittelkrebse

Scheinkrabben *(Lithodidae)*

Nicht alle Krebstiere, die wie Krabben aussehen, sind – zoologisch gesehen – auch welche. Die Königskrabben beispielsweise, die oft mit den auf den ersten Blick ganz ähnlich aussehenden langbeinigen Seespinnen verwechselt werden, gehören im Gegensatz zu diesen nicht zu den Echten Krabben *(Brachyura)*, sondern zu den Scheinkrabben.
Scheinkrabben haben hinter den Scheren nur drei große Beinpaare; das vierte ist winzig und dient ausschließlich als Kiemenbürste. Der Hinterleib ist bei den Scheinkrabben aus asymmetrischen Platten zusammengesetzt, eine regelmäßige Segmentierung fehlt.
Im Gegensatz dazu haben Echte Krabben vier große Laufbeinpaare hinter den Scheren sowie einen gleichmäßig segmentierten Hinterleib.
Diese Merkmale unterscheiden Scheinkrabben und Echte Krabben eindeutig voneinander. Die Scheinkrabben werden zoologisch zu den Mittelkrebsen *(Anomura)* gerechnet.
Unter den Scheinkrabben spielen die verschiedenen Königskrabbenarten kommerziell und kulinarisch eine besondere Rolle: Sie enthalten relativ viel Fleisch (S. 58, 1), das ausgezeichnet schmeckt. In den Handel kommt die Art aber leider nur in den Fanggebieten frisch. Auch tiefgekühlt erhält man sie selten, meist wird das Fleisch der Königskrabben als »Crab meat« in Konserven vermarktet.

ANTARKTISCHE KÖNIGSKRABBE (4)
(Lithodes santolla)

engl. Southern king crab; *span.* centolla (Chile).

Das Verbreitungsgebiet der Antarktischen Königskrabbe umfasst die Südspitze von Südamerika, angefangen von Südchile und Feuerland um die Magellanstraße herum über Patagonien bis nach Uruguay. Die Antarktische Königskrabbe wird in Chile, Argentinien und Uruguay gefischt, wobei chilenische Fischer den größten Teil der Gesamtfänge einbringen. Die Antarktische Königskrabbe wird in Chile hauptsächlich zu Konserven verarbeitet, nur ein sehr geringer Teil des Fangs wird vor Ort frisch vermarktet oder gelangt tiefgekühlt in den Export nach Übersee.
Merkmale: Die Färbung der Antarktischen Königskrabbe ist einheitlich rot, manchmal kann sie auch einen leicht violetten Schimmer aufweisen. Ihr gesamter Körper sowie die Beine sind mit kräftigen Stacheln versehen, die sehr spitz und untereinander alle auffallend ähnlich lang sind. Das Stirnhorn der Antarktischen Königskrabbe hat vier Dornen. Ihr stachelbewehrter Rückenpanzer kann maximal eine Breite von etwa 25 cm erreichen.
Verwendung: Das wohlschmeckende Fleisch steckt bei der Antarktischen Königskrabbe wie bei allen Königskrabben in den langen dünnen Beinen. Auf den europäischen Markt kommt es überwiegend in Dosen, gelegentlich ist das Fleisch aber auch tiefgekühlt erhältlich. Bereits gekocht eignet sich das Fleisch für Cocktails, Salate und delikate Vorspeisen. Aus ihrem Fleisch nebst einigen weiteren Zutaten können aber auch Crab cakes – eine Art Frikadellen – geformt werden, die dann entweder im Dampf gegart oder bei geringer Hitze gebraten werden.

(4) Die **ANTARKTISCHE KÖNIGSKRABBE** *(Lithodes santolla)* wird rund um die Spitze Südamerikas gefangen, hauptsächlich von chilenischen Fischern. Der Geschmack dieser Königskrabbe ist exzellent, leider ist sie relativ schnell verderblich, weshalb sie über weite Entfernungen nicht lebend transportiert werden kann.

WARENKUNDE KÜCHENPRAXIS REZEPTE
→ Krustentiere
  Mittelkrebse

GOLD-KÖNIGSKRABBE (2) *(Lithodes aequispina)*

engl. golden king crab; japan. ibaragai-modoki.

Das Verbreitungsgebiet der Gold-Königskrabbe reicht von den westlichen Gewässern Alaskas über das Ochotskische Meer bis nach Nord- und Mitteljapan, wo sie in Tiefen zwischen 270 und 600 m vorkommt.
Merkmale: Ihre Färbung ist einheitlich rot mit leichtem Goldschimmer. Die Dornen auf der Oberfläche des Rückenpanzers sind bei dieser Art länger als bei der Antarktischen Königskrabbe, aber untereinander gleich lang, das gilt auch für die Seitenranddornen; das Stirnhorn hat neun Dornen. Der Rückenpanzer dieser Art wird maximal etwa 20 cm breit.
Verwendung: Die Gold-Königskrabbe hat ein feines Fleisch, sie spielt im Handel jedoch nur eine untergeordnete Rolle. Sie wird vorwiegend gekocht.

ALASKA-KÖNIGSKRABBE (3, 4)
(Paralithodes camchatica)

engl. red king crab, Alaska king crab; japan. tarabagani.

Das ursprüngliche Verbreitungsgebiet der Alaska-Königskrabbe reicht im westlichen Nordpazifik von Korea bis Kamtschatka, im Osten über die Aleuten bis zur Westküste Alaskas und nach Süden bis zur kanadischen Pazifikküste. In ihrem gesamten Verbreitungsgebiet wird sie stark befischt. Inzwischen gibt es in den USA für die überfischten Bestände Schutzvorschriften: Jüngere Männchen, deren Rückenpanzerbreite noch unter 137 mm liegt, dürfen nicht angelandet werden, die Weibchen sind ganz geschützt. Die Fänge werden meist gleich an Bord gekocht und verarbeitet, in den Export gelangt nur Tiefkühl- oder Dosenware.
Merkmale: Die Alaska-Königskrabbe unterscheidet sich nur im Detail von Königskrabben der Gattung *Lithodes*. Ein wichtiges Unterscheidungsmerkmal sind die bei der Alaska-Königskrabbe viel kürzeren Rückenpanzer- und Beindornen. Die maximale Rückenpanzerbreite der rotvioletten Art ist etwa 20 cm.
Verwendung: Die Alaska-Königskrabbe schmeckt ausgezeichnet und enthält relativ viel Fleisch. Meist ist es gekocht als »King Crab Meat« im Handel, es ist für kalte Gerichte geeignet.

BLAUE KÖNIGSKRABBE (5) *(Paralithodes platypus)*

engl. blue king crab; japan. aburagani.

Ihr Verbreitungsgebiet auf der westlichen Seite des Nordpazifiks entspricht dem der Alaska-Königskrabbe. Im Ostteil kommt sie nur vor Westalaska nördlich der Aleutenkette vor. Fischereilich spielt die Art eine geringere Rolle als die Alaska-Königskrabbe.
Merkmale: Die Art ähnelt der Alaska-Königskrabbe, unterscheidet sich aber durch das Fehlen des Dorns auf der Oberseite des Stirnhorns. Typisch ist der leichte Blauschimmer auf rotviolettem Grund.
Verwendung: Das gekochte Fleisch wird oft für die kalte Küche oder für Krabbenbällchen verwendet.

STACHELIGE KÖNIGSKRABBE (6)
(Paralomis multispina)

engl. spiny king crab; japan. ezo-ibaragani.

Die Art lebt in 600 bis 1.500 m Tiefe und ist im Nordpazifik im Osten von Alaska bis San Diego (Kalifornien), im Westen vom Beringmeer bis zur Sagami Bucht verbreitet. Wirtschaftlich spielt sie nur in Japan eine größere Rolle
Merkmale: Die tiefrot gefärbte Art hat auf dem ganzen Körper gleichmäßig verteilte, etwa gleich lange Dornen.
Verwendung: Ihr Fleisch gelangt nicht zu uns, es schmeckt aber fein und wird oft gekocht verwendet.

Auf Wanderschaft

Die Alaska-Königskrabbe, auch Kamtschatka-Königskrabbe genannt, dringt aus den arktischen Gewässern immer weiter nach Süden vor. Die große Krabbe wird heute auch bereits in Norwegen an der Nordspitze der Lofoten gefischt.

(1) KÖNIGSKRABBENFLEISCH kommt als »King Crab Meat« vorwiegend in Konserven in den Handel. Ware aus Russland wird als »Kamchatka-Crabmeat« oder auch als »Chatka Crab« bezeichnet.

WARENKUNDE   KÜCHENPRAXIS   REZEPTE
→ *Krustentiere*
Mittelkrebse

(2) Die **GOLD-KÖNIGSKRABBE** *(Lithodes aequispina)* lebt wie alle Königskrabben in kalten Gewässern. Typisch für die – der antarktischen Königskrabbe sehr ähnlichen – Art ist ihr leichter Goldschimmer.

(3) Die **ALASKA-KÖNIGSKRABBE** *(Paralithodes camchatica)* ist der Antarktischen oder der Gold-Königskrabbe ähnlich, hat jedoch wesentlich kürzere Dornen auf der Oberseite des Rückenpanzers.

(4) **ALASKA-KÖNIGSKRABBEN** können eine stattliche Größe erreichen: Bei solchen, etwa 15 Jahre alten Tieren, beträgt die Rückenpanzerbreite etwa 20 cm. Die Art ist kulinarisch hoch geschätzt.

(5) Die **BLAUE KÖNIGSKRABBE** *(Paralithodes platypus)* ist der Alaska-Königskrabbe sehr ähnlich und wird im Handel nicht unterschieden. Sie ist rotviolett gefärbt und hat einen leichten Blauschimmer.

(6) Die **STACHELIGE KÖNIGSKRABBE** *(Paralomis multispina)* ist an den asymmetrischen Platten des Hinterleibs zu erkennen. Die Art wird nur in Japan gefischt und lokal vermarktet.

Teubner Edition **59**

WARENKUNDE KÜCHENPRAXIS REZEPTE
→ Krustentiere
Krabben

Krabben
Spinnenbeinig die einen, fest und kompakt die andern. Doch Seespinnen, Taschenkrebse und Schwimmkrabben haben eines gemeinsam: Alle sind sie sehr schmackhaft.

- Krabben sind die am höchsten entwickelten Krebse.
- Sie haben im Unterschied zu den Scheinkrabben vier gut entwickelte Beinpaare.
- Der stark verkleinerte Hinterleib wird als »Schwanzklappe« unter dem Körper getragen.

Krabben *(Brachyura)*

Krabben sind die am höchsten entwickelten Krebse. Typisch ist der stark verkleinerte Hinterleib, der als »Schwanzklappe« unter dem Körper getragen wird. Bei den »echten« Krabben – und dazu gehören beispielsweise Rückenfüßler *(Homolidae)*, Seespinnen *(Majidae)*, Taschenkrebse *(Cancridae)*, Schwimmkrabben *(Portunidae)* und noch einige andere – sind alle vier Beinpaare hinter den Scheren gut entwickelt. Krabben sind die artenreichste Gruppe unter den Zehnfußkrebsen: Mit rund 5.000 Arten stellen sie etwa die Hälfte aller Großkrebse. Kommerziell sind sie weniger bedeutend: Krabben machen gewichtsmäßig etwa die Hälfte der Garnelenfänge aus.

GROSSER RÜCKENFÜSSLER (1) *(Paromola cuvieri)*
engl. paromola; franz. paromole; span. paromola.

Der Große Rückenfüßler kommt im Nordwestatlantik von Irland bis nach Mauretanien vor, häufiger ist er im westlichen Mittelmeer, wo er in Tiefen von etwa 300 m mit Grundschleppnetzen gefischt wird.
<u>Merkmale:</u> Die Art ist an ihrem verkürzten, auf den Rücken gedrehten letzten Beinpaar zu erkennen, mit seinen Haken dient es nur noch zum Festhalten von Objekten, mit denen sich die Krabbe tarnt. Die Stirn zeigt drei spitze Dornen. Ihr lang gestreckter Rückenpanzer erreicht im Schnitt eine Länge von 10 bis 15 cm.
<u>Verwendung:</u> Die Art ist gelegentlich auf den Fischmärkten Italiens, Frankreichs und Spaniens anzutreffen und schmeckt gekocht am besten.

CHILENISCHE SEESPINNE (2) *(Libidoclea granaria)*
engl. Southern spider crab; span. centolla chilena.

Die Chilenische Seespinne kommt von Südchile um die Südspitze von Südamerika herum bis nach Südargentinien vor, wird aber nur in Chile gefischt.
<u>Merkmale:</u> Typisch ist der breit gerundete Rückenpanzer mit den vielen kleinen Oberflächendornen.

(1) Der **GROSSER RÜCKENFÜSSLER** *(Paromola cuvieri)* ist an seinem letzten, auf den Rücken gedrehten Beinpaar zu erkennen. Er taucht gelegentlich auf den Fischmärkten des westlichen Mittelmeeres auf und ist von guter Qualität.

(2) Die **CHILENISCHE SEESPINNE** *(Libidoclea granaria)* hat ausgewachsen extrem lange Scheren und Beine, ihr bis zu 9 cm langer Körper wirkt dagegen klein. Das Fleisch dieser Art ist sehr gut.

WARENKUNDE   KÜCHENPRAXIS   REZEPTE
→ Krustentiere
Krabben

Verwendung: Die Chilenische Seespinne wird bisher nur wenig gehandelt und gelangt nicht nach Europa. Gekocht ist ihr Fleisch jedoch sehr gut.

SCHAFKRABBE (3) *(Loxorhynchus grandis)*

engl. sheep crab, kelp crab.

Ihre Verbreitung beschränkt sich auf das Gebiet von San Francisco bis nach Niederkalifornien.
Merkmale: Typisch für die Art ist ihr bis zu 20 cm langer Rückenpanzer, der viele Dornen trägt und steif behaart ist, daher der Name.
Verwendung: Die Art hat nur eine lokale Bedeutung, ihr Fleisch schmeckt gekocht sehr gut.

GROSSE SEESPINNE (4) *(Maja squinado)*

engl. spinous spider crab; franz. araignée de mer; ital. grancevola; span. centolla, cabra; griech. kavouromana; kroat. racnjak; türk. ayna.

Die Art ist im Ostatlantik und im Mittelmeer verbreitet, gefischt wird sie vor allem an der französischen Atlantikküste; im Mittelmeer nur lokal.
Merkmale: Die Art ist an ihrem stark bedornten Rückenpanzer, den zwei kurzen Stirnhörnern und ihren verhältnismäßig kleinen Scheren zu erkennen.
Verwendung: Ihr Fleisch ist sehr delikat, allerdings ist das Auslösen etwas mühsam. Meist wird sie in Salzwasser oder in einem gewürzten Sud gekocht.

KRABBENSCHEREN, hier von der **SCHNEEKRABBE** (*Chionoecetes opilio,* auch *C. bairdi, C. tanneri, C. japonicus*) werden auch separat vermarktet. Ihr Fleisch schmeckt vorzüglich. Erhältlich sind die Scheren verschieder Arten als Konserven, aber auch gekocht und tiefgekühlt.

(3) Die **SCHAFKRABBE** *(Loxorhynchus grandis)* zählt zu den Seespinnen, sieht aufgrund der kürzeren Beine aber weniger spinnenhaft aus. Ihr Rückenpanzer trägt eine steife Behaarung.

(4) Die **GROSSE SEESPINNE** *(Maja squinado)* wird frisch vermarktet, zu uns kommen meist Exemplare aus dem Atlantik. Sie hat einen stark bedornten Rückenpanzer und verhältnismäßig kleine Scheren.

WARENKUNDE   KÜCHENPRAXIS   REZEPTE
→ *Krustentiere*
  Krabben

- Taschenkrebse zählen zu den Krabben und leben in kalten und gemäßigten Meeren.
- Sie haben einen breit ovalen Rückenpanzer, der an seiner Vorderseite mit Einkerbungen versehen ist.

Taschenkrebse *(Cancridae)*

Die etwa 20 Arten der Gattung Cancer sind in den Küstengewässern kalter und gemäßigter Meere verbreitet. Charakteristische Merkmale sind die breit ovale Form des Rückenpanzers sowie der regelmäßig eingekerbte Rand der Vorderseite.

TASCHENKREBS (1) *(Cancer pagurus)*

engl. edible crab, dungeness crab; franz. tourteau, dormeur; port. carenguejo muoro; span. buey; dän. taskekrabbe; norw. krabbtaska; schwed. krabbtaska, hovring.

Der Taschenkrebs ist im Atlantik von den Lofoten bis zur marokkanischen Küste verbreitet und kommt auch in der gesamten Nordsee vor, gelegentlich auch im westlichen Mittelmeer und an der Adria. Sein bevorzugter Lebensraum sind steinige und sandige Böden in 30 bis 50 m Tiefe. Gefangen werden sie meist in mit Fischfleisch beköderten Reusen. Zum Schutz der Bestände wurden in einigen Ländern Mindestgrößen und Schonzeiten festgelegt. Im deutschen Nordseegebiet, besonders auf Helgoland, werden die Scheren des Taschenkrebses separat als »Knieper« vermarktet, während der übrige Krabbenkörper wieder ins Meer geworfen wird. Eine gewisse Anzahl der »entscherten« Tiere lebt weiter und regeneriert nach den folgenden Häutungen die Scheren. In Europa ist der Taschenkrebs die am häufigsten angebotene Krabbe, besonders beliebt ist die Art in Frankreich.

Merkmale: Der Rückenpanzer des Taschenkrebses ist breit oval, die Vorderränder sind mit breiten, eingekerbten Zähnen versehen, die kaum vorstehen und wie gestanzt aussehen. Die kräftigen Scheren – beim Männchen sind sie stärker ausgebildet als beim Weibchen – tragen schwarze Scherenfinger. Die Beine dieser Art sind zur Spitze hin kräftig behaart. Die maximale Panzerbreite des Taschenkrebses kann bis zu 30 cm betragen – solche großen Tiere wiegen dann etwa 6 kg. Meist wird die Art aber um die 20 cm groß.

Verwendung: In den Handel gelangen Taschenkrebse lebend, aber auch als Konserve oder gekocht und tiefgekühlt. Das meiste Fleisch steckt in den Scheren und Beinen, der große Rückenpanzer enthält nur relativ wenig davon. Wie alle Krabben wird der Taschenkrebs erst gekocht und je nach Rezept kalt oder warm weiterverarbeitet. Vorzüglich schmeckt das Fleisch frischer Exemplare in einer Court-Bouillon gekocht. Oft wird das ausgelöste Fleisch der Tiere auch mit weiteren Zutaten vermischt in den leeren Panzer gefüllt und gratiniert.

KALIFORNISCHER TASCHENKREBS (3)
(Cancer magister)

engl. dungeness crab (USA), California crab; franz. tourteau américain.

Das Verbreitungsgebiet dieser an der Westküste der USA so populären Krabbe sind die Küsten des Nordostpazifiks von Alaska bis Nordmexiko. Der Kalifornische Taschenkrebs wird von US-amerikanischen Fischern viel gefangen, sie landen 85 Prozent des gesamten Fanges an, der Rest wird von kanadischen Fischern eingebracht. Er ist damit der kommerziell wichtigste nordamerikanische Taschenkrebs. Durch strenge Fischereikontrolle verhindern die Behörden die Überfischung. So untersagen die Vorschriften das Anlanden von Krabben mit einer Rückenpan-

(1) Der **TASCHENKREBS** *(Cancer pagurus)* hat kräftige Scheren mit schwarz gefärbten Scherenfingern. Besonders viel von seinem vorzüglichen Fleisch steckt in den großen Scheren. Auf den Markt kommt die Art lebend, aber auch als Konserve oder tiefgekühlt.

62 Teubner Edition

zerbreite unter 15 cm. Völlig verboten ist das Anlanden und Vermarkten weiblicher Tiere.

Merkmale: Beim Kalifornischen Taschenkrebs ist die Zahnung auf der Vorderseite des breit ovalen Rückenpanzers deutlicher getrennt als beim Europäischen Taschenkrebs. Auch ist der Kalifornische Taschenkrebs nicht so hartschalig wie der Europäische. Die Scheren und Beine sind deutlich abgeplattet und haben auf den Kanten eine Vielzahl perlförmiger Knoten. Sehr große Exemplare mit einer Rückenpanzerbreite von etwa 30 cm wiegen fast 2 kg, meist bleibt es aber bei 20 bis 25 cm und etwa 1 kg.

Verwendung: Frisch wird die Art nur an der Westküste der USA gehandelt. Ihr schmackhaftes Fleisch wird aber auch in Dosen oder gekocht und tiefgekühlt vermarktet, gelegentlich gelangt es nach Europa. Tiefkühlware sollte man schonend auftauen, frische Krabben werden gekocht gleich gegessen oder je nach Rezept warm oder kalt weiterverarbeitet.

JONAHKRABBE (2) *(Cancer borealis)*

engl. jonah crab.

Die Jonahkrabbe ist das atlantische Gegenstück zum Kalifornischen Taschenkrebs im Pazifik. Verbreitet ist die Art von der südkanadischen Atlantikküste über die gesamte Küste der USA bis nach Florida. Fischereilich ist sie allerdings weit weniger von Bedeutung als ihr kalifornischer Verwandter.

Crabs – so nennt man Taschenkrebse in Kalifornien – zum Mitnehmen: gesäubert und gekocht, wie sie sind, können sie direkt verzehrt werden

Die Jonahkrabbe wird im Norden als Beifang der Hummerfischerei angelandet, nach Süden zu auch mit Trawlern gefischt.

Merkmale: Die Jonahkrabbe ist dem Kalifornischen Taschenkrebs sehr ähnlich und im Schnitt etwa gleich groß. Auch gibt es kaum Unterschiede bei der Bezahnung des Vorderseitenrandes des Rückenpanzers, aber die Oberfläche des Panzers und auch der Scheren ist rauer.

Verwendung: Das Fleisch der Jonahkrabbe schmeckt ebenso delikat wie das vom Kalifornischen Taschenkrebs, es wird aber viel seltener angeboten. Wie die anderen Krabben wird auch die Jonahkrabbe am besten gekocht und mit einer Sauce serviert oder kalt als Vorspeise gereicht.

Fast ein Wappentier

Aus San Francisco ist der Kalifornische Taschenkrebs nicht wegzudenken. Zu beliebt ist das Krabbenessen im Sommer unter freiem Himmel in Fisherman's Wharf, dem Hafenviertel von San Francisco.

(2) Die **JONAHKRABBE** *(Cancer borealis)* ist das atlantische Gegenstück zum Kalifornischen Taschenkrebs. Die Oberfläche des Panzers und der Scheren ist rauer als beim Kalifornischen Taschenkrebs.

(3) Der **KALIFORNISCHE TASCHENKREBS** *(Cancer magister)* ist an der Westküste der USA sehr beliebt. Die Scheren und Beine sind deutlich abgeplattet und haben auf den Kanten viele perlförmige Knoten.

WARENKUNDE KÜCHENPRAXIS REZEPTE
→ Krustentiere
Krabben

- Schwimmkrabben besitzen einen relativ flachen Körper.
- Bei den meisten Arten ist das letzte Beinpaar abgeplattet und dient als Schwimmpaddel.

Schwimmkrabben (Portunidae)

Die Schwimmkrabben ähneln den Taschenkrebsen, haben aber einen flacheren Körper, an dessen Seiten sich oft lange Stacheln befinden. Charakteristisches Merkmal ist das abgeplattete letzte Beinpaar, dessen Endglieder bei den meisten Angehörigen der Familie als Schwimmpaddel ausgebildet sind.

STRANDKRABBE (Carcinus maenas)

engl. common shore crab; *franz.* crabe vert, crabe enragé; *ital.* carcino, ripario; *span.* cañeta; *kroat.* obigčna rakovica, suša; *türk.* çingene pavuryası.

Strandkrabben sind die häufigsten europäischen Krabben. Sie leben überall im Flachwasser und sind leicht zu fangen. Ihr Verbreitungsgebiet erstreckt sich vom Nordkap bis Marokko und zu den Kanaren. Im Mittelmeer lebt eine nahe Verwandte, die Mittelmeer-Strandkrabbe (1) *(Carcinus aestuarii)*, die von der Atlantikart nur schwer zu unterscheiden ist. Auch an der deutschen Nord- und Ostseeküste sind Strandkrabben häufig.
Merkmale: Strandkrabben sind grünlich bis bräunlich gefärbt und an ihrem fast ebenso langen wie breiten Rückenpanzer zu erkennen. Die vorderen Seitenränder tragen fünf kräftige, dreieckige Zähne. Die Endglieder des letzten Laufbeinpaares sind abgeplattet und an den Rändern dicht behaart.
Verwendung: Strandkrabben werden kaum gezielt gefischt und sind nur lokal von Bedeutung. Nach der Häutung können sie als »Butterkrebs« oder »Softshell Crabs« im Ganzen gebraten oder frittiert werden, ansonsten werden sie meist gekocht.

WOLLIGE SCHWIMMKRABBE (2)
(Necora puber)

engl. velvet swimming Crab; *franz.* étrille; *span.* nécora.

Die Art ist im Atlantik von Norwegen bis Mauretanien verbreitet, im westlichen Mittelmeer ist sie ebenfalls vorhanden. Sie wird auch an der französischen und spanischen Atlantikküste gefangen.
Merkmale: Die Wollige Schwimmkrabbe verdankt ihren Namen der samtartigen Behaarung von Rückenpanzer und Beinen. Sie besitzt, wie alle näheren Verwandten, jeweils fünf kräftige Zähne auf beiden Seiten des Vorderrandes ihres Rückenpanzers, der eine Breite von bis zu 8 cm erreicht. Zwischen den Augen befinden sich viele kleine Dornen.
Verwendung: Besonders in Frankreich ist diese Art beliebt. Ihr Fleisch ist schmackhaft und wird nach dem Kochen meist bei Tisch ausgepult.

PAZIFISCHE ROTPUNKT-SCHWIMMKRABBE (3)
(Portunus sanguinolentus)

engl. star crab.

Das Verbreitungsgebiet dieser Art umfasst den gesamten Indopazifik von Ostafrika bis Australien und Japan. Sie wird überall kommerziell gefischt

(1) Die **MITTELMEER-STRANDKRABBE** *(Carcinus maenas)* taucht in Südeuropa regelmäßig auf den Fischmärkten auf. Die vorderen Seitenränder tragen fünf kräftige Zähne.

(2) Die **WOLLIGE SCHWIMMKRABBE** *(Necora puber)* zählt zu den größten unter den europäischen Schwimmkrabben. Rückenpanzer und Beine sind samtartig behaart.

(3) Die **PAZIFISCHE ROTPUNKT-SCHWIMMKRABBE** *(Portunus sanguinolentus)* ist leicht an den drei hell gerandeten großen dunkelroten Flecken zu erkennen.

WARENKUNDE   KÜCHENPRAXIS   REZEPTE
→ *Krustentiere*
Krabben

(4) Die **KREUZKRABBE** *(Charybdis feriatus)*, hier mit der Großen Pazifischen Schwimmkrabbe abgebildet, ist an dem dunklen Streifenmuster auf ihrem Rückenpanzer zu erkennen. Die Art ist weiträumig verbreitet, hat aus kulinarischer Sicht jedoch keinen besonders hohen Stellenwert.

(5) Die **GROSSE PAZIFISCHE SCHWIMMKRABBE** *(Portunus pelagicus)* zählt neben der Mangrovenkrabbe zu den qualitativ besten Schwimmkrabben. Ihr Rückenpanzer ist breiter als lang und weist eine unregelmäßige helle Marmorierung auf.

und, meist gemischt mit anderen Arten, auf den lokalen Fischmärkten angeboten.
Merkmale: Die Pazifische Rotpunkt-Schwimmkrabbe ist durch ihre auffällige Färbung leicht zu erkennen: Der grünlich gelbe Rückenpanzer trägt im hinteren Teil drei hell gerandete große dunkelrote Flecken. Im Durchschnitt ist ihr Rückenpanzer knapp 20 cm breit, kann aber auch breiter werden.
Verwendung: In kulinarischer Hinsicht ist die Art der Großen Pazifischen Schwimmkrabbe und vor allem der Mangrovenkrabbe unterlegen. Sie wird in der Regel in Salzwasser oder in einem Sud gekocht.

GROSSE PAZIFISCHE SCHWIMMKRABBE (5)

(Portunus pelagicus)

engl. sand crab, pelagic swimming crab; franz. étrille pélagique; türk. büyük çalpara.

Diese Große Pazifische Schwimmkrabbe ist im Indischen und Pazifischen Ozean weit verbreitet und kommt vom Roten Meer bis zur Südsee und Japan vor. In ihrem gesamten Verbreitungsgebiet wird sie kommerziell genutzt und lokal auf allen Fischmärkten angeboten. Durch den Suezkanal ist die Art auch ins östliche Mittelmeer eingewandert.
Merkmale: Die Art hat im Gegensatz zu den meisten europäischen Schwimmkrabben neun Zähne auf jeder Seite des vorderen Seitenrandes des Rückenschildes. Von diesen ist der letzte als großer, seitlich abstehender Dorn ausgebildet. Der Rückenpanzer ist erheblich breiter als lang, braun oder blau gefärbt und wirkt durch die unregelmäßigen, hellen Flecken marmoriert. Die maximale Breite des Rückenpanzers beträgt bei dieser Art knapp 20 cm.
Verwendung: Zu uns gelangt die Art gelegentlich als Dosenware aus Thailand, frisch gibt es sie gelegentlich auf türkischen Fischmärkten. Die Art zählt zu den besten Schwimmkrabben überhaupt. Sie wird meist gekocht.

KREUZKRABBE (4)

(Charybdis feriatus)

engl. striped swimming crab.

Die Kreuzkrabbe kommt von der Ostküste Afrikas bis nach Japan und Australien vor. Im gesamten Verbreitungsgebiet wird die Art kommerziell mit Schleppnetzen gefischt und lokal vermarktet.
Merkmale: Der Rückenpanzer weist ein markantes Streifenmuster auf, die Scheren sind auffallend stachelig. Der Rückenpanzer wird bis zu 15 cm breit.
Verwendung: Die Kreuzkrabbe ist geschmacklich anderen Schwimmkrabben unterlegen, in der Regel wird sie gekocht, gelegentlich auch gebraten.

WARENKUNDE KÜCHENPRAXIS REZEPTE
→ *Krustentiere*
  Krabben

BLAUKRABBE (1) *(Callinectes sapidus)*

engl. blue crab; franz. crabe bleu; griech. galazios kavouras; türk. mavi yengeç.

Die Blaukrabbe kommt ursprünglich an der Atlantikküste Nordamerikas und Mittelamerikas vor. Sie ist von Südkanada bis nach Nordargentinien anzutreffen. Vor einiger Zeit wurde die Art auch ins Mittelmeer eingeschleppt und hat – vor allem in der nördlichen Ägäis und entlang der türkischen Küste – wirtschaftlich interessante Populationen gebildet. Die griechischen Bestände sind in der Zwischenzeit wegen Überfischung stark minimiert, an der südtürkischen Küste ist diese Krabbenart aber noch häufig und gelangt dort auch regelmäßig auf die Fischmärkte. In ihrem ganzen Verbreitungsgebiet kommt der Blaukrabbe eine große kommerzielle Bedeutung zu, vor allem in den USA.

Merkmale: Die Blaukrabbe ist gut an ihrer tiefblauen Färbung zu erkennen, der sie auch ihren Namen verdankt. Ihr Rückenpanzer erreicht eine Breite zwischen 10 und 20 cm und bildet im hinteren Teil ein Trapez. Die halbrunde Vorderseite des Rückenpanzers weist an ihrer Kante scharfe Dornen auf. Die Scheren der Blaukrabbe sind relativ schlank.

Verwendung: Die Blaukrabbe zählt mit der Mangrovenkrabbe zu den geschmacklich besten Schwimmkrabben. Frische Exemplare kann man aus mediterranen Beständen erhalten. In den USA verarbeitet man einen Teil des Fangs zu Konserven, Blaukrabben gelangen jedoch auch gekocht und tiefgekühlt – als Softshell Crabs – in den Handel. Der feine Geschmack der Art kommt gut zur Geltung, wenn man die Blaukrabben in Salzwasser oder in einem gewürzten Sud kocht. Als Softshell Crabs werden sie meist kurz gebraten.

(1) Die **BLAUKRABBE** *(Callinectes sapidus)* zählt in den USA zu den beliebtesten Schwimmkrabben. In der Chesapeake Bay werden jährlich große Mengen gefangen und vermarktet. Besonders beliebt ist die Art auch als Softshell Crab.

(2) Bei den **SOFTSHELL CRABS** handelt es sich nicht um eine eigene Art, sondern um unmittelbar nach der Häutung gefangene Tiere. In den USA sind Blaukrabben im Mai und Juni als Softshell Crabs überaus beliebt.

WARENKUNDE   KÜCHENPRAXIS   REZEPTE
→ *Krustentiere*
Krabben

Softshell Crabs

Softshell Crabs (2) sind keine eigene Krabbenart, sondern vielmehr verschiedene Arten von Schwimmkrabben, die unmittelbar nach der Häutung gefangen wurden. Softshell Crabs gelten weltweit als besondere Delikatesse.

Da den Krabben wie auch den Hummern und Langusten von Zeit zu Zeit ihr Panzer zu eng wird, weil er nicht mitwächst, werfen ihn die Krebstiere einfach ab. In diesem Zustand sind sie ganz weich, man kann sie deshalb im Ganzen verspeisen und muss keine Schalen aufbrechen. Hinzu kommt, dass das blütenweiße, zarte Fleisch feiner schmeckt als bei Krabben mir hartem Panzer.

Entlang der europäischen Küsten kann man Softshell Crabs oder »Butterkrebse«, wie sie bei uns genannt werden, während des Sommers gelegentlich lebend auf den Märkten finden – entdeckt man sie, heißt es zugreifen. Ansonsten wird diese Delikatesse tiefgekühlt gehandelt.

In den USA sind Softshell Crabs sehr populär, vor allem die Blaukrabbe ist als Softshell Crab sehr schmackhaft und ergiebig. Dort verlässt man sich inzwischen nicht mehr nur auf den Zufall, sondern fängt die Tiere vor dem Panzerwechsel und hält sie in von Meerwasser durchfluteten Verschlägen, um sie dann direkt nach dem Absprengen des alten Panzers aus dem Wasser zu holen. Diesen Zeitpunkt darf man nicht verpassen, Stunden oder gar Minuten entscheiden über die Qualität: Denn im Wasser beginnt die unter dem alten Panzer liegende Haut sofort, sich zu festigen. Und nach gut drei Stunden sind die Softshell Crabs bereits zu »Paper Crabs« oder »buckrams« geworden, die Haut ist dann bereits etwas ledrig. Das Fleisch solcher Krabben schmeckt zwar immer noch fein, die Haut ist aber nicht mehr essbar. Es genügt jedoch, wenn man dann die oberste Schale entfernt.

MANGROVENKRABBE (3)

(Scylla serrata)

engl. mud crab; franz. crabe des paletuviers.

Die Mangrovenkrabbe ist in den indopazifischen Tropen weit verbreitet und kommt von der ostafrikanischen Küste in die Südsee und bis nach Japan vor. Ihr bevorzugter Lebensraum sind Mangroven, in denen sie in großer Zahl auftritt und auch gefischt wird. Auf lokalen Märkten ist die Art in ihrem gesamten Verbreitungsgebiet häufig anzutreffen.

Merkmale: Sie ist mit einer Rückenpanzerbreite von bis zu 22 cm die größte Schwimmkrabbe, ein Gewicht von 1,5 kg pro Krabbe ist keine Seltenheit. Die je neun Zähne auf beiden Seiten des vorderen Seitenrandes des Rückenpanzers sind alle gleich groß. Die Körperfarbe ist dunkel- bis olivgrün, nur die Umgebung der Finger der mächtigen Scheren zeigt eine rötliche Färbung.

Verwendung: Zu uns gelangt die Mangrovenkrabbe leider nur als Dosenware aus Thailand, die an den Geschmack der frischen Krabbe jedoch nicht heranreichen kann. Mangrovenkrabben werden meist gekocht, schmecken als Softshell Crabs aber auch gebraten.

(3) Die **MANGROVENKRABBE** *(Scylla serrata)* ist die größte Schwimmkrabbe und im Vergleich zu anderen Arten recht ergiebig. Mit ihrem schmackhaften Fleisch belegt sie auch kulinarisch einen der vordersten Plätze. Besonders viel davon steckt in den vergleichsweise großen Scheren.

Wehrhafte Tiere

Damit die Krabben mit ihren kräftigen Scheren niemanden verletzen, werden sie vor dem Verkauf oft mit Binsenstängeln um Beine und Scheren gefesselt.

WARENKUNDE   KÜCHENPRAXIS   REZEPTE
→ *Krustentiere*
  Krabben

(1) Die **SCHEREN DER ROTEN TIEFSEEKRABBE** (*Chaceon maritae*) werden oft auf spanischen Fischmärkten angeboten. Diese Krabbe lebt in der Tiefsee vor der Nordwestafrikanischen Küste.

Steinkrabben *(Xanthidae)*

Die große Familie der Steinkrabben stellt mit über 900 Arten die formenreichste Familie unter den Krabben. Typisch für die Angehörigen dieser Familie sind der harte schwere Panzer sowie die mächtigen großen Scheren. Steinkrabben sind relativ schwerfällige Tiere und können sich nur langsam fortbewegen. Sie kommen in allen Meeren der Erde vor, besonders häufig jedoch in tropischen Gewässern. Vermarktet werden oft nur die Scheren der Tiere. Sie werden von der lebenden Krabbe abgedreht und können wieder nachwachsen.

GROSSE STEINKRABBE (2–8) *(Menippe mercenaria)*
engl. stone crab; *span.* cangrejo moro (Kuba), cangrejo de piedra negro.

Die Große Steinkrabbe kommt in den atlantischen Gewässern Nord- und Mittelamerikas vor und ist von North Carolina bis nach Yucatán in Mexiko verbreitet. Eng verwandt sind die Populationen aus dem Golf von Mexiko, die heute als eigene Art *(Menippe adina)* angesehen werden. Die Große Steinkrabbe lebt sowohl in der Gezeitenzone als auch in Wassertiefen bis zu etwa 50 m. In ihrem gesamten Verbreitungsgebiet wird die Art gefischt, besonders stark in den USA. Hauptfanggebiete sind die West- und Südwestküste Floridas. Dabei werden nur die Scheren vermarktet. Diese drehen die Fischer von der lebenden Krabbe vorsichtig ab und lassen die Tiere anschließend wieder frei. Die Krabben regenerieren die Scheren innerhalb der nächsten 18 Monate, allerdings sind die nachgewachsenen Scheren dann nicht mehr ganz so groß. In den Fanggebieten Floridas werden jährlich viele Hundert Tonnen Scheren angelandet. Diese werden dann gleich gekocht und entweder frisch vermarktet oder tiefgekühlt zum Versenden verpackt.

Merkmale: Die Art hat einen typisch ovalen Rückenpanzer mit breiten, lappenförmigen Zähnen am Vorderseitenrand. Sie ist braun bis purpurviolett gefärbt, und die Beine weisen eine deutliche Querringelung auf. Die Scherenfinger sind größtenteils tiefschwarz gefärbt, die Scheren sind relativ groß. Der Rückenpanzer erreicht maximal eine Breite von 15 cm, meist bleibt es aber bei 13 cm.

Verwendung: Das feine Scherenfleisch der Großen Steinkrabbe eignet sich sehr gut für kalte Vorspei-

(2) Das Herausziehen der großen Krabben ist Schwerstarbeit an Bord.

(3) Die Große Steinkrabbe hat besonders große Scheren, die wieder nachwachsen können.

(4) Mit geübtem Griff wird die Steinkrabbe am Rückenpanzer hochgehoben, ...

(5) ... dann werden beide Scheren an der Sollbruchstelle abgedreht.

sen, Salate oder Cocktails. Erneut garen sollte man es nicht unbedingt, da es dabei auslaugt.

AUSTRALISCHE RIESENKRABBE
(Pseudocarcinus gigas)

engl. Tasmanian giant crab.

Die Art ist vorwiegend an der australischen Südküste in Tiefen von 90 bis 450 m zu finden. Früher nur als Beifang angelandet, wird sie inzwischen gelegentlich gezielt gefangen und lokal vermarktet.
Merkmale: Die Australische Riesenkrabbe erreicht eine Panzerrückenbreite von bis zu 30 cm und kann bis zu 15 kg schwer werden.
Verwendung: Ihr Fleisch wird gekocht und kann dann für kalte Vorspeisen verwendet werden.

ITALIENISCHER TASCHENKREBS (S. 70, 1)
(Eriphia verrucosa)

franz. crabe verruqueux; ital. favollo, granziporro; span. cangrejo moruño; kroat. žbirac; türk. pavurya.

Der Italienische Taschenkrebs, auch als Gelbe Krabbe bezeichnet, ist im östlichen Atlantik von der Biskaya bis nach Mauretanien sowie im gesamten Mittelmeer verbreitet. Doch nur im Mittelmeer hat die Art eine gewisse wirtschaftliche Bedeutung und wird vor allem in Italien, dem ehemaligen Jugoslawien und der Türkei auf den Fischmärkten angeboten. Die Art lebt im Flachwasser der Felsküsten, wird meist nachts während der Nahrungssuche mit der Taschenlampe geblendet und dann von Hand gefangen. Manchmal wird der Italienische Taschenkrebs auch als Beifang in Reusen erbeutet oder mit Langleinen gefangen.

Merkmale: Der Panzer des Italienischen Taschenkrebses ist überaus stachelig und weist viele Granulationen auf dem Rückenschild auf. Das hinterste Beinpaar hat im Gegensatz zu den Schwimmkrabben einfache, nicht paddelförmig erweiterte Endglieder. Der vordere Seitenrand des Rückenpanzers trägt auf beiden Seiten jeweils 6 bis 7 spitze Zähne. Die Scherenfinger sind tiefschwarz gefärbt. Der Rückenpanzer kann bis zu 10 cm breit werden. Solch große Exemplare sind wehrhaft und müssen mit Vorsicht behandelt werden.
Verwendung: Der Italienische Taschenkrebs ist sehr schmackhaft, wird jedoch überwiegend lokal vermarktet. Man kocht ihn in Salzwasser oder in einem würzigen Sud und isst das Fleisch dann entweder warm oder verwendet es für kalte Vorspeisen.

Norddeutsche »Knieper«

Auch in Deutschland, vor allem auf Helgoland und an der Küste, sind gelegentlich frische oder roh tiefgekühlte Krabbenscheren im Angebot. Diese stammen ausschließlich von Taschenkrebsen und werden unter der Bezeichnung »Knieper« vermarktet, was auf Helgoländisch so viel wie Schere bedeutet.

(6) Die Scheren wachsen innerhalb von 18 Monaten wieder nach, bleiben aber kleiner.

(7) Auch scherenlos ist die Krabbe lebensfähig und wird zurück ins Wasser entlassen.

(8) Die **SCHEREN DER STEINKRABBE** *(Menippe mercenaria)* werden in Amerika ausschließlich gekocht angeboten. Ihr delikates Fleisch eignet sich bestens für Cocktails und Salate, gelangt aber bislang nicht nach Europa.

WARENKUNDE   KÜCHENPRAXIS   REZEPTE
→ *Krustentiere*
  Krabben

Sonstige Krabben

Auf dieser Seite sind einige weitere Krabbenarten zusammengefasst, von denen eine in der Tiefsee vorkommt, andere in Flüssen. Manche leben auch zeitweilig auf dem Land.

ROTE TIEFSEEKRABBE (S. 68, 1)
(Chaceon maritae)

engl. deep sea red crab; franz. gériocrabe rouge; span. cangrejo rojo.

Die Rote Tiefseekrabbe kommt in der Tiefsee des Atlantiks vor der nordwestafrikanischen Küste vor. Sie wird seit einiger Zeit vor Südmarokko und Mauretanien gefischt, hauptsächlich von spanischen Fischern. Ihre wirtschaftliche Bedeutung ist insgesamt jedoch eher gering. Verwandte Arten werden ebenfalls gefischt und vermarktet, sind aber vom Nichtfachmann nicht auseinander zu halten.

Merkmale: Diese Krabbe hat einen glatten, rundlichen Rückenpanzer mit 5 Zähnen am Vorderseitenrand. Die Beine sind relativ lang und glatt. Ihre Färbung ist rosa bis tiefrot. Mit einer beachtlichen Rückenpanzerbreite von bis zu 18 cm zählt sie zu den großen Krabben.

Ob sie sich schämt?

Das weiß man nicht, jedenfalls sieht es so aus: Die Mittelmeer-Schamkrabbe schlägt ihre Scheren passgenau vor das »Gesicht«, so dass nichts mehr davon zu sehen ist, daher der Name. Wegen der Bezahnung ihrer Scheren nennt man sie auch Hahnenkammkrabbe.

Verwendung: Das Fleisch der Roten Tiefseekrabbe schmeckt ausgezeichnet. Sie wird in der Regel in Salzwasser gekocht; die Scheren kommen in Spanien oft mit auf die Paella.

MITTELMEER-SCHAMKRABBE (2)
(Calappa granulata)

engl. box crab; franz. crabe honteux; ital. granchio melograno; kroat. rakovica crno pjegava; span. cangrejo real; türk. maskeliyengeç.

Die Mittelmeer-Schamkrabbe, auch Hahnenkammkrabbe genannt, ist im Atlantik von der portugiesischen Küste bis nach Südmarokko verbreitet und kommt im gesamten Mittelmeer vor. Wirtschaftlich ist die Art von geringer Bedeutung, sie wird nur als Beifang der Schleppnetzfischerei angelandet. Sie ist auf spanischen, ligurischen und marokkanischen Fischmärkten anzutreffen.

Merkmale: Die Mittelmeer-Schamkrabbe hat einen nach vorne verengten, dreieckig erscheinenden Rückenpanzer, der nur an den Hinterseitenrändern bezahnt ist. Die Oberfläche des Panzers trägt große, in Längsreihen angeordnete, tiefrote Erhebungen. Die Scheren sind ebenso gefärbt, sehr hoch und tragen an ihrem Oberrand eine hahnenkammartige Bezahnung.

Verwendung: Der Geschmack dieser Krabbe ist gut, der Fleischanteil jedoch gering, er beschränkt sich auf die Scheren. Auch diese Krabbe wird gekocht und warm serviert oder kalt als Vorspeise.

(1) Der **ITALIENISCHE TASCHENKREBS** *(Eriphia verrucosa)*, auch Gelbe Krabbe genannt, hat in den Mittelmeerländern lokale Bedeutung. Sein Fleischanteil ist gering, der Geschmack jedoch sehr gut.

(2) Die **MITTELMEER-SCHAMKRABBE** *(Calappa granulata)* schlägt ihre Scheren vor das »Gesicht«, daher der Name. Sie hat aufgrund ihres geringen Fleischanteils nur lokale Bedeutung.

WARENKUNDE   KÜCHENPRAXIS   REZEPTE
→ Krustentiere
Krabben

WOLLHANDKRABBE (3) *(Eriocheir sinensis)*

engl. Chinese mitten crab; franz. crabe chinois; dän. kinesiske uldhaandskrabbe; niederl. chineesche wolhandkrab; norw. kinesisk ullhåndkrabbe; schwed. ullhandskrabba.

Die Wollhandkrabbe stammt ursprünglich aus den Flüssen Chinas und wurde vor dem Ersten Weltkrieg, als Tsingtau in China noch deutsche Kolonie und Kriegshafen war, nach Deutschland eingeschleppt. Die Wollhandkrabbe trat in den dreißiger Jahren so massenhaft im Elbegebiet auf, dass sie bei ihrer jährlichen Wanderung – die laichreifen Tiere wandern im Herbst ins Meer – die Wehre verstopfte und die Elbfischerei erheblich schädigte. Auch die Weser war betroffen, allerdings weniger stark als die Elbe. Die übrigen Flüsse waren vergleichsweise wenig besiedelt. Mit der Verschmutzung der Elbe gingen die Populationen stark zurück. Zurzeit ist die Wollhandkrabbe über alle größeren Flüsse Deutschlands verbreitet und wurde auch in Frankreich, den Benelux-Ländern und Nordeuropa nachgewiesen.

<u>Merkmale:</u> Charakteristisch sind die wollig behaarten Scheren der Männchen. Der Rückenpanzer der bräunlichen Tiere erreicht eine Breite von etwa 5 cm.

<u>Verwendung:</u> Die Wollhandkrabbe ist in China eine hoch bezahlte Delikatesse, hierzulande wird sie jedoch weniger geschätzt. Alle Versuche, die Art bei uns zu vermarkten, sind fehlgeschlagen. Auch diese Krabbe wird am besten gekocht.

(4) Die **KARIBISCHE LANDKRABBE** *(Cardisoma guanhumi)* ist sehr auffällig gefärbt: Der Rückenpanzer und die Gliedmaßen frisch gehäuteter Tiere sind tiefblau, auf der Panzerunterseite hat sie grellgelbe Felder. Die Art hat ein leicht süßliches Fleisch und wird überall in ihrem Verbreitungsgebiet lokal genutzt.

(3) Die **WOLLHANDKRABBE** *(Eriocheir sinensis)* wechselt zwischen Süß- und Salzwasser. Die Männchen tragen »wollige Handschuhe« an den Scheren. Diese Krabbenart gilt in China als Delikatesse.

KARIBISCHE LANDKRABBE (4)
(Cardisoma guanhumi)

engl. blue land crab; franz. crabe terrestre; port. guaiamu (brasilianischer Indianername); span. cangrejo azul.

Die Karibische Landkrabbe ist an den tropischen Atlantikküsten Amerikas weit verbreitet. Sie kommt von Südflorida über die Karibik bis zur brasilianischen Küste vor. Die Art verbringt den Tag in tiefen selbst gegrabenen Höhlen und geht nachts auf Nahrungssuche. In ihrem Verbreitungsgebiet ist diese Krabbe überall sehr häufig und wird lokal genutzt.

<u>Merkmale:</u> Die große Krabbe hat einen runden, glatten Rückenpanzer. Die Scheren sind sehr ungleich ausgebildet, eine ist viel größer als die andere. Die Färbung ist auffällig blau, auf der Panzerunterseite hat sie zwei dicht behaarte, grellgelbe Felder.

<u>Verwendung:</u> Nach Europa gelangt die Art selten. Diese Krabbe ist eine geschätzte Zutat der kreolischen Küche und wird meist gekocht oder farciert.

WARENKUNDE   KÜCHENPRAXIS   REZEPTE
→ *Krustentiere*
  Sonstige Krebstiere

Sonstige Krebstiere *Auffällig geformt und von Kennern heiß begehrt: Felsen-Entenmuschel, Seepocke und Heuschreckenkrebs sind echte Delikatessen.*

- Entenmuscheln, Seepocken und Heuschreckenkrebse gehören nicht zu den Zehnfußkrebsen.
- Felsen-Entenmuschel und Seepocke sind nur lokal von Bedeutung.
- Heuschreckenkrebse sind vor allem in Italien beliebt.

Sonstige Krebstiere

Unter diesem Begriff werden hier zwei nicht näher miteinander verwandte Krebstiergruppen zusammengefasst, die nicht zu den Zehnfußkrebsen gehören. Kommerziell sind sie von untergeordneter Bedeutung, obwohl Heuschreckenkrebse weltweit gehandelt werden.

FELSEN-ENTENMUSCHEL (1)

(Mitella pollicipes)

franz. pouce pied; span. percebe.

Die Felsen-Entenmuschel ist im Nordostatlantik von der Biskaya bis zum Senegal verbreitet und kommt auch im westlichen Mittelmeer vor. Sie lebt in der Gezeitenzone auf Felsgrund. Im Sommer ist der Stiel mit reifen Eierstöcken gefüllt, dann sind die Tiere besonders begehrt. An der spanischen Atlantikküste, wo »Percebes« als große Delikatesse gelten, wurde eine Schonzeit vom 1. Mai bis 1. Oktober eingeführt.

Merkmale: Die Felsen-Entenmuschel ist an der charakteristischen Anordnung der hellen Platten zu erkennen, die um das Stielende herumstehen. Felsen-Entenmuscheln erreichen eine Länge von 12 cm.
Verwendung: Entenmuscheln werden in Salzwasser mit ein paar Lorbeerblättern gekocht, dann lässt man sie oft im Sud erkalten; die Tiere werden aber auch warm oder lauwarm verzehrt.

RIESEN-SEEPOCKE (2)

(Megabalanus psittacus)

engl. giant Chilean barnacle.

Die Riesen-Seepocke kommt an der peruanischen und chilenischen Küste sowie an der südargentinischen Atlantikküste vor. In Chile wird sie von den Felsen der Brandungszone abgeschlagen und kommerziell verwertet.
Merkmale: Ihre Schale wird bis zu 22 cm lang, ist sehr hochgetürmt und blassrosa bis weiß gefärbt.
Verwendung: Sie wird oft zu einer schmackhaften Suppe verarbeitet. Nach Europa gelangt die Art nicht.

(1) Die **FELSEN-ENTENMUSCHEL** *(Mitella pollicipes)* haftet so fest an den Felsen, dass sie mit einem langen Spachtel abgeschlagen werden muss, was in der Brandungszone des Atlantiks sehr gefährlich ist.

(2) Die **RIESEN-SEEPOCKE** *(Megabalanus psittacus)* hat eine hochgetürmte, blassrosa bis weiß gefärbte Schale. Im Verhältnis zur Größe ist der Fleischanteil gering.

WARENKUNDE KÜCHENPRAXIS REZEPTE
→ *Krustentiere*
Sonstige Krebstiere

(3) Der **GEMEINE HEUSCHRECKENKREBS** *(Squilla mantis)* ist auf südeuropäischen Fischmärkten oft anzutreffen und in Italien besonders beliebt. Im Aussehen errinnert er an den Kaisergranat und wird auch gelegentlich als Scampi angeboten. Mit diesem kann der Heuschreckenkrebs jedoch geschmacklich nicht mithalten. Er ist leicht zu erkennen an den zwei dunklen Flecken auf der Schwanzplatte, die wie ein Augenpaar aussehen.

GEMEINER HEUSCHRECKENKREBS (3)

(Squilla mantis)

engl. mantis shrimp; franz. squille ocellée; ital. cannocchia, pannocchia, canoci, cicala; span. galera; griech. scouliki, kroat. vabić.

Das Verbreitungsgebiet des Gemeinen Heuschreckenkrebses im östlichen Atlantik erstreckt sich von den Britischen Inseln im Norden bis nach Angola im Süden. Im gesamten Mittelmeer kommt die Art ebenfalls vor, besonders häufig ist sie in der Adria. Der hier vorgestellte Gemeine Heuschreckenkrebs ist die in Europa einzig häufig vorkommende Art, die auch kommerziell genutzt wird. Bedeutende Fischerei findet hauptsächlich in Italien statt, auf anderen südeuropäischen Fischmärkten ist der Gemeine Heuschreckenkrebs jedoch ebenfalls regelmäßig anzutreffen. Zu uns auf den Markt gelangen Heuschreckenkrebse nur selten.

Merkmale: Die nicht zu den Zehnfußkrebsen zählenden Heuschreckenkrebse haben einen kurzen Rückenpanzer und dahinter einen aus zehn Segmenten bestehenden Körper. Ganz typisch sind die großen Fangbeine, deren Endglied auf der Innenkante mit kräftigen Dornen versehen ist und gegen das vorletzte Glied geschlagen werden kann. Die Dornen gleiten dabei in Aussparungen des vorletzten Gliedes. Fische und andere Beutetiere, die zwischen diese Schere geraten, haben keine Chance und werden vom räuberischen Heuschreckenkrebs gefressen. Zu erkennen ist dieser leicht an dem dunklen symmetrischen Fleckenpaar auf der Schwanzplatte. Der Gemeine Heuschreckenkrebs erreicht eine maximale Länge von etwa 20 cm.

Verwendung: Das Fleisch der Heuschreckenkrebse ist zart, jedoch relativ weich und wird daher nicht von allen gleichermaßen geschätzt. Geschmacklich reicht es nicht ganz an das von Kaisergranaten, Hummern oder Langusten heran. Heuschreckenkrebse werden oft in Fischsuppen mitgegart oder frisch gekocht auch mit Olivenöl und Zitronensaft serviert. Sie schmecken aber auch in der Pfanne gebraten oder vom Grill sehr gut.

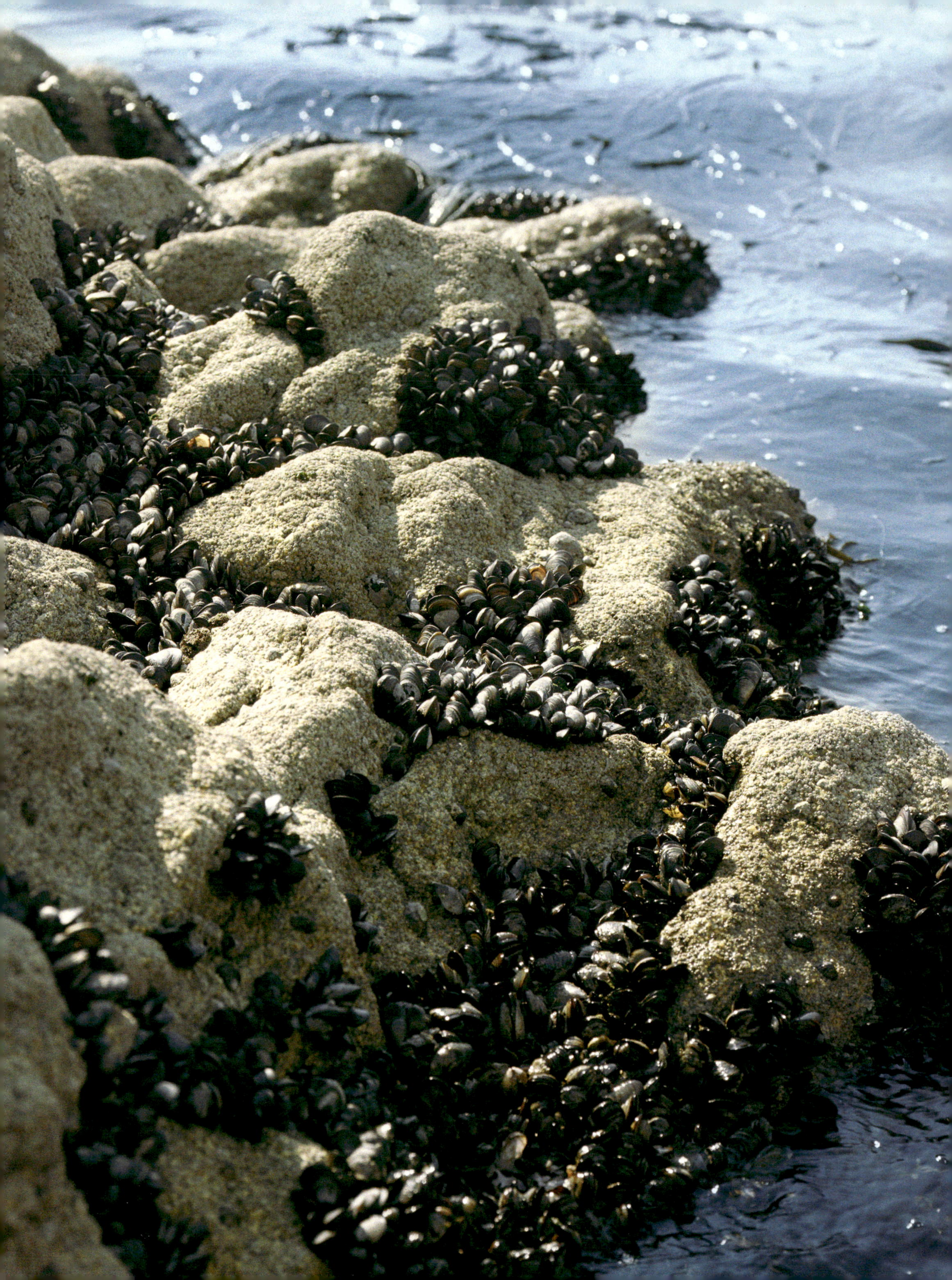

WARENKUNDE KÜCHENPRAXIS REZEPTE
→ Schaltiere

Schaltiere
Sie garantieren große kulinarische Vielfalt. Muscheln und die im Meer lebenden Schnecken spielen neben den Krustentieren die zweite Hauptrolle bei den Meeresfrüchten.

MIT HARTEN SCHALEN GEWAPPNET sind Muscheln *(Bivalvia)* und Schnecken *(Gastropoda)*, das gut sichtbare Gehäuse ist ihr typisches Merkmal. Zoologisch werden sie beide den Mollusken – den Weichtieren – zugerechnet, zu denen außerdem noch die Kopffüßer gehören. Schaltiere ist hingegen ein kulinarischer Begriff, der jedoch eindeutig das Hauptmerkmal der Muscheln und Schnecken beschreibt.

DAS GEHÄUSE
Im Innern finden Muscheln und Schnecken nicht nur Schutz, das Gehäuse sorgt auch für Stabilität. Und die brauchen sie auch: Denn Weichtiere sind wirbellos, besitzen also kein Innenskelett. Und der weiche Körper wird auch nicht – wie bei den Krustentieren – von einem gelenkigen Hautpanzer gestützt. Im Querschnitt ist die Schale dreiteilig: Sie ist aufgebaut aus einer ledrigen Außenschicht, einer Kalkschicht und der inneren Perlmuttschicht. Allerdings gibt es zwischen beiden Gruppen einen großen Unterschied: Bei den Muscheln besteht das Gehäuse aus zwei Schalenhälften, bei den Schnecken ist es nur eine.

MUSCHELN
Das Gehäuse der Muscheln besteht aus zwei Klappen, die an einer Stelle, dem so genannten Schloss, wie bei einem Scharnier passgenau ineinander greifen. Von dieser Stelle aus wächst die Muschel; bei manchen Arten, etwa den Austern, zeichnen sich ganz deutliche »Wachstumsringe« auf der Oberseite der Schale ab. Zusammengehalten werden die beiden Schalenhälften durch das so genannte »Schlossband«; schließen muss die Muschel ihre Schale allerdings durch Muskelkraft. Der Schließmuskel kann unterschiedlich reagieren: bei akuter Gefahr können sich die »Reaktionsfasern« zusammenziehen und die Schale rasch schließen. Das geschieht zum Beispiel dann, wenn man die Klappen lebender Muscheln antippt. Die langsamen »Sperrfasern« dagegen halten die Schale ohne großen Energieverbrauch lange geschlossen – dadurch sind lebende Muscheln transportfähig. Der Muschelkörper wirkt ungegliedert, nur bei manchen Arten lässt sich ein Fuß entdecken, der zur Fortbewegung oder zum Eingraben in den Boden dient, andere besitzen Siphonen – Atemröhren–, die als Ein- und Ausströmöffnungen für das Wasser dienen. Ganz wichtig sind die Kiemen: Mit ihnen atmen die Tiere nicht nur, sie filtern damit auch ihre Nahrung aus dem Wasser. Allerdings nicht nur die Nahrung, sondern auch Schadstoffe, was im ungünstigsten Fall zu Vergiftungen nach Muschelgenuss führen kann.

SCHNECKEN
Im Unterschied zu den Muscheln ist das Gehäuse der Schnecken spiralig und einteilig. Die Öffnung kann bei einigen Arten mit einem hornigen oder kalkigen Deckel verschlossen werden. Falls vorhanden, muss man ihn vor dem Verzehr entfernen. Der Körper der Schnecken weist eine deutlichere Gliederung auf als derjenige der Muscheln, unterscheiden lassen sich der Kopf mit Fühlern und Mund, der muskulöse Fuß mit der Kriechsohle, der Eingeweidesack mit den Organen (er sitzt als dunkler Teil im hintersten Winkel des Gehäuses) sowie der Mantel, der die Kiemen umschließt und für den Aufbau der Schale verantwortlich ist.

SCHALTIERE IN DER ERNÄHRUNG
Schaltiere sind reich an Eiweiß, Mineralstoffen und Vitaminen, arm an Fett – ein wertvolles Nahrungsmittel und schmackhaft obendrein. Kein Wunder also, dass sie seit prähistorischen Zeiten aus nahe liegenden Gründen zunächst in den Küstengebieten genutzt werden. Doch es hat sich einiges geändert. Nicht nur, dass dank moderner Kühltechnik und Logistik auch das Binnenland mit frischen, tiefgekühlten oder konservierten Schaltieren versorgt werden kann. Ein Großteil der Schaltiere kommt heute auch nicht mehr aus Wildbeständen, sondern aus Aquakulturen, die vor allem in Ostasien, aber auch in Europa, Nordamerika, Australien und Neuseeland in großem Maßstab betrieben werden.

WARENKUNDE   KÜCHENPRAXIS   REZEPTE
→ Schaltiere
  Miesmuscheln

Miesmuscheln
Schwarz glänzend oder mit leuchtend grünem Schalenrand: Sie zählen weltweit zu den beliebtesten Schaltieren und sind auch in der Verwendung äußerst vielfältig.

- Miesmuscheln gibt es weltweit, und sie werden vielfach gezüchtet.
- Miesmuscheln heften sich mit Byssusfäden am Untergrund fest.
- Aus Aquakultur sind bei uns Miesmuscheln aus der Nordsee, Mittelmeer-Miesmuscheln und Neuseeländische Miesmuscheln auf dem Markt erhältlich.

Miesmuscheln *(Mytilidae)*

Miesmuscheln sind ihres wohlschmeckenden Fleisches wegen weltweit begehrt und leicht verfügbar. In Sachen Salzgehalt und Temperatur des Wassers stellen sie keine großen Ansprüche; empfindlich reagieren sie dagegen auf Wasserverschmutzung, so dass ihr Vorkommen als Sauberkeitsindikator betrachtet werden kann. Charakteristisch für viele Miesmuschel-Arten ist der »Bart«: Das sind so genannte Byssusfäden, die die Muscheln in einer Drüse am Fuß produzieren und mit denen sie sich am Untergrund festheften. Von ihrem Nährstoffgehalt her sind sie als hochwertiges Lebensmittel anzusehen, enthalten sie doch reichlich Mineralstoffe, Vitamine, hochwertiges Eiweiß und nur wenig Fett.

(1) Die **MIESMUSCHEL** *(Mytilus edulis)* ist die bei uns am häufigsten angebotene Muschel. Sie ist leicht zu erkennen an ihren blauschwarz glänzenden Klappen und dem kräftig orangefarbenen Muskelfleisch. Miesmuscheln kommen fast ausschließlich aus »Muschelgärten« genannten Aquakulturen ins Angebot.

MIESMUSCHEL, PFAHLMUSCHEL, SEEMUSCHEL (1) *(Mytilus edulis)*

engl. blue mussel, edible mussel; *franz.* moule, mouscle; *ital.* mitilo commune; *span.* mejillón, mocejone; *port.* mexilhão; *norw.* blåskjell; *dän.* blåmusling; *niederl.* mossel.

Diese robuste und anpassungsfähige Muschel ist in allen Ozeanen der Nordhalbkugel anzutreffen. Findet sie keine Felsen, an die sie sich heften kann, nimmt sie mit Steinen oder anderem vorlieb. Sie gedeiht in relativ flachem Wasser, ja sogar im Wattenmeer, wo es ihr nicht einmal etwas ausmacht, wenn sie bei Ebbe »trockenfällt«. Miesmuscheln können im Flachwasser riesige »Bänke« mit Tausenden von Tieren bilden. Da Miesmuscheln sich leicht vermehren lassen, ist die Aquakultur relativ unproblematisch. Gefarmt werden in Europa große Mengen von Miesmuscheln in Nord- und Ostsee (Niederlande, Deutschland, Dänemark) und an der französischen Atlantikküste; sie werden aber auch in den USA gezüchtet. Größter Produzent ist China. Merkmale: Die blauschwarzen, tropfenförmig-länglichen Schalen mit den identisch geformten Hälften können bis zu 10 cm lang werden. Auf der Innenseite weisen sie eine Perlmuttschicht auf.
Verwendung: In Nordamerika verzehrt man Miesmuscheln häufig roh, in Europa dagegen zieht man sie gegart vor; klassisch ist das Dämpfen in einem Weinsud mit Wurzelgemüse.

MITTELMEER-MIESMUSCHEL (2)
(Mytilus galloprovincialis)

engl. Mediterranean mussel; *franz.* moule de Mediterranée; *ital.* mitilo, muscolo, cozza, peocio; *span.* mejillón de roca; *griech.* midhi, *türk.* midye.

Diese Muschelart wird etwas breiter und größer als die »normale« Miesmuschel und ist mit ihr so eng verwandt, dass beide gekreuzt werden können. Sie ist ursprünglich im Mittelmeer, im Schwarzen Meer und an den Atlantikküsten Spaniens und Portugals beheimatet. Inzwischen ist sie aber auch in Südafrika, manchen Küstengebieten der USA und Hawaii zu finden; dort wurde sie eingeschleppt.

WARENKUNDE KÜCHENPRAXIS REZEPTE
→ *Schaltiere*
Miesmuscheln

Merkmale: Die Schalenklappen sind blauschwarz wie die von *Mytilus edulis*, aber breiter und häufig stärker bewachsen.
Verwendung: Sie eignet sich zum Dämpfen und für Fischtöpfe, schmeckt aber auch in würzigen Saucen sehr gut.

NEUSEELÄNDISCHE MIESMUSCHEL, GRÜN-SCHALMUSCHEL, GRÜNLIPPMUSCHEL (3)

(Perna canaliculus)

engl. greenshell mussel.

Wildvorkommen von Grünschalmuscheln beschränken sich auf die Gewässer um Neuseeland. Ein Befischen dieser Bestände lohnt sich inzwischen nicht mehr, denn Neuseeländische Grünschalmuscheln werden intensiv kultiviert: Sie sind bezüglich der Menge der zweitwichtigste Seafood-Exportartikel Neuseelands. Hauptabnehmer sind die USA, aber auch bei uns sind sie problemlos zu bekommen.
Merkmale: Der smaragdgrün leuchtende Streifen entlang dem Klappenrand auf der Außenseite macht diese Muschel unverwechselbar. Das Fleisch weiblicher Tiere ist blass lachsfarben, das der männlichen blass cremefarben. Die übliche Handelsgröße beträgt zwischen 10 und 15 cm, ausgewachsene Grünschalmuscheln können aber eine Länge von mehr als 20 cm erreichen.
Verwendung: Sie werden wie Miesmuscheln meist in Court-Bouillon gedämpft verzehrt, aber auch gegart und ausgelöst für Salate oder als Suppeneinlage verwendet. In Neuseeland liebt man sie auch gefüllt oder gegrillt.

MEERDATTEL, STEINDATTEL (4)

(Lithophaga lithophaga)

engl. date shell, European date mussel; franz. datte de mer, datte lithophage; span. dátil de mar; ital. dattero di mare, dattero di pietra.

Meerdatteln leben gern gut geschützt: Mit Hilfe eines säurehaltigen Drüsensekrets ätzen sie ihre Wohnhöhlen in Kalksteinfelsen oder Korallenriffe. Aus diesen müssen Taucher die Tiere einzeln herausmeißeln; dabei werden unweigerlich große Teile der Felsen und Riffe zerstört.
Merkmale: Meerdatteln sind sehr lang gestreckte Muscheln mit dunkelbrauner Schale, die in Form und Farbe tatsächlich an eine Dattel erinnern. Meist sind die Tiere zwischen 5 und 8 cm lang, gelegentlich gibt es aber auch bis zu 11 cm große Exemplare. Meerdatteln sind sehr schmackhaft, aber aufgrund des geringen Ertrags sehr teuer und vielerorts mittlerweile auch geschützt.
Verwendung: Meerdatteln eignen sich für den Rohverzehr, können aber auch gedämpft oder für Meeresfrüchtesuppen und Eintöpfe verwendet werden.

Verbotener Genuss

Im Unterschied zu den Miesmuscheln ist die Meerdattel inzwischen in mehreren Mittelmeerländern geschützt und darf nicht mehr geerntet werden. Nicht nur, weil sie selten ist, sondern auch wegen der zerstörerischen Fangmethoden.

---

(2) Die **MITTELMEER-MIESMUSCHEL** *(Mytilus galloprovincialis)* unterscheidet sich von ihrer Verwandten aus der Nordsee durch die deutlich breiteren Klappen.

(3) Die **NEUSEELÄNDISCHE MIESMUSCHEL** *(Perna canaliculus)* fällt durch ihre grün gefärbten Klappenenden auf. Gehandelt wird sie bei uns meist als »Grünschalmuschel«.

(4) Die **MEERDATTEL** *(Lithophaga lithophaga)* lebt in Höhlen, die sie in Kalksteinfelsen der Mittelmeerküsten bohrt. Ihr cremighelles Fleisch wird hoch geschätzt.

WARENKUNDE   KÜCHENPRAXIS   REZEPTE
→ *Schaltiere*
  Miesmuscheln

Muschelzucht
Seit langem werden Miesmuscheln, aber auch andere Muschelarten, gezielt gezüchtet. Die Muscheln im Handel stammen heute überwiegend aus Aquakulturen am Atlantik.

VIELE VON UNS denken bei Miesmuscheln sofort an die Nordsee. Doch das bedeutendste »Muschelanbaugebiet« Europas liegt viel weiter im Süden: an der Atlantikküste Galiziens, der Region in Nordwest-Spanien, in der Fischfang und der Handel mit Meeresfrüchten eine lange Tradition haben. »Angebaut« wird dort die Mittelmeer-Miesmuschel, und zwar nach einer besonderen Methode: Die Muschelsaat – sie wird entweder von Wildvorkommen gewonnen oder aus Aufzuchtstationen zugekauft – wird auf Taue gesetzt, an denen sie sich mit ihren Byssusfäden gut festheften kann. Damit die dann erst 1 bis 2 cm großen Muscheln nicht herunterfallen, werden sie in ein dünnes Netz eingesponnen und dann an den Seilen ins Wasser gelassen.

Diese meterlangen Taue wiederum hängen meist an Flößen aus Eukalyptusholz, »bateas« genannt. Sie sind, kleinen künstlichen Inseln gleich, in geschützten Buchten mit relativ warmem Wasser, den so genannten Rías, verankert. Im Wechsel von Ebbe und Flut werden die Muscheln hier ständig von frischem Wasser und Nahrung umspült. Und da sie nicht mit dem Meeresboden in Berührung kommen, dringt kaum Sand oder Schlick in die Schalen.

Muscheln am Seil:
An Tauen frei im Wasser hängend züchtet man nicht zur Miesmuscheln. Auch Kammmuscheln beispielsweise gedeihen bei dieser Aufzuchtmethode prächtig.

Unter so optimalen Bedingungen wachsen die kleinen Muscheln schnell heran; bereits nach knapp einem Jahr haben sie die handelsübliche Größe von etwa 7 cm erreicht. Die Muschelfarmer können die Brut allerdings nicht unbeaufsichtigt wachsen lassen: Während der Wachstumsphase werden die Muscheln zwei- bis dreimal umgesetzt, weil sie immer mehr Platz benötigen und die Taue mit den Muscheln an Gewicht zulegen. Das Umsetzen ist eine mühsame Angelegenheit, denn die Tiere müssen von Hand von den Tauen gepflückt werden. Angelandet, vorgereinigt und sortiert sind die Miesmuscheln dann fertig zum Verkauf. Geerntet werden diese Zuchtmuscheln grundsätzlich das ganze Jahr über. Hauptsaison für das Geschäft mit lebenden Miesmuscheln – so werden sie hauptsächlich vermarktet – sind die Herbst- und Wintermonate, im Frühjahr und im Sommer verarbeitet man die Muscheln dagegen meist zu Konserven.

Auch in Italien und Frankreich werden Miesmuscheln auf diese Weise gezüchtet. Selbst die Aquakulturen der Grünschalmuscheln in Neuseeland arbeiten nach dem gleichen Prinzip. In Frankreich wird jedoch zusätzlich noch eine andere Methode praktiziert, die angeblich bis auf das Mittelalter zurückgeht: Die Zucht von Muscheln an so genannten »bouchots«. Dafür werden nahe der Küste reihenweise lange Holzpfähle metertief in den Schlick getrieben. In früheren Zeiten, als von gezielter Aquakultur noch nicht die Rede sein konnte, wartete man mit der Ernte einfach geduldig ab, bis sich genügend Miesmuscheln an den Pfählen festgesetzt hatten und herangewachsen waren.

Heute bleibt bei der Zucht von »moules de bouchot« nur noch wenig dem Zufall überlassen: Die Muschelbrut wird, im Prinzip wie beim spanischen Verfahren, auf Seile gesetzt und in Netze gewickelt, die man dann um die Holzpfähle windet. Im Unterschied zu den spanischen Muscheln sind die »Bouchots« aber den Gezeiten ausgesetzt. Es kommt durchaus vor, dass sie bei Ebbe auf dem Trockenen sitzen. Allerdings macht das auch den Züchtern die Arbeit leichter: Sie können die Pfähle bei Niedrigwasser bestücken beziehungsweise abernten. Dieses Verfahren wurde in der Charente entwickelt, wird heute aber nicht nur an der Atlantikküste, sondern auch in der Normandie und der Bretagne praktiziert. In der Nähe des Mont-St.-Michel kann man endlose Reihen der Muschelpfähle aus der Gezeitenzone ragen sehen. Bei Muschelliebhabern ist die langsam wachsende, kleine, aber besonders fleischige Bouchot mit ihrem feinen Geschmack sehr beliebt.

WARENKUNDE KÜCHENPRAXIS REZEPTE
→ *Schaltiere*
Miesmuscheln

(1) An fest verankerten Flößen werden die Miesmuscheln an Tauen ins Meer gehängt. Ideal für solche Aquakulturen sind die so genannten Rías Galiziens, Buchten an der Atlantikküste, die den Fjorden Skandinaviens ähneln. Hier ist die Muschelbrut vor zu starken Gezeiten und Stürmen geschützt und wird ausreichend mit Nahrung versorgt.

(2) Die Taue mit den Muscheln hängen, an den Flößen befestigt, frei im Wasser, ohne den Meeresboden zu berühren. So bleiben die Muscheln frei von Sand und Schlick.

(3) Bis zu 8 Meter lang sind die Taue, an denen sich die Muschelbrut festsetzen soll. Zur Sicherheit wird sie mit einem dünnen großmaschigen Netz umwickelt.

(4) Zwei- bis dreimal werden die Muscheln während der Wachstumsphase von Hand von den Tauen gepflückt, umgesetzt, eingewickelt und wieder ins Wasser gehängt.

(5) In großen Metallkörben werden die Taue aus dem Wasser gehievt, sobald die Muscheln »erntereif« sind. Dann haben sie eine Größe von 7 cm erreicht.

(6) Die frisch geernteten Miesmuscheln werden aus den Netzen gewickelt, mit dem Schiff an Land gebracht und für die Vermarktung weiter vorbereitet.

Teubner Edition

WARENKUNDE   KÜCHENPRAXIS   REZEPTE
→ *Schaltiere*
  Miesmuscheln

Vom Säen und Ernten

Das Farmen von Miesmuscheln hat gerade in den Niederlanden fast mehr Ähnlichkeit mit der Landwirtschaft als mit der Fischerei: Die Muscheln werden richtig gehend »gesät« und »geerntet« – wenn auch vom Schiff aus.

In der flachen Gezeitenzone der Nordsee, wo bei Ebbe das Meer vom Strand aus fast nicht mehr zu sehen ist, ist die Kultur von Miesmuscheln nach spanischer oder neuseeländischer Art nicht möglich. Deshalb handelt es sich bei Miesmuscheln aus der Nordsee, wie sie in den Niederlanden und im deutschen Wattenmeer gezüchtet werden, eher um »Bodenschätze« aus dem Meer: Sie wachsen nämlich direkt auf dem Meeresboden. Und können dort, auch ganz ohne menschliches Zutun, kilometerlange Muschelbänke bilden.

Für die Aquakultur wird die Muschelsaat meist im Frühjahr und im Herbst von wild vorkommenden Muschelbänken gefischt. Von den Muschelbauern wird sie dann gezielt und genau geplant auf vom Staat gepachteten »Parzellen« im Flachwasser ausgebracht und weiterhin kontrolliert.

Haben die jungen Miesmuscheln in diesen Parzellen eine Größe von etwa 4 cm erreicht, werden sie in tieferes Wasser umgesetzt. Sobald die Tiere dort auf die Vermarktungsgröße von 5 bis 7 cm herangewachsen sind, holt man sie mit schweren Schleppnetzen vom Meeresgrund. Ein Arbeitsvorgang, der mittlerweile extrem rationalisiert ist und mit einem Minimum an Arbeitskräften bewältigt wird.

Miesmuscheln vom Meeresboden lassen sich, anders als die Muscheln an Tau oder Pfahl, nicht ohne weiteres verkaufen. Denn da sie direkt vom Meeresboden kommen, kann sich noch eine ganze Menge Schlick und Sand in den Schalen befinden. Deshalb werden die Tiere zunächst in so genannte »nasse Lagerhäuser« gebracht, das sind Meerwasserbecken, in denen die Muscheln in Ruhe »ausspucken«, das heißt, sich durch natürliche Filtertätigkeit von allen Verunreinigungen befreien. Je nach Jahreszeit und Wassertemperatur dauert dieser Vorgang zwischen 8 und 24 Stunden.

Niederländische Muschelbauern bringen ihre Ernte zu diesem Zweck häufig auch gleich nach Yerseke, dem Zentrum der holländischen Muschelzucht. Dort werden sie im klaren Wasser der Oosterschelde gehältert, das heißt, bis zum Verkauf aufbewahrt. Anschließend erfahren die Miesmuscheln dann von außen noch eine grobe Reinigung, bevor sie für den Frischverkauf verpackt werden. Oder man kocht die Muscheln gleich an Ort und Stelle und verarbeitet sie zu Konserven weiter.

(1) Mit mächtigen Schleppnetzen »ernten« holländische Muschelbauern die Miesmuscheln, die sie zuvor in der Nordsee auf den flachen Böden »gesät« haben.

(2) Hebekräne hieven die vollen, schweren Schleppnetze an Bord. Mit nur zwei Mann Besatzung werden auf diese Weise in wenigen Stunden Tonnen von Muscheln geerntet.

(3) Yerseke an der Scheldemündung ist das holländische »Muschelmekka«. Hier werden Tonnen der begehrten Muscheln angelandet und für den Weiterverkauf vorbereitet.

Die ominösen Rs

Wenn es um das Thema Muscheln und Austern geht, hat jeder schon mal von ihnen gehört: den Rs. Auf den Genuss von Schaltieren wie Austern und Muscheln sollte man in Monaten ohne R, also von Mai bis August – im Gegensatz zu der glücklicherweise längeren Periode von September bis April – besser verzichten. Woher stammt diese Überzeugung? Die einen sagen, es handle sich um eine heute veraltete Regel aus der Zeit vor dem großen technischen Fortschritt, als die Kühl- und Transportmöglichkeiten in der warmen Jahreszeit noch ungenügend waren und das Risiko zu hoch, dass die delikaten Weichtiere Schaden nehmen könnten. Die anderen meinen wiederum, es gehe bei den Rs darum, dass zum Beispiel Austern in dieser Zeit laichen. Ob man sie dann gustiert, ist allerdings eher eine persönliche Geschmacksfrage – eine laichbereite Auster schmeckt betont cremig. Bei den Miesmuscheln herrscht diesbezüglich zumindest in Europa Arbeitsteilung; die atlantischen laichen im Sommer, ihre Mittelmeerschwestern im Winter, R hin, R her.

Doch bleibt manch innerer Vorbehalt. Nicht ohne Grund, bedenkt man das Wesen der Muschel. Sie ist durchaus ein wenig beschränkt zu nennen; blind und sicher auch taub, selbst verschuldet und überaus stabil durch ihren »Bart« an einem Ort fixiert und ganz auf eines konzentriert: das Überleben. Auf lange Sicht heißt das natürlich Kinder und Kindeskinder, doch zuerst muss sie auf sich selbst achten, hoffentlich immer rechtzeitig klappt sie ihre Schalen zu wie die Zugbrücke einer wehrhaften Burg. Ansonsten geht es nur um Nahrung. Unablässig pumpt sie Meereswasser durch ihren Körper, fängt das mitströmende Plankton mittels Schleim auf. Um die 200 Liter filtert eine Auster täglich, eine Miesmuschel immerhin um die 70, das sind über 20.000 Liter in den zehn Monaten, die sie braucht, um auf genießerfreundliche Größe heranzuwachsen. Viele tausend Tier- und Pflanzenarten umgeben sie dabei im Wasser, von denen manche die Dominanz ihrer Rasse durch rücksichtslosen Chemiewaffen-Krieg sicherstellen. Verschiedene einzellige Algen, die Dinoflagellaten, setzen dabei zum Beispiel ein höchst effizientes Nervengift ein, durch das sie periodisch als massive »Rote Flut« auftreten. Im Gegensatz zu mobileren Meeresbewohnern kann die Muschel solchen massiven Angriffen nicht ausweichen und bindet das Gift für sich selbst unschädlich in ihren Verdauungsorganen.

Im Magen des Menschen wird der hitzeresistente Stoff jedoch wieder freigesetzt und lähmt innerhalb weniger Stunden das zentrale Nervensystem. In den 20.000 Litern kann es besonders bei anhaltend heißem Wetter, eben in den Monaten ohne R, daneben andere Bakterien mit unschönen Folgen geben, und auch bei der Konzentration von Schwermetallen ist die Muschel recht effektiv.

Stehen die ominösen Rs also für die »gute alte Zeit«, als man sich noch auf einfache Regeln verlassen konnte? Nun, die wenigsten Muscheln, die heute als »Moules marinières« auf unserem Teller landen, wachsen »wild«. Sie werden in Muschelgärten gezüchtet, in denen das Wasser ständig auf Bakterien und Krankheitskeime untersucht und der Muschel gegebenenfalls der Weg in den Kochtopf versagt wird, ob mit R oder ohne.

Ursula Heinzelmann

WARENKUNDE   KÜCHENPRAXIS   REZEPTE
→ Schaltiere
   Austern

Austern
Ein kulinarischer Mythos! Sie sind weltweit beliebt, und das wohl nicht nur, weil ihnen eine aphrodisierende Wirkung nachgesagt wird, sondern wegen ihres unverfälschten Geschmacks.

- Austern werden in großem Umfang in Europa, den USA, China und Japan gezüchtet.
- Austern haben unregelmäßige, schuppige Schalen und sind je nach Art eher rund oder länglich geformt.
- Frische Austern sind das ganze Jahr über in guter Qualität erhältlich.

Austern (Ostreidae)

Seit Urzeiten sind Austern begehrt wie kaum eine andere Muschelart, das beweisen große Mengen an Austernschalen, die man in prähistorischen Siedlungen gefunden hat. Schon in der Antike gab es Versuche, die »Königin der Muscheln« zu kultivieren. Und den immer raffinierteren Aquakultur-Techniken ist es wohl auch zu verdanken, dass Arten wie die Europäische Auster, die Amerikanische Auster und die Olympia-Auster überhaupt noch gehandelt werden können. Ohne Aquakultur wären die Wildbestände in Europa und Nordamerika vermutlich längst erschöpft – durch Überfischung, Wasserverschmutzung und auftretende Krankheiten.

Wichtig für Züchter und Gourmets sind vor allem zwei Gattungen: Einmal die Gattung *Ostrea*, dazu gehört die Europäische Auster, und die Gattung *Crassostrea*, damit bezeichnet man die Felsenaustern. Beide unterscheiden sich deutlich in der Schalenform: Bei Vertretern der Gattung *Ostrea* sind beide Klappen nur wenig gewölbt, so dass die Muscheln ingesamt flacher wirken. Bei den Felsenaustern dagegen ist die untere Schalenhälfte sichtbar stärker gewölbt als die obere und ihre Grundform ist länglich. Werden sie während des Wachstums einer Strömung ausgesetzt, können sie sehr lang gestreckt werden. Andere Felsenaustern sind wie ein Bumerang geformt, sie haben während des Wachstums einen »Bogen« um ein Hindernis gemacht. In der Struktur sind die Klappen der Felsenaustern unregelmäßig, gerippt und zerklüftet.

Mengenmäßig sind die Felsenaustern in Zucht und Handel weitaus häufiger als andere Arten. Sie wachsen schneller und stellen weniger hohe Ansprüche an Wasserqualität und -temperatur. In der Qualität des Fleisches bleiben sie jedoch hinter den *Ostrea*-Austern zurück, Züchter können mit diesen deshalb höhere Preise erzielen.

Eine neue Entwicklung in der Aquakultur ist die Zucht so genannter triploider Austern: Diese besitzen einen Chromosomensatz mehr als gewöhnliche Austern und sind vermehrungsunfähig. Aber sie wachsen extrem schnell, werden sehr groß und unterliegen nicht den durch den Vermehrungszyklus bedingten Qualitätsschwankungen des Fleisches.

(1) Die »BELON« gehört zu den bekanntesten Zuchtformen der Europäischen Auster *(Ostrea edulis)*. Die Sorte mit dem bräunlichen Fleisch besitzt einen kräftigen nussartigen Geschmack.

(2) »IMPERIALES« heißen diese rundlichen Europäischen Austern *(Ostrea edulis)* aus den Niederlanden. Sie werden vor allem in der Oosterschelde in den Niederlanden gezüchtet.

(3) Diese »BELON« stammt aus Maine in den USA: Ihres delikaten Geschmacks wegen wird die Europäische Auster *(Ostrea edulis)* auch an der Ostküste der USA gezüchtet.

EUROPÄISCHE AUSTER (1–6; S. 84, 1)
(Ostrea edulis)

engl. flat oyster, plate oyster, common oyster; franz. huître plate; ital. ostrica; span. ostra, ostión; port. ostra; norw. ösers; schwed. ostron; dän. østers; niederl. oester.

Das ursprüngliche Verbreitungsgebiet der Europäischen Auster erstreckt sich im Atlantik von Norwegen bis Marokko und umfasst darüber hinaus das gesamte Mittelmeer, Wildvorkommen sind inzwischen allerdings selten. Europäische Austern sind schwieriger zu farmen als andere Arten. Dennoch lohnt es sich, da ihr Geschmack feiner ist und höhere Preise rechtfertigt. Austernkulturen gibt es traditionell an der Atlantikküste, vor allem in Frankreich. Dort liegen die Zentren der Zucht in der Normandie, der Bretagne, der Charente (Marennes-Oléron) und der Gironde (Arcachon). Austernzüchter gibt es außerdem in den Niederlanden, in England und Irland. Man findet Austernkulturen aber auch an der französischen, spanischen, italienischen, kroatischen und griechischen Mittelmeerküste. Inzwischen werden Europäische Austern sogar an der Ostküste der USA (Maine, Massachusetts) gefarmt.

Merkmale: Die Europäische Auster lässt sich anhand ihrer rundlichen, flachen Form leicht von anderen Austernarten unterscheiden. Dabei können Form, Farbe und Oberfläche der Klappen aber variieren: Sie sind mehr oder weniger gebändert und die Farbe wechselt zwischen Braun und Grau. Das Fleisch der Europäischen Auster ist beige-sandfarben bis grau. Sie wird 5 bis 12 cm groß, in Ausnahmefällen kann sie eine Schalenbreite von 20 cm erreichen, solche Riesenexemplare sind jedoch selten. Sie werden in Frankreich als »Pied de cheval«, Pferdefuß, gehandelt und sind sehr teuer.

Verwendung: Klassisch serviert man die geöffneten Austern pur auf gestoßenem Eis. Das Fleisch wird mitsamt dem in der Schale enthaltenen Austernwasser geschlürft oder mit einer Gabel entnommen. Wer mag, reicht Zitrone oder Limette dazu. Europäische Austern schmecken aber auch gegart, etwa im eigenen Saft pochiert oder in der Schale gratiniert.

Vor dem Verkauf werden Zuchtaustern in solchen Klärbecken von Sand und Schlick gereinigt. Je länger die Reinigungszeit, desto höher ist die Qualität.

(4) Die »COLCHESTER« ist eine Europäische Auster *(Ostrea edulis)*. Ursprünglich stammt sie aus Großbritannien, genauer gesagt aus dem Mündungsgebiet der Colne in Essex.

(5) »GALWAY« heißt diese dickschalige Europäische Auster *(Ostrea edulis)* von der Westküste Irlands. In der Qualität kommt sie etwa der französischen »Belon« gleich.

(6) Die »LIMFJORD-AUSTER«, ebenfalls eine Europäische Auster *(Ostrea edulis)*, wird an der dänischen Nordseeküste gezüchtet. Der Limfjord bietet ideale Bedingungen dafür.

WARENKUNDE KÜCHENPRAXIS REZEPTE
→ Schaltiere
Austern

PORTUGIESISCHE AUSTER, FELSENAUSTER (2–6) *(Crassostrea angulata)*

engl. Portuguese cupped oyster; franz huître creuse, Portuguaise; ital. ostrica di Portugal; span. ostra de Portugal; dän. Portugisisk østers; niederl. Portogese oester.

Die Portugiesische Auster oder Felsenauster ist ursprünglich an der Atlantikküste Südportugals und -spaniens bis Marokko sowie im westlichen Teil des Mittelmeeres beheimatet. Bis 1970 wurde sie in Europa häufig gezüchtet, weil sie unempfindlicher schien und schneller wächst als die Europäische Auster. Aber ein eingeschleppter Virus machte den Beständen fast vollständig den Garaus. Deshalb wurde die Felsenauster in der Zucht weitgehend durch die Pazifische Felsenauster *(Crassostrea gigas)* ersetzt.

Merkmale: Ihre Schalenklappen sind länglicher und tiefer gewölbt als die der Europäischen Auster. Die Felsenauster wird bis zu 10 cm lang. Ihr Fleisch ist grauviolett; bei den berühmten »Fines de Claires« aus den Austernbecken von Marennes an der französischen Atlantikküste ist es grünlich gefärbt. Grund dafür ist ihre Nahrung, sie werden mit einer speziellen kupferhaltigen Kieselalge gefüttert.

Verwendung: Auch diese Auster wird meist roh in der Schale serviert, sie schmeckt aber auch gegart. Ihr Geschmack ist etwas kräftiger als der der Europäischen Auster, daher ist sie nicht ganz so begehrt.

(1) Wildvorkommen der **EUROPÄISCHEN AUSTER** *(Ostrea edulis)* sind selten geworden. In der Türkei gibt es sie noch und sie werden auch noch genutzt.

(2) Die **PORTUGIESISCHE AUSTER** *(Crassostrea angulata)* unterscheidet sich von der Europäischen Auster durch ihre längliche Form und die stark eingekerbte Schale.

(3) »**FINE DE CLAIRES**« heißt die begehrte Portugiesische Auster *(Crassostrea angulata)* aus den Zuchtbecken um Marennes-Oléron in Frankreich. Ihr Fleisch ist dunkel und grünlich.

(4) »**PAPILLON**« wird diese Portugiesische Auster *(Crassostrea angulata)* aus Frankreich wegen ihrer schmetterlingsähnlichen Schalenform genannt.

(5) Dieses Exemplar einer **PORTUGIESISCHEN AUSTER** *(Crassostrea angulata)* kommt aus Spanien. Dort werden Austern am Atlantik und im Mittelmeer gezüchtet.

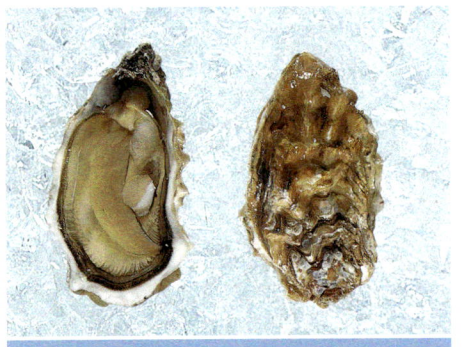

(6) **PORTUGIESISCHE AUSTERN** *(Crassostrea angulata)* kommen im westlichen Mittelmeer sowie im Atlantik von Spanien über Portugal bis Marokko vor.

WARENKUNDE KÜCHENPRAXIS REZEPTE
→ *Schaltiere*
Austern

PAZIFISCHE FELSENAUSTER, JAPANISCHE AUSTER (7–9, S. 86, 1)

(Crassostrea gigas)

engl. Pacific cupped oyster, Pacific king oyster, Japanese oyster; franz. huître creuse du Pacifique, Japonaise, huître géante du Pacifique; span. ostión japonés; chin. mau lai; indon. und malaii. tiram; philipp. talaba; jap. ma-gaki.

Das ursprüngliche Verbreitungsgebiet der Pazifischen Felsenauster ist Ostasien. In Japan und China hat die Zucht dieser Art eine lange Tradition. Inzwischen ist sie weltweit die Nr. 1 unter den Zuchtaustern, auch in Europa und Nordamerika wird der Bedarf überwiegend mit Pazifischen Felsenaustern gedeckt. Die Pazifische Felsenauster ist sehr robust, wenig krankheitsanfällig, sie wächst und vermehrt sich schnell und stellt an Temperatur und Salzgehalt des Wassers keine großen Ansprüche. Kurz: Sie ist die ideale Auster für die Aquakultur. Die Geschwindigkeit des Wachstums hängt allerdings von der Wassertemperatur ab – in kühleren Gewässern wachsen sie langsamer als in warmen, ihr Fleisch ist dafür aber fester und von höherer Qualität.

Merkmale: Die Pazifische Felsenauster ähnelt in Form und Farbe der Portugiesischen Auster, sie kann aber deutlich größer werden, maximal erreicht sie eine Schalenbreite von 30 cm. Die Schalen sind graubraun bis grünlich und sehr unterschiedlich geformt, je nachdem, auf welchem Boden und unter welchen Strömungsverhältnissen die Tiere wachsen. Die Schaleninnenseiten sind strahlend weiß, das Fleisch kann cremefarben-grau bis goldgelb sein.

Verwendung: Die Pazifische Felsenauster macht den Großteil des Austernangebots auf den europäischen Märkten aus. Während der größte Teil roh verzehrt wird, schätzt man sie in den USA und in Kanada auch gegart: Sie kommen in Eintopfgerichte und Suppen, werden gebraten oder frittiert; manchmal paniert man das Fleisch sogar. Pazifische Felsenaustern sind darüber hinaus kommerziell verarbeitet erhältlich, etwa gekocht als Konservenware oder auch geräuchert. In Asien werden große Mengen Pazifischer Felsenaustern getrocknet. In Hongkong beispielsweise macht man einen Großteil der Austernernte auf diese Weise haltbar. Zudem sind die Austern in Asien Grundlage für die würzige Oyster Sauce, die vielen Gerichten aus dem Wok die besondere Note verleiht.

Pur und direkt aus der Schale geschlürft – so mögen Austernliebhaber auf der ganzen Welt die köstlichen Meeresfrüchte am liebsten.

(7) Die **PAZIFISCHE FELSENAUSTER** *(Crassostrea gigas)* stammt aus den Gewässern um Japan und der Chinesischen See. Wegen ihrer Größe heißt sie auch »Riesenauster«.

(8) »**GOLDEN MANTLE**«, eine Pazifische Felsenauster *(Crassostrea gigas)*, fällt durch die goldgelbe Farbe ihres Fleisches auf. Sie ist eine Zuchtauster von der Westküste der USA.

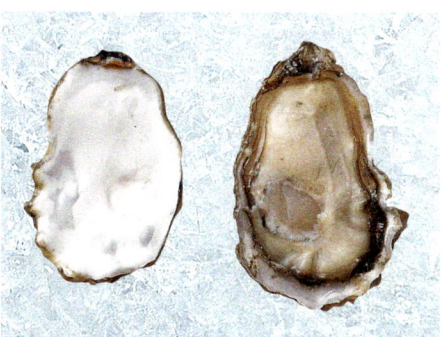

(9) »**YEARLING**« ist eine Zuchtform der Pazifischen Felsenauster *(Crassostrea gigas)*, die an der Westküste der USA kultiviert wird. Sie ähnelt der Portugiesischen Felsenauster.

WARENKUNDE KÜCHENPRAXIS REZEPTE
→ Schaltiere
  Austern

KUMAMOTO-AUSTER (2)
(Crassostrea gigas kumamoto)

engl. Kumamoto oyster.

Diese Austernart stammt ursprünglich aus der Kumamoto-Bucht in Japan. Sie ist eng mit der Pazifischen Felsenauster verwandt, und zwar so eng, dass Züchter bereits versucht haben, beide miteinander zu kreuzen. Die Art wird auch unter dem lateinischen Namen *Crassostrea sikamea* geführt; die Abgrenzung als eigenständige Art ist schwierig. Kommerziell genutzt wird die Kumamoto-Auster weniger in ihrer Heimat Japan als vielmehr seit den 1940er Jahren an der Westküste der USA; dort gilt sie als Geheimtipp für Austerngenießer und erzielt entsprechend hohe Preise.

Merkmale: Die Kumamoto-Austern gelangen mit einer Schalengröße zwischen 5 und 7 cm in den Handel, sie sind also nur etwa halb bis ein Drittel so groß wie die Pazifischen Felsenaustern. Die Schale der Kumamoto-Auster ist tief gewölbt, hat eine rundliche Form und weist deutlich ausgeprägte Radiärrippen auf.

Verwendung: Die kleinen Austern werden in den USA üblicherweise »on the half shell« serviert und roh verzehrt. So kommt ihr hervorragender, milder, leicht süßlicher Geschmack am besten zur Geltung.

Austern aus Asien
Rund um die japanischen Inseln und an den Küsten Chinas werden Austern seit Jahrhunderten genutzt und kultiviert. Manche Arten sind auch für die Austernzüchter Amerikas wichtig geworden.

CHINESISCHE AUSTER, ASIATISCHE AUSTER
(Crassostrea ariakensis)

engl. Suminoe Oyster, Asian Oyster, Chinese Oyster.

Auch diese Art kommt aus japanischen und ostasiatischen Gewässern. Seit dem Ende der 1990er Jahre wird die »Suminoe oyster« an der nördlichen Pazifikküste der USA gezüchtet, derzeit wird untersucht, ob man sie auch in der Chesapeake Bay ansiedeln soll. Dieses riesige Flussmündungsgebiet an der US-Ostküste beherbergte einst die größten Austernbestände Amerikas, doch jahrhundertelange Befischung, Wasserverschmutzung und Krankheiten haben die ursprünglichen Bestände auf ein Minimum reduziert. Eine schnell wachsende, relativ krankheitsresistente und zudem noch sehr wohlschmeckende Art wie die »Suminoe oyster« wäre da ein möglicher Ersatz. Doch ist noch unklar, wie sich die Einführung dieser neuen Art auf das biologische Gleichgewicht der Bucht auswirkt.

Merkmale: Kleinere Exemplare sind rundlich und besitzen eine relativ glatte Schale. Größere Chinesische Austern – sie können bis zu 27 cm lang werden – weisen eine raue, schindelartig strukturierte Klappenoberfläche auf. Im Unterschied zur Pazifischen Felsenauster ist die Schale meist nicht gerippt. Das Fleisch ist hell, mit einem dunklen Fleck in der Mitte.

Verwendung: Kleinere Exemplare der Chinesischen Auster lassen sich roh aus der Schale genießen, größere können gekocht, gebraten oder sogar frittiert serviert werden.

(1) »SYLT SPEZIAL« gehört trotz ihres einheimischen Namens zu den Pazifischen Felsenaustern *(Crassostrea gigas)*. Sie wird im norddeutschen Wattenmeer gezüchtet.

(2) »KUMAMOTO« heißt eine relativ kleine, sehr schmackhafte asiatische Auster *(Crassostrea gigas kumamoto)*, die vor allem an der Westküste der USA hoch geschätzt wird.

(3) »MALPEQUE« lautet der Handelsname für diese flache Amerikanische Auster *(Crassostrea virginica)*, die an der kanadischen Atlantikküste kultiviert wird.

Austernzucht heute

Sie leben in riesigen Parks und ihre »Betreuer« nennen sich selbst »Bauern der Meere«. Kaum ein anderes Tier fasziniert so sehr wie die Auster: Ihr Fleisch soll Männer potent und Frauen schwach machen. Bereits die Römer ließen sich die begehrten Muscheln in mit Meerwasser gefüllten Amphoren von weither schaffen und begannen mit ihrer Hälterung in geschützten Buchten.

Nachdem viele wilde Austernbestände, wie etwa in der Nordsee, durch Überfischung und Krankheiten ausgerottet wurden, kommt heute der Großteil der Austern aus riesigen Meeresparks, vor allem von der französischen Atlantikküste. Es gibt viele verschiedene Sorten und einige zoologische Arten, weltweit sind es etwa 50. Je nach Herkunft kann ein und dieselbe Tierart jedoch unterschiedliche Bezeichnungen tragen und auch in Aussehen und Aroma variieren. Einige Austernarten vertragen eine Mischung aus Salz- und Süßwasser und wachsen daher besonders gut in stillen Buchten, wo das Süßwasser der mündenden Flüsse sich mit dem Meerwasser der Gezeiten mischt. Große Gezeitenunterschiede stören sie dabei nicht – im Gegenteil, die Austern können sich mit ihrem Schließmechanismus gut gegen Trockenheit schützen, was auch dem Feinschmecker entgegenkommt: So übersteht die Auster lebend, gekühlt und leicht feucht gehalten den Transport bis weit ins Binnenland. Wichtige Sorten sind beispielseise »Belons«, mit ihrem nussigen Aroma, die auch »Arcachons« genannten »Gravettes d'Arcachon«, die »Bouzigues« und die »Marennes«. Zoologisch gesehen sind »Belons«, »Marennes« und »Arcachons« alles Europäische Austern *(Ostrea edulis)*. Theoretisch. Aber es gibt auch Marennes-Austern, die von der Portugiesischen Auster *(Crassostrea angulata)*, einer anderen Austernart, stammen. In einigen Gegenden Westfrankreichs werden die Austern vor dem Verkauf noch eine Zeit lang in so genannten Claires, Aufzuchtbecken, gehalten. Im salzärmeren, nährstoffreichen Wasser verbringen die Tiere einige Wochen und filtern Kieselalgen aus dem Wasser, wodurch sie ihre typische Färbung bekommen. »Fines de Claires« dürfen sie genannt werden, wenn sich nicht mehr als 20 von ihnen vier bis acht Wochen einen Quadratmeter Becken geteilt und sie mindestens sechs Prozent Fleisch haben. Nach bis zu fünf Monaten bei noch weniger Besatz, heißen sie »Spéciales de Claires«, ihr Fleischanteil liegt bei neun Prozent. Die »Belon« wird nach Gewicht nummeriert, Nr. 4 wiegt 40 g, Nr. 1 bereits 75 g, die größte ist die Nr. 00000 mit einem Gewicht von 150 g. Kommt die Europäische Auster von den Küsten der Niederlande und Kanadas, heißt sie »Imperiales« und »Malpeque«. Ursprünglich gedieh die Europäische Auster auch im Mündungsbereich der Colne in England. Diese Sorte nennt man heute »Colchester«. Und es gibt noch mehr Sorten und Arten wie die widerstandsfähige und deswegen immer wichtiger werdende Pazifische Felsenauster *(Crassostrea gigas)*, die auch »Sylt Spezial« oder »Sylter Royal« genannt wird. Für die Zucht wächst eine Auster zunächst aus einer winzigen Larve, die frei im Wasser umherschwimmt und Halt sucht. Das macht sich der Züchter zunutze, indem er dem Winzling eine Heimat bietet, etwa in Form von Dachschindeln. Einmal festgesetzt, bildet die Larve innerhalb von acht Wochen eine Schale und ist dann erbsengroß. Im Folgejahr siedelt sie der Züchter um. Je nach Austernart und Nährstoffreichtum des Meeres dann oft noch weitere zwei, drei Male. Einige wachsen schnell, andere langsam und werden nach zwei bis fünf Jahren geerntet und direkt verkauft, die Claires erhalten im Zuchtbecken noch einen letzten Schliff.

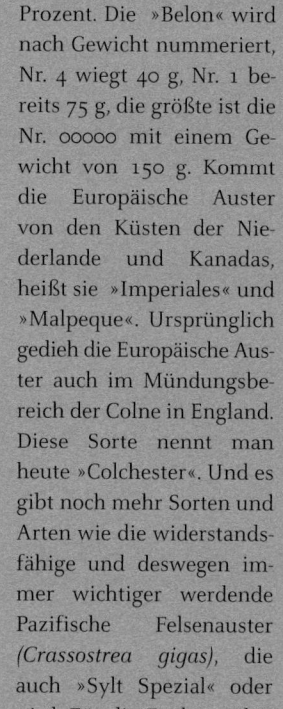

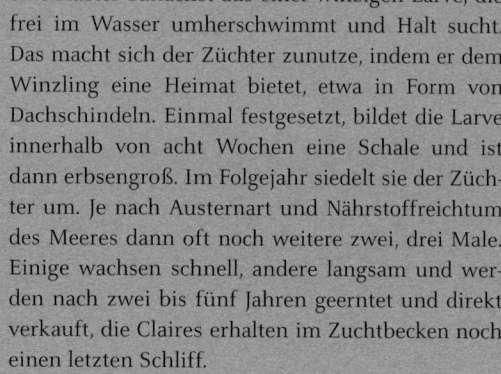

Robert Lücke

WARENKUNDE   KÜCHENPRAXIS   REZEPTE
→ Schaltiere
  Austern

AMERIKANISCHE AUSTER
(1–5, S. 86, 3) *(Crassostrea virginica)*

engl. American oyster, Atlantic oyster, American cupped oyster, Eastern oyster; franz. huître creuse américaine; span. ostión virgínico.

Das natürliche Verbreitungsgebiet dieser Art ist die amerikanische Atlantikküste von Kanada bis Mexiko einschließlich der Karibik. Kultiviert wird sie vor allem an der amerikanischen Ost-, in geringerem Umfang auch an der amerikanischen Westküste. Die Amerikanische Auster war einmal die häufigste und kommerziell wichtigste Auster Nordamerikas. An manchen Stellen der Ostküste bildeten diese Austern so große und gefährliche Riffe, dass sie auf Schifffahrtskarten eigens vermerkt wurden. In den nördlichen Staaten der USA wurden diese riesigen Bestände im 19. und Anfang des 20. Jahrhunderts drastisch dezimiert, vor allem durch rücksichtslose Befischung der Wildvorkommen und durch Wasserverschmutzung. Dazu kam, wie in Europa, in den 1970er Jahren ein dramatisches Austernsterben durch Virus- und Parasitenerkrankungen. Etwas besser ist die Bilanz in den Südstaaten, in denen die Amerikanische Auster noch heute rentabel kultiviert wird. Der Handel bezeichnet Amerikanische Austern traditionell mit Herkunftsnamen; besonders berühmt ist die »Bluepoint«-Auster von Long Islands Küste.

> *Amerika und Austern:*
> Die in Nordamerika heimischen Arten, die Amerikanische und die Olympia-Austern, sind selten geworden. Gefarmt werden überwiegend Pazifische Austern.

Merkmale: In Form und Gestalt stehen die Amerikanischen Austern zwischen der Europäischen und der Pazifischen Auster. Der Ersten gleichen sie mit ihrer rundlichen Form und der nur wenig geschuppten Oberfläche, der Zweiten durch die deutliche Wölbung der unteren Schalenhälfte, der sie den Namen »Cupped oyster« verdanken. Die Klappen sind sandfarben bis dunkelgrau oder braun, manchmal auch etwas grünlich. Das Fleisch ähnelt in der Farbe dem der Europäischen Auster, reicht in der Qualität jedoch nicht ganz an diese heran. Auf den Markt kommen Amerikanische Austern meist mit einer Größe von knapp 10 cm; sie können jedoch fast die vierfache Länge erreichen.

Verwendung: Amerikanische Austern werden ebenfalls roh verzehrt, gern auch mit einem Spritzer scharfer Tabasco-Sauce. Gerade die Cajun-Küche der Südstaaten verfügt über ein großes Repertoire an warmen Austerngerichten, etwa Suppen und kräftige Eintöpfe wie Jambalayas und Gumbos. Darüber hinaus schätzt man die delikaten Meeresfrüchte gratiniert und frittiert.

WESTAMERIKANISCHE AUSTER, OLYMPIA-AUSTER *(Ostrea lurida/conchaphila)*

engl. Olympia oyster, Western oyster, Olympia flat oyster; franz. huître plate indigène; span. ostra.

Diese Art war ursprünglich die an der Westküste Amerikas heimische Auster; sie kam vom Südosten Alaskas bis nach Kalifornien vor. Aber bereits zwi-

(1) »CHINCOTEAGUE« heißt diese relativ große Zuchtauster von der Ostküste der USA. Sie gehört zu den Amerikanischen Austern *(Crassostrea virginica)*.

(2) Unter dem Handelsnamen »BLUE POINT« wird eine Zuchtform der Amerikanischen Auster *(Crassostrea virginica)* von Long Island angeboten.

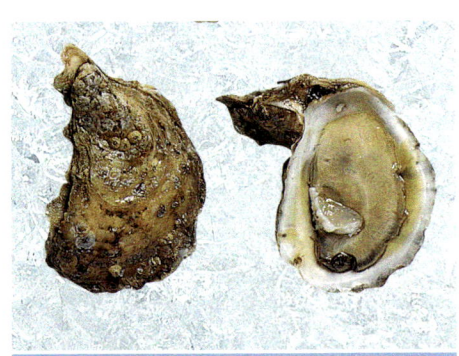

(3) »APALACHICOLA«, benannt nach dem gleichnamigen Fluss in Florida, ist eine relativ kleine Sorte der Amerikanischen Auster *(Crassostrea virginica)*.

WARENKUNDE   KÜCHENPRAXIS   REZEPTE
→ *Schaltiere*
Austern

schen Mitte und Ende des 19. Jahrhunderts war sie durch Überfischung und Einleitung von Abwässern ins Meer derart dezimiert, dass das Überleben der Art bedroht war. Hinzu kamen eingeschleppte Parasiten und Krankheiten. Derzeit wird allerdings versucht, die Populationen von Olympia-Austern beispielsweise im Puget Sound wieder zu erhöhen und diese Art auch zu kultivieren. Die Olympia-Auster erzielt wegen ihrer hohen Qualität bessere Preise als andere Arten.

Merkmale: Die Olympia-Auster gehört zur gleichen Gattung wie die Europäische Auster und gleicht dieser auch in der Form: Sie besitzt rundliche, schwach schuppige und flache Schalen. Die langsam wachsende Art wird nur etwa 5 cm groß.

Verwendung: Der hervorragende Geschmack ihres feinen Fleisches kommt am besten zur Geltung, wenn man diese Auster roh verzehrt.

SYDNEY-FELSENAUSTER (6)

(Crassostrea commercialis)

engl. Sydney rock oyster; indon. tiram; malaii. tiram batu, philipp. talaba.

Ursprüngliches Verbreitungsgebiet dieser Austernart sind die australische Südostküste und die Gewässer rund um Neuseeland. Kultiviert wird sie dort bereits seit dem ausgehenden 19. Jahrhundert. Manche Wissenschaftler zählen diese Auster nicht zu den Felsenaustern, man findet sie deshalb auch unter den lateinischen Namen *Saccostrea glomerata* und *Saxostrea commercialis*.

Mit Hilfe solcher Austernwaagen werden die delikaten Schaltiere in Handelsgrößen sortiert und dann entsprechend vermarktet.

Merkmale: Die Sydney-Felsenauster erreicht eine Schalenlänge von etwa 7 cm; handelsüblich sind Exemplare von etwa 55 g. Die Schalen sind sandfarben bis dunkelgrau und erkennbar gerippt. Wie bei anderen Felsenaustern ist auch hier die untere Schalenhälfte stärker gewölbt als die obere. Das Fleisch ist dunkel sandfarben bis leicht gelblich und von sehr guter Qualität. Ein Nachteil dieser Art ist allerdings, dass die Schalen nur schwer zu öffnen sind.

Verwendung: Man verwendet die Sydney-Felsenauster roh, aber auch zum Gratinieren, für Meeresfrüchte-Suppen oder auch als Füllung für besonders delikate Pies.

(4) »CHATAM« ist ebenfalls eine Handelsbezeichnung für eine spezielle Sorte der Amerikanischen Auster *(Crassostrea virginica)* von der Ostküste der USA.

(5) Die »BOX-OYSTER« ist eine amerikanische Zuchtauster *(Crassostrea virginica)*, die von Long Island stammt. Sie wird vielfach an der gesamten Ostküste gezüchtet.

(6) Die SYDNEY-FELSENAUSTER *(Crassostrea commercialis)* kommt von der Südostküste Australiens. Dort wird sie seit Ende des 19. Jahrhunderts auch gezüchtet.

WARENKUNDE KÜCHENPRAXIS REZEPTE
→ Schaltiere
Archenmuscheln
Samtmuscheln

Archen- und Samtmuscheln

Sie sind eine Art lebender Fossilien, in Feinschmeckerkreisen aber durchaus ein Begriff. Allerdings kann das Fleisch der Samtmuscheln etwas zäh sein.

- Archenmuscheln und Samtmuscheln bevorzugen gemäßigt-warme bis tropische Gewässer.
- Archenmuscheln werden im Mittelmeer gezielt gefischt.
- Archen- und Samtmuscheln besitzen zwei völlig gleich geformte Schalen.

Archenmuscheln *(Arcidae)*

Diese Muschelfamilie gibt es seit 500 Millionen Jahren. Sie umfasst etwa 200 Arten, die bevorzugt in tropischen Gewässern zu Hause sind. Archenmuscheln besitzen zwei völlig gleich geformte Schalen, die auf der Oberseite von einer glatten oder bärtigen Schicht, dem »Periostracon«, überzogen sind.

ARCHE NOAH *(Arca noae)*

engl. Noah's ark; franz. arche de Noé; ital. arca di Noè; span. pepitona, arca de Noe; port. castanholas; griech. calognomi.

Die Arche Noah ist im Mittelmeer und auch im Ostatlantik verbreitet.
Merkmale: Ihre lang gestreckte Form erinnert an einen Kahn. Die dunkelbraune Schale ist von rötlichen Zickzackstreifen überzogen.
Verwendung: Die Art ist kulinarisch wichtig und wird gern roh gegessen, aber auch gegart.

RIESENARCHENMUSCHEL (1)
(Anadara grandis)

engl. giant ark, span. sangara.

Die Riesenarchenmuschel ist an der Westküste Amerikas vom südlichen Kalifornien bis Peru verbreitet. Sie bevorzugt Sandböden in der Gezeitenzone.
Merkmale: Die Schalen sind kräftig gerippt und in der Aufsicht annähernd rechteckig, hell mit braunem Periostracon überzogen.
Verwendung: Das Fleisch wird meist in der Schale gekocht oder ausgelöst in Eintöpfen geschmort.

AKAGAI (2) *(Scapharca broughtonii)*

engl. ark shell, bloody clam.

In Japan, Korea und China hat diese Archenmuschel eine große kommerzielle Bedeutung.
Merkmale: Die dunklen Schalen weisen kräftige strahlige Rippen und ein bärtiges Periostracon auf.
Verwendung: Roh für Sushi oder gekocht.

(1) Die Schale der **RIESENARCHENMUSCHEL** *(Anadara grandis)* ist von einer dunklen Chitinschicht geschützt, die an den Wirbeln fast immer abblättert, so dass man die darunter liegende Kalkschale erkennt. Ihre bis zu 15 cm lange Schale ist außerordentlich dick und schwer. Verzehrt wird sie meist gekocht.

(2) Die **AKAGAI** *(Scapharca broughtonii)* ist in Japan eine hoch geschätzte Muschel, die vor allem für Sushi gesucht ist. Charakteristisches Merkmal sind die kräftigen strahlenförmigen Rippen.

WARENKUNDE KÜCHENPRAXIS REZEPTE
→ *Schaltiere*
  Archenmuscheln
  Samtmuscheln

Samtmuscheln *(Glycymeridae)*

Sie sind mit den Archenmuscheln verwandt; wie bei diesen sind die beiden dicken Schalenklappen – von der Seite gesehen – genau gleich. Zu finden sind sie in gemäßigten bis tropischen Gewässern. Die Samtmuschelarten sind leicht miteinander zu verwechseln und gleichen sich auch in der Verwendung. Der Handel unterscheidet nicht zwischen den einzelnen Arten.

SAMTMUSCHEL, MEERMANDEL (3)
(Glycymeris glycymeris)

engl. dog cockle, bittersweet; franz. amande de mer, amande marbrée; span. escupiña, inglesa, petunculo.

Sie ist von Norwegen bis zu den Kanarischen Inseln verbreitet; im Mittelmeer ist sie seltener. Sie kommt bis in Tiefen von 20 m vor.
Merkmale: Die dicken, runden Schalen haben ausgeprägte konzentrische Streifen und weisen am Rand noch Reste eines dunklen Periostracons auf. Das Schloss wird von einer Reihe gleichartig geformter Zähne gebildet.
Verwendung: Das Fleisch der Samtmuscheln kann sehr zäh sein, vor allem bei größeren Exemplaren. Es wird daher oft zerkleinert für Füllungen verwendet.

ECHTE SAMTMUSCHEL *(Glycymeris pilosa)*

engl. dog cockle; franz. amande de mediterranée.

Sie ist im Atlantik verbreitet; im Mittelmeer ist sie seltener anzutreffen.
Merkmale: Sie ist der Samtmuschel sehr ähnlich, die Schale ist jedoch dunkler und weist feine konzentrische Streifen auf.
Verwendung: Das Fleisch dieser Art wird für Füllungen und Farcen verwendet.

VIOLETTE SAMTMUSCHEL *(Glycymeris violascens)*

engl. violet bittersweet; franz. pétoncle violâtre; ital. piede d'asino; span. almejón, perillo.

Sie ist im Mittelmeer und an der Atlantikküste von Portugal bis Marokko zu finden, und zwar im Flachwasser auf sandigem Untergrund.
Merkmale: Die 4 bis 8 cm großen Schalen sind ungleichmäßig rund und weisen auf der Oberfläche feine strahlige, am Rand leicht gewellte Rippen auf.

Die Schalenoberflächen sind grauviolett, die Innenseite ist weiß bis rosa mit braunvioletten Flecken.
Verwendung: Das Fleisch dieser Art wird meist gehackt verarbeitet, aber auch geschmort.

GROSSE PAZIFISCHE SAMTMUSCHEL (4)
(Glycymeris gigantea)

engl. giant bittersweet, span. almendra de mar.

Sie ist im Pazifik zwischen dem Golf von Kalifornien und Mexiko in Tiefen von 5 bis 15 m zu finden.
Merkmale: Die gleichmäßig runden, hellen Schalen sind rotbraun geflammt.
Verwendung: Ihr Fleisch ist für Farcen geeignet.

(3) Die **SAMTMUSCHEL** *(Glycymeris glycymeris)* besitzt dicke, in der Aufsicht fast kreisrunde Schalen, die etwa 6 bis 8 cm groß werden können. Die Schalenhaut ist weich und samtartig, daher der Name.

(4) Die **GROSSE PAZIFISCHE SANDMUSCHEL** *(Glycymeris gigantea)* erreicht einen Schalendurchmesser von 10 cm. Charakteristisch ist die geflammte Musterung der Schalen.

Teubner Edition

WARENKUNDE   KÜCHENPRAXIS   REZEPTE
→ Schaltiere
  Kammmuscheln

Kammmuscheln

Auf der Schale einer solchen ließ Botticelli Aphrodite einst dem Meer entsteigen. Doch die eleganten Schaltiere haben nicht nur kunsthistorisch, sondern auch kulinarisch einiges zu bieten.

- Kammmuscheln haben eine flache und eine gewölbte Schalenklappe mit strahlenförmigen Rippen.
- Alle Kammmuscheln haben so genannte »Ohren«.
- Verwendet werden das helle Muskelfleisch, »Nüsschen« genannt, und der orangefarbene Rogen, der »Corail«.

Kammmuscheln (Pectinidae)

Weltweit zählt man etwa 300 verschiedene Arten von Kammmuscheln; kommerziell von Bedeutung sind etwa zwei Dutzend davon. Da die Arten kulinarisch gleich genutzt werden, unterscheidet sie der Handel meist nicht. Die besten Qualitäten kommen aus kalten Gewässern, in Europa etwa aus Fanggebieten um die Britischen Inseln und Frankreich, in Amerika aus Alaska oder Neufundland. Gefischt wird ganzjährig; außerdem sind »Scallops« als Tiefkühlware oder in Lake eingelegt erhältlich. Vor allem in Ostasien werden in den letzten Jahren verstärkt Bemühungen unternommen, die weltweit geschätzten Kammmuscheln in Aquakultur zu farmen.

(1) Die **JAKOBS- ODER PILGERMUSCHEL** *(Pecten jacobaeus)* weist auf der oberen wie auf der unteren Schalenklappe scharfkantige Rippen mit jeweils 4 strahlenartigen Einkerbungen auf. Die bis zu 15 cm großen Muscheln sind kulinarisch hoch geschätzt.

JAKOBSMUSCHEL, PILGERMUSCHEL (1)
(Pecten jacobaeus)

engl. scallop, fan shell; *franz.* coquille St.-Jacques méditerranéen; peigne de St.-Jacques; vanne, capeau; *ital.* cappa santa, conchiglia di San Jacopo, pellegrina; *span.* rufina, capa santa, pelegrina; *port.* vieira, penteola, romeiro; *bask.* xel; *niederl.* grote kamschelp.

Verbreitet ist die Jakobsmuschel im gesamten Mittelmeer sowie an den Atlantikküsten Spaniens, Portugals und Marokkos.
Merkmale: Die Schalen sind stark und scharfkantig gerippt; die linke Klappe ist flach, die rechte gewölbt. Die »Ohren«, die von der Schlossplatte links und rechts wie Flügel abstehen, sind symmetrisch angelegt. Jakobsmuscheln können maximal bis zu 15 cm groß werden.
Verwendung: Delikat sind die Muscheln in Butter gebraten, sie werden aber auch roh gegessen. Ebenfalls gut sind sie gegrillt, und oft werden sie in der gewölbten Schalenhälfte auch gratiniert. Wichtig ist in jedem Fall eine kurze Garzeit, sonst werden sie zäh.

GROSSE PILGERMUSCHEL *(Pecten maximus)*

engl. great Atlantic scallop; *franz.* grande coquille St-Jacques, grande peigne, escallop; *ital.* ventaglio; *span.* vieira, concha de peregrino.

Diese hochwertige Kammmuschelart ist im Atlantik von Norwegen bis zu den Kanarischen Inseln zu finden. Frisch kommt sie aus Frankreich zu uns, Tiefkühlware stammt meist aus Großbritannien.
Merkmale: Mit einem Durchmesser von maximal 17 cm ist sie die größte europäische Kammmuschel. Die flache Klappe weist scharfkantige, die gewölbte in der Aufsicht gerundete Rippen auf. Die Ohren sind gerippt und symmetrisch.
Verwendung: Das Fleisch dieser Art schmeckt gebraten, aber auch gratiniert sehr gut.

ATLANTISCHER TIEFWASSER-SCALLOP
(Placopecten magellanicus)

engl. Atlantic deep sea scallop, sea scallop, giant scallop, smooth scallop; *franz.* pétoncle, pecten d'Amérique.

Die kommerziell wichtigste Kammmuschel der US-Ostküste ist von Maine bis North Carolina verbreitet.
Merkmale: Die Schalen können einen Durchmesser von 25 cm erreichen, sind rund mit gleichmäßig geformten Ohren und vielen Radiärrippen.
Verwendung: Diese Kammmuschelart schmeckt gebraten oder gegrillt sehr gut.

KLEINE PILGERMUSCHEL, REISEMANTEL
(Aequipecten opercularis)

engl. queen scallop; franz. vanneau, petoncle operculaire; ital. cannestrello, pettine operculare; span. golondrina, zamoriña, volondeira; niederl. wijde mantel.

Verbreitet ist die Kleine Pilgermuschel von Norwegen bis zu den Kanaren sowie im gesamten Mittelmeer. Ein Verarbeitungszentrum sind die Orkney-Inseln im Norden Schottlands; von dort wird in großem Maßstab tiefgekühlte und konservierte Ware exportiert. Frisch gelangt die Kleine Pilgermuschel nur selten zu uns auf den Markt.
Merkmale: Die beiden rötlich braunen, leicht marmorierten Klappen sind gleichmäßig gewölbt, die Rippen gerundet. Die Länge der Schalenklappen beträgt maximal etwa 10 cm.
Verwendung: Nüsschen und Corail schmecken hervorragend in Butter gebraten.

Das Fleisch der Kleinen Pilgermuschel gelangt zu uns selten frisch, meist wird es tiefgekühlt oder zu Konserven verarbeitet.

Eine Delikatesse als Emblem

Die schöne Schale der Jakobsmuschel, auch oft Pilgermuschel genannt, hat nicht nur die Firma Shell inspiriert. Bis heute ist sie das Kennzeichen der Pilger auf dem berühmten Jakobsweg nach Santiago de Compostela an der galizischen Küste. Bereits im Mittelalter wurden die Muscheln den Pilgern, die dort das Grab des Heiligen Jakobus besuchten, als Souvenir verkauft. Sie haben angeblich magische Wirkung, heilen Kranke und bringen Glück.
Der Legende nach stand ein portugiesischer Ritter mit seinem Pferd an der Anlegestelle des Schiffes, mit dem Jakobus nach Spanien kam. Verstört vom hellen Schein des Sterns, der auf den Apostel fiel, sprang das Pferd ins Wasser und riss den Ritter mit sich in die Tiefe. Das Pferd ging wohl unter, der Ritter aber konnte auf wundersame Weise gerettet werden. Und als man ihn aus dem Wasser zog, war sein Körper über und über mit Jakobsmuscheln bedeckt.

Claudia Bruckmann

Teubner Edition **93**

WARENKUNDE   KÜCHENPRAXIS   REZEPTE
→ *Schaltiere*
  Kammmuscheln

(1) Der **KÖNIGSMANTEL** *(Chlamys nobilis)* hat stark asymmetrische Ohren.

(2) Die **PURPUR-KAMM-MUSCHEL** *(Argopecten purpuratus)* weist 25 Rippen auf.

(3) Die **KNOTIGE KAMM-MUSCHEL** *(Nodipecten nodosus)* ist ungleich geformt.

(4) Die **ALASKA-KAMM-MUSCHEL** *(Chlamys hastata hericia)* ist relativ rund.

KÖNIGSMANTEL (1) *(Chlamys nobilis)*

engl. noble scallop, old scallop; franz. peigne sénateur.

Der Königsmantel ist in japanischen Gewässern von Mittel-Honshu bis Kijushu verbreitet; dort kommt er bis in 20 m Tiefe vor. Die Art wird auch in Aquakulturen gezüchtet, etwa in China.
Merkmale: Der Königsmantel erreicht maximal einen Schalendurchmesser von 15 cm, die Schalen weisen etwa 20 Rippen auf und die »Ohren« sind stark asymmetrisch.
Verwendung: In Japan gilt das Muskelfleisch dieser Art als Delikatesse und wird roh für Sushi verwendet, aber auch in Tempurateig frittiert.

PURPUR-KAMMMUSCHEL (2)

(Argopecten purpuratus)

engl. scallop; franz. peigne pourpré; span. ostión del norte, concha de abanico.

Die Purpurkammmuschel ist entlang der chilenischen und peruanischen Küste verbreitet. Die Art bevorzugt Sand- und Schillböden bis 90 m Tiefe.
Merkmale: Die Schalen weisen 25 Rippen auf, sieben davon sind stärker ausgeprägt und gewölbt. Am Rand der Schaleninnenseite findet sich ein breiter, kräftig purpurfarbener Rand.
Verwendung: Nüsschen und Corail werden gebraten oder gratiniert.

KNOTIGE KAMMMUSCHEL (3)

(Nodipecten nodosus)

engl. lion's paw; franz. peigne coralline.

Das Verbreitungsgebiet der Knotigen Kammmuschel erstreckt sich von der südlichen Ostküste der USA über die Karibik bis hin nach Brasilien.
Merkmale: Diese Kammmuschelart ist an den knotigen Verdickungen zu erkennen, die die strahligen Rippen unterbrechen. Der Schalendurchmesser der Knotigen Kammmuschel beträgt 7 bis 15 cm.
Verwendung: Ihr Fleisch kann gebraten, überbacken oder gegrillt werden.

ALASKA-KAMMMUSCHEL (4)

(Chlamys hastata hericia)

engl. Pacific pink scallop.

Sie ist an der Westküste Nordamerikas von Alaska bis Kalifornien in Tiefen bis 35 m zu finden.
Merkmale: Die Farbe variiert von Rosa bis Gelblichweiß. Die Klappen sind fast rund, die Ohren stark asymmetrisch.
Verwendung: Die Art eignet sich wie alle Kammmuscheln gut zum Braten und Grillen.

An der nordamerikanischen Atlantikküste gibt es eine weitere wirtschaftlich bedeutende Art: Die größten Vorkommen der **Isländischen Kammmuschel** *(Chlamys islandicus)*, engl. Iceland scallop, gibt es im Norden von Neufundland. Ihr Schalendurchmesser beträgt etwa 10 cm.

WARENKUNDE KÜCHENPRAXIS REZEPTE
→ *Schaltiere*
Herzmuscheln

Herzmuscheln
Perfekte Symmetrie – beide Hälften gleich geformt und gleich gefärbt. In Italien und Frankreich, vor allem aber in Spanien, liebt man diese schmackhaften Schaltiere.

Herzmuscheln *(Cardiidae)*

Den Namen verdanken diese Muscheln ihrer herzförmigen Kontur, die von den beiden stark gewölbten Klappen gebildet wird. Manche Arten, etwa die Essbare Herzmuschel, besitzen einen fingerförmigen Fuß, mit dem sich die Tiere in bis zu 50 cm weiten Sprüngen fortbewegen und bei Gefahr in den weichen Meeresboden eingraben können.

ESSBARE HERZMUSCHEL (1)
(Cerastoderma edule)

engl. edible cockle, common cockle, heart shell; franz. coque commune, bucarde, bigon, rigardot; ital. capa tonda, capa margarota, cuore edule, span. berberecho, carneiro, perdigone; port. berbigão; norweg./dän. hjertemuslinger; niederl. gewone hartschelp, kokkel.

Verbreitet ist diese Herzmuschel im Atlantik vom Nordkap bis zum Senegal sowie im westlichen Teil des Mittelmeers. Gefischt wird sie vor allem an den Küsten der Niederlande, Großbritanniens, Frankreichs, Spaniens und Portugals.
Merkmale: Die gelblichen Schalen sind etwa 5 cm breit, kugelig und mit kräftigen, längs zur Klappe verlaufenden Rippen versehen.
Verwendung: Frische Herzmuscheln schmecken gedämpft, pur oder in einer feinen Sauce serviert. Sie können auch für Farcen verwendet werden.

DORNIGE HERZMUSCHEL *(Acanthocordia echinata)*

engl. red nosed cockle; franz. grand coque, coque rouge; span. carneiro; port. berbigão; niederl. gedoornde hartschelp.

Sie ist im gesamten Atlantik und im Mittelmeer zu finden; besonders beliebt ist sie in Frankreich.
Merkmale: Die Schalen der Dornigen Herzmuschel sind bis zu 8 cm lang und längs tief gefurcht. Gefärbt sind sie elfenbeinfarben bis trüb weiß; zum Rand hin braunrot. Der Schalenrand läuft in stachelartige Fortsätze aus.
Verwendung: Herzmuscheln werden in Frankreich roh verzehrt, aber auch gedämpft und mariniert.

HALBHERZMUSCHEL *(Corculum cardissa)*
engl. heart cockle; jap. torigai.

Die Art ist im gesamten indopazifischen Raum vertreten. Kommerziell genutzt wird die Halbherzmuschel vor allem in Japan.
Merkmale: Ihre Schalen sind weiß bis elfenbeinfarben und weisen eine gleichmäßige Rippenstruktur auf. Die Muschel wird 6 bis 9 cm groß.
Verwendung: Sie kann roh verzehrt oder gedämpft werden; im Geschmack erinnert diese Muschelart ein wenig an Huhn.

- Herzmuscheln haben eine kugelige, herzförmige Gestalt.
- Sie gehören zu den preiswerten Meeresfrüchten.
- Manche Herzmuschel-Arten besitzen einen fingerförmigen Fuß.

(1) Die **ESSBARE HERZMUSCHEL** *(Cerastoderma edule)* wird zwar nur 5 cm lang, ist aber sehr schmackhaft. Die beiden stark gewölbten Schalenklappen geben ihr eine herzförmige Kontur. Typisch sind die längs zur Klappe verlaufenden kräftigen Rippen.

Teubner Edition

WARENKUNDE   KÜCHENPRAXIS   REZEPTE
→ Schaltiere
   Venusmuscheln

Mit über 500 Arten bilden die Venusmuscheln eine außerordentlich große Familie, die auch kommerziell große Bedeutung hat.

Venusmuscheln – benannt nach der Göttin der Liebe und Schönheit – sind nicht nur in Italien hoch geschätzt. Kein Wunder: sie schmecken »göttlich« und lassen sich überaus vielfältig zubereiten.

- Venusmuscheln haben ein kugeliges Gehäuse mit konzentrischen Rippen.
- Es gibt sie in vielen Arten. Venusmuscheln werden weltweit genutzt und gefarmt.
- Kleinere Exemplare können roh verzehrt werden, größere schmecken gegart besser.

Venusmuscheln *(Veneridae)*

Die fast unzähligen Arten dieser Familie kommen weltweit vor. Sie sind in allen Meeren und an allen Küsten der Erde vertreten. Venusmuscheln bevorzugen weiche Böden, in die sie sich in großen Kolonien eingraben. Mit den Herzmuscheln haben sie die kugelige Form gemeinsam. Darüber hinaus haben einige Arten auch einen Fuß, mit dem sie sich fortbewegen können.
Weltweit werden viele Venusmuschelarten für die menschliche Ernährung genutzt; kommerziell wichtige Arten züchtet man auch in Aquakulturen, etwa in den USA, in China, Korea oder Indonesien. In Europa sind vor allem Frankreich, Italien, Spanien und Irland zu nennen. Hierzulande geerntete Venusmuscheln werden kaum lokal vermarktet, sie gelangen meist in den Export.

RAUE VENUSMUSCHEL (1) *(Venus verrucosa)*

engl. baby clam, warty Venus; franz. praire, coque rayé; ital. verrucosa, tartufo di mare, capparozzolo; span. escupina gravada, almeja vieja; port. pé de burro; niederl. wrattige venusschelp.

Sie ist eine häufig vorkommende Venusmuschelart, die im Atlantik von der Westküste der Britischen Inseln bis nach Südafrika anzutreffen ist; darüber hinaus findet man sie im gesamten Mittelmeerraum. Sie bevorzugt Sandböden in einer Wassertiefe bis 100 m. Im Mittelmeer und an der französi-

WARENKUNDE KÜCHENPRAXIS REZEPTE
→ Schaltiere
Venusmuscheln

schen Atlantikküste wird sie häufig gefischt und ist regelmäßig auf Fischmärkten zu finden. Aquakulturen werden zurzeit vor allem in Italien, Frankreich und Spanien betrieben.

Merkmale: Diese verhältnismäßig große Venusmuschel erkennt man leicht an den kräftigen konzentrischen Rippen auf der Schalenoberfläche. Ihren Namen verdankt sie den warzenartigen Erhebungen, die mindestens auf einer Seite dieser Rippen ausgebildet sind. Die Schale ist beige bis hellbraun, von angedeuteten radiären, etwas dunkleren Streifen überzogen.

Verwendung: Die sehr schmackhafte Muschel lässt sich, wie in Frankreich üblich, gut roh verzehren. Sie wird aber auch gedämpft, gratiniert oder für Füllungen verwendet und in der Schale sogar auf den Grill gelegt. Man sollte sie allerdings nicht zu lange garen, damit sie ihr Aroma behält.

STRAHLIGE VENUSMUSCHEL (2)
(Chamaelea gallina)

engl. striped Venus clam; franz. clovisse, petit praire, palourde, venus poule; ital. vongola, cappa gallina, beverazza, poverazza; span. almeja; port. pé de burrinho; niederl. venusschelp.

Die Strahlige Venusmuschel ist im gesamten Mittelmeer häufig. Sie lebt im Flachwasser an Küsten mit Sand- oder feinem Kieselboden. Vor allem in Italien ist die Art ist kommerziell sehr wichtig. Auf den Markt kommt sie nur rund ums Mittelmeer frisch, zu uns überwiegend als Tiefkühl- oder Dosenware.

Merkmale: Diese Venusmuschelart hat fast runde Klappen, die zwischen 10 und 21 große Radiärrippen und mehrere kleinere in den Zwischenräumen aufweisen.

Verwendung: Das zarte, geschmacklich hervorragende Fleisch eignet sich gut für die klassische Art der Muschelzubereitung: das Dämpfen. Oft werden Strahlige Venusmuscheln aber auch für Fischsuppen verwendet. In Italien liebt man sie auch in Verbindung mit Pasta – etwa für die berühmten »Spaghetti alle vongole«.

KLEINE PAZIFISCHE VENUSMUSCHEL
(Venus lamellaris)

engl. lamellate Venus; jap. satsuma-asari.

Die Venusmuschelart ist vom Roten Meer über den gesamten Indopazifik bis nach Australien weit verbreitet. Mit einer Schalenbreite von 4 bis 5 cm gehört sie zu den kleineren Venusmuscheln.

Merkmale: Die Schale ist beigeviolett; auf der Oberfläche sitzen ringförmige, geschuppte Lamellenstreifen. Die Innenseiten der Klappen sind rosa.

Verwendung: Sie eignet sich vor allem zum Dämpfen.

Das Zugreifen lohnt

Werden die bunten Venusmuscheln frisch angeboten, sollte man zugreifen, denn sie sind – etwa in Kombination mit Pasta – überaus schmackhaft und lohnen die Mühe des Auslösens.

(1) Die **RAUE VENUSMUSCHEL** *(Venus verrucosa)* besitzt ein kugeliges Gehäuse, das kräftige konzentrische Rippen und warzenartige Erhebungen aufweist. Ihre Schalen können eine Breite von bis zu 7 cm erreichen.

(2) Die **STRAHLIGE VENUSMUSCHEL** *(Chamaelea gallina)* ist mit maximal 5 cm Schalenbreite eine relativ kleine Venusmuschel. Dennoch hat sie – vor allem in Italien – große kulinarische Bedeutung.

WARENKUNDE KÜCHENPRAXIS REZEPTE
→ *Schaltiere*
  Venusmuscheln

Verschiedene Venusmuschelarten, die im Handel nicht weiter unterschieden werden, sind auch bei uns oft frisch erhältlich. Falls nicht, kann man zu gekochtem Venusmuschelfleisch aus Dosen greifen.

BRAUNE ODER GLATTE VENUSMUSCHEL (1)

(Callista chione)

engl. smooth callista; franz. cythère, vernie; ital. cappa liscia, cappa chione, fasolaro, issolon; span. concha, saveriña.

Diese große Venusmuschelart ist im Atlantik vom Südwesten der Britischen Inseln bis nach Marokko sowie im Mittelmeer verbreitet. Häufig gefischt wird sie in Spanien und Italien; hier gibt es auch Aquakulturen dieser Venusmuschelart.
Merkmale: Die Klappenoberflächen glänzen bei dieser Art porzellanartig. Die konzentrischen Rippen sind nur sehr schwach ausgeprägt, so dass die Oberfläche relativ glatt erscheint. Die braun gefärbten Schalen erreichen eine Größe von bis zu 11 cm.
Verwendung: Kleinere Exemplare eignen sich zum Roh-Essen, größere sollte man besser dämpfen, für eine Farce verwenden oder überbacken. Der Geschmack dieser Art ist vorzüglich.

RIESENVENUSMUSCHEL *(Macrocallista nimbosa)*

engl. sunray Venus.

Die Riesenvenusmuschel kommt an der Ostküste der USA zwischen North Carolina und Florida vor.
Merkmale: Die Art hat eine für Venusmuscheln ungewöhnliche, lang gestreckte Form und wird maximal 15 cm. Die Schale ist dünn, beige bis violett und mit konzentrischen Ringen versehen.
Verwendung: Kleinere Exemplare eignen sich zum Dämpfen, das Fleisch größerer Muscheln kann etwas zäh sein und wird besser farciert.

HAMAGURI (2) *(Meretrix lusoria)*

engl. hard clam, Asiatic hardshell clam.

Diese Venusmuschelart ist im Indopazifik zu finden; genutzt wird sie vor allem in China, Taiwan und Japan. Dort lassen sich Schalenreste in prähis-

(1) Die **BRAUNE ODER GLATTE VENUSMUSCHEL** *(Callista chione)* hat eine auffällig glatte und glänzende, porzellanartige Oberfläche. Die Art hat einen ausgezeichneten Geschmack.

(2) Von der **HAMAGURI** *(Meretrix lusoria)* werden traditionell in Japan sowohl das Fleisch als auch die Schalen genutzt. Aus Letzteren stellt man Spielsteine her, ihr Fleisch schmeckt roh oder gegrillt gut.

WARENKUNDE   KÜCHENPRAXIS   REZEPTE
→ *Schaltiere*
  Venusmuscheln

torischen Siedlungen nachweisen. Aus den Schalen werden traditionell Steine für Brettspiele gestanzt.
Merkmale: Die Schale dieser Art ist fast glatt, mit schwachen konzentrischen Rippen. Die Farbe kann von Beige über Grau- und Violettöne bis Dunkelbraun variieren.
Verwendung: In China wird diese Venusmuschelart gern für Suppen verwendet, in Japan dagegen roh oder gedämpft für Sushi. Gern serviert man die Hamaguri auch in Sake gegart oder gegrillt.

QUAHOG-MUSCHEL, CLAM (3–5)
(Mercenaria mercenaria)

engl. clam, (Northern) quahog, hardshell clam; franz. praire, le clam.

Diese Venusmuschelart ist an der amerikanischen Ostküste verbreitet, wo sie von Kanada bis in den Golf von Mexiko vorkommt. Dort hat sie seit jeher eine große wirtschaftliche Bedeutung; schon die einst zwischen dem heutigen Ontario und Québec ansässigen Algonkin-Indianer verwendeten Fleisch und Schalen der Muscheln. Auch die Bezeichnung »Quahog« beziehungsweise »Quahaug« geht auf die Algonkin zurück. In Amerika werden »Clams« nach Größe sortiert gehandelt. »Clams« kommen inzwischen aber auch in Europa vor. Hier sind sie – zum Teil durch bewusstes Aussetzen – an der englischen und französischen Kanalküste, an der französischen Atlantikküste, in der Biskaya, an der südspanischen und portugiesischen Küste sowie im Mittelmeer anzutreffen. Bei uns kommt überwiegend Importware aus Frankreich auf den Markt.
Merkmale: Clams besitzen eiförmige, dicke, relativ glatte Schalen mit dünnen Rippen. Die sandfarbene Oberfläche weist dunklere Ringe auf.
Verwendung: Littleneck Clams und kleinere Cherrystones werden überwiegend lebend-frisch auf Eis »on the half shell« serviert. Die etwas zäheren Chowder Clams dagegen sind für Suppen oder Eintöpfe beliebt. Diesem Gericht – »Clam chowder« – verdanken die größten Quahogs ihren Handelsnamen. Unverzichtbar sind sie auch für »Clambakes«, bei denen die Muscheln zusammen mit anderen Meeresfrüchten und Maiskolben traditionell in Erdgruben gegart werden.

Die amerikanischen »Clams« schmecken auch auf europäische Art mit Weißwein, Kräutern und Wurzelgemüse gedämpft ganz hervorragend.

(3) LITTLENECK CLAM heißt in den USA die kleinste Handelsgröße der Clams. Mit einer Schalenbreite von bis zu 5 cm sind sie nicht viel größer als die Strahlige Venusmuschel.

(4) CHERRYSTONE ist der Handelsname der nächstgrößeren Quahog-Muscheln. Sie werden bis zu 7 cm breit; diese Muscheln sind dann etwa 5 Jahre alt.

(5) CHOWDER ODER STEAMER CLAMS sind die größten im Handel angebotenen Clams: Sie können eine Schalenbreite von bis zu 13 cm erreichen.

WARENKUNDE   KÜCHENPRAXIS   REZEPTE
→ *Schaltiere*
   Venusmuscheln

KREUZMUSTER-TEPPICHMUSCHEL (1)
(Ruditapes decussatus)

engl. grooved carpet shell; franz. palourde croisée; ital. vongola verace; span. almeja fina.

Diese Venusmuschelart ist im Atlantik von Norwegen bis zum Senegal und im Mittelmeer verbreitet. Sehr beliebt ist sie in Frankreich und Spanien. In Galizien wird die Kreuzmuster-Teppischmuschel neben anderen Teppichmuschel-Arten auch gezüchtet.
Merkmale: Die Schalenklappen der 4 bis 8 cm großen Kreuzmuster-Teppichmuschel sind asymmetrisch nach einer Seite gezogen. Ihre Grundfarbe ist bräunlich, die Oberfläche ist jedoch von breiten, helleren und dunkleren Radiärstreifen überzogen.
Verwendung: Die Art gehört zu den schmackhaftesten Venusmuscheln. Man kann sie roh servieren. Teppichmuscheln schmecken aber auch sehr gut mit etwas Wein und Kräutern gedämpft.

GLATTE TEPPICHMUSCHEL *(Venerupis pullastra)*

engl. pullet carpet shell; franz. clovisse, palourde; span. almeja babosa; niederl. tapijtschelp.

Ihr Verbreitungsgebiet entspricht dem der Kreuzmuster-Teppichmuschel. Bei uns ist sie in der Deutschen Bucht zu finden.
Merkmale: Die Zeichnung gleicht mit ihren Längs- und Querstreifen einem Teppichgewebe. Die Schale kann bis zu 7 cm breit werden.
Verwendung: Die Art ist zum Rohverzehr ebenso geeignet wie zum Dämpfen.

JAPANISCHE TEPPICHMUSCHEL (2)
(Ruditapes philippinarum)

engl. Manila clam, Japanese carpet shell; franz. palourde japonaise, clam japonaise; ital. vongola verace; span. almeja japonesa; jap. asari.

Diese Teppichmuschel wurde in den 1930er Jahren aus Ostasien in die USA verschleppt, wo sie heute an der Westküste kommerziell genutzt wird. Seit einigen Jahren wird sie auch in Europa gefarmt, etwa an der französischen Atlantik- und Mittelmeerküste, in Galizien und in den Lagunen des Veneto.
Merkmale: Die dicke Schale ist nach einer Seite asymmetrisch verformt. Die Oberfläche ist von konzentrischen und radiären Rippen überzogen, die sich an den Kreuzungspunkten verdicken.
Verwendung: In den USA bevorzugt man sie lebend-frisch, »on the half shell«. In Italien dagegen verwendet man sie gedämpft für Pastasaucen.

(1) Die **KREUZMUSTER-TEPPICHMUSCHEL** *(Ruditapes decussatus)* weist auf der Schalenoberfläche eine feine, lebhafte Zickzack-Zeichnung auf, die entfernt einem gestickten Kreuzstich-Muster ähnelt: Ihm verdankt die Muschel ihren deutschen Namen. Diese Venusmuschelart ist sehr schmackhaft.

(2) Die **JAPANISCHE TEPPICHMUSCHEL** *(Ruditapes philippinarum)* besitzt cremefarbene Schalenklappen mit einer lebhaften Zeichnung aus dunkleren Streifen, Strahlen oder Flecken. Sie schmeckt roh oder gedämpft.

WARENKUNDE   KÜCHENPRAXIS   REZEPTE
→ Schaltiere
  Dreiecksmuscheln

Dreiecksmuscheln
Klein, aber fein: Das Auslösen des Fleisches dauert etwas länger, doch ihr hervorragender Geschmack – speziell zu Pasta werden sie gern gegessen – entschädigt für die Mühe.

Dreiecksmuscheln *(Donacidae)*

Dreiecksmuscheln, auch Koffermuscheln oder Sägezähnchen genannt, trifft man bevorzugt auf Sandböden in Küstennähe an. Die Namen dieser Muschelfamilie gehen zum einen auf die breitdreieckige Form des asymmetrischen Gehäuses zurück, zum anderen auf die geriffelten »Zähnchen« entlang des Innenrands der Klappen. In europäischen Gewässern kommen fünf Arten vor, die sich in der Verwendung nicht unterscheiden. Im Handel werden sie daher oft gemischt angeboten. Gefischt werden sie hauptsächlich im Mittelmeer, darüber hinaus an der französischen und spanischen Atlantikküste.

MITTELMEER-DREIECKSMUSCHEL (1)
(Donax trunculus)

engl. wedge clam; franz haricot de mer, donace; ital. tellina, arsella, calcinello, trilaterata; span. xarleta, tellerina; port. cadelinha.

Diese Muschelart ist im gesamten Mittelmeer sowie im Atlantik von der Biskaya bis Marokko zu finden. Sie tritt oft in Massen auf und bevorzugt sandige Böden in der Brandungszone.
Merkmale: Die unregelmäßig dreieckig geformten Muscheln besitzen glatte, glänzende, sandfarbene bis bläuliche, nur 3 bis 4 cm lange Klappen.
Verwendung: Die Art ist zwar wenig ergiebig, doch das Fleisch schmeckt vorzüglich. Es kann roh oder gedämpft verzehrt werden.

GEBÄNDERTE DREIECKSMUSCHEL, SÄGEZÄHNCHEN *(Donax vittatus)*

engl. banded wedge shell; franz. donace, olive, flion; span. chirla, xarleta; niederl. zaagje.

Die Art kommt an der Atlantikküste von Norwegen bis Marokko und im Mittelmeer vor. Auch in der Deutschen Bucht ist sie häufig zu finden.
Merkmale: Die dreieckige Schale läuft leicht spitz zu und weist eine feine Zähnung am inneren Schalenrand auf. Das Gehäuse ist etwa zweimal so lang wie breit. Die Schalenklappen sind außen weiß bis gelbbraun, innen manchmal leicht violett.
Verwendung: Auch diese kleinen Muscheln können roh oder gedämpft verzehrt werden.

PIPI *(Donax deltoides)*
engl. Goolwa cockle.

Diese Dreiecksmuschelart ist an den Küsten Australiens heimisch und dort sehr beliebt. Man findet sie in Sandböden in der Gezeitenzone.
Merkmale: Die weißliche bis rosa oder purpur gefärbte Schale erreicht eine Breite von etwa 5 cm. Sie ist asymmetrisch geformt und von flachen konzentrischen Rippen bedeckt. Die Innenseiten der Klappen sind weiß mit purpurfarbenen Stellen.
Verwendung: Die Muschel wird in Australien roh verzehrt oder gedämpft mit einer würzigen Sauce.

- Dreiecksmuscheln sind relativ klein. Typisch für sie sind die dreieckigen, asymmetrischen Schalenklappen.
- Vermarktet werden Dreiecksmuscheln überwiegend lokal.
- Der Innenrand der Klappen weist bei Dreiecksmuscheln geriffelte »Zähnchen« auf.

(1) Die **MITTELMEER-DREIECKSMUSCHEL** *(Donax trunculus)* ist mit einer Schalenbreite von maximal 3 bis 4 cm eine eher kleine Muscheldelikatesse. Die glatten, glänzenden Schalenklappen sind sandfarben bis bläulich violett.

WARENKUNDE   KÜCHENPRAXIS   REZEPTE
→ Schaltiere
 Schwertmuscheln
 Sonstige Schaltiere

(1) Die **GERADE MITTELMEER-SCHWERTMUSCHEL** *(Ensis minor)* ist eine Delikatesse, die bei uns leider nicht sehr häufig angeboten wird. Im Mittelmeerraum dagegen ist sie ausgesprochen beliebt; gefischt wird sie vor allem in der Adria, auf Sizilien und Zypern. Kulinarisch gesehen sind alle Schwertmuscheln gleichwertig, so dass man die einzelnen Arten ohne weiteres gegeneinander austauschen kann.

Schwertmuscheln *Kulinarisch wertvoll ist nicht nur das zarte weiße Fleisch der Schwertmuschel, auch Klaffmuscheln, Trogmuscheln und die Geoducks sollte man sich nicht entgehen lassen.*

- Schwertmuscheln erinnern in der Form an eine lange Röhre.
- Sie können ziemlich sandig sein, daher sollte man sie vor der Zubereitung »entsanden«.

Schwertmuscheln *(Pharidae)*

Auffallend ist bei diesen Muscheln, die auch Scheiden- oder Messermuscheln genannt werden, ihre lang gestreckte Form. Bei den meisten Arten ähnelt sie einer Schwertscheide oder einem Säbel. In Europa unterscheidet man acht Arten, von denen zwei in den Handel kommen.

GERADE MITTELMEER-SCHWERTMUSCHEL (1)
(Ensis minor)

engl. razor shell; franz. couteau; ital. cannolicchio, cappalunga, manico di coltello, cannello; span. navaja, longeirón; niederl. scheermes.

Diese Schwertmuschelart ist im gesamten Mittelmeerraum verbreitet.
Merkmale: Das bis zu 17 cm lange Gehäuse ist lang gestreckt, gerade und röhrenförmig. Die braunen Klappen sind in der Zeichnung diagonal geteilt: Eine Hälfte ist längs-, die andere quer gestreift.
Verwendung: Schwertmuscheln eignen sich zum Grillen, schmecken jedoch auch gedämpft oder mit Butter und etwas Knoblauch gebraten sehr gut.

Die zweite in Europa gehandelte Art ist die **Kleine Schwertmuschel** *(Ensis ensis)*. In Nordamerika ist die **Amerikanische Schwertmuschel** *(Ensis directus)* kommerziell von Bedeutung.

WARENKUNDE　KÜCHENPRAXIS　REZEPTE
→ *Schaltiere*
Schwertmuscheln
Sonstige Schaltiere

Sonstige Schaltiere

Kulinarisch wichtig sind auch noch einige Vertreter der Klaffmuscheln *(Myidae)*, Trogmuscheln *(Mactridae)* und Felsbohrer *(Hiatellidae)*.

KLAFFMUSCHEL (2) *(Mya arenaria)*

engl. softshell clam, sand gaper; franz. mye, clanque, bec-de-jar; span. leito ama; niederl. strandgaper.

Die weit verbreitete Klaffmuschel oder Strandauster wird in Amerika hoch geschätzt und stark befischt.
Merkmale: Die Schalenklappen sind asymmetrisch, beige bis grau mit konzentrischen Ringen. An der spitzeren Seite klaffen die Schalen auseinander.
Verwendung: Kleine Exemplare werden roh gegessen, größere gedämpft oder farciert. In Amerika schätzt man sie auch gebraten oder frittiert.

DICKSCHALIGE TROGMUSCHEL (3)
(Spisula solida)

engl. thick trough shell; franz. mactre solide; span. cornicha, almeja blanca; niederl. stevige strandschelp.

Sie kommt im Atlantik von Norwegen bis Marokko einschließlich der Nordsee vor.
Merkmale: Die massive, bis 4 cm lange, hellbeige Schale ist von ovaler Form und weist ungleichmäßige konzentrische Ringe auf.
Verwendung: Trogmuscheln eignen sich gut zum Dämpfen oder als Einlage für Fischsuppen.

GEODUCK (4) *(Panopaea abrupta)*

engl. geoduck (clam), gweduck.

Die in Kanada und den USA kommerziell wichtige Art ist an der amerikanischen Pazifikküste in Sandböden innerhalb der Gezeitenzone verbreitet. Sie gräbt sich bis etwa 1,20 m tief in den Sand ein.
Merkmale: Die bis 20 cm breiten Schalenklappen klaffen am Hinterende auseinander. Typisch sind die langen Siphonen, die nicht in die Schale gezogen werden können.
Verwendung: Das Muskelfleisch wird in Scheiben geschnitten und gebraten oder für Sushi verwendet, der enthäutete Sipho kommt gehackt in Chowders.

(2) Die **KLAFFMUSCHEL ODER STRANDAUSTER** *(Mya arenaria)* wird bis zu 15 cm lang. Man findet sie an der europäischen Atlantikküste, der amerikanischen Ost- und Westküste, in der Adria und im Schwarzen Meer.

(3) Die **DICKSCHALIGE TROGMUSCHEL** *(Spisula solida)* wird im Handel nicht von der Elliptischen Trogmuschel *(Spisula elliptica)* getrennt. Bei uns kommt meist Ware aus Frankreich auf den Markt.

(4) Die **GEODUCK** *(Panopaea abrupta)* ist mit einem Durchschnittsgewicht von 1 kg ein Schwergewicht unter den Muscheln. Etwa die Hälfte davon entfällt auf den fleischigen »Sipho«, das Atemrohr des Tieres.

WARENKUNDE KÜCHENPRAXIS REZEPTE
→ *Schaltiere*
 Schnecken

Schnecken
Zwar sind die »Kriechtiere« aus dem Salzwasser nicht jedermanns Sache – aber die artenreichste Gruppe der Weichtiere bietet ein weites Feld für kulinarische Entdeckungen.

Meeresschnecken können sehr gut schmecken, wenn sie fachgerecht vor- und zubereitet werden.

- Schnecken unterscheiden sich von Muscheln durch das spiralig gewundene Gehäuse und das Vorhandensein nur einer Schale.
- Verzehrt wird nur das Muskelfleisch des Fußes.

Schnecken *(Gastropoda)*

Ein untrügliches Merkmal der Schnecken ist ihr spiralig gewundenes Gehäuse. Bei näherem Hinsehen entdeckt man eine solche Spirale sogar bei Arten, die auf den ersten Blick eher wie Muscheln aussehen, beispielsweise bei den Abalonen.

Von den Muscheln kann man überdies alle kulinarisch wichtigen Schnecken ganz einfach dadurch unterscheiden, dass Schnecken nur eine Schalenklappe besitzen, Muscheln dagegen zwei. Ein weiteres wichtiges Charakteristikum der Schnecken ist der große muskulöse Kriechfuß, mit dem sie sich fortbewegen und dem die ganze Tierklasse ihren Namen verdankt – das griechische Wort Gastropoda heißt so viel wie »Bauchfüßer«.

Dieser Muskel ist übrigens der einzige Teil des Tieres, der kulinarisch genutzt wird. Das Angebot an Schnecken im Handel beschränkt sich hierzulande auf Meeres- und Landschnecken; in tropischen Ländern werden dagegen auch Süßwasserschnecken genutzt. Aber trotz ihres immensen Artenreichtums – immerhin gibt es weltweit mehr als 85.000 Arten – und trotz ihres häufigen Vorkommens stehen Schnecken bei uns noch selten auf dem Speiseplan: Sie machen gerade mal etwa 1 Prozent aller angelandeten Weichtiere aus, der Löwenanteil entfällt auf Muscheln und Tintenfische.

Das liegt vermutlich daran, dass Schnecken nun mal nicht jedermanns Sache sind. Das Fleisch größerer Arten ist oft etwas zäh und muss fachgerecht vorbereitet werden, bevor man es mit Genuss verspeisen kann. Allerdings schätzen Liebhaber den feinen Geschmack vieler Arten. So sind zum Beispiel Abalonen in Italien und Frankreich überaus beliebt. Gerade in den Ländern des westlichen Mittelmeeres, vor allem aber auch in Asien kennt man viele Zubereitungen für große und kleine Schneckenarten.

WARENKUNDE   KÜCHENPRAXIS   REZEPTE
→ *Schaltiere*
   Schnecken
   Seeohren

Seeohren, Abalonen *(Haliotidae)*

Die rund 100 Abalonearten ähneln einander stark. Alle besitzen ein flaches Gehäuse mit einer Reihe von Löchern am Rand. Auf der Innenseite ist die Schale mit einer Perlmuttschicht überzogen. Traditionell sind Abalonen vor allem in Ostasien eine große Delikatesse. Vielerorts bereits selten geworden, werden etwa 15 Arten erfolgreich gefarmt, in den USA, in Australien, Neuseeland, Japan und Taiwan; der größte Produzent ist China. In Europa gibt es Abalonenfarmen vor allem in Frankreich und Italien.

SEEOHR, MEEROHR, ABALONE
(Haliotis tuberculata)

engl. ormer, ear shell; franz. ormeau, oreille de mer; ital. orecchietta di mare.

Im Atlantik kommt das Seeohr von Südengland bis zur senegalesischen Küste vor. Im Mittelmeer gibt es noch eine kleinere Verwandte *(Haliotis tuberculata lamellosa)*. Seeohren oder Abalonen sind begehrt und vielerorts schon selten geworden. In Italien und Frankreich werden sie in Aquakulturen gezüchtet, frisch sind sie aber nur selten zu bekommen.
Merkmale: Seeohren werden bis zu 20 cm lang, das Gehäuse weist ein spiraliges Gewinde auf, ist braunrosa gefleckt und leicht marmoriert.
Verwendung: Bei der Vorbereitung von Seeohren ist etwas Fingerspitzengefühl nötig: Der helle, muskulöse Fuß wird zunächst in etwa 5 mm breite Scheiben geschnitten. Man kann diese roh als Sushi verzehren, braten oder schmoren. Zum Garen werden die Scheiben vorsichtig mit dem Fleischklopfer weich geklopft. 1 Minute Bratzeit genügt, sonst wird ihr Fleisch zäh. Alternativ kann man Seeohren auch 5 bis 6 Stunden garen. Dosenware beispielsweise ist so lange gegart. Brät man Abalonen nur kurz, haben sie deutlich mehr Eigengeschmack.

GLATTES SEEOHR (1) *(Haliotis laevigata)*

engl. smooth ear shell, green lip abalone; japan. usuhira-awabi.

Das Glatte Seeohr ist ursprünglich in Australien heimisch. Es bevorzugt Felsböden und die Seitenwände von Felsen unterhalb der Gezeitenzone.
Merkmale: Diese relativ großen Abalonen besitzen ein grünlich helles, ovales, gleichmäßig abgerundetes Gehäuse mit relativ glatter Oberfläche. Am äußeren Rand finden sich etwa zwölf Löcher.
Verwendung: Roh oder gekocht, wie das Seeohr.

KAMTSCHATKA-SEEOHR (2)
(Haliotis kamtschatkana)

engl. Northern abalone, pinto abalone, Kamtschatka abalone, Japanese abalone.

Die Art kommt an der Westküste der USA und Kanadas von Kalifornien bis Alaska in bis zu 10 m Tiefe vor und ist in Kalifornien streng geschützt.
Merkmale: Das Gehäuse ist graubraun, rau und besitzt ein hohes Gewinde mit vier bis fünf Löchern.
Verwendung: Roh oder gekocht, wie das Seeohr.

(1) Das **GLATTE SEEOHR** *(Haliotis laevigata)* wird 15 bis 20 cm lang. Es hat ein grünlich helles, ovales Gehäuse mit glatter Oberfläche, das am äußeren Rand etwa zwölf kleine Löcher aufweist.

(2) Das **KAMTSCHATKA-SEEOHR** *(Haliotis kamtschatkana)* lebt an der nordpazifischen Küste von Kalifornien bis Alaska. Typisch ist das graubraune, raue Gehäuse mit vier bis fünf Löchern.

WARENKUNDE KÜCHENPRAXIS REZEPTE
→ Schaltiere
  Napfschnecken

Napf- und Strandschnecken

Eine Liebhabersache: Vor allem Letztere, auch Bigorneaux genannt, sind, in etwas Vinaigrette getunkt, durchaus einen Versuch wert.

- Napfschnecken haben ein flaches, spitz zulaufendes Gehäuse.
- Die kleinen dunklen Strandschnecken sind rundlich spitz.
- Beide Arten schmecken roh oder gekocht, allerdings ist ihr Fleisch meist etwas zäh.

Napfschnecken *(Patellidae)*

Durch ihre flache Form sind sie auf den ersten Blick leicht mit Muscheln zu verwechseln. Von den ähnlichen Abalonen unterscheiden sie sich durch das spitze Gehäuse, das bei erwachsenen Tieren nur kaum, wenn überhaupt, gewunden ist. Es erinnert eher an eine Kappe oder an einen Napf. Die Farben des Gehäuses passen sich dem Untergrund an, so dass die Tiere kaum vom diesem zu unterscheiden sind. Napfschnecken bevorzugen felsige Küsten, wo sie sich in der Gezeitenzone mit ihrem kräftigen Fuß an Felsen festsaugen – selbst starke Brandung kann ihnen nichts anhaben. Wer sie sammeln möchte, muss sie deshalb mit einem scharfen Messer vom Untergrund lösen. Die einzelnen Arten werden im Handel nicht unterschieden.

(1) Die **GEMEINE NAPFSCHNECKE** *(Patella vulgata)* ist an allen europäischen Küsten zu Hause. Die Gehäuseoberfläche weist unterschiedlich stark ausgeprägte Rippen auf.

GEMEINE NAPFSCHNECKE (1) *(Patella vulgata)*
engl. common limpet; franz. patelle vulgaire, bernique; span. lapas; norweg. albuskjell, dän. albueskæll.

Die Gemeine Napfschnecke ist an den europäischen Atlantikküsten von den Lofoten über England bis nach Nordspanien zu finden. Im Mittelmeer kommt eine ähnliche Art vor *(Patella caerulea)*. Verzehrt werden Napfschnecken fast ausschließlich dort, wo sie vorkommen. Kommerziell gefischt werden sie nicht und gelangen nur regional in den Handel.
Merkmale: Auf dem Gehäuse finden sich verschiedenfarbige Ringe von hell- bis braungrauer Farbe; die Gehäuseoberfläche wird von abwechselnd stärker und schwächer ausgeprägten Rippen überzogen, die von der Spitze zum Rand laufen. Die Gemeine Napfschnecke wird bis zu 6 cm groß.
Verwendung: Mancherorts liebt man Napfschnecken roh; dazu werden sie aus dem Gehäuse gelöst und von allen dunklen Teilen und dem Eingeweidesack befreit. Ihr Geschmack kommt jedoch auch gekocht gut zur Geltung, teilweise werden sie auch kurz gebraten oder gedünstet, allerdings ist ihr Fleisch häufig etwas zäh.

Verwandte Arten sind beispielsweise die **Südafrikanische Napfschnecke** *(Patella barbara)*, engl. limpet, die vorwiegend an der südafrikanischen Küste verbreitet ist und eine Breite von bis zu 10 cm erreichen kann. Im Pazifik von Mexiko bis Peru ist die größte Napfschneckenart heimisch, die **Mexikanische Napfschnecke** *(Patella mexikana)*, engl. giant Mexican limpet. Sie wird zwischen 15 und 35 cm groß und hat ein helles, dickschaliges Gehäuse. Die Bestände dieser Art sind bereits stark überfischt. Die **Afrikanische Napfschnecke** *(Patella safiana)*, engl. safian limpet, ähnelt der Gemeinen Napfschnecke und kommt entlang der afrikanischen Westküste von Marokko bis Angola vor. Typisch für die Afrikanische Napfschnecke ist ihr leicht durchscheinendes Gehäuse. Diese Napfschnecke erreicht eine Größe von etwa 7 cm.

WARENKUNDE KÜCHENPRAXIS REZEPTE
→ *Schaltiere*
Strandschnecken

Strandschnecken *(Littorinidae)*

Unter den essbaren Meeresschnecken gehören die Strandschnecken zu den kleineren – ihr Gehäusedurchmesser beträgt im Schnitt nur rund 4 cm. Das Gehäuse selbst ist meist dickschalig, rundlich und kegelförmig. In Großbritannien und Frankreich zählen Strandschnecken – oft auch als Bigorneaux auf dem Markt – zu den besonders beliebten Schaltieren, in Frankreich werden sie an manchen Stellen sogar in Schneckenparks gehalten.

GEMEINE STRANDSCHNECKE (2)
(Littorina littorea)

engl. periwinkle; franz. bigorneau, vigneau; norweg. vanlig strandsnegl; dän. almindelig strandsnegle.

Die Strandschnecke ist im gesamten Nordatlantik häufig anzutreffen, im Süden erstreckt sich ihr Verbreitungsgebiet bis nach Spanien. Strandschnecken bevorzugen küstennahe Felsen, wo man sie in großen Kolonien antreffen kann.
Merkmale: Charakteristisch für die Strandschnecke ist ihre rundliche, kurzkegelige Form mit einer scharfen Spitze. Das Gehäuse ist graugrün bis schwarz gefärbt und konzentrisch gestreift.

(2) Die **GEMEINE STRANDSCHNECKE** *(Littorina littorea)* ist ursprünglich in Europa heimisch. Das graugrün bis schwarz gefärbte Gehäuse ist konzentrisch gestreift.

Verwendung: Strandschnecken werden in Frankreich zuweilen roh auf Meeresfrüchteplatten serviert. Sie schmecken aber auch 3 bis 4 Minuten in Salzwasser oder Court-Bouillon gekocht. Meist werden sie kalt mit einer Vinaigrette noch im Gehäuse serviert. Dazu reicht man dann eine Nadel zum Herausziehen des Fleisches – die »pique bigorneau«. Vor dem Verzehr sollte man noch den schwer verdaulichen Horndeckel entfernen.

Schnecken – eine spanische Spezialität

Schlendert man in Spanien über einen Markt, kriechen sie einem fast entgegen: Schnecken, ganz frisch und quicklebendig, werden hier in großen netzartigen Säcken zum Verkauf angeboten. Der Händler greift mit einer großen Schöpfkelle in den Krabbelsack, füllt die lebende Ware in eine braune Tüte und wiegt sie nach Kundenwunsch kiloweise ab. Für Spanier sind die Tierchen mit dem klebrigen Körperchen, den wachsamen Fühlern und dem nach rechts gewundenen Muschelhaus eine echte Delikatesse. In vielen Tapas-Bars stehen sie neben »Huevas« (Fischeiern) oder »Pinchitos« (Fleischspießchen) auf der Karte: »Caracoles de Mar«, Meeresschnecken. Da ihr Fleisch relativ zäh ist, müssen sie bis zu einer Stunde in Salzwasser weich gekocht werden, bevor man sie mit langen Spießchen aus ihrem Gehäuse pickt und zusammen mit einer pikanten Tomaten-Salsa oder einfach »con ajillo« (mit Knoblauch) verspeist. Getrunken wird dazu gerne ein trockener Sherry, ein Fino, von dem ein Schnecken essender Nordeuropäer zur Not durchaus auch etwas mehr konsumieren darf. ¡ Buen aproveche !

Claudia Bruckmann

Teubner Edition

WARENKUNDE   KÜCHENPRAXIS   REZEPTE
→ Schaltiere
   Stachelschnecken
   Tintenschnecken

Stachel- und Tintenschnecken

Aus Ersteren gewinnt man Purpur, aus Letzteren Knöpfe und Schmuck. Doch auch kulinarisch brauchen sich beide Arten nicht zu verstecken.

- Die Stachelschnecken bevorzugen warm-gemäßigte bis tropische Gewässer.
- Das Gehäuse der Stachelschnecken ist oft bizarr geformt. Sie produzieren ein Drüsensekret, das sich unter Lichteinfall rot bis violett verfärbt.
- Turbanschnecken besitzen einen Kalkdeckel, der vor dem Verzehr entfernt werden muss.

Stachelschnecken *(Muricidae)*

Diese sehr artenreiche Schneckenfamilie bevorzugt warm-gemäßigte bis tropische Gewässer. Die Gehäuse sind zuweilen bizarr geformt und mit »Stacheln« besetzt; viele Arten dieser Familie haben auch einen lang gezogenen Sipho-Kanal an der Gehäuseöffnung. Stachelschnecken produzieren darüber hinaus ein Drüsensekret, das sich unter Lichteinfall rot bis violett verfärbt – einst die Grundlage für den begehrten, besonders teuren Purpurfarbstoff.

BRANDHORN, MITTELMEERSCHNECKE, HERKULESKEULE (1) *(Bolinus brandaris)*

engl. common whelk; *franz.* buccin, murex massue, rocher épineux; *ital.* murice commune, garusolo, cornetto di mare; *span.* busano; *port.* búzio.

Das Brandhorn ist im Mittelmeer sowie im Atlantik von der Algarve bis Marokko anzutreffen. Im westlichen Mittelmeerraum kommt es häufig auf den Markt, zu uns gelangt es nur selten.
Merkmale: Das bräunlich-beige gedrungen-spiralige Gehäuse weist deutliche Stacheln auf.
Verwendung: Meist kocht man diese Schnecken kurz im Gehäuse. Das Fleisch ist leicht zäh, aber von gutem Geschmack, deshalb wird es oft farciert.

PURPURSCHNECKE (2)
(Hexaplex trunculus)

engl. purple murex; *franz.* rocher à pourpre, biou nègre, cornet; *ital.* murice, scoglio troncato, garusolo femena; *span.* canailla, caracol de roca, bucios.

Die Purpurschnecke ist im gesamten Mittelmeer verbreitet und wird oft als Beifang gefischt
Merkmale: Das relativ hochgetürmte, braune Gehäuse zeigt auf jeder Windung zwei dunkelbraune Spiralbänder. Darüber hinaus weist es Wülste und kurze, stumpfe Stacheln auf.
Verwendung: Das Fleisch ist etwas zäh, schmeckt gekocht aber sehr gut.

RAPA WHELK *(Rapana venosa)*

engl. veined rapa whelk, Asian rapa whelk; *jap.* aka-nishi.

Diese räuberisch von Muscheln und Austern lebende Schnecke ist im Westpazifik, vor allem in Japan

(1) Das **BRANDHORN** *(Bolinus brandaris)* gleicht mit seinem stacheligen Gehäuse und dem langen Sipho-Kanal tatsächlich einer »Herkuleskeule«. Es gilt vor allem in Spanien und Italien als Delikatesse.

(2) Die **PURPURSCHNECKE** *(Hexaplex trunculus)* war in der Antike ein begehrter Purpurlieferant. Schalenberge, die in der Nähe der Verarbeitungszentren, etwa im antiken Tyrus im heutigen Libanon, gefunden wurden, zeugen davon.

WARENKUNDE KÜCHENPRAXIS REZEPTE
→ *Schaltiere*
 Turbanschnecken

Verschiedene Schnecken dienten im Altertum als Purpurlieferant, auch das Brandhorn. Heute wird der Farbstoff nur noch für restaurative Zwecke aus Schnecken gewonnen.

und an der chinesischen Ostküste, verbreitet. Etwa in der Mitte des 20. Jahrhunderts wurde sie auch ins Schwarze Meer, in die Adria, Ägäis und das Rote Meer sowie an die bretonische Küste eingeschleppt, vor knapp 10 Jahren gelangte sie auch bis an die amerikanische Ostküste.
Merkmale: Die Tiere werden bis 18 cm lang und besitzen ein grau-bräunliches Gehäuse, dessen Windungen dunkle Spiralbänder zeigen.
Verwendung: Diese Schnecke wird meist in Scheiben geschnitten und gekocht oder gedämpft.

Turbanschnecken *(Turbinidae)*

Viele Arten dieser Familie besitzen einen starken Kalkdeckel, mit dem sie das Gehäuse verschließen können. Er muss vor dem Verzehr entfernt werden. Vor allem in Asien werden diese Meeresfrüchte sehr geschätzt. Und zwar so sehr, dass manche Arten durch Überfischung bereits in ihrem Bestand bedroht sind.

TURBANSCHNECKE *(Astrea rugosa)*

engl. chestnut turban; franz. turbo scabre; ital. occhio di Santa Lucia.

Die Art kommt im Mittelmeer vor und im Atlantik vom Baskenland bis zu den Kanaren und Azoren.
Merkmale: Das grünliche, konische Gehäuse hat sieben mit Stacheln versehene Windungen.
Verwendung: Die Art eignet sich gut zum Kochen.

GEHÖRNTE TURBANSCHNECKE *(Turbo cornutus)*

engl. horned turban, franz turbo cornu, jap.sazae.

Die Art ist zwischen Korea und Japan verbreitet.
Merkmale: Das Gehäuse ist goldbraun, spitz zulaufend und hat bis 10 cm Durchmesser.
Verwendung: In Japan schätzt man das Fleisch dieser Art für Suppen, gedämpft und gegrillt.

Turbanschnecken

Sie heißen so wegen ihrer turbanähnlichen Form. Aus dem Operculum – der »Schneckentür« – wurden und werden Knöpfe und Schmuck, etwa Amulette, hergestellt.

Teubner Edition **109**

WARENKUNDE   KÜCHENPRAXIS   REZEPTE
→ *Schaltiere*
  Flügelschnecken
  Wellhorn- und Reusenschnecken

Conchs sind dekorativ und in der Karibik heiß begehrt. In Europa gibt man sich mit Kleinerem zufrieden: Wellhorn- oder Reusenschnecken sind vor allem in Frankreich und Italien beliebt.

- Die karibische Conch ist mit bis zu 30 cm Länge eine sehr große Art.
- In Europa sind vor allem die größeren Wellhornschneckenarten geschätzt.
- Die Glatte Netzreusenschnecke ist kleiner, im Gegensatz zu den anderen beiden aber zarter.

Flügelschnecken *(Strombidae)*

Aufgrund ihrer Gehäuseformen werden sie auch Finger- oder Spinnenschnecken genannt. Einige Arten sind durch Überfischung bedroht – nicht nur des Fleisches wegen, sondern auch weil Sammler hohe Preise für die attraktiven Gehäuse zahlen. Die Vorliebe für Flügelschnecken, englisch »Conchs« – ausgesprochen »Konks« – hat Tradition: Bereits die Arawak-Indianer, die in vorkolumbianischer Zeit die karibischen Inseln besiedelten, nutzten die widerstandsfähigen Gehäuse als »Ausgangsmaterial« für die Herstellung verschiedenster Werkzeuge.

RIESENFLÜGELSCHNECKE (1, 2)

(Strombus gigas)

engl. queen conch, edible pink conch, lambi.

Diese Schnecke ist zwischen Florida und Trinidad beheimatet. Ihre Bestände sind durch Überfischung drastisch zurückgegangen, deshalb versucht man, Riesenflügelschnecken zu farmen beziehungsweise zu züchten und dann auszusetzen, wie auf Key West oder auf Inseln zwischen den Bahamas und Haiti.

Merkmale: Conchs können bis zu 30 cm lang werden. Das Gehäuse dieser Art ist roséfarben, lang gestreckt und spiralig gewunden; die Gehäuse älterer Tiere weisen eine flügelartige, breite »Lippe« am Gehäuserand auf.

Verwendung: Aus der Karibik gelangt die Art tiefgekühlt zu uns auf den Markt. Tiefkühlware kann ohne weitere Vorbereitung nach dem schonenden Auftauen verwendet werden, durch das Einfrieren wird das Fleisch zarter. Um frische Conchs auszulösen, zerschlägt man die Schale, schneidet das Fleisch heraus und befreit es von Eingeweidesack und Haut. Dann wird es mit dem Fleischklopfer weich geklopft und kann gedämpft, gegrillt oder in Eintopfgerichten geschmort werden. Häufig wird es auch farciert verwendet.

Wellhorn- und Reusenschnecken

Weitere kulinarisch wichtige Meeresschnecken gehören zu den Familien Wellhornschnecken *(Buccinidae)* und Reusenschnecken *(Nassariidae)*. Die Wellhornschnecke ist vor allem in Frankreich, die Glatte Netzreusenschnecke in Italien beliebt.

(1) **CONCH MEAT**, das Fleisch der Riesenflügelschnecke, kommt aus der Karibik auf den europäischen Markt, meist als Tiefkühlware.

(2) Die **RIESENFLÜGELSCHNECKE** *(Strombus gigas)* ist in der Karibik begehrt. In Florida gibt es für diese Art bereits strenge Schutzbestimmungen.

WARENKUNDE KÜCHENPRAXIS REZEPTE
→ *Schaltiere*
Wellhorn- und Reusenschnecken

WELLHORNSCHNECKE (3) *(Buccinum undatum)*

engl. common whelk; buckie; franz. buccin, ondé, bulot; span. bocina; norweg. kongesnegl; niederl. wulk.

Die Wellhornschnecke ist vom nördlichen Eismeer bis zur Biskaya verbreitet. Gefischt wird sie im Nordatlantik, im Ärmelkanal und auch in der Nordsee. Wichtigste Abnehmer sind Frankreich und der französischsprachige Teil Kanadas.
Merkmale: Wellhornschnecken besitzen ein spitzkegeliges, bis zu 11 cm langes Gehäuse. Typisch sind die feinen, spiraligen Rippen und die wellenförmige Hell-Dunkel-Zeichnung des Gehäuses.
Verwendung: Wellhornschnecken werden meist gekocht und mit einer Sauce serviert, ihr Fleisch ist jedoch relativ zäh. In Kanada liebt man es auch im Teigmantel ausgebacken oder frittiert.

(3) Die **WELLHORNSCHNECKE** *(Buccinum undatum)* ist eine der häufigsten Schneckenarten der Nordsee. Sie bevorzugt sandigen oder schlammigen Untergrund und kommt bis in größere Tiefen vor.

SPIRALE VON BABYLON (4) *(Babylonia formosae)*

engl. spiral babylon, Formosan ivory shell.

Die Spirale von Babylon ist im tropischen Pazifik verbreitet. Sie bevorzugt feinsandige Küstenregionen und lebt in Tiefen bis zu 20 m.
Merkmale: Diese Wellhornschneckenart besitzt ein dünnschaliges weißliches Gehäuse mit mehreren Spiralkreisen aus braunen, fast rechteckigen Farbtupfern. Das Gehäuse wird etwa 7 cm lang.
Verwendung: Die Spirale von Babylon wird in ihrem Verbreitungsgebiet meist gekocht und dann in scharfer oder süßsaurer Sauce angerichtet.

GLATTE NETZREUSENSCHNECKE (5)
(Nassarius mutabilis)

engl. mutable nassa; franz. nasse ceinture; ital. lumachino bombolino, bombetto; span. mugarida lisa.

Die Glatte Netzreusenschnecke kommt im Mittelmeer sowie in der unmittelbaren Nachbarschaft in der Bucht von Cadiz und an der Südküste Portugals vor.
Merkmale: Das glatte, glänzende, spitzkegelige Gehäuse dieser Art weist eine rötliche Zeichnung auf und wird etwa 4 cm lang.
Verwendung: Diese Schnecke wird oft auf italienischen Fischmärkten angeboten. Sie wird meist gekocht und ihr Fleisch ist relativ zart.

(4) Die **SPIRALE VON BABYLON** *(Babylonia formosae)* ist eine tropische Wellhornschneckenart. Sie ist von Taiwan bis Vietnam und Malaysia verbreitet.

(5) Die **GLATTE NETZREUSENSCHNECKE** *(Nassarius mutabilis)* hat ein glattes, glänzendes, spitzkegeliges Gehäuse mit rötlicher Zeichnung. Sie wird etwa 4 cm lang.

WARENKUNDE KÜCHENPRAXIS REZEPTE
→ Kopffüßer

Kopffüßer sind »lebende Fossilien«, wie zahlreiche versteinerte Funde bezeugen. Im Gegensatz zu früher haben die heutigen Arten jedoch keine äußere Schale mehr, sondern nur noch eine innere.

- Kopffüßer wie Sepia, Kalmar und Krake sind in allen Weltmeeren vertreten.
- Unter den Weichtieren sind die Kopffüßer am höchsten entwickelt.
- Werden sie bedrängt, stoßen sie eine schwarzbraune Flüssigkeit – die Tinte – aus, um sich unsichtbar zu machen.

Kopffüßer *(Cephalopoda)*

Die Kopffüßer sind eine sehr alte Tiergruppe, es gab sie schon vor 500 Millionen Jahren, wie fossile Funde belegen. Sie gehören zu den Weichtieren *(Mollusca)* und leben im Meer. Zu den kulinarisch wichtigen Kopffüßern zählen Sepien, Kalmare und Kraken. Sie alle werden oft – zoologisch nicht ganz korrekt – als Tintenfische zusammengefasst. Kopffüßer sind verwandt mit Muscheln und Schnecken, unterscheiden sich von diesen jedoch durch ihre außergewöhnlichen Fähigkeiten: Cephalopoden haben hoch entwickelte Sinnesorgane und ein ebenso hoch entwickeltes Nervensystem. Sie können räumlich sehen und Farben unterscheiden. Sie sind fähig zu »lernen« und sich zu »erinnern«. Der Kopf mit den großen Linsenaugen ist deutlich vom Körper abgesetzt. Im Mund befinden sich außer der Raspelzunge (Radula), die nur noch als raue Zunge beim Verschlingen der Beutetiere hilft, zwei Kiefer, die wie ein Papageienschnabel aussehen. Mit ihnen können die Tiere ihre Beute – hauptsächlich Muscheln, Krebse und Fische – zerteilen. Der Mund ist von sehr beweglichen, oft mit Saugnäpfen besetzten Armen umgeben, die zum Ergreifen der Beute und zum Tasten und Kriechen benutzt werden. An der Bauchseite des sackförmigen Körpers befindet sich eine geräumige Mantelhöhle, in die der Darm, die Harn- und Geschlechtswege münden und in der sich auch die Kiemen befinden. Durch die nach vorn geöffnete Mantelhöhle strömt das Atemwasser ein und durch ein enges Rohr, den Trichter, wieder aus. Geschieht dieses Ausstoßen ruckartig, kann sich das Tier durch den dabei entstehenden kräftigen Rückstoß sehr schnell fortbewegen. Während dies meist nur zur Flucht genutzt wird, haben viele Arten zur langsameren Fortbewegung auch Flossen an den Seiten des Rumpfes.

Tintenfisch und Tinte

Tintenfische oder Sepien gehören zu den Kopffüßern. Mit den Fischen teilen sie zwar den Lebensraum, verwandt sind sie aber nicht, obwohl der Name dies vermuten ließe. Näher stehen sie den Schnecken, daher auch die Bezeichnung Tintenschnecken. Den Namen verdanken sie einem hinter dem Kopf liegenden kleinen Beutel, der mit einer dunklen Flüssigkeit gefüllt ist. Bei Gefahr können Sepien damit blitzschnell ihre Umgebung vernebeln, dem Gegner die Sicht rauben und sich durch das Rückstoßprinzip, bei dem sie ruckartig Wasser ausstoßen, mit großer Geschwindigkeit nach hinten katapultieren.

Die Tinte lässt sich hervorragend zum Schreiben und Malen verwenden und so entstand eine regelrechte Farbindustrie um den Tintenfisch. Auch der Braunton alter Schwarzweißfotografien stammt vom Farbstoff der Sepien. Heute nutzt man Sepiatinte in der Kosmetik- und Arzneimittelindustrie oder in der Homöopathie. Vor allem wird die Tinte als garantiert unbedenkliche Lebensmittelfarbe verwendet, mit der man Reis und Nudeln einen exotischen Touch verleiht. Berühmt sind »Spaghetti seppia« und »Arroz negro«. Man erhält sie bei gut sortierten Fischhändlern.

Margarethe Brunner

Unter den Kopffüßern gibt es die größten wirbellosen Meerestiere überhaupt. So leben in der Tiefsee Arten der Gattung Architeuthis, deren Körper 6 m lang wird und die es einschließlich der ausgestreckten Arme auf eine Länge von 17 m und mehr bringen können.
Fast alle Cephalopoden besitzen eine Farbstoffdrüse, den Tintenbeutel. Naht ein Angreifer, produziert diese in die Mantelhöhle mündende Drüse eine schwarzbraune Flüssigkeit, die beim Rückstoßschwimmen aus dem Trichter ausgestoßen wird. Sie verteilt sich wie eine Wolke um das Tier und macht es für den Feind unsichtbar. Oft ahmt die ausgestoßene Farbwolke sogar die Form der Tintenfische nach. Zudem enthält die Haut der meisten Kopffüßer bewegliche Farbzellen, die es den Tieren ermöglichen, die Farbe zu wechseln – eine Fähigkeit, die sowohl beim Werben um Partner als auch zur Tarnung eingesetzt wird.
Eine äußere Schale haben die meisten der heute lebenden Kopffüßer nicht. Von den wenigen noch vorkommenden Arten mit einem Gehäuse ist das in der Südsee lebende Perlboot (Nautilus) am bekanntesten. Fossile Funde belegen jedoch, dass es früher viele weitere Cephalopoda-Formen mit vielkammerigen, spiralig gewundenen Gehäusen gab.
Dennoch haben die meisten der heute lebenden Kopffüßer eine Schale, die allerdings im Innern des Körpers liegt. Die kulinarisch wichtigen Kopffüßer, die alle Zweikiemer sind, werden nach der Anzahl ihrer Arme unterschieden: Danach gibt es achtarmige (Octobrachia) und zehnarmige Kopffüßer (Decabrachia), die außer den acht, meist gleich gestalteten Armen noch zwei längere Fangarme haben.

Sepien, Echte Tintenfische (Sepiidae)

Die Sepien haben wie die Kalmare zehn Arme, ihr Körper ist aber gedrungener und schwerfälliger. Sie leben vorwiegend in Bodennähe, können sich aber durch den umlaufenden Flossensaum gut fortbewegen. Der Mantel der Sepien ist runder und weniger keilförmig als beim Kalmar. Typisches Merkmal der Sepien ist der flache Kalkschulp im Innern, der den Tieren Stabilität verleiht. Dieser enthält eine Vielzahl gasgefüllter Kammern, die für Auftrieb sorgen. Wie die meisten Kopffüßer besitzen auch die Sepien einen hornigen Schnabel, ihre Fangarme sind jedoch meist relativ kurz. Sepien sind bei richtiger Zubereitung zart und schmecken sehr gut, ebenso wie ihre kleineren Verwandten, die Zwergtintenfische (Sepiolidae).

Kopffüßer – hier ein Kalmar – können vielfach ihre Farbe wechseln, eine der vielen erstaunlichen Fähigkeiten dieser Tiere.

Die letzten Überlebenden

Während die anderen »Tintenfische« Zweikiemer sind, ist das Perlboot der letzte Vertreter der großen Gruppe der Vierkiemer. Es lebt in einer gewundenen Kalkschale, die im Innern mit Stickstoff gefüllte Kammern enthält. Im Gegensatz zu anderen Kopffüßern hat das Perlboot keinen Tintenbeutel und keine Fangarme.

WARENKUNDE KÜCHENPRAXIS REZEPTE
→ *Kopffüßer*

GEMEINE SEPIA (1) *(Sepia officinalis)*

engl. common sepia, cuttle-fish; franz. seiche; ital. seppia commune, seppia officinale; span. luda, sipia; port. choco; holl. gewone inktvis.

Die Gemeine Sepia ist im gesamten Atlantik von Norwegen bis Südafrika und auch im Mittelmeer verbreitet. Andere Arten der Gattung Sepia gibt es in allen Weltmeeren. Normalerweise hält sich die Gemeine Sepia in der Nähe des Meeresbodens auf. Durch Schütteln ihres Flossensaums wühlt sich die Art oft in lockeren Sand ein. Der sich dabei auf ihrem Körper ablagernde Sand dient als Tarnung.

Merkmale: Wie bei allen Arten der Gattung Sepia ist der Körper bei der Gemeinen Sepia oval bis rund und abgeflacht. An den Seiten läuft er in einem dünnen Flossensaum aus. Typisch für die Art ist eine an Zebrastreifen erinnernde dunkle Quermusterung auf dem Rücken, der Bauch ist nur schwach gefärbt. Die zwei antennenartigen Fangarme sind sehr lang und mit vier Reihen Saugnäpfen besetzt, dagegen sind die übrigen acht Arme relativ kurz. Die beiden langen Fangarme werden gewöhnlich eingerollt und in Hohlräumen beiderseits vom Mund verborgen. Kommen Beutetiere in die Nähe der Gemeinen Sepia, kann sie die überlangen Arme blitzschnell herausschleudern. Sehr große Exemplare können inklusive der Fangarme eine Länge bis zu 65 cm erreichen, im Durchschnitt misst ihr Körper 25 bis 30 cm.

Verwendung: Bei Sepien gilt: Je kleiner, desto zarter ihr Fleisch. Das Fleisch größerer Tiere wird gelegentlich auch weich geklopft. Sepien können gegrillt oder gebraten werden. Manchmal werden sie gefüllt und im Ofen gegart. In Italien liebt man Sepien auch geschmort.

SEPIOLE (2) *(Sepiola sp.)*

franz. sépoile, sépiou; span. globitos, sepiola; ital. seppiola; port. pota, zula; holl. dwerginktvis.

Diese vorwiegend im Mittelmeer verbreitete Gattung der Tintenschnecken ist sehr klein und wird daher auch als Zwergsepia oder Zwergtintenfisch bezeichnet.

Merkmale: Auch die Sepiolen haben einen rundlichen, ovalen Körper. Die innere Schale ist bei ihnen stark zurückgebildet. Mit flügelschlagähnlichen Bewegungen der am Rumpf sitzenden Flossen können sie sich fortbewegen. In größeren Tiefen lebende Sepiola-Arten verfügen über Leuchtorgane, mit denen sie Verfolger irritieren und blenden können, während die in Küstennähe lebenden Artgenossen sich durch schnelles Eingraben oder auch durch eine Tintenwolke schützen. Die kleinen Sepiolen werden nur 3 bis 6 cm lang.

Verwendung: Sepiolen sind zart und können gut im Ganzen zubereitet werden, sie schmecken gefüllt, gekocht, gebraten oder auch vom Grill.

(1) Die **GEMEINE SEPIA** *(Sepia officinalis)*, auch als Gemeiner Tintenfisch bezeichnet, hat eine ovale bis runde Körperform und ein Zebrastreifenmuster auf dem Rücken. Die Art wird bei uns weniger angeboten als der Kalmar.

(2) Die **SEPIOLE** *(Sepiola sp.)* wird nur etwa 5 cm groß, ihre innere Schale ist stark zurückgebildet. Sepiolen sind zarter als Sepien und können daher im Ganzen zubereitet werden. Gut schmecken sie auch gefüllt.

WARENKUNDE   KÜCHENPRAXIS   REZEPTE
→ *Kopffüßer*

Kalmare *(Teuthida)*

Kalmare haben wie die Sepien zehn Arme, unterscheiden sich aber von diesen eher rundlichen Bodenbewohnern durch ihren langen schlanken, torpedoartigen Körper, der in einer rhombenförmigen Schwanzflosse endet. Der Kopf mit den Tentakeln ist ebenfalls lang gestreckt; die Mundarme sind relativ kurz und haben zwei Reihen von Saugnäpfen. Auf den beiden langen Fangarmen sind zwei oder vier Saugnapfreihen angeordnet. Im Unterschied zu Sepien können Kalmare die beiden langen Fangarme nur teilweise einziehen. Dafür sind Kalmare aber sehr gute Schwimmer und aktive Jäger. Da sie die Richtung des Trichters, durch den das Atemwasser ausgestoßen wird, beliebig ändern können, sind sie in der Lage, rückwärts und vorwärts in alle Richtungen zu schwimmen. Die wirtschaftlich wichtigsten Arten gehören der Familie *Loliginidae* an. In den USA gibt es bereits einen großen Markt für Kalmare, aber auch in den asiatischen, orientalischen und mediterranen Küchen schätzt man ihn sehr.

GEMEINER KALMAR (3) *(Loligo vulgaris)*

engl. calamary, longfinned squid; franz. calmar, encornet; ital. calamaro comune; span. calamar; port. lula, calama; holl. pijlinktvis.

Der Gemeine Kalmar ist vor allem im Mittelmeer verbreitet, andere sehr ähnliche Arten sind in allen Meeren der Erde anzutreffen. Der Gemeine Kalmar lebt vorzugsweise in flacheren Küstengewässern, kommt gelegentlich aber auch bis in etwa 200 m Tiefe vor. Kalmare treten oft in großen Schwärmen auf, die sich wie Zugvögel formieren und diese Formation auch bei Richtungswechseln beibehalten.

Merkmale: Der Gemeine Kalmar wird 30 bis 50 cm lang und kann ein Gewicht von 2 kg erreichen. Seine Haut ist glatt und sandfarben bis braun und rot gefärbt. Die innere Schale ist zu einem hornartigen Stützblatt reduziert.

Verwendung: Kalmar kann als Sushi oder Sashimi roh verzehrt werden. Bei der Zubereitung seines festen, mageren Fleisches gibt es zwei Möglichkeiten: entweder nur kurz kochen, braten, grillen oder frittieren oder aber länger schmoren, je nach Größe zwischen 30 und 45 Minuten. Zum Braten wird das Fleisch großer Tiere vorher weich geklopft. Kleine Kalmare können auch im Ganzen gegart werden, die Körperbeutel eignen sich auch gut zum Füllen.

Weitere wichtige Arten sind die im Atlantik verbreiteten Pfeilkalmare *(Todarodes sagittatrius)* sowie eine im Pazifik vorkommende Art *(Todarodes pacificus)*. Die bläulich violetten Pfeilkalmare haben rautenförmige Flossen und können bis zu 1,5 m lang werden. Kurzflossenkalmare der Gattung *Illex* gibt es im Atlantik und im Mittelmeer. Sie sind gute Schwimmer und leben oft in größeren Schwärmen.

(3) Der **GEMEINE KALMAR** *(Loligo vulgaris)* hat einen langen torpedoartigen, stromlinienförmigen Körper und große Augen. Die zwei langen Fangarme sind schlank, am Ende etwas verbreitert und mit Saugnäpfen besetzt. Kalmare kommen in verschiedenen Arten, die vom Handel meist nicht weiter unterschieden werden, rund ums Mittelmeer häufig auf den Markt. Zu uns gelangen sie manchmal frisch, überwiegend aber tiefgekühlt.

WARENKUNDE   KÜCHENPRAXIS   REZEPTE
→ *Kopffüßer*

Kraken *(Octopoda)*

Kraken haben im Gegensatz zu Sepien und Kalmaren nur acht Arme – daher der Name Oktopus – und zählen damit zu den Achtarmigen Kopffüßern. Auch fehlen bei ihnen die beiden verlängerten Fangarme und die innere Schale. Kraken haben also überhaupt keine Schale mehr. Sie verbringen ihr Leben nicht, wie die zuvor genannten Sepien und Kalmare, in erster Linie schwimmend, sondern sind zu Bodenbewohnern geworden. Flossen fehlen bei ihnen ganz. Kraken können sich zwar per Rückstoß schwimmend vorwärts bewegen, tun dies aber nur über kurze Strecken und hauptsächlich, wenn sie flüchten müssen. Die meiste Zeit verbringen Kraken in Felsspalten und -höhlen, deren Eingänge sie mit Steinen und Muscheln tarnen und die sie gegenüber Artgenossen verteidigen. Der gedrungene Körper geht bei fast allen Arten direkt in die gleichmäßig langen Fangarme über, die einreihig oder doppelreihig mit Saugnäpfen besetzt sein können. Kulinarisch sind Kraken vor allem in den Mittelmeerländern und in Japan von Bedeutung. Nicht selten werden Riesenkalmare als Kraken bezeichnet – was ebenso falsch ist, wie Kraken Polypen zu nennen, da Polypen zum Stamm der Nesseltiere gehören. Verbreitet sind Kraken in allen Weltmeeren, wobei sehr große Arten Armlängen von bis zu 5 m und mehr erreichen können.

Kraken sind auch geräuchert eine Delikatesse. Bei uns auf den Markt kommen sie jedoch meist entweder frisch oder als Tiefkühlware.

(1) Der **GEMEINE KRAKE** *(Octopus vulgaris)* hat zwei Reihen Saugnäpfe auf seinen Fangarmen. Er kann eine Armlänge bis zu 1 m erreichen. In den Mittelmeerländern wird er oft frisch angeboten.

(2) Der **MOSCHUSKRAKE** *(Eledone moschata)* ist deutlich kleiner als der Gemeine Krake. Seine Arme weisen im Gegensatz zu diesem nur eine Reihe Saugnäpfe auf. Moschuskraken sind vor allem in Italien sehr beliebt.

WARENKUNDE   KÜCHENPRAXIS   REZEPTE
→ *Kopffüßer*

GEMEINER KRAKE (1) *(Octopus vulgaris)*

engl. common octopus, sucker; amerik. poulp; franz. pieuvre, poulpe; ital. polpo comune; span. pulpo comun; port. polvo; holl. achtarm.

Der Gemeine Krake ist vor allem an den felsigen Küsten im Mittelmeer und am Atlantik verbreitet. Er kommt aber auch in der Nordsee vor, wo er aber nur eine Gesamtlänge von etwa 70 cm erreicht. Im Mittelmeer und in anderen wärmeren Gewässern lebende Tiere können dagegen bis zu 3 m lang werden. Wie die anderen Kopffüßer geht auch der Krake nachts auf Beutefang. Seine Hauptnahrung sind Krebse, Krabben und Muscheln. Mit seinen kräftigen Armen kann er sogar ausgewachsene Hummer überwältigen.
Merkmale: Auf dem sackförmigen Körper sitzen starr blickende Augen mit Lidern, die geschmeidigen Arme dieser Art sind mit jeweils zwei Reihen von Saugnäpfen besetzt.
Verwendung: Kraken werden meist gekocht oder geschmort, manchmal auch gebraten oder gegrillt. Damit das feste Fleisch zart und nicht zäh wird, benötigt es eine relativ lange Garzeit. Klopft man es vorher weich, wird es schneller gar. Rund ums Mittelmeer und vor allem in Spanien gibt es zahlreiche Zubereitungen für Krake wie etwa Oktopus-Salat oder Krake in Rotwein. Und auch in den fernöstlichen Küchen spielt er eine große Rolle. In Japan und Korea wird Krake gekocht und in Salzlake eingelegt verkauft und auch für Sushi darf er nicht fehlen – auch hierfür wird er aber zuvor gekocht.

ZIRRENKRAKE *(Eledone cirrhosa)*

engl. curled octopus; franz. eledone, pourpre blanc; ital. polpo bianco; span. pulpo de alto; port. polvo do alto.

Das Verbreitungsgebiet dieser Art ist ähnlich wie beim Gemeinen Kraken, auch der Zirrenkrake kommt im Mittelmeer und im Atlantik vor.
Merkmale: Die Fangarme des Zirrenkraken weisen nur eine Reihe an Saugnäpfen auf. Auch bleiben die Tiere mit etwa 40 cm Gesamtlänge deutlich kleiner als die Gemeinen Kraken. Bei den Zirrenkraken sind die Fangarme an den Ansatzstellen durch Häute verbunden, so dass sie einen gut ausgebildeten so genannten Armschirm bilden.
Verwendung: Wie andere Kraken muss auch der Zirrenkrake lange kochen, er wird aber auch gegrillt.

MOSCHUSKRAKE (2) *(Eledone moschata)*

engl. musci octopus; franz. eledone musquée; ital. moscardino.

Moschuskraken sind vor allem im Mittelmeer verbreitet, wo sie auf Schlamm- und Sandböden anzutreffen sind. Sie werden meist lokal vermarktet.
Merkmale: Die Fangarme des Moschuskraken weisen wie diejenigen des Zirrenkraken nur eine Reihe an Saugnäpfen auf. Der Moschuskrake kann ähnlich groß wie der Zirrenkrake werden, bleibt aber meist deutlich kleiner.
Verwendung: Kleine Moschuskraken sind relativ zart und müssen daher vorher nicht weich geklopft werden. Rund ums Mittelmeer gibt es für sie eine Vielzahl an Zubereitungsarten. Die kleinen Kraken schmecken gekocht, gefüllt oder auch vom Grill. In Italien sind sie mariniert als Vorspeise beliebt. Häufig werden sie auch in Olivenöl mit etwas Knoblauch gebraten oder, wie in Griechenland, in Tomatensauce geschmort.

Rund ums Mittelmeer und an der Atlantikküste sind Kraken sehr beliebt. In Griechenland werden sie nach dem Klopfen meist zum Trocknen aufgehängt.

Teubner Edition

WARENKUNDE   KÜCHENPRAXIS   REZEPTE
→ Sonstige Meeresfrüchte

Sonstige Meeresfrüchte

Stachelig, skurril geformt und wenig bekannt: Schwertschwänze, Seeigel, Seegurken und Scheibenquallen sind trotz ihres wehrhaften Äußeren sehr delikat.

- Schwertschwänze gibt es im Atlantik und Pazifik, sie werden jedoch nur in Ostasien genutzt.
- Seeigel gibt es weltweit in vielen Arten.
- Seegurken und Quallen sind kulinarisch nur in Asien von Bedeutung.

Sonstige Meeresfrüchte

Den weitaus größten Teil der kulinarisch wichtigen Meeresfrüchte stellen die Krebs- und Weichtiere. Darüber hinaus gibt es aber auch noch eine Reihe anderer essbarer Meeresbewohner, die zoologisch verschiedenen Gruppen zugeordnet werden. So zum Beispiel die Schwertschwänze *(Xiphosura)*, die Seeigel *(Echinoidea)*, die Seegurken *(Holothurioidea)*, die Seescheiden *(Ascidiacea)* und die Scheibenquallen *(Scyphozoa)*. Sie werden jedoch überwiegend nur lokal vermarktet und spielen insgesamt kulinarisch eine untergeordnete Rolle.

PFEILSCHWANZKREBS, MOLUKKENKREBS (1) *(Zachypleus gigas)*

engl. horseshoe crab, beetle crab; franz. xiphosure; indon. mimi, ikan mimi; malaiisch keroncho, belangkas.

Der Pfeilschwanzkrebs, er gehört zu den Schwertschwänzen, ist im Indopazifik von Japan bis Indonesien vertreten. Pfeilschwanzkrebse sind Verwandte der Spinnentiere (Arachnida), es gab sie schon vor 500 Millionen Jahren in ähnlicher Form. Die urtümlichen Wurm- und Weichtierfresser wühlen im Schlamm der flachen Küstengewässer. Sie laufen überwiegend, können aber auch schwimmen.

Merkmale: Unter dem glatten Kopf-Brust-Stück befinden sich fünf Laufbeinpaare; die vorderen vier sind mit Scheren ausgerüstet, das fünfte hat gefächerte Schwimmflossen. Die Facettenaugen sitzen an den Seiten des Panzers und werden durch eine Schildeinbuchtung geschützt.

(1) Der **PFEILSCHWANZKREBS** *(Zachypleus gigas)* gehört zu den Schwertschwänzen. Unter dem glatten Kopf-Brust-Stück verstecken sich fünf Laufbeinpaare, die Augen sind an den Seiten des Panzers. Verzehrt werden die Tiere nur im ostasiatischen Raum.

(2) Der **KLETTERSEEIGEL** *(Paracentrotus lividus)* ist dunkelviolett bis braun-grünlich, gelegentlich auch schwarz gefärbt. In Europa zählt er zu den häufigsten Arten. Sein Schalendurchmesser kann bis zu 7 cm betragen.

Verwendung: Leber und Eier der Tiere gelten in Ostasien als Delikatesse. Das Fleisch wird teilweise in Suppen mitgekocht.

KLETTERSEEIGEL (2) *(Paracentrotus lividus)*

engl. sea urchin; franz. chataine, châteigne de mer, oursin mediteranné; ital. riccio marino comune; span. erizo de mar, ikinua; port. ouriço do mar; holl. zee-egel.

Der Kletterseeigel zählt wie alle Seeigel zu den Stachelhäutern. Er lebt im wärmeren europäischen Atlantik sowie im Mittelmeer in bis zu 80 m Tiefe. An felsigen Stränden sitzen die Tiere oft zu Hunderten oder Tausenden nebeneinander und weiden den Algenbewuchs von den Steinen ab. An Küsten mit starker Brandung bohren sie sich auch ins Gestein, so etwa an den britischen und irischen Kalksteinküsten. Der Kletterseeigel ist der wichtigste essbare Seeigel des gesamten Mittelmeerraumes.
Merkmale: Der Körper des Kletterseeigels wird wie bei allen Seeigeln von einem runden oder abgeplatteten Kalkpanzer umschlossen, der aus vielen einzelnen, fest verbundenen Kalkplatten besteht. Über diesem liegt die Haut, die auch die Stacheln überzieht. Der Kletterseeigel ist dunkelviolett bis braungrünlich, gelegentlich auch goldbraun oder schwarz. Sein Schalendurchmesser beträgt bis zu 7 cm.
Verwendung: Nur die orangefarbenen Gonaden der Seeigel sind zum Verzehr geeignet. Man isst sie meist roh; gelegentlich werden sie auch warm serviert, etwa in Pastasaucen oder gratiniert.

In Peru und Chile spielt der **Weiße Seeigel** *(Loxechinus albus)* kulinarisch eine Rolle, in Australien und Neuseeland wird eine andere Seeigelart *(Centrostephanus rodgersii)* befischt.

JAPANISCHE SEEGURKE *(Stichopus japonicus)*

jap. namako.

Die Japanische Seegurke ist die kulinarisch wichtigste Art in Ostasien. Sie gehört wie alle Seegurken oder Seewalzen, wie sie auch heißen, zu den Stachelhäutern. Verbreitet ist die Art um Japan.
Merkmale: Sie ist im Gegensatz zu anderen Seegurken kurz und gedrungen, die Haut mit spitzen Warzen übersät. Auf der Bauchseite befinden sich kleine Füße, mit denen sie sich träge fortbewegen kann.
Verwendung: Seegurken gelten in China und Japan als Delikatesse, ihnen wird eine aphrodisierende Wirkung nachgesagt. Seegurken werden getrocknet, eingeweicht und dann gekocht oder geschmort.

INDOPAZIFISCHE SEEGURKE *(Holothuria argus)*

engl. spotted fish, tiger fish; jap. ayami-shikiri; indon. tripang, teripang; malaiisch trepang.

Diese Seegurkenart ist im Indopazifik verbreitet und wird viel gefangen. Die Inselbewohner von Polynesien bis Malaysia haben sich schon früh auf die starke Nachfrage aus China und Japan eingestellt und exportieren sie getrocknet als »Trepang«.
Merkmale: Diese Art mit flachem Bauch und breit gewölbtem Rücken ist hell- oder kastanienbraun gefärbt, hat rote bis orangefarbene, schwarze und weiße Flecken und wird bis zu 40 cm lang.
Verwendung: Auch sie wird getrocknet gehandelt und vor der Verwendung eingeweicht.

ESSBARE WURZELMUNDQUALLE
(Rhopilema esculenta)

engl. jellyfish; jap. kurage; türk. deniz anasi; franz. rhizostome; ital. botte di mare; span. aguamar.

Die Essbare Wurzelmundqualle gehört wie alle Quallen zu den Nesseltieren. Verbreitet ist sie im warmen westlichen Pazifik.
Merkmale: Sie kann bis zu 45 cm Durchmesser haben.
Verwendung: In China, Japan, Thailand oder Indonesien gibt es Quallen getrocknet oder in Salzlake. Sie werden eingeweicht, überbrüht und in der Suppe oder als Salat serviert.

Die spitzen harten Stacheln sind sehr schmerzhaft, wenn man auf Seeigel tritt. In die Hand nimmt man sie am besten mit einem Tuch.

Mehr Quallen essen

Eine verwandte Art, *Rhopilema nomadica*, gelangte in den 70er Jahren durch den Suezkanal ins Mittelmeer, wo sie heute eine regelrechte Plage darstellt. Würden die Europäer Qualle öfter auf ihren Speiseplan setzen, wäre das Problem schnell gelöst.

KÜCHENPRAXIS

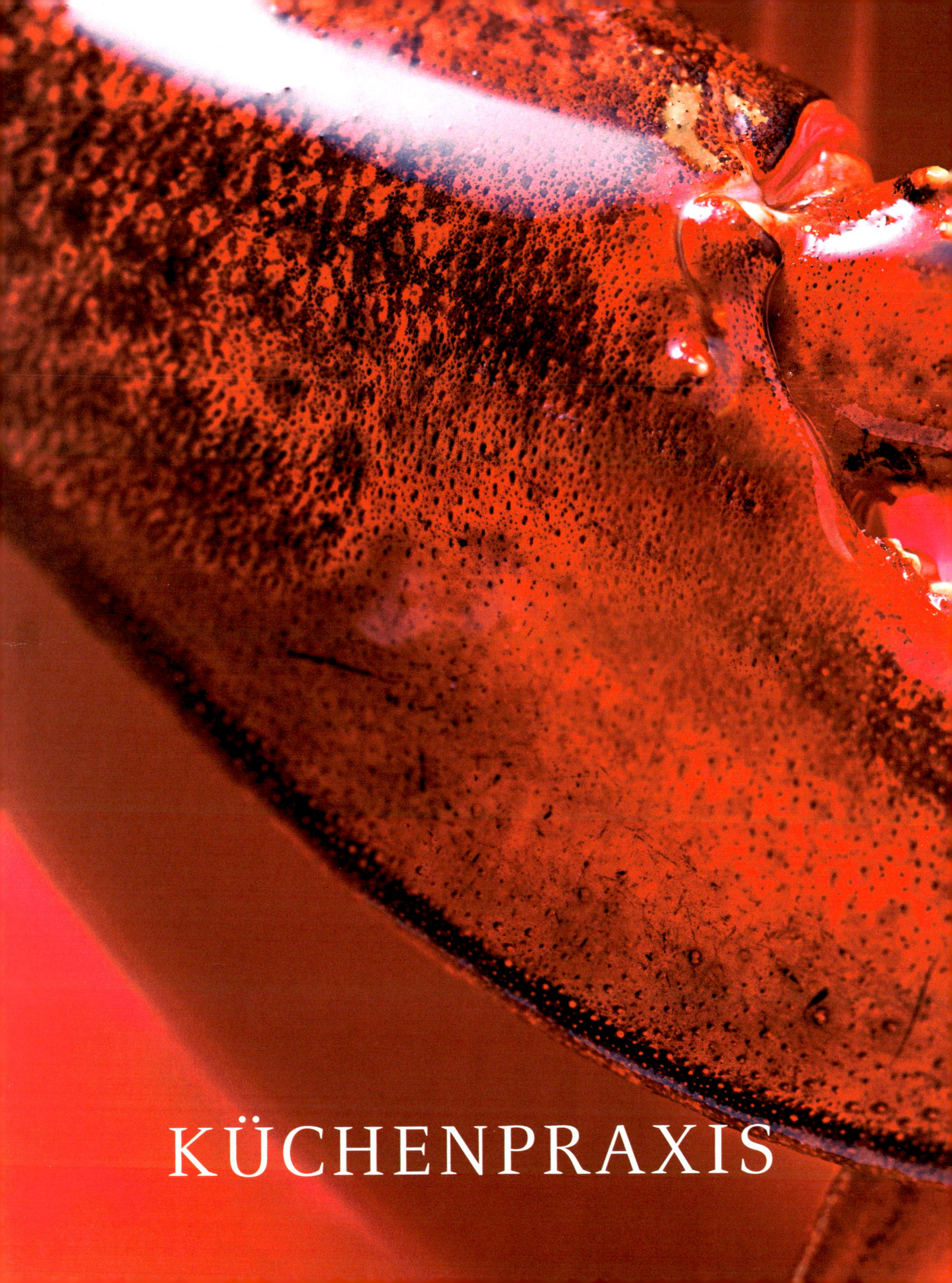

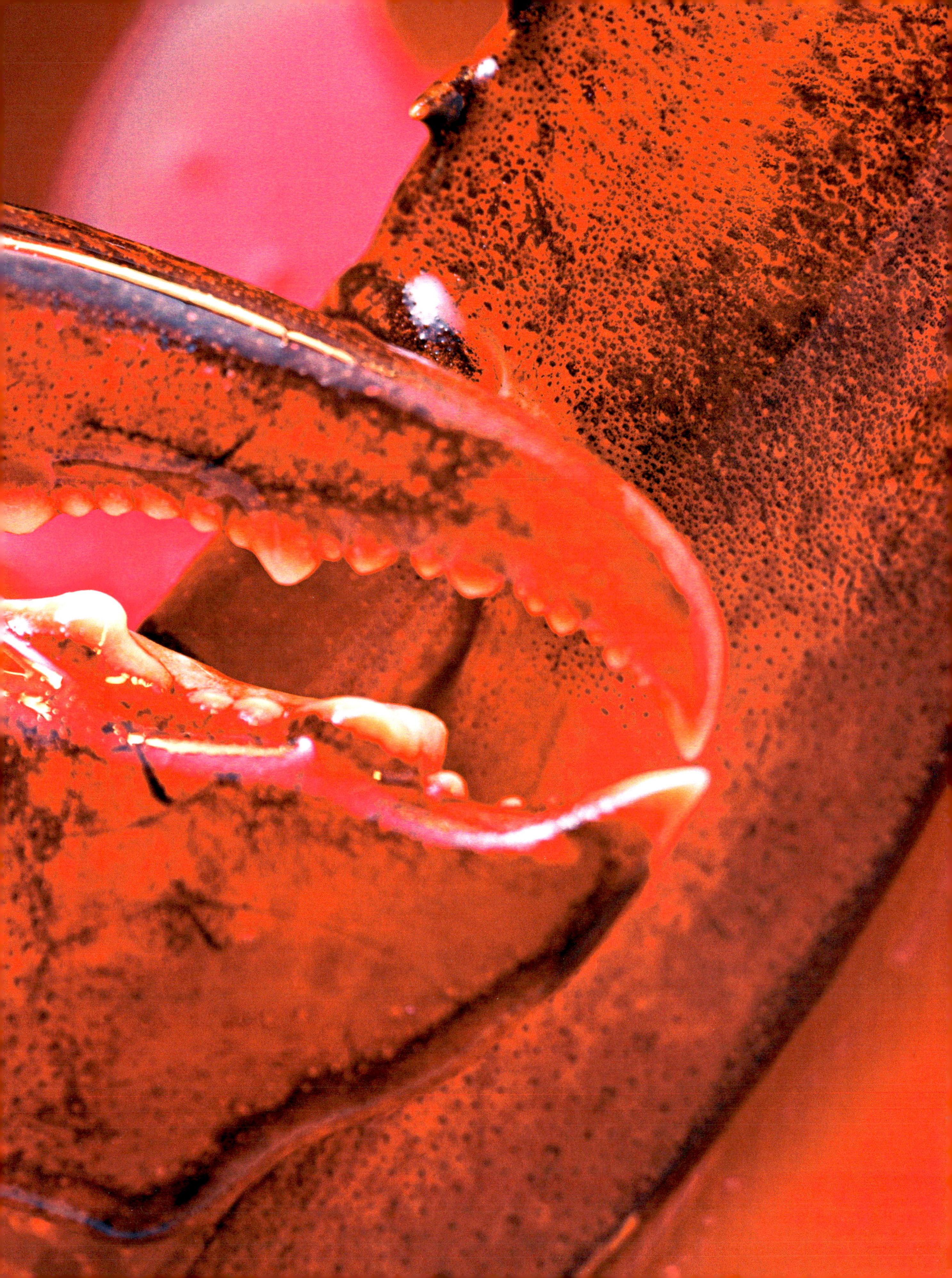

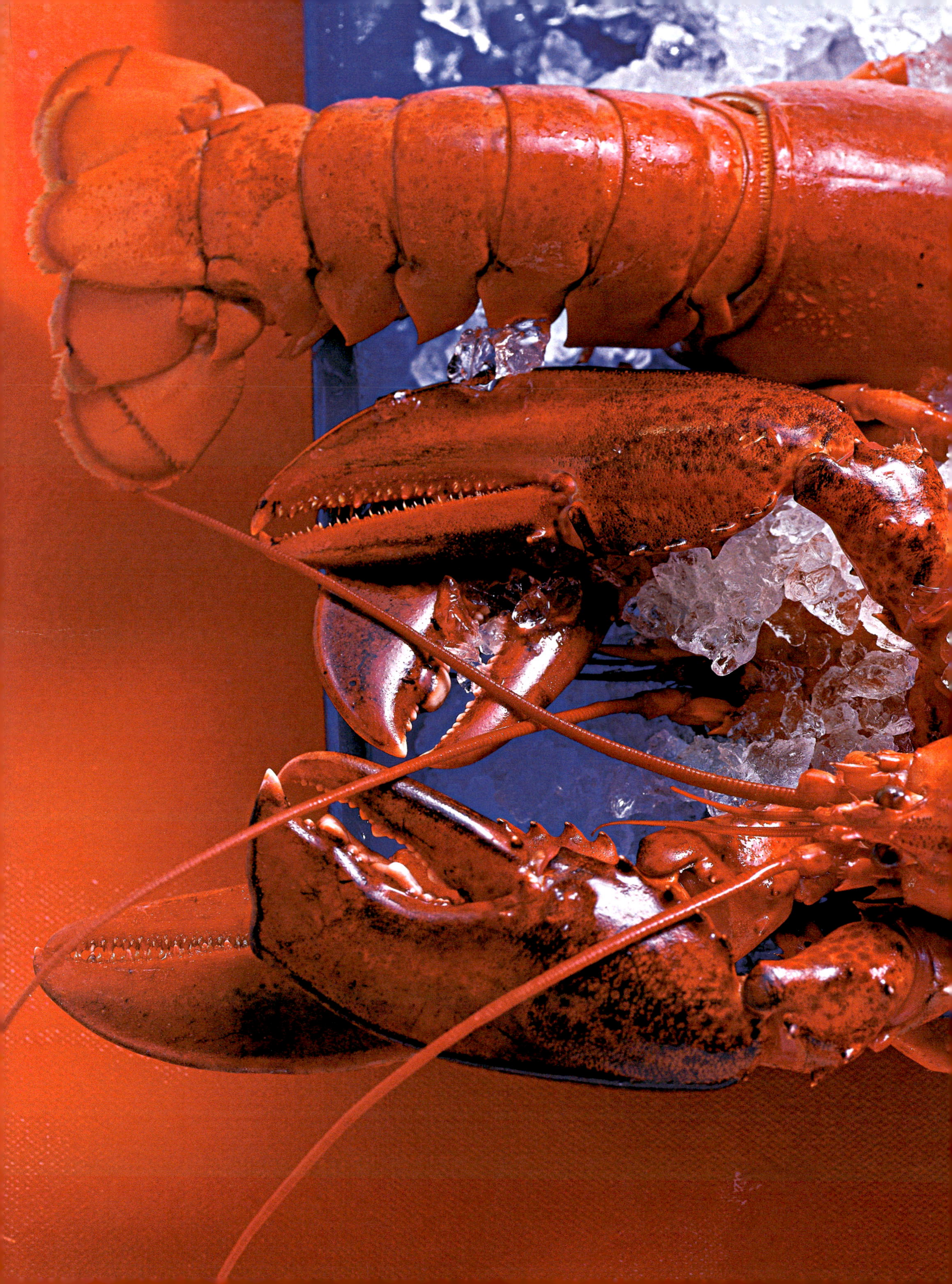

KÜCHENPRAXIS

Der richtige Umgang mit Meeresfrüchten in der Küche

Hummer und Co.

Vom Vorbereiten, Kochen und Ausbrechen
der delikaten Tiere. Außerdem Rezepte
für verschiedene Court-Bouillons und Fonds.

Keine Angst vor harten Schalen

Ob Krusten- oder Schaltiere, ihr feines Fleisch verbirgt sich im Innern. Mit dem richtigen Werkzeug und Know-how sind sie jedoch schnell küchenfertig. Alle wichtigen Handgriffe finden Sie im folgenden Kapitel.

MEERESFRÜCHTE SATT! Bei einem morgendlichen Bummel über den Fischmarkt in einem kleinen Dorf am Atlantik, vielleicht in Frankreich, vielleicht in Spanien, trifft man immer wieder auf ein erstaunliches Angebot: Seespinnen, Teppichmuscheln, Schwertmuscheln, Taschenkrebse, Jakobsmuscheln, Garnelen, Kaisergranate, Kalmare und Kraken liegen ausgebreitet auf Eis. Wenn man Glück hat und gerade Saison ist, gibt es außerdem Hummer, Langusten und Bärenkrebse. Bei einer solchen Auswahl fällt die Entscheidung schwer: Was gibt es heute? Glücklich, wer vor Ort die Möglichkeiten zum Kochen hat.

Beim Fischhändler hierzulande ist das Angebot oft nicht ganz so beeindruckend, manches muss auch vorbestellt werden, doch die Qualität ist in der Regel sehr gut: Bei lebenden Hummern, Langusten oder Krebsen ist Frische garantiert, ebenso bei Muscheln, auch sie werden ja lebend gehandelt. Eine Alternative bieten Tiefkühlprodukte – allen voran die Riesengarnelen. Sie werden grundsätzlich tiefgekühlt gehandelt. Tiefkühlware kann von hoher Qualität sein, am besten sind ganze Garnelen mit Kopf, glasiert und einzeln in Folie verpackt. Gekochte und im Block tiefgekühlte Hummer sollten Sie den glasierten und nur in einem Netz verpackten Exemplaren vorziehen. Einige Muschelarten, Krabbenfleisch und Tintenfische sind zudem auch in Dosen erhältlich; diese gibt es in ganz unterschiedlichen Qualitäten, doch können auf diese Weise konservierte Meeresfrüchte geschmacklich mit frischen nicht ganz mithalten.

MÖGLICHST AM SELBEN TAG VERARBEITEN

Frische Meeresfrüchte sollten Sie möglichst am Tag des Einkaufs zubereiten, eine lange Lagerzeit vertragen die empfindlichen Meeresbewohner nicht. Bei entsprechender Kühlung (4 bis 5 °C) können Sie lebende Meeresfrüchte verpackt in feuchte Tücher oder Holzwolle, auch noch einen Tag aufbewahren. Nach deutschem Recht dürfen Krustentiere nur in stark kochendem Wasser getötet werden. Das Wasser muss sie vollständig bedecken und nach ihrer Zugabe weiterhin stark kochen. Muscheln können zudem auch in über 100 °C heißem Dampf getötet werden. Egal, nach welcher Garmethode Krustentiere also später zubereitet werden sollen, sie werden grundsätzlich zuerst kurz gekocht. Dabei können Sie statt Wasser pur – gesalzen sollte es jedoch immer sein – natürlich auch eine würzige Court-Bouillon oder einen anderen Fond verwenden, eine Auswahl finden Sie am Schluss dieses Kapitels.

FÜR JEDES TIER DIE RICHTIGE TECHNIK

Wie Sie im Einzelnen an das delikate Fleisch der Meeresfrüchte kommen, zeigen Ihnen die folgenden Seiten: Von Garnelen und Kaisergranaten über Hummer, Langusten und Bärenkrebse bis hin zu Schaltieren und Tintenfischen finden Sie die richtigen Handgriffe für das küchenfertige Vorbereiten oder Ausbrechen der Tiere in detaillierten Bildfolgen Schritt für Schritt erklärt. In manchen Fällen gibt es auch mehrere Methoden: Wenn Sie beispielsweise einen Hummerschwanz in Medaillons schneiden wollen, muss er im Ganzen ausgelöst werden. Kommt er noch in die Pfanne oder auf den Grill, wird er nach dem Töten halbiert. Und auch beim Öffnen von Muscheln gibt es Unterschiede: Bei den Austern sticht man mit dem Austernmesser am Scharnier ein und bricht sie auf. Jakobsmuscheln dagegen öffnet man auf der dem Scharnier gegenüberliegenden Seite. Gemeinsam ist allen Muscheln, dass man sie vor dem Essen, sofern sie roh verzehrt werden sollen, oder auch vor dem Garen immer gründlich säubern und von Sand befreien muss. Darüber hinaus erfahren Sie, welche Gerätschaften in der Meeresfrüchteküche nützlich sind und wie Sie aromatische Würzbutter zubereiten.

WARENKUNDE **KÜCHENPRAXIS** REZEPTE
→ *Garmethoden*

Das Geheimnis der besten Zubereitung

(1)

(2)

(3)

(1) KOCHEN ist für lebende Krustentiere wie Hummer oder Krebse zunächst einmal ein Muss, denn so werden die Tiere getötet. Hummer, Langusten und Krebse werden dann oft in einer fein gewürzten Court-Bouillon fertig gekocht.

(2) DÄMPFEN ist für die Zubereitung einer größeren Menge Muscheln ideal: Wenig Wasser oder Wein erzeugt in Kombination mit etwas Gemüse und dem austretenden Muschelwasser genau die richtigen Bedingungen zum Garen der Schaltiere.

(3) BRATEN IM WOK bedeutet starke Hitze, die kurz auf das Gargut einwirkt. Geeignet ist diese Methode für kleinere Krustentiere wie etwa Garnelen, die rasch gar sind. Zum Braten größerer Fleischstücke von Hummer und Languste kommt die starke Hitze des Woks weniger in Frage.

(4) BRATEN IN DER PFANNE lassen sich gut entsprechend vorbereitete Hummer- und Langustenschwänze. Die Tiere werden zunächst kurz gekocht, halbiert und dann in etwas Öl auf der Fleischseite in der Pfanne fertig gebraten.

(5) DÜNSTEN ist eine Garmethode, die bei Meeresfrüchten relativ selten zum Einsatz kommt, zum Garen von Schwertmuscheln jedoch ideal ist. Die flachen Muscheln kommen unter Zugabe von etwas Flüssigkeit – meist Fond und Wein – und Gemüsewürfeln in einen Topf und werden dann zugedeckt in einigen Minuten gar gedünstet.

(6) FRITTIEREN empfiehlt sich vor allem für Tintenfische wie Kalmar oder Sepia, aber auch für Muscheln, wenn sie von schützendem Teig knusprig umhüllt sind. Durch Teig oder Panade bleibt das zarte Fleisch vor dem Austrocknen durch die starke Hitze im 175 °C heißen Öl geschützt. Wichtig ist, das Gargut portionsweise zu frittieren, damit das Öl nicht zu stark abkühlt.

(7) GRILLEN – eine Garmethode, die für Meeresfrüchte bestens geeignet ist, die dem zarten Fleisch von Garnelen oder Jakobsmuscheln aber auch schnell eine schuhsohlenähnliche Konsistenz verleiht, wenn die Hitze zu stark und zu lange einwirkt. Grillen kann man entweder auf einem Holzkohlen-, Gas- oder Elektrogrill, wobei der Geschmack beim Holzkohlengrill durch die rauchige Note etwas anders ausfällt.
Gut funktioniert auch eine Grillpfanne, vor allem, wenn nicht eigens der Grill angeheizt werden soll. Zum Grillen wird die leicht geölte Grillpfanne auf dem Herd stark erhitzt und das geölte oder mit Marinade bepinselte Grillgut hineingelegt. Als Garmethode geeignet ist das Grillen beispielsweise für Garnelen, für halbierte Hummer- und Langustenschwänze sowie für Jakobsmuscheln.

(4)

(5)

(6)

(7)

WARENKUNDE **KÜCHENPRAXIS** REZEPTE
→ *Garnelen*

Mit Fingern und Schere: Garnelen schälen ist einfach

In der Tat lassen sich die weichen Schalen der Garnelen leicht entfernen, oft werden sie jedoch auch in der Schale gebraten oder gegrillt.

MEERESFRÜCHTE FÜR EINSTEIGER, so könnte man die kleinen Schwimmer nennen. Muss man doch kaum nennenswerte Hindernisse überwinden, um an ihr zartes, delikates Fleisch zu gelangen. Wenn Sie Glück haben und frische Garnelen bei Ihrem Händler oder auf dem Fischmarkt antreffen, greifen Sie zu. Zu Hause sollten Sie die Tiere dann am besten gleich verarbeiten. Falls Sie die Garnelen noch etwas aufbewahren wollen, drehen Sie die Schwänze vom Kopfteil ab. Da sich in Letzterem der Magen sowie der größte Teil des Verdauungstraktes befinden, verdirbt er zuerst. Die ungeschälten Garnelenschwänze können Sie dann unbesorgt noch ein bis zwei Tage in den Kühlschrank legen. Aus den frischen Kopfteilen lässt sich ein Krustentierfond oder Garnelenbutter herstellen.

GARNELEN SCHÄLEN, DARM ENTFERNEN

(1) Garnelenschwänze schälen: Garnele mit den Fingern an Kopf und Schwanz fassen und das Schwanzteil abdrehen; Kopfteil wegwerfen oder für einen Fond verwenden.

(2) Den Garnelenschwanz mit einer kleinen spitzen Schere auf der Bauchseite mittig einschneiden.

(3) Die Schale bis auf den Schwanzfächer mit den Fingern ablösen und entfernen.

(4) Den Darm entfernen – 1. Methode: Den Darm am herausragenden Ende fassen und mit den Fingern vorsichtig herausziehen, er darf dabei nicht reißen.

(5) Den Darm entfernen – 2. Methode: Den geschälten Garnelenschwanz auf der Rückenseite mit einem scharfen Messer leicht einschneiden, aufklappen, den Darm mit der Messerspitze leicht anheben und vorsichtig herausziehen.

GARNELEN IN SCHMETTERLINGE
schneiden und aufklappen

(1) Die bis auf den Schwanzfächer geschälten Garnelenschwänze auf der Rückenseite leicht einschneiden.

(2) Gut geht das mit einem scharfen Messer mit leichtem Wellenschliff. Auf der Bauchseite ebenfalls einschneiden.

(3) Die Garnelenschwänze mit dem Messer bis zum Schwanzfächer mittig durchtrennen.

(4) Die Garnelenschwänze zu »Schmetterlingen« aufklappen, den Darm entfernen und nach Belieben braten oder frittieren.

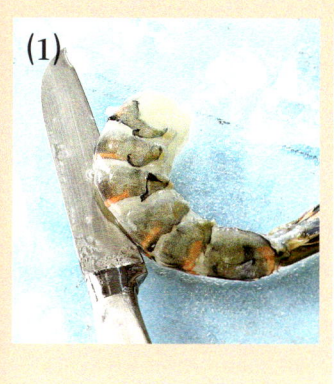

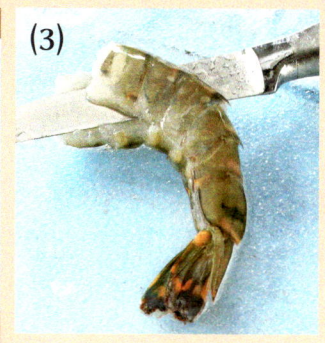

Weitab der Küsten ist es nicht immer einfach, tatsächlich fangfrische Garnelen zu bekommen. Die Ware in den Auslagen der Fischhändler ist teilweise bereits aufgetaut oder Sie müssen gleich auf tiefgekühlte Garnelen zurückgreifen. Was allerdings kein Nachteil sein muss, auch hier gibt es sehr gut Qualitäten. Den besten Geschmack haben rohe, ganze Garnelen aus kalten Gewässern.

GARNELEN SCHÄLEN

Zwar kann man kleinere Garnelen auch mit der Schale verspeisen, wie das etwa in Südostasien üblich ist. Hierzulande werden jedoch selbst die kleinsten Garnelen vor dem Verzehr geschält oder »gepult«, wie es bei den »Nordseekrabben« heißt. Das Schälen an sich ist einfach und kann gut mit den Fingern erledigt werden. Hilfreich bei größeren Tieren ist eine spitze Schere zum Aufschneiden der Schale. Wie dies im Einzelnen funktioniert, zeigt die Bildfolge links. Die Frage ist jedoch, wann die Garnelen geschält werden sollen – vor oder nach dem Garen? Das entscheidet die weitere Verwendung: Beim Kochen, Braten oder Grillen schützt die Schale das Fleisch vor dem Austrocknen und gibt zusätzlich Geschmack ab. Sollen die Garnelen in einer Teighülle frittiert werden, schält man sie jedoch besser vorher.

DEN DARM ENTFERNEN – MUSS DAS SEIN?

Bei sehr kleinen Garnelen, wie etwa den »Nordseekrabben« ist das kaum möglich und auch nicht nötig. Anders sieht es bei größeren Exemplaren aus: Bei ihnen kann der Darm noch Sand enthalten und sollte darum unbedingt entfernt werden.

TIEFKÜHLWARE RICHTIG AUFTAUEN UND VERWENDEN

Tiefgekühlte Garnelen lässt man langsam, am besten über Nacht, in einem Sieb im Kühlschrank auftauen; so kann das sich bildende Wasser gut ablaufen und kommt nicht mit den empfindlichen Meeresfrüchten in Berührung. Haben Sie einmal sehr wenig Zeit und alles muss ganz schnell gehen, gibt es zum Auftauen auch noch eine zweite Methode: In diesem Fall füllen Sie die tiefgekühlten Garnelen in einen Gefrierbeutel und legen Sie diesen in lauwarmes Wasser. Auch dabei bleiben Geschmack und Aroma weitgehend erhalten, am schonendsten ist jedoch das langsame Auftauen. Die Garnelen zum Auftauen direkt in warmes Wasser zu legen oder heiß abzuspülen, ist nicht zu empfehlen, da die Krustentiere dabei auslaugen und erheblich an Geschmack verlieren. Einmal aufgetaut, dürfen sie auch nicht wieder tiefgekühlt werden. Dies gilt insbesondere für die Riesengarnelen oder »king prawns«, die zu uns ausschließlich tiefgekühlt gelangen und die – einmal aufgetaut – zum sofortigen Verbrauch bestimmt sind.

Allerdings ist das Auftauen kein Muss: Sie können die ungeschälten Garnelen auch tiefgekühlt in kochendes Salzwasser oder Court-Bouillon geben. Dann den Deckel auflegen, damit die Flüssigkeit schnell wieder kocht, die Garnelen 10 Sekunden kochen, den Topf vom Herd stellen und die Krustentiere noch 20 Minuten ziehen lassen. Oder Sie geben sie direkt ins stark erhitzte Öl, reduzieren die Hitze etwas und braten die Garnelen unter Wenden fertig.

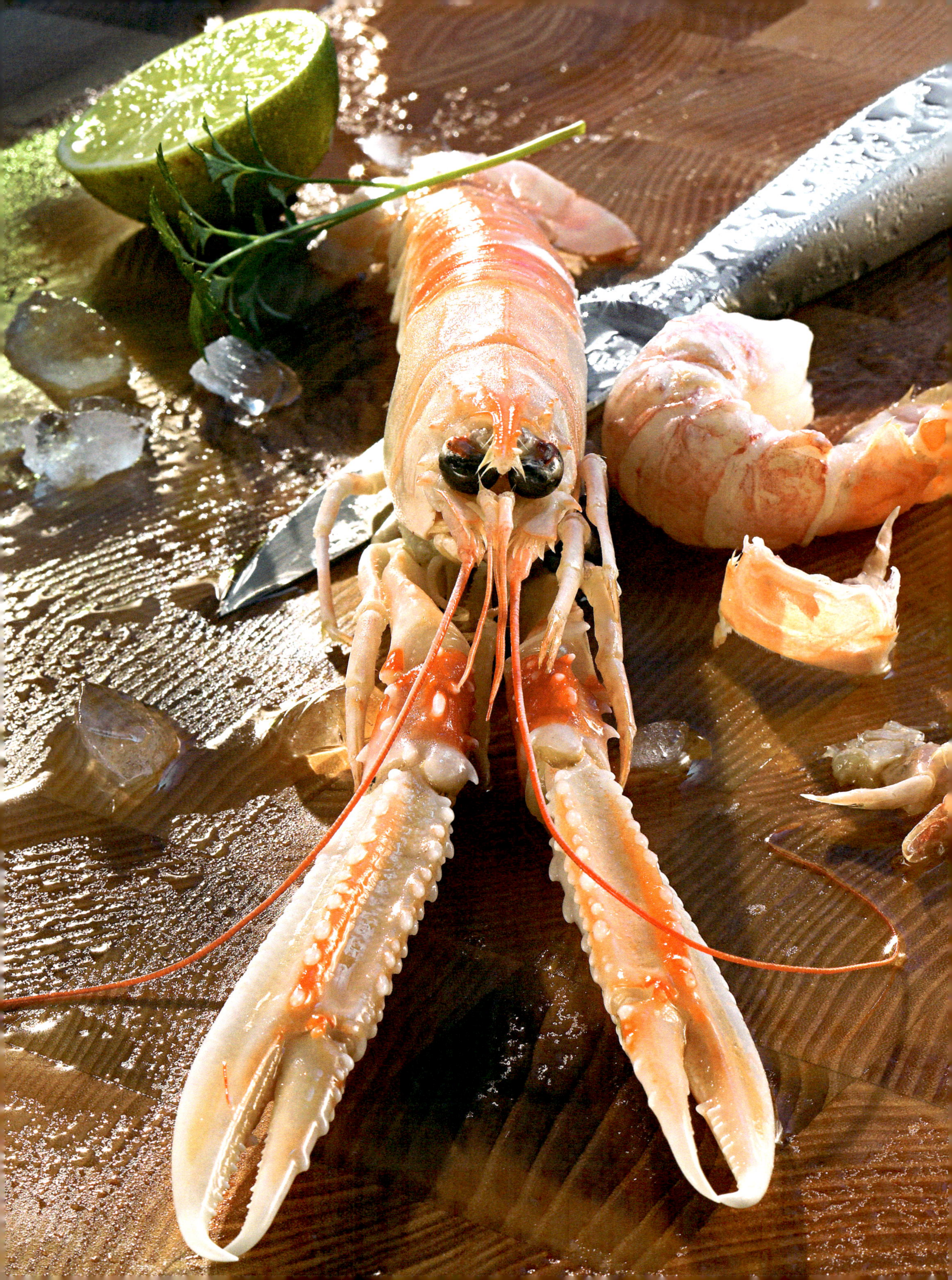

WARENKUNDE **KÜCHENPRAXIS** REZEPTE
→ *Kaisergranate*

Frisch aus dem Meer sind Kaisergranate begehrt

In Galizien, dort sind nach Meinung der Einheimischen Meeresfrüchte besser als überall sonst auf der Welt, lassen Cigalas oder Kaisergranate Feinschmeckerherzen höher schlagen – und nicht nur dort.

FRISCH MÜSSEN SIE SEIN! Da heißt es, genau aufpassen beim Einkauf, denn Kaisergranate, Langoustines oder Scampi – wie die edlen Krustentiere in Frankreich und Italien heißen – sind sehr empfindlich und verderben leicht, wenn sie nicht permanent auf + 2 °C gekühlt werden. Frische ist garantiert, wenn die Färbung eher ziegelrot als orange und das Muskelfleisch glasig ist. Im Zweifelsfall hilft die Geruchsprobe: Wenn Sie beim Riechen am Spalt zwischen Rückenpanzer und Hinterleib einen fischigen Geruch bemerken, dann sollten Sie vom Kauf Abstand nehmen oder sich für Tiefkühlware entscheiden. Im Handel erhältlich sind meist die tiefgekühlten Schwänze. Tiefkühlware ist in der Regel von guter Qualität; tiefgekühlte Kaisergranatschwänze müssen jedoch langsam, am besten in einem Sieb, im Kühlschrank aufgetaut werden. Ob frisch oder tiefgekühlt, das delikate Fleisch der Tiere sitzt vor allem im Schwanzteil, die Scheren sind kulinarisch kaum von Bedeutung.

GERINGE FLEISCHAUSBEUTE

Die Fleischausbeute ist beim Kaisergranat nicht besonders groß: 1 kg frische Kaisergranate ergeben lediglich 300 g verwertbare Schwänze mit Schale, ausgelöst sind es sogar nur 200 g Schwanzfleisch. Entsprechend großzügig müssen Sie bei der Vorbereitung für Menüs für viele Gäste kalkulieren.

KAISERGRANATE AUSBRECHEN
und den Darm entfernen

(1) Kaisergranat an Kopf und Schwanz fassen und das Schwanzteil vorsichtig vom Körper abdrehen.
(2) Den Panzer mit Daumen und Zeigefinger zusammendrücken, bis er aufbricht.
(3) Den Panzer mit den Fingern auf der Unterseite ganz aufbrechen und das Fleisch auslösen.
(4) Das Schwanzfleisch leicht ein- aber nicht durchschneiden und den Darm herausziehen.

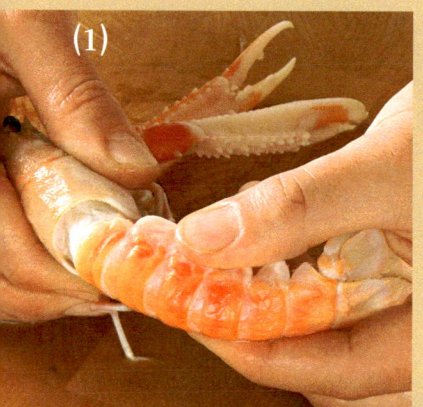

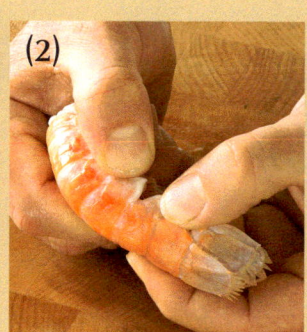

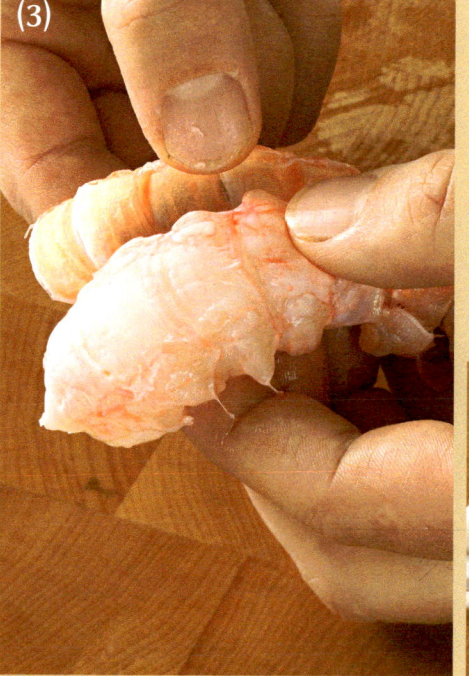

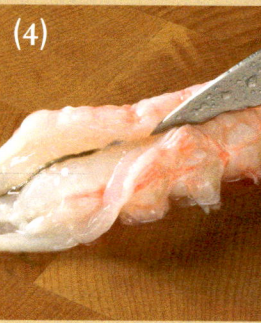

Teubner Edition

WARENKUNDE **KÜCHENPRAXIS** REZEPTE
→ Langusten

Keine Angst vor großen Tieren: Langusten kochen und ausbrechen

Um schöne Medaillons zu erhalten, bindet man die Languste auf einem Brettchen oder Einsatz fest, so bleibt ihr Schwanz schön gerade.

WELCHER TOPF IST GROSS GENUG, um so ein Prachtexemplar aufzunehmen? Langusten können leicht einmal 40 cm Länge und mehr erreichen. Da kommt ein gewöhnlicher Topf schnell an seine Grenzen. Ideal zum Garen von Langusten ist ein großer, ovaler Fischtopf mit Einsatz. Aber auch einen großen Topf mit mindestens 10 l Fassungsvermögen, besser noch mehr, können Sie dafür verwenden. Wollen Sie, dass der Langustenschwanz seine gerade Form behält, weil etwa das Schwanzfleisch anschließend in Medaillons geschnitten werden soll, muss die Languste vor dem Kochen fixiert werden. Dafür bindet man sie einfach auf einem entsprechend großen, mit Alufolie überzogenen Holzbrettchen fest, wie in der Bildfolge unten gezeigt. Die Alufolie verhindert dabei eine Übertra-

LANGUSTE VORBEREITEN UND KOCHEN

(1) Ein Brettchen mit Alufolie überziehen, die Languste mittig darauf setzen und mit Küchengarn mehrfach festbinden.

(2) Die langen Antennen seitlich entlang des Körpers nach hinten legen und mit Küchengarn vorsichtig fixieren.

(3) In einem großen Fischtopf 5 l Court-Bouillon sprudelnd aufkochen lassen und die Languste mit dem Kopf zuerst einsetzen und garen.

(4) Den Einsatz mit der gegarten Languste – die Garzeit richtet sich nach der Größe des Tieres – mit Fleischgabeln herausheben.

(5) Die Languste erst auskühlen lassen, dann das Brettchen und das Garn entfernen und das Fleisch ausbrechen, wie rechts gezeigt.

gung des Holzgeschmacks auf das edle Tier. Gegart wird die Languste dann – Kopf voraus – in sprudelnd kochender Court-Bouillon (S. 159), wobei sich die Kochzeit nach der Größe richtet. Für eine Languste von 3 kg rechnet man 5 l Court-Bouillon und etwa 30 Minuten; lässt man das Tier im Sud auskühlen, reichen auch 20 Minuten. Nach dem Töten, also nach 2 bis 4 Minuten, sollten Sie die Hitze reduzieren und die Languste dann bei mittlerer Hitze fertig garen. Wie lange, können Sie nach folgender Faustregel leicht ausrechnen: 12 Minuten Kochzeit für die ersten 500 g, für alle weiteren 500 g müssen Sie dann jeweils noch 5 Minuten dazuaddieren.

Den Langustenschwanz in 3 bis 4 mm dicke Medaillons schneiden. Ist der Darm noch vorhanden, wird er jeweils mit Hilfe einer Pinzette entfernt.

LANGUSTENSCHWANZ GANZ AUSLÖSEN

In Medaillons geschnitten, wie rechts oben, verfeinert das köstliche Langustenfleisch viele Vorspeisen und Salate. Lösen Sie dafür den Langustenschwanz so aus, wie in der Bildfolge unten beschrieben. Wollen Sie auch den Panzer verwenden – mit Gelee überzogen ist er die klassische Dekoration für Büfetts – ziehen Sie den Schwanzfächer vor dem Auslösen des Fleisches nicht ab, sondern drücken ihn nur ganz leicht nach hinten.

LANGUSTENSCHWANZ IM GANZEN AUSLÖSEN

(1) Die gekochte Languste zum Auslösen des Schwanzfleisches im Ganzen zunächst auf den Rücken legen.

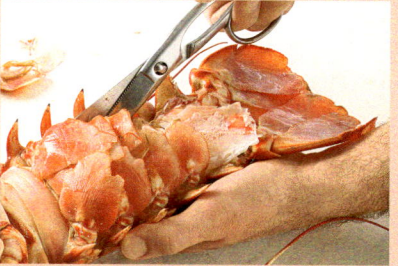

(2) Mit einer Schere den weichen, unteren Panzer jeweils an den Seiten aufschneiden, so bleiben Schwanzfleisch und Panzerdeckel intakt.

(3) Das Schwanzfleisch mit den Fingern vorsichtig lösen, damit nichts hängen bleibt, dann das Karkassenstück anheben und abziehen.

(4) Den Schwanzfächer abziehen, dabei, wenn möglich, den Darm herausziehen. Nach Bedarf das Fleisch seitlich mit einem Messer lösen.

(5) Eine Hand zwischen Panzer und Fleisch schieben, das Schwanzfleisch am Rumpf abtrennen und im Ganzen abheben.

WARENKUNDE **KÜCHENPRAXIS** REZEPTE
→ *Langusten*

Mit dem richtigen Messer kein Problem: das Zerteilen

Manches sieht schwerer aus als es ist: Eine gekochte Languste längs in zwei Hälften teilen etwa. Dafür brauchen Sie lediglich ein kräftiges, scharfes Messer und ein Küchentuch zum Festhalten des Tieres.

MIT SPITZEN ZACKEN bewehrt ist der Panzer der Languste, sowohl das Vorderteil mit den spitzen Stirnhörnern als auch der Schwanz mit den seitlich abstehenden Spornen. Am besten, Sie halten die Languste daher beim Halbieren mit einem doppelt gefalteten Küchentuch fest; durch dieses dringen die seitlichen Spitzen nicht durch. Aufgrund der seitlichen Schwanzsporne lässt sich das Schwanzfleisch nicht ganz so leicht auslösen wie beispielsweise beim Hummer. Wenn Sie es am Stück herausheben möchten, lockern Sie es zuvor mit einem Esslöffel, wie in Step 11 der nebenstehenden Bildfolge gezeigt. Mit Hilfe einer Gabel lässt sich das Schwanzfleisch dann abheben. Hilfreich beim Ausbrechen der Beine sind zudem eine Hummerzange sowie eine Hummergabel. Mit beidem ausgerüstet, kommen Sie gut an den köstlichen Inhalt der schmalen Beinröhren und -gelenke. Wollen Sie die Langustenhälften nach dem Zerteilen grillen oder braten, kochen Sie das Tier nur 2 bis 3 Minuten.

Verspricht große Gaumenfreuden: Das Fleisch der Languste braucht jetzt nur noch aus dem Panzer gelöst zu werden.

LANGUSTE ZERTEILEN UND AUSLÖSEN

(1) Die Languste mit dem Rücken nach oben auf ein Schneidebrett legen, mit einem Küchentuch gut festhalten und mit einem kräftigen scharfen Messer genau zwischen Kopfteil und Schwanz bis unten einstechen.

(2) Die Languste zum Schwanz hin mittig längs halbieren, dabei mehr drücken als ziehen.

(3) Auch den Schwanzfächer mit ewas Druck in der Mitte vollständig durchtrennen.

(4) Die Languste umdrehen und erneut in der Körpermitte, diesmal in Richtung Kopf, einstechen.

(5) Das Kopfteil der Languste zwischen Augen und Stirnhörnern längs ganz durchtrennen.

(6) Beide Hälften auseinander klappen, gut zu sehen sind hinten das Schwanzfleisch und vorne die Eingeweide.

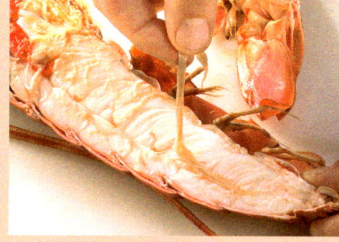

(7) Den gut sichtbaren Darm mit den Fingern fassen und vorsichtig aus dem Darmkanal lösen und entfernen.

(8) Die beiden langen Antennen entfernen; entweder einfach abdrehen oder mit einem Schnitt lösen und abbrechen.

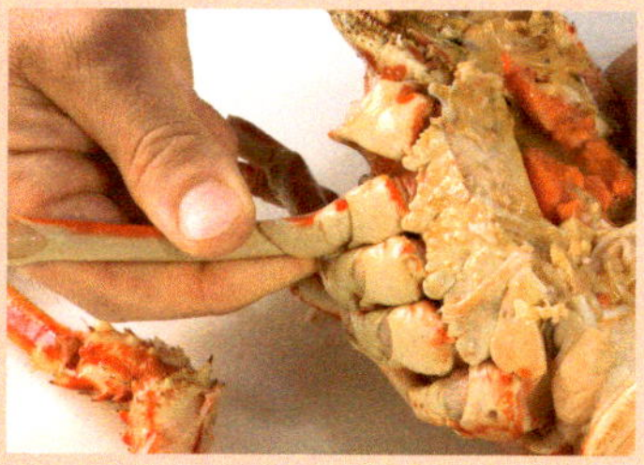

(9) Die Beine einzeln mit den Fingern fassen und vorsichtig mit einer drehenden Bewegung herausziehen.

(10) Einen Löffel zwischen Karkasse und Schwanzfleisch schieben, dabei das Langustenfleisch etwas lockern, vom Rumpf trennen und mit Hilfe einer Gabel von der Schale abheben. Das Fleisch der zweiten Schwanzhälfte ebenso lockern ...

(11) ... und mit Löffel und Gabel – oder mit den Fingern – von der Schale abheben, vom Rumpf trennen und abheben.

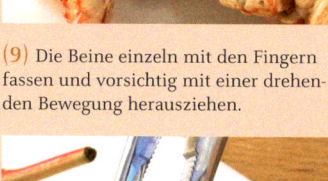

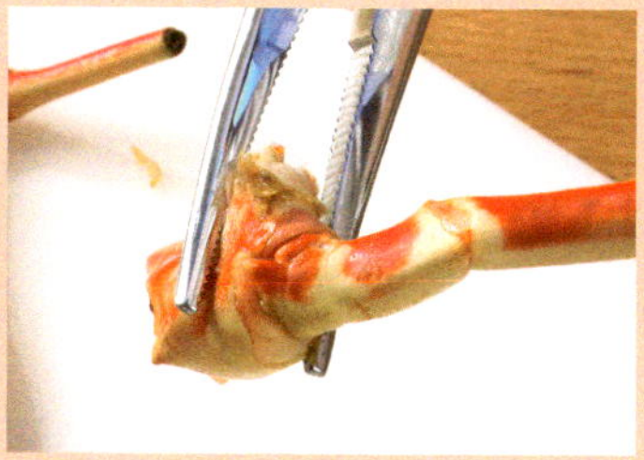

(12) Die vorderen Gelenke der Beine jeweils mit der Hummerzange festhalten und die Beine abdrehen.

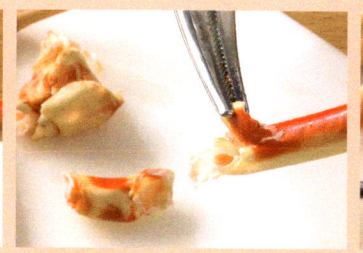

(13) Das Beinfleisch etwas lösen, dafür eventuell die Schalen mit der Hummerzange etwas aufbrechen.

(14) Mit der Hummergabel leicht unter die Schale fahren und das innen liegende Fleisch herausziehen.

Teubner Edition

WARENKUNDE **KÜCHENPRAXIS** REZEPTE
→ Hummer

Außen hart gepanzert, innen äußerst delikat: Hummer und Co.

Sind sie erst mal gekocht, ist das Zerteilen auch nicht mehr schwer: So kommen Sie an das zarte Fleisch unter der harten Schale.

EINEN GEKOCHTEN HUMMER ZERTEILEN

(1) Den gekochten Hummer am Brustpanzer festhalten und nacheinander die Scheren abdrehen.

(2) Mit einem Messer in die Vertiefung hinter dem Kopf einstechen und den Schwanz mittig halbieren.

(3) Den Hummer umdrehen und auch den Kopf zwischen den Augen mittig durchtrennen.

(5) Mit den Fingern den Darm fassen und vorsichtig aus dem offen liegenden Darmkanal entfernen.

(6) Die Beine mit dem Messerrücken anschlagen und mit der Hummergabel das Fleisch herausziehen.

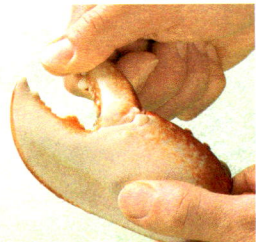

(7) Das Scherenfleisch auslösen, dafür den kleinen Scherenfinger nach oben wegbiegen und -ziehen.

(4) Die beiden Hälften auseinander klappen und mit einem Löffel die grünliche Leber aus der vorderen Hummerhälfte herausnehmen und beiseite stellen. Anschließend jeweils Antennen und Beine abdrehen.

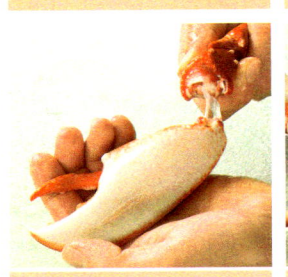

(8) Die Schere festhalten und das untere Scherenglied im Gelenk von der Schere abdrehen.

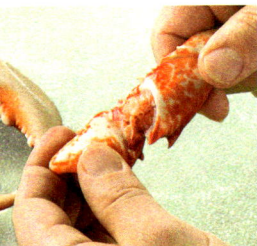

(9) Das untere Scherenglied im Gelenk auseinanderziehen und das innen liegende Fleisch auslösen.

(10) Das große Scherenstück hochkant halten und mit dem Messerrücken kräftig anschlagen.

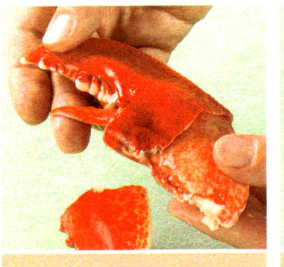

(11) Das angeschlagene Panzerstück wegbrechen, das Scherenfleisch etwas lockern und herausziehen.

(12) So viel steckt in einer einzigen Schere: Schalenteile und das zugehörige ausgelöste Hummerfleisch.

WARENKUNDE **KÜCHENPRAXIS** REZEPTE
→ *Hummer*

HUMMER SIND EMPFINDLICH, wie bei den meisten Meeresfrüchte verflüchtigen sich Aroma und Geschmack schnell, wenn die Tiere nicht entsprechend behandelt werden. Dies gilt gerade auch für Hummer. Damit die exquisiten Krustentiere so schmecken, wie sie sollen, gibt es einige grundsätzliche Dinge zu beachten:

Hummer immer lebend kaufen, am besten bei einem Händler, der über ein Seewasserbecken verfügt. Wählen Sie im Zweifel lieber zwei mittelgroße Tiere als einen sehr großen Hummer, das Schwanzfleisch der kleineren ist zarter. Zwar können Hummer 1 bis 2 Tage ohne Wasser überleben, wenn Sie beim Händler jedoch Hummer sehen, die nur mit Tüchern feucht gehalten werden, erkundigen Sie sich, wie lange die Tiere schon dem Becken entnommen sind. Im Zweifel lassen Sie sich die Vitalität vorführen: Hebt man einen Hummer am Rückenpanzer hoch, bewegt er Schwanz und Scheren. Tut er das nicht, ist das Tier entweder sehr unterkühlt oder bereits deutlich in Mitleidenschaft gezogen. Wenn Sie einen Hummer gekauft haben, bewahren Sie ihn in der Transportkiste bis zum Zeitpunkt der Zubereitung – und die sollte am selben Tag sein – kühl auf: am besten bei 2 bis 4 °C im Kühlschrank; in die Tiefkühltruhe gehört er nicht. Zum Töten kochen Sie in einem großen Topf 5 l Court-Bouillon oder Salzwasser auf und lassen das Tier – Kopf voraus – in die sprudelnd kochende Flüssigkeit gleiten. Nach etwa 2 Minuten ist er tot. Anschließend garen Sie den Hummer entweder im Sud fertig, man rechnet für die ersten 500 g 12 Minuten, für alle weiteren 500 g nochmals je 5 Minuten, oder Sie nehmen ihn heraus, halbieren den Hummer, wie links gezeigt, und braten oder grillen ihn dann fertig. Wenn Sie Ihren Gästen einmal einen Hummer im Ganzen präsentieren wollen, vergessen Sie nicht, Hummerzange und Hummergabel mit aufzudecken. In den meisten Fällen wird der gekochte Hummer jedoch bereits im Vorfeld zerteilt – je nach Rezeptur entweder in Hälften oder in kleinere Stücke. Wie Sie einen Hummer fachgerecht halbieren, zeigt Ihnen die Bildfolge links Schritt für Schritt. Wird ein ganzer, unversehrter Hummerschwanz benötigt, etwa für Medaillons, gehen Sie vor, wie auf S. 138 beschrieben.

HUMMER IN STÜCKE TEILEN

(1) Den Hummer in ausreichend sprudelnd kochender Court-Bouillon oder Salzwasser – Kopf voraus – 1 bis 2 Minuten kochen, herausheben und etwas abkühlen lassen. Am Rückenpanzer festhalten und von Hand die erste Schere abdrehen.

(2) Die zweite Schere ebenfalls mit einer drehenden Bewegung vom Körper lösen.

(3) Mit einem stabilen Messer in der Körpermitte einstechen und den Kopf durchtrennen.

(4) Die austretende Flüssigkeit auffangen und den Magensack von Hand herausziehen.

(5) Den dunklen Corail entfernen und eventuell für eine Corailbutter (S. 167) verwenden.

(6) Mit einem Löffel die Leber aus beiden Hälften herausnehmen, beiseite stellen, eventuell für eine Sauce verwenden.

(7) Das Schwanzteil festhalten und mit einem kräftigen scharfen Messer vom Rumpf abtrennen.

(8) Die beiden Untergelenke der Scheren mit einem Messer seitlich etwas anschneiden.

(9) Die Untergelenke jeweils mit dem Messer im Drehpunkt von den großen Scheren abtrennen.

(10) Die beiden großen Scheren jeweils seitlich mit einem kräftigen Schlag des Messers anschneiden.

(11) Die Scheren nun jeweils einmal quer einschneiden oder mit dem Messerrücken aufklopfen.

(12) Den Hummerschwanz mit einem scharfen Messer quer in etwa 2 cm breite Scheiben schneiden.

(13) Die Beine mit dem Messer von den Vorderhälften jeweils mit leichtem Druck abtrennen.

(14) Zur Übersicht noch einmal alle Teile: Vorne die angeschnittenen Scheren und Gelenke, die Vorderhälften mit den seitlich angelegten Beinen sowie der in Scheiben geschnittene Hummerschwanz.

WARENKUNDE **KÜCHENPRAXIS** REZEPTE
→ *Hummer*

Hummer, nur kurz gekocht und dann quer zerteilt.

Für Eintopfgerichte mit einem Höchstmaß an Geschmack wird der Hummer in Stücke geschnitten und mit der Schale fertig gegart.

HOMARD À L'ARMORICAINE oder à l'américaine, so genau kann das keiner sagen, ist ein Beispiel für ein Eintopfgericht mit Hummer. Berühmt wurde es (S. 266), ob die Idee dafür nun aus der Bretagne oder aus Amerika stammt, aufgrund seiner Fülle an Geschmack. Für solche Gerichte wird ein Hummer nur kurz in kochender Flüssigkeit getötet und dann so zerlegt, wie in der nebenstehenden Bildfolge links gezeigt, bevor die Stücke dann in Öl und/oder Butter sautiert und mit Weißwein abgelöscht werden. Hinzu kommen noch ein paar Tomaten, etwas Fischfond und Corailbutter (S. 167), mit der die Sauce dann gebunden wird – alles in allem ein Klassiker der Hummerküche. Typisch für den getöteten, aber noch rohen Hummer ist seine Farbe: Das Tier ist noch dunkel, weist aber schon eine leichte Rotfärbung auf. Nur, wenn der Hummer zwar getötet, innen aber noch roh ist, können Sie den weiblichen Tieren den dunklen Corail entnehmen, um daraus Corailbutter herzustellen, wie auf S. 167 beschrieben; bei gekochten Hummern ist dies nicht möglich, der Corail ist rot und fest.

HUMMERSCHWANZ IM GANZEN AUSLÖSEN

Zum Schneiden in Medaillons benötigen Sie einen ganzen unversehrten Hummerschwanz. Zum Auslösen des Schwanzfleisches nach dieser Methode brauchen Sie nicht einmal ein Messer (siehe unten).

GEKOCHTEN HUMMERSCHWANZ
im Ganzen auslösen

(1) Den Hummer am Brustpanzer festhalten und den Schwanz herausdrehen.
(2) Den Hummerschwanz durch seitliches Drücken anknacken.
(3) Den Panzer von der Unterseite her aufbrechen und das Fleisch auslösen.
(4) Im Gegensatz zum Panzer bleibt der Hummerschwanz unversehrt.

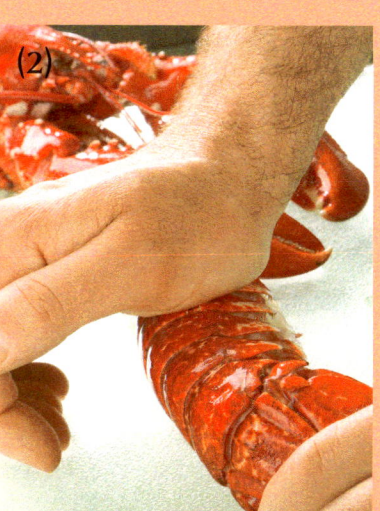

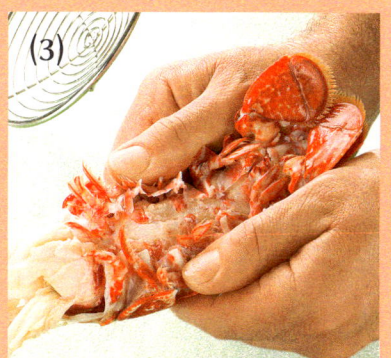

WARENKUNDE **KÜCHENPRAXIS** REZEPTE
→ *Bärenkrebse*
Flusskrebse

Aus Salz- und Süßwasser, Krebse vom Feinsten

Der Schein trügt: Hinter seinem wenig attraktiven Äußeren verbirgt sich beim Bärenkrebs ein ganz und gar köstliches Fleisch. Daher heißt es unbedingt zugreifen, sollten Sie ihm einmal unverhofft begegnen.

ER MACHT SICH RAR, DER BÄRENKREBS. Doch gelegentlich taucht er auf europäischen Fischmärkten auf. Und ist er erst einmal zu Hause im Kochtopf gelandet, ist das Auslösen seines überaus feinen Fleisches auch nicht schwieriger als bei Hummer oder Languste. Die Kochzeit richtet sich nach dem Gewicht – auch für den Bärenkrebs gilt: Für die ersten 500 g rechnet man 12 Minuten, für alle weiteren 500 g nochmals 5 Minuten Kochzeit. An Flüssigkeit benötigen Sie etwas weniger als bei Hummer oder Languste, 2 bis 3 l Court-Bouillon oder Salzwasser genügen für 1 Tier. Wird der Bärenkrebs nach dem Auslösen noch gebraten oder frittiert, genügt eine Kochzeit von 3 bis 4 Minuten.

BÄRENKREBSE AUSBRECHEN

(1) Den gekochten Bärenkrebs mit einem Schaumlöffel aus der Court-Bouillon heben und leicht abkühlen lassen.

(2) Am Vorderteil mit einer Hand festhalten und den Schwanz mit der anderen Hand vom Rumpf abdrehen und vorsichtig herausziehen.

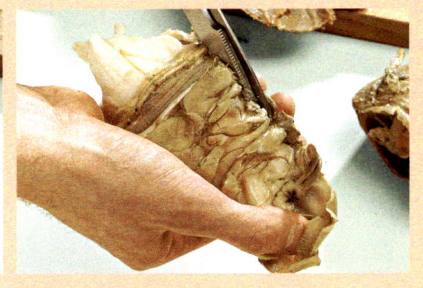

(3) Das Schwanzteil auf der Unterseite an beiden Seiten mit einer Schere einschneiden und die Unterseite des Panzers entfernen.

(4) Die Oberseite des Panzers mit den Fingern auseinander drücken und das weiße Schwanzfleisch herauslösen.

(5) Das Schwanzfleisch längs halbieren und den Darm entfernen. Wurde er durchtrennt, die Stücke einzeln abheben.

EIN KREBSESSEN ANDERER ART versprechen die kleinen Süßwasser-Verwandten, die früher so weit verbreitet waren, dass die Dienstboten feiner Herrschaften noch im 19. Jahrhundert per Gesetz vor zu viel Krebsen auf dem Tisch geschützt werden mussten. Als die Bestände dann durch Krebspest und Umwelteinflüsse drastisch dezimiert wurden, ist aus dem einstigen Alltagsgericht eine geschätzte und hoch bezahlte Delikatesse geworden – die Nachfrage regelt den Preis. Inzwischen hat sich die Lage etwas gebessert, Flusskrebse aus Aquakultur im In- und Ausland sind heute regelmäßig verfügbar und auch wieder erschwinglicher geworden.

Ein Flusskrebs, in seine Einzelteile zerlegt. Beim Auslösen des Scherenfleisches hilft ein Krebsbesteck, mit dem Loch in der Klinge lassen sich die Scheren abbrechen und mit der zweizinkigen Gabel holt man das Fleisch dann heraus.

FLUSSKREBSE KOCHEN UND AUSBRECHEN

Zum Kochen der Krebse brauchen Sie einen großen Topf und viel Flüssigkeit, am besten eine Court-Bouillon. Sollen die Krebse in der Pfanne weitergegart werden, genügen 3 bis 4 Minuten. Werden sie nur gekocht, ist eine Garzeit von 5 bis 6 Minuten notwendig. Wollen Sie eine größere Menge Krebse servieren, wie es bei einem skandinavischen Krebsessen üblich ist, kochen Sie sie portionsweise, dabei müssen Sie darauf achten, dass die Flüssigkeit jeweils wieder sprudelt, bevor der nächste Schwung hineinkommt. Das Ausbrechen der Krebse ist dann nicht mehr schwer, wie die Bildfolge unten zeigt.

FLUSSKREBSE AUSBRECHEN

(1) Den Flusskrebs am Kopfteil festhalten und von Hand den Krebsschwanz mit einer drehenden Bewegung abziehen.

(2) Den Schwanzfächer mit den Fingern vom Schwanzteil abdrehen und den anhängenden Darm vorsichtig herausziehen.

(3) Den Panzer mit den Fingern aufbiegen, bis die dünnere Unterseite zerreißt und das Schwanzfleisch herausfällt.

(4) Den Brustpanzer festhalten und das Unterteil mit Kiemen und Innereien abheben. Schild (Nase) und Scheren hängen noch zusammen.

(5) Brustpanzer festhalten und die Scheren jeweils mit den Fingern vorsichtig vom Kopfteil abdrehen. Dieses kann gereinigt als »Krebsnase« für Dekorationszwecke verwendet werden.

Teubner Edition **141**

WARENKUNDE **KÜCHENPRAXIS** REZEPTE
→ *Taschenkrebse*
Softshell Crabs

Unterschiedlich große Ausbeute:

Hat man ihn erst mal offen, ist der Fleischanteil beim Taschenkrebs, abgesehen von den Scheren, eher gering. Mehr zu bieten haben dagegen Softshell Crabs, die im Ganzen verspeist werden.

TASCHENKREBS AUSBRECHEN

(1) Den gekochten Taschenkrebs mit dem Schaumlöffel herausnehmen und abkühlen lassen.

(2) Den Taschenkrebs umdrehen – Bauchseite nach oben – und zunächst beide Scheren, dann die Beine von Hand abdrehen.

(3) Die Schwanzplatte an der Unterseite abheben, leicht drehen und vorsichtig entfernen.

(4) Ein Messer zwischen Schale und Unterseite schieben, ringsum fahren.

(5) An der »Nahtstelle« ringsum einschneiden, den »Körper« herausheben und mittig halbieren.

(6) Aus den Hälften jeweils mit einem Löffel das Fleisch herausheben und abtropfen lassen.

(7) Aus der Schale nun ebenfalls das Fleisch sowie die Leber herauslösen und beiseite stellen.

(8) Die Krebsscheren mit dem Rücken eines schweren Messers anschlagen.

(9) Die Schalen abheben und das Fleisch mit den Fingern herausziehen.

(10) Die Beine nacheinander ebenfalls erst mit dem Messerrücken leicht anknacken.

(11) Dann das Fleisch mit der Hummergabel vorsichtig aus den Schalen ziehen.

(12) Der ausgelöste Taschenkrebs (im Uhrzeigersinn): Rechts unten das Fleisch aus den Beinen, links unten die Leber, dahinter das feinstreifige Panzerfleisch und daneben der Löwenanteil: die großen Scherenstücke.

WARENKUNDE **KÜCHENPRAXIS** REZEPTE
→ *Taschenkrebse*
Softshell Crabs

SIE ZÄHLEN MIT ZUM BESTEN, was das Meer zu bieten hat, auch wenn das Ausbrechen des feinen Fleisches etwas Geduld erfordert. In Europa ist der Taschenkrebs die am häufigsten angebotene Krabbenart. Im Handel sind die Krustentiere gekocht und tiefgekühlt, sie werden aber auch lebend gehandelt, da sich Taschenkrebse relativ gut transportieren lassen. In diesem Fall müssen sie zunächst in Salzwasser oder in Court-Bouillon (S. 159) gegart werden. Für einen Krebs von 800 g rechnet man mindestens 2 l Sud; die Garzeit richtet sich nach der Größe: Sie beträgt bei großen Taschenkrebsen bis zu 1 kg zwischen 20 und 25 Minuten. Zum Kochen kleinerer Tiere genügen bereits 10 bis 15 Minuten. Wie bei allen Krustentieren gilt auch hier: Den gesäuberten Krebs – Kopf voraus – in den sprudelnden Sud geben, aufkochen und bei reduzierter Hitze fertig garen. Wie ein Taschenkrebs nach dem Kochen zerlegt wird, zeigt die nebenstehende Bildfolge. Ob die Garzeit lange genug war, erkennen Sie an Leber und Corail (Rogen): Im Idealfall sind beide gerade fest geworden, erweisen sie sich als noch flüssig, war die Garzeit zu kurz.

SEIN FLEISCH IST SEHR DELIKAT

Der Hauptanteil des feinen Fleisches steckt beim Taschenkrebs in den großen Scheren, während im Körper selbst nicht allzu viel steckt. Bei den männlichen Tieren findet sich noch mehr des feinfaserigen weißen Fleisches, der Körper weiblicher Tiere kann so gut wie kein Fleisch enthalten. Im Schnitt beträgt der essbare Anteil bei einem Taschenkrebs von 800 g lediglich 120 bis 150 g. Als besondere Delikatesse gilt der bereits erwähnte Corail (Rogen), der im Herbst und Winter gefangenen weiblichen Tiere. Statt mit dem Messer können Sie die Scheren und Beine eines Taschenkrebses auch mit einem kräftigen Nussknacker öffnen. Und der ausgehöhlte Panzer dient, gründlich gesäubert, als attraktives Gefäß zum Anrichten von Salaten oder auch zum Füllen und Gratinieren.

SOFTSHELL CRABS

Hinter diesem Namen verbirgt sich keine besondere Krabbenart, der Name weist vielmehr darauf hin, dass die Tiere unmittelbar nach der Häutung gefangen wurden, wenn der Panzer noch ganz weich ist. So weich, dass er bedenkenlos mitverzehrt werden kann. Gründliches Säubern sowie das Entfernen von Kopf, Eingeweiden und dem unter den Panzer geklappten Schwanzende reichen als Vorbereitung aus. Wie das genau funktioniert, beschreibt die Bildfolge unten. In den USA sind die Krabben mit der weichen Schale eine beliebte Spezialität; meist werden dort Blaukrabben als Softshell Crabs angeboten. Aber auch entlang der europäischen Küsten findet man die »Butterkrebse« gelegentlich auf den Märkten. Aber Vorsicht: Auch Flusskrebse kurz nach der Häutung werden so genannt! Saison haben Softshell Crabs im Frühsommer. So weich, dass sie mitverzehrt werden kann, ist die Schale übrigens nur für kurze Zeit. Schon wenige Stunden nach der Häutung lagert der Panzer wieder Kalzium ein und verfestigt sich, aus Softshell Crabs werden Paper Crabs. Bei Letzteren muss vor dem Verzehr daher wenigstens der Rückenpanzer entfernt werden. Das Fleisch ist dann allerdings gleichermaßen weiß und köstlich.

SOFTSHELL CRABS
säubern und vorbereiten

(1) Die obere Schale der Krabbe seitlich an den Spitzen anheben und die darunter liegenden Kiemen entfernen. Mit einer scharfen Schere den Kopf direkt hinter den Augen abschneiden.

(2) Durch die entstandene Öffnung alle Eingeweide mit einem stumpfen Messer oder mit einem Löffelstiel herauskratzen und die Öffnung auswaschen. Die eingeklappte Schwanzklappe – Fachleute nennen sie Schürze – herunterbiegen und mit der Schere abschneiden.

(3) Die Krabben abspülen und trockentupfen, jetzt sind sie fertig zum Braten.

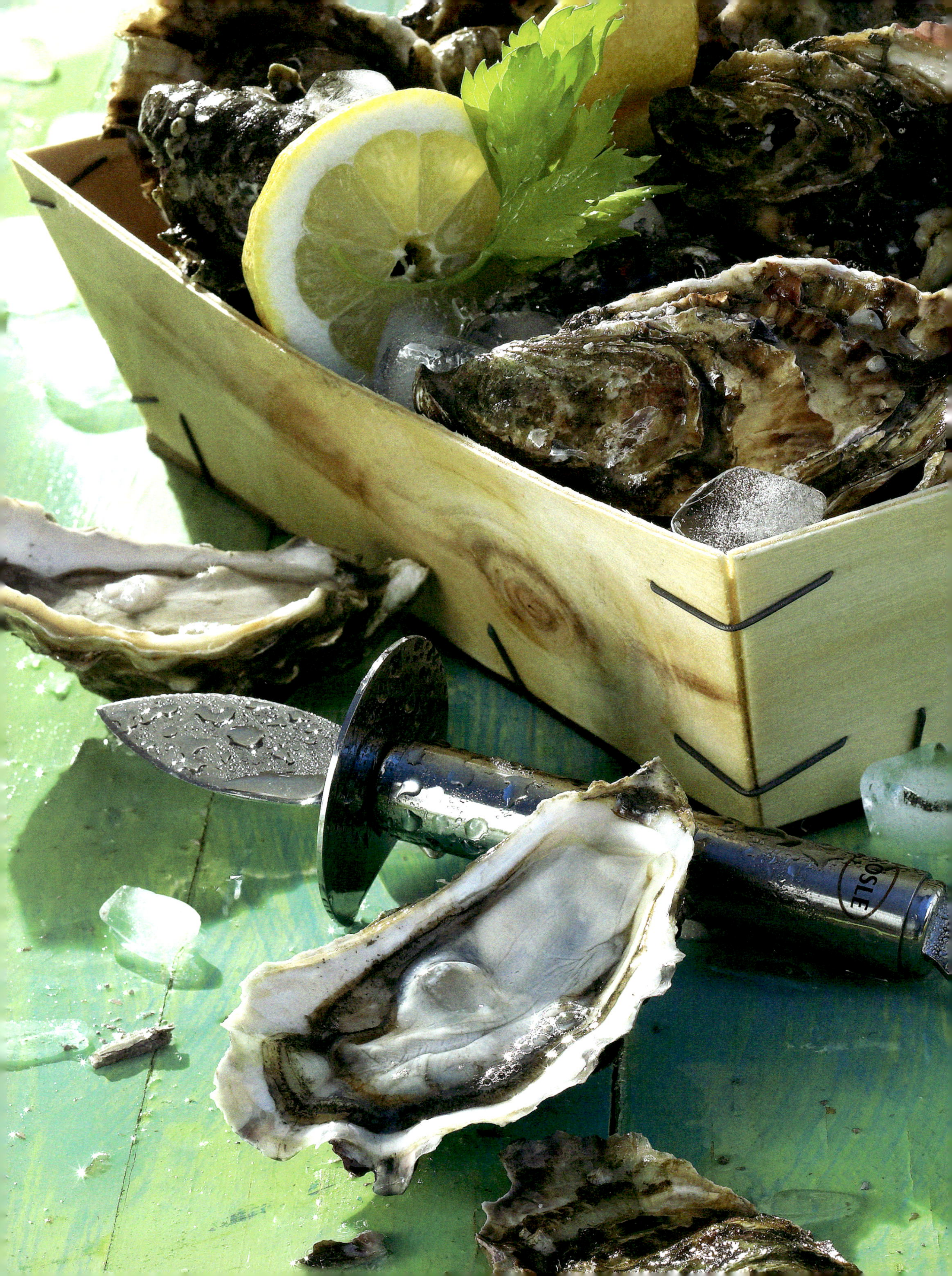

WARENKUNDE **KÜCHENPRAXIS** REZEPTE
→ *Austern*

Für Liebhaber der absolute Genuss

Frische Austern, roh aus der Schale geschlürft, sind für manchen Gourmet das höchste der Gefühle. Dabei dürfen natürlich weder Splitter noch scharfe Kanten das kulinarische Vergnügen stören.

STEINHART UND UNDURCHDRINGLICH scheinen sie zu sein – die Schalen der Austern, wenn sie vor einem liegen. Und tatsächlich bedarf es einer gewissen Technik, um an das begehrte Innenleben der Schaltiere zu gelangen: Mit dem richtigen Werkzeug ist es jedoch kein Problem. Dazu benötigen Sie in jedem Fall ein spezielles Austernmesser, auch Austernbrecher genannt. Im Handel gibt es verschiedene Modelle, hilfreich ist ein kurzes, stabiles Spezialmesser mit spitzer Klinge. Profis halten die Auster mit einem Küchentuch fest, wer in dieser Disziplin jedoch noch nicht ganz so versiert ist, trägt besser einen Stechschutzhandschuh aus Metallgeflecht, um Verletzungen zu verhindern. Zunächst einmal werden die Austern unter fließendem kaltem Wasser gründlich abgebürstet und abgespült. Dann sticht man mit dem Austernmesser am Scharnier der Auster ein, dreht das Messer leicht und durchtrennt dabei den Schließmuskel im vorderen rechten Bereich. Zwar gibt es noch andere Arten, eine Auster zu öffnen. Doch bleiben bei dieser, der klassischen Methode, beide Schalenhälften unverletzt und ein Absplittern von Schalenteilen wird weitgehend vermieden.

AUSTERN ÖFFNEN

(1) Die Auster mit der gewölbten Seite nach unten festhalten und mit dem Austernmesser am Scharnier einstechen.

(2) Das Scharnier durchtrennen und das Messer zwischen den beiden Schalenhälften rings um die Auster führen.

(3) Die obere, flache Schalenhälfte etwas anheben und die Muschel mit der Klinge lösen.

(4) Die obere Schalenhälfte abnehmen und die Auster entbarten, das heißt hier, die ungenießbaren Kiemen entfernen.

(5) Die geöffneten Austern vorsichtig – die Flüssigkeit im Innern soll nicht verloren gehen – auf einem Teller anrichten und nach Belieben mit Zitrone garnieren. Den Teller auf eine Platte mit zerstoßenem Eis setzen und servieren.

Teubner Edition

WARENKUNDE **KÜCHENPRAXIS** REZEPTE
→ *Miesmuscheln*
   Schwertmuscheln
   Clams

Schalen öffnen und Fäden ziehen

Ein bisschen Geduld brauchen Sie schon, um Miesmuscheln oder Schwertmuscheln zu säubern. Doch während Erstere auf Handarbeit bestehen, machen die Schwertmuscheln alles ganz alleine.

DER BART MUSS AB – das Entfernen der so genannten Byssusfäden ist der erste Schritt beim Putzen lebender Miesmuscheln, wie es in der Bildfolge unten gezeigt wird. Immer häufiger kommen die blauschwarz glänzenden Schaltiere aber bereits fix und fertig geputzt in den Handel, so dass Sie sie nur noch gründlich abspülen müssen. Den Vitalitätstest durch Anklopfen an die Schale kann Ihnen jedoch niemand abnehmen, und Sie sollten ihn auch durchführen: Nur so können Sie sicher sein, absolut frische, das heißt lebende Ware zu haben. Bleiben die Schalen dennoch geöffnet, müssen Sie die Muscheln aussortieren. Schon beim Einkauf sollten Sie daher einen Ausschuss von 20 % einkalkulieren. Schaltiere, die unmittelbar auf Sand oder gar in den Sandboden eingegraben leben, wie beispielsweise

MIESMUSCHELN WASCHEN UND SÄUBERN

{1} Die Miesmuscheln in einem Sieb kalt abbrausen und abtropfen lasssen.

{2} Die Muscheln einzeln in die Hand nehmen und jeweils mit den Fingern den Bart – das sind die Byssusfäden, mit denen sich die Muschel am Untergrund festheftet – abziehen.

{3} Mit einem stabilen Messer alle anhaftenden Kalkreste von den Schalen abschaben.

{4} Die Muscheln erneut kalt abbrausen und abtropfen lassen.

{5} Der Test: Leicht geöffnete Muscheln leben und können verwendet werden, wenn sich die Schale nach leichtem Antippen wieder schließt. Bleibt sie offen, ist die Muschel tot und muss aussortiert werden.

WARENKUNDE **KÜCHENPRAXIS** REZEPTE
→ *Miesmuscheln*
Schwertmuscheln
Clams

die Schwertmuscheln, sollten Sie vor der Zubereitung nicht nur äußerlich säubern, sondern mit dem in der Abbildung unten gezeigten einfachen, aber wirkungsvollen Trick von Sand befreien.

CLAMS VORBEREITEN

Clams oder Quahogs, eine große Venusmuschelart, stammen ursprünglich aus dem Atlantik vor Nordamerika. Heute werden sie auch in Frankreich, Spanien, Portugal und Italien kultiviert; zu uns gelangen sie meist aus französischen Importen. Kleinere Clams können roh verzehrt werden, überwiegend gart man sie jedoch. Dafür wird die Muschel geöffnet, wie in der Bildfolge rechts gezeigt, und dann gratiniert. Oder aber man schiebt die Muscheln auf einem Blech in den Ofen und gart sie bei 250 °C, bis sich die Schalen geöffnet haben.

CLAMS ÖFFNEN UND AUSLÖSEN

(1) Eine Muschel in die Hand nehmen und die Klinge eines starken Messers vorne zwischen die Schalenhälften schieben.

(2) Ringsum fahren, dabei den Muskel an der oberen Schale durchtrennen und das Messer bis zum Scharnier weiterführen.

(3) Die Muschel öffnen und dabei die austretende Flüssigkeit – das Muschelwasser – auffangen, es verfeinert Saucen.

(4) Das Muschelfleisch mit dem Messer aus der unteren Schalenhälfte lösen und vorsichtig herausheben.

(5) Der Fleischanteil ist bei den Clams relativ hoch, alle ausgelösten Teile können weiterverwendet werden.

SCHWERTMUSCHELN SÄUBERN UND VON SAND BEFREIEN

(1) Einen tiefen Teller umgedreht in eine Schüssel setzen. Schwertmuscheln zufügen, mit 1 TL Meersalz und kaltem Wasser bedecken, 1 Stunde kühl stellen. Der Sand befindet sich dann unter dem Teller.

Teubner Edition **147**

WARENKUNDE **KÜCHENPRAXIS** REZEPTE
→ *Jakobsmuscheln*
Meeresschnecken

Erkennungszeichen und Trinkgefäß

Was wäre die feine Meeresfrüchteküche ohne sie – Jakobsmuscheln zählen zu den großen Favoriten der Köche.

SCHICK IN SCHALE: Die elegante Form der Muschel ist nicht nur ein bekanntes Markenzeichen. Sie war schon im Mittelalter das Erkennungszeichen der Pilger, die auf dem Jakobsweg nach Santiago de Compostela zogen. Und das wohl auch aus einem ganz praktischen Grund: Die tiefere der beiden Schalen diente durstigen Pilgern als Schöpfgefäß für Trinkwasser. Und auch heute noch werden die Schalen gern verwendet, entweder als Dekoration oder auch, um darin das zarte Fleisch der Jakobsmuschel zu servieren. Dazu säubert man die tiefere der beiden Schalenhälften gründlich mit einer Bürste, anschließend kann sie dann je nach Rezept gefüllt werden; die schönen Schalen dienen

JAKOBSMUSCHELN SÄUBERN UND ÖFFNEN

(1) Die Jakobsmuschelschalen zunächst gründlich mit einer Bürste unter fließendem kaltem Wasser reinigen.

(2) Die Jakobsmuschel mit einem Küchentuch festhalten – flache Schalenseite nach oben – und eine stabile Messerklinge vorne zwischen die Schalen schieben. Dann den Schließmuskel durchtrennen.

(3) Die flache Schalenhälfte abheben und das Muschelfleisch um den grauen Mantelrand lösen.

(4) Den dünnen Mantel vom orangefarbenen Corail (Rogen) und dem schneeweißen Schließmuskel abziehen und vorsichtig abschneiden.

(5) Den Schließmuskel, das »Nüsschen«, vom Corail trennen und die beiden Teile der Jakobsmuschel nach Vorgabe verarbeiten.

WARENKUNDE **KÜCHENPRAXIS** REZEPTE
→ *Jakobsmuscheln*
Meeresschnecken

häufig auch als Gefäß beim Gratinieren. Wie Sie an das delikate Fleisch der Jakobsmuschel kommen, das von Feinschmeckern wie Köchen gleichermaßen geschätzt wird, zeigt die Bildfolge links.

NÜSSCHEN UND CORAIL

Nach dem Öffnen und Entfernen des grauen Mantelrandes bleiben zwei Teile übrig: Das weiße Muskelfleisch – Nüsschen genannt – und der orangefarbene Corail (Rogen). Beides schmeckt vorzüglich und eignet sich für viele Zubereitungen. Eine der einfachsten ist folgende: Nüsschen und Corail mit Salz und Pfeffer würzen und in Butter oder Olivenöl nur 1 Minute pro Seite braten. Aber auch zum Pochieren, Gratinieren oder Grillen eignet sich das feine Jakobsmuschelfleisch. Wichtig ist nur, dass es der Hitze nicht zu lange ausgesetzt bleibt, sonst wird es schnell hart und zäh.

AUCH ÄHNLICHE ARTEN SIND IM HANDEL

Nicht nur das Fleisch von Jakobsmuscheln, sondern auch das anderer Kammmuscheln ist in guter Qualität – meist ausgelöst und tiefgekühlt – im Handel. Manchmal fehlt bei Tiefkühlware allerdings der Corail; falls Sie ihn für ein bestimmtes Rezept benötigen, sollten Sie beim Einkauf darauf achten. Da Kammmuscheln mit ihrer Nahrung manchmal auch Sand aufnehmen, kann es sinnvoll sein, sie nach dem Abbürsten der Schale zunächst für einige Stunden in Salzwasser zu legen, wie auf S. 147 bei den Schwertmuscheln beschrieben. Der Handel unterscheidet übrigens kaum zwischen den einzelnen Kammmuschelarten. Das ist jedoch kein Problem, denn kulinarisch besteht zwischen ihnen kein Unterschied. Die beste Zeit, frische Jakobsmuscheln zuzubereiten, sind in Europa übrigens die Monate von November bis März.

MEERESSCHNECKEN VORBEREITEN

Im Gegensatz zu den verschiedenen Muschelarten führen Meeresschnecken hierzulande noch ein kulinarisches Schattendasein. Vielleicht auch deshalb, weil sie überwiegend direkt in den jeweiligen Fangregionen vermarket werden. In Frankreich, Italien, Spanien und Portugal sowie in England sind sie sehr beliebt: Entlang der Küsten tauchen Meeresschnecken regelmäßig auf den Speisekarten der Restaurants auf und gehören oft mit auf eine große Meeresfrüchteplatte. Der Geschmack vieler Meeresschnecken ist gut, größere Exemplare sind allerdings oft etwas zäh. Vor dem Kochen werden sie gesäubert, wie unten gezeigt. Garen können Sie die Meeresschnecken dann entweder in Salzwasser oder auch in einer würzigen Court-Bouillon (S. 159). Wenn Meeresschnecken, etwa Strand- und Wellhornschnecken, Bestandteil eines Meeresfrüchtetopfes sind, empfiehlt es sich, sie separat zu kochen, um die jeweilige Garzeit gut im Auge behalten zu können: Kleinere Meeresschnecken brauchen nicht lange, Strandschnecken etwa sind schon nach 1 bis 2 Minuten gar. Wellhornschnecken benötigen je nach Größe 4 bis 8 Minuten. Die Garzeit sehr großer Arten kann auch einmal zwischen 20 und 30 Minuten betragen. Das ausgelöste Fleisch verschiedener Meeresschnecken schmeckt auch in Essig eingelegt oder durch einen Ausbackteig gezogen und frittiert.

WELLHORNSCHNECKEN
waschen und säubern

(1) Die Schale der Wellhornschnecken unter fließendem kaltem Wasser mit einer Bürste gründlich säubern.

(2) Die dunklen Eingeweide, die in das spiralige Gehäuse hineinragen, entfernen und den Fuß der Wellhornschnecken gründlich mit kaltem Wasser abspülen und von allen Anhängen befreien.

Teubner Edition

Wichtige Geräte in der Meeresfrüchteküche

Für das Zubereiten von Krustentieren gibt es neben der üblichen Basisausstattung einige Spezialwerkzeuge, deren Anschaffung sich lohnt, wenn Sie häufiger Gerichte mit Meeresfrüchten zubereiten. Allerdings erfordert der Umgang mit den speziellen Werkzeugen ein gewisses Know-how.

SCHNEIDEWERKZEUGE

Generell, aber auch in der Meeresfrüchteküche sind Messer überaus wichtige Werkzeuge. Sie sollten eine scharfe Klinge haben, je nach Verwendungszweck von unterschiedlicher Länge und Stabilität. Große, stabile Kochmesser eignen sich beispielsweise zum Halbieren von Hummern, Langusten und anderen Krebstieren mit hartem Panzer.
Mit dem breiten Rücken eines solchen Messers lassen sich auch die Scheren von Hummer und Taschenkrebs oder Krabben aufschlagen. Zum Schälen und Entdarmen von kleineren Krustentieren sowie zum Herausschaben der Innereien von Kopffüßern kann es auch ein kleines, leicht biegsames Messer sein. Zum Auslösen von Austern und Jakobsmuscheln sollte das Messer wiederum eine scharfe, aber kurze Klinge haben.
Soll das Fleisch der unterschiedlichen Meeresfrüchte geschnitten werden, nehmen Sie am besten ein scharfes Messer mit ausreichend langer Klinge oder auch ein Filetiermesser. Egal, welches Messer für welchen Zweck verwendet wird – es sollte immer einen rutschfesten Griff haben, gut in der Hand liegen und es sollte nicht rosten. Zum Nachschärfen der Messer verwenden Sie am besten einen Wetzstahl – sind Messer aber bereits richtig stumpf, sollten sie vom Fachmann geschliffen werden.
Ebenso wichtig wie ein scharfes Messer ist eine stabile Haushaltsschere, die kräftig genug ist, um damit die Beine von Garnelen oder kleinen Hummern abtrennen oder auch den Panzer eines Taschenkrebses zurechtschneiden zu können. Auch zum Aufschneiden von Garnelenschalen eignet sich eine Schere – hier kann es ruhig ein etwas kleineres Modell sein.
Zum Herstellen von Farcen brauchen Sie entweder einen Blitzhacker, einen Mixer oder eine Küchenmaschine mit scharfen Schlagmessern, die das Fleisch von Fischen und Meeresfrüchten in eine homogene, feine Masse verwandeln.

AUSTERNBRECHER, HUMMERGABEL UND CO.

Zum Aufbrechen von Austern benötigen Sie einen Austernbrecher. Dieser zeichnet sich durch eine sehr stabile, nicht zu spitze, kurze Klinge aus, die nicht scharf ist, um Schnittwunden zu vermeiden. Ein Fingerschutz in Form eines speziellen Schutzschildes zwischen Klinge und Griff schützt die Finger vor dem Abrutschen. Zum Aufbrechen von Austern benötigen Sie sehr viel Kraft. Um Verletzungen vorzubeugen, sollte die Auster deshalb entweder in einem ausreichend großen, fest gewebten Küchentuch gehalten werden oder Sie ziehen einen speziellen Kettenhandschuh aus Metall an – für Ungeübte sicherlich empfehlenswert.

Will man bei Tisch »gepflegt« an das feine Fleisch der Hummerscheren kommen, gibt es spezielle Hummerzangen. Mit ihnen lässt sich die Schere eleganter knacken als durch Aufschlagen mit dem Kochmesser. Mit einer speziellen Hummergabel – sie ist lang, schmal und hat zwei kurze, spitze Zinken – holt man das feine Fleisch aus Scheren und Beinen von Hummern, Langusten, Fluss- und Taschenkrebsen. Für den Verzehr von Schnecken verwendet man ein spezielles Schneckenbesteck: Mit der Schneckenzange hält man das Tier in der Schale fest, während man mit einer feinen, zweizinkigen Gabel das Fleisch gut herausholen kann.

TÖPFE, BRÄTER, PFANNEN

Zum Kochen, Dämpfen und Braten von Meeresfrüchten sind alle haushaltsüblichen Gargeschirre geeignet. Zum Pochieren von Hummern und Langusten sollten es große Töpfe mit entsprechendem Fassungsvermögen sein, damit das Tier in ausreichend sprudelnd kochender Flüssigkeit schnell getötet und gegart werden kann. Für Langusten eignet sich aufgrund ihrer länglich ovalen Form ein Bräter oder Fischkessel (ein länglicher, schmaler Topf mit gelochtem Einsatz) sehr gut. Auch zum Garen von Muscheln sollte der Topf ausreichend groß sein. Zum Dämpfen von Meerestieren eignen sich gelochte Dämpf- oder Siebeinsätze für Töpfe, aber auch ein Wok mit Bambuskorb tut hier gute Dienste. Zum Braten bieten sich, je nach Größe der Tiere herkömmliche Pfannen oder spezielle, ovale Fischpfannen an, in denen auch eine große Langustenhälfte Platz findet. Eine Antihaftbeschichtung ist

Neben guten Messern leisten in der Meeresfrüchteküche spezielle Werkzeuge wie Austernbrecher und Hummbergabel gute Dienste.

hier von Vorteil, da das zarte Fleisch der Meeresfrüchte mit relativ wenig Fett gebraten werden kann, ohne fest zu kleben.

WEITERES ZUBEHÖR

Meeresfrüchte werden oft mit einer Sauce serviert. Daher sind Kasserolle und Sauteuse in der Meeresfrüchteküche häufig im Einsatz, ob zum Herstellen einer Reduktion, zum Einkochen der Sauce auf die richtige Konsistenz oder zum Montieren mit Butter. Eine gute Ergänzung sind Spitzsieb und feinmaschiges Drahtsieb, zum Passieren der aromatischen Flüssigkeiten – Letzteres eignet sich auch zum Durchstreichen feiner Farcen. Um einer Sauce eine luftige Konsistenz zu verleihen, schlägt man sie am besten mit einem Pürierstab auf, der auch zum Pürieren, beispielsweise von Gemüse, verwendet werden kann.

Links: Mit einer Haushaltsschere lassen sich viele Krustentierpanzer aufschneiden. Mitte: Ein kleines scharfes Messer eignet sich zum Putzen von Sepien. Rechts: Austern werden mit einem speziellen Austernbrecher geöffnet.

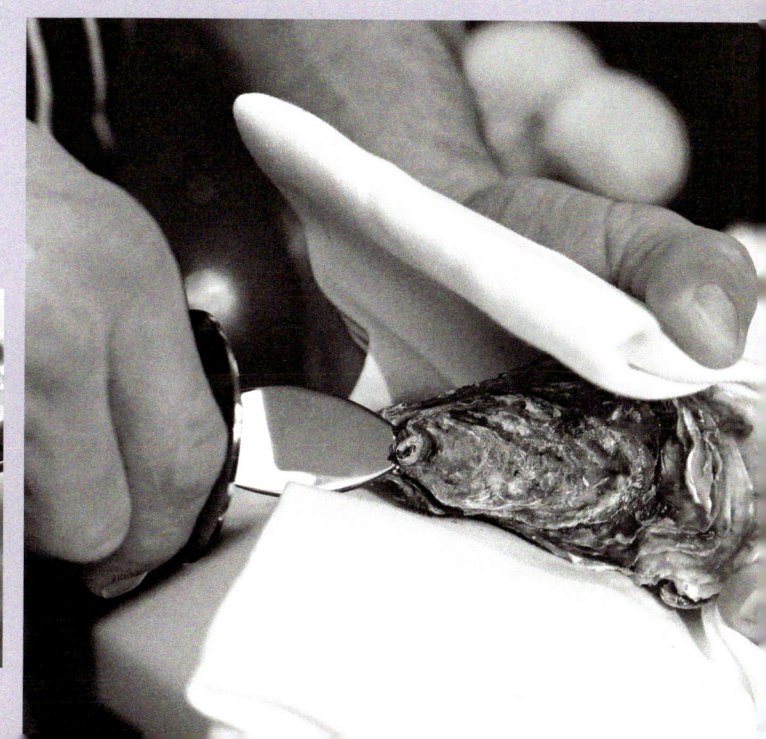

WARENKUNDE **KÜCHENPRAXIS** REZEPTE
→ Sepien

Küchenfertig vorbereiten: mit oder ohne Tinte?

In Ringe schneiden können Sie Sepien nicht, dafür aber in Streifen. Wie Sie die Tiere küchenfertig vorbereiten und zugleich an die begehrte Tinte kommen – etwa für einen Risotto nero – sehen Sie hier.

SEPIA VORBEREITEN UND TINTE AUSDRÜCKEN

(1) Sepia längs auf einer Arbeitsfläche ausbreiten und mit einem Messer den Kopf abtrennen.

(2) Die Fangarme knapp vor den Augen so abtrennen, dass sie durch einen schmalen Ring miteinander verbunden bleiben.

(3) Mit den Fingern die harten Kauwerkzeuge in der Mitte herausdrücken und entfernen.

(4) Den Körperbeutel oben, auf der dunkleren Rückenseite, mit einem Messer längs aufschneiden.

(5) Die Schnittränder seitlich vorsichtig auseinander ziehen und die Sepiaschale, auch Schulp genannt, herausheben. Am hinteren, schmalen Körperende befindet sich der glänzende Tintenbeutel.

(6) Mit einem Daumen in den Körperbeutel greifen und die Eingeweide vorsichtig herauslösen, dabei den Tintenbeutel nicht verletzen.

(7) Die Tinte mit Daumen und Zeigefinger vorsichtig herausdrücken.

(8) Die Haut vom Körperbeutel mit den Fingern abziehen und den Körperbeutel gründlich kalt ausspülen.

(9) Die verwertbaren Teile: Einmal die noch durch einen Ring verbundenen Fangarme, dann der offene Körperbeutel.

»NERO« ODER »EN SUA TINTA« sind Hinweise darauf, dass ein Rezept die Verwendung der dunklen, schwarzbraunen Flüssigkeit vorsieht, die Sepien und fast alle anderen Tintenfische in Momenten der Gefahr ausstoßen, um sich anschließend dem geordneten Rückzug zu widmen.

DIE TINTE – GESCHÄTZTE ZUTAT

Die Tinte von Sepien wird von Köchen zum Verfeinern und Abrunden vieler Gerichte geschätzt, vor allem aufgrund ihrer aparten Farbe und großen Färbekraft – heller Pastateig wird durch sie komplett schwarz. Und schwarze Spaghetti mit weißem Hummer-, Langusten- oder Jakobsmuschelfleisch sind ein optisches und kulinarisches Highlight! Geschätzt wird Sepiatinte aber auch wegen ihres Geschmacks: Die Tinte würzt begleitende Saucen aufs Beste und bindet sie zugleich auch leicht. Um an die begehrte Flüssigkeit zu kommen, gibt es zwei Möglichkeiten: Entweder Sie kaufen die Sepien bereits küchenfertig geputzt und erwerben die Tinte separat. Abgepackt in Beutelchen ist sie in der Regel beim Fisch- oder Feinkosthändler erhältlich. Oder aber – und das bietet sich an – Sie erstehen den Tintenfisch mitsamt der Tinte und gewinnen diese dann selber. Wie das im Einzelnen funktioniert, zeigt die nebenstehende Bildfolge links Schritt für Schritt. Wenn Sie hingegen keinen Wert auf die Tinte legen oder den Körperbeutel im Ganzen, etwa zum Füllen, benötigen, können Sie kleinere Sepien auch nach der für Kalmare gezeigten Methode (S. 154) vorbereiten.

Wichtig ist bei der küchenfertigen Vorbereitung der Sepien jedoch in jedem Fall: die harten Kauwerkzeuge zu entfernen, die Arme von den Augen zu trennen, die Eingeweide sowie die Sepiaschale herauszunehmen und die gräuliche Haut abzuziehen. Wollen Sie – was bei größeren Exemplaren durchaus wünschenswert sein kann – auch die Arme strahlend weiß, so trennen Sie die einzelnen Tentakel voneinander und ziehen von jedem Arm anschließend einzeln die Haut mit den Fingern ab.

ZUNEHMEND BELIEBT

Zwar erfreuen sich auch Sepien, wie Tintenfische generell, zunehmender Beliebtheit, im Handel sind sie hierzulande jedoch noch selten anzutreffen. Was einmal an ihrer etwas aufwändigeren Vorbereitung liegen dürfte, zum andern aber wohl auch daran, dass die angelandete Ware in den Fangnationen direkt vor Ort verbraucht oder zu Konserven weiterverarbeitet wird. Wenn Sie also ein frisches Exemplar auf einem Fischmarkt oder bei ihrem Fischhändler antreffen, greifen Sie zu!

Appetitlich weiß ist das feine Fleisch der Sepien. Wird die Tinte benötigt, ist ein Schneiden des offenen Körperbeutels in Ringe nicht mehr möglich, das Ergebnis sind in diesem Fall Streifen.

WARENKUNDE **KÜCHENPRAXIS** REZEPTE
→ *Kalmare*

Für Gummiringe
viel zu schade

Kalmar schmeckt – knusprig frittiert – ganz ausgezeichnet, »Calamari fritti« sind ja nicht umsonst so beliebt. Doch kann man mit dem zarten Fleisch dieser Meeresbewohner noch viel mehr anfangen.

VIELSEITIG WIE KAUM EIN ZWEITER präsentiert sich der Kalmar in der Küche: Sein schlanker Körperbeutel eignet sich ideal zum Füllen, etwa mit einer Mischung aus den klein geschnittenen Tentakeln und gewürztem Reis. Aber auch gebraten, beispielsweise in etwas heißem Öl im Wok, schmeckt dieser Tintenfisch wunderbar. In Japan liebt man sein weißes Fleisch – entsprechend in Form geschnitten – roh als Sashimi. Aber auch vom Grill oder in einer Tomatensauce geschmort, ist Kalmar sehr gut. Wichtig ist nur, die Garzeit zu beachten: Er verträgt entweder starke Hitze, die dann jedoch nur kurz einwirken darf – 1 bis 2 Minuten sind genug. Oder aber man muss ihn relativ lange schmoren. Sonst wird er hart, zäh und gummiähnlich. Kalmar ist in den letzten Jahren immer beliebter geworden, wohl auch deshalb, weil er sehr einfach vorzubereiten ist.

EINFACH VORZUBEREITEN

Spülen Sie den Kalmar unter kaltem Wasser gründlich ab, häuten Sie ihn und ziehen Sie die Fangarme (Tentakel) mit Kopf und Eingeweiden aus dem Körperbeutel. Das lässt sich alles leicht von Hand erledigen. Dann müssen Sie nur noch die Fangarme vom Kopf abtrennen und die Kauwerkzeuge sowie das transparente Fischbein entfernen. Wie das im Einzelnen geht, zeigt die Bildfolge rechts.

Küchenfertig geputzt: Kalmare müssen, um schön zart zu bleiben, entweder nur ganz kurz oder aber lange kochen.

WARENKUNDE **KÜCHENPRAXIS** REZEPTE
→ *Kalmare*

Wollen Sie die Tinte verwenden, drücken Sie einfach den Tintenbeutel in ein kleines Gefäß aus. Neben den Kalmaren sind auch ihre kleineren Verwandten überaus wohlschmeckend. Man kennt sie auch unter ihrer italienischen Bezeichnung »Calamaretti«, zu deutsch Baby-Kalmar. Meist sind sie bereits küchenfertig erhältlich, doch auch wenn Sie »Calamaretti« im Ganzen kaufen, ist das kein Problem, denn vorbereitet werden die Kleinen genau wie die Großen. Hervorragend schmecken sie etwa mediterran gefüllt; so zubereitet eignen sie sich gut als Vorspeise. Die zarten »Calamaretti« können Sie aber auch für einen Risotto verwenden, weil sie sehr zart sind und in derselben Zeit garen wie der Reis.

KALMAR KÜCHENFERTIG VORBEREITEN

(1) Den Kalmar kalt abbrausen und abtropfen lassen.

(2) Anschließend mit den Fingern die rötliche gefleckte dünne Haut fassen und vom Körperbeutel abziehen.

(3) Die Fangarme mit dem Kopf und den anhängenden Eingeweiden aus dem Körperbeutel ziehen.

(4) Fangarme knapp vor den Augen so abtrennen, dass sie durch einen Ring verbunden bleiben.

(5) Die Kauwerkzeuge mit den Fingern von unten aus den durch einen schmalen Ring verbundenen Fangarmen herausdrücken.

(6) Falls die Tinte benötigt wird, den schmalen Tintenschlauch von den Innereien abtrennen.

(7) Das transparente Fischbein aus dem Körperbeutel des Kalmars ziehen und wegwerfen.

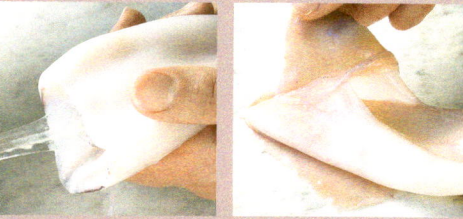

(8) Die Flossen von Hand vom Körperbeutel abziehen und gründlich abspülen.

(9) Körperbeutel und Fangarme gut waschen und je nach Rezept klein schneiden oder ganz lassen.

(10) Klassisch: Schneiden Sie den Körperbeutel in Ringe, die in einer Teighülle frittiert werden.

Teubner Edition | **155**

WARENKUNDE KÜCHENPRAXIS REZEPTE
→ Kraken
　Seeigel

Bei ihm besonders wichtig:
Das richtige Know-how

Krake, Oktopus oder Pulpo – die achtarmigen Kopffüßer bedürfen einer besonderen Vorbereitung, um weich und zart zu werden.

KRAKE KÜCHENFERTIG VORBEREITEN

(1) Den Kraken mitsamt den langen, mit einer doppelten Reihe Saugnäpfen besetzten Fangarmen unter kaltem Wasser gründlich abspülen und auf eine Arbeitsfläche legen.

(2) Mit einem scharfen Messer den Körperbeutel knapp hinter den Augen abschneiden.

(3) Die Augenpartie abschneiden. Dann die Innereien aus dem Körperbeutel ziehen und entfernen.

(4) Den Körperbeutel festhalten und mit der anderen Hand die rötlich graue Haut abziehen.

(5) Den Körperbeutel umstülpen, innen und außen gründlich mit kaltem Wasser ausspülen.

(6) Kauwerkzeuge mit den Fingern aus der Mitte der Fangarme herausdrücken und mit dem weichen Gewebe entfernen.

(7) Die Fangarme (Tentakel) ringsum kräftig mit grobem Meersalz einreiben.

(8) Den Kraken gut festhalten und die Haut vom Fleisch abziehen, an den Fangarmen kann sie auch verbleiben.

WARENKUNDE **KÜCHENPRAXIS** REZEPTE
→ *Kraken*
Seeigel

Kraken

RUND UMS MITTELMEER – von Griechenland über Sizilien bis nach Spanien – kennt man sich bestens aus mit der Zubereitung von Kraken. Ob als feiner Salat, wie der Oktopus in Griechenland geschätzt wird, ob vom Grill, so liebt man ihn in Sizilien, oder auch in Rotwein geschmort, wie ihn die Spanier besonders gerne mögen: Jedes Land, jede Region hat ihre eigenen Rezepte und kennt spezielle Methoden der Vorbereitung. Denn darauf kommt es bei einem Kraken besonders an, wenn er schön weich und zart gelingen soll.

WIE MAN IHN WEICH BEKOMMT

Erfahrene Fischer klatschen die Tiere gleich nach dem Anlanden auf den harten Asphalt oder an den Fels, immer und immer wieder. Bis zu einer Stunde und mehr kann diese Prozedur in Anspruch nehmen, dann sei er weich, sagen die Fischer – und hängen die Kraken anschließend auf einer Wäscheleine zum Trocknen auf. Andere wiederum schwören auf Korken im Kochwasser, dadurch, so versichern sie, würde auch der zäheste Vertreter seiner Art butterzart. Und auch das Tiefkühlen ist für manche die Methode der Wahl, nach 2 Tagen im Tiefkühlfach könne man den Kraken bedenkenlos kochen. Sicher ist, dass fernab der Küste das Schlagen auf Asphalt wohl kaum in Frage kommt, zumal Kraken beim Fischhändler oft bereits in Stücke geschnitten angeboten werden. In diesem Fall können Sie sich mit einem Fleischklopfer behelfen. Dafür wickeln Sie den Kraken oder die Tentakel in ein Küchentuch und klopfen das Fleisch mit der flachen Seite auf einer Arbeitsplatte weich, ohne dabei die Saugnäpfe zu verletzen. Wollen Sie die Korkenmethode ausprobieren, sollten Sie – damit der Korkgeschmack nicht zu dominant wird – 3 bis 4 Weißweinkorken mit ins Kochwasser geben.

KRAKE KÜCHENFERTIG VORBEREITEN

Das weitere Vorgehen ist dann bei einem Kraken immer dasselbe: Der Körperbeutel wird von den Fangarmen getrennt, Innereien und Kauwerkzeuge müssen entfernt werden. Das Häuten ist bei kleinen Exemplaren nicht unbedingt nötig, bei größeren Tieren ist die Haut des Körperbeutels aber oft ledrig zäh, daher empfiehlt sich bei ihnen das Häuten durchaus. Sollen auch die Fangarme gehäutet werden, reibt man sie zuvor mit grobem Meersalz ein, so lässt sich die Haut leichter entfernen.

SEEIGEL KÜCHENFERTIG VORBEREITEN

Nur Seeigel mit weichen Stacheln lassen sich gut in die Hand nehmen, andernfalls legen Sie sie zum Anfassen auf ein Küchentuch. Das Öffnen an sich ist einfach: Mit einer Schere oder einem Messer mit Wellenschliff trennen Sie von der flachen Seite des Seeigels einen Deckel ab, heben ihn ab, gießen die Flüssigkeit durch ein feines Sieb und fangen sie auf; sie verfeinert Saucen. Dann entfernen Sie alle schwarzen Stellen aus dem Innern und lösen die Gonaden aus; sie schmecken roh oder zu Pasta.

SEEIGEL ÖFFNEN

(1) Den Seeigel in die Hand nehmen, je nach Sorte dabei ein Küchentuch unterlegen, und an der leicht nach innen gewölbten Unterseite mit einer stabilen Küchenschere erst einschneiden, dann einen runden Deckel abschneiden.

(2) Den Deckel mitsamt den ungenießbaren Kauwerkzeugen und Innereien abheben und die Flüssigkeit auffangen.

(3) Alle schwarzen Teile entfernen und die Eierstöcke und Gonaden oder »Zungen« mit einem kleinen Löffel auslösen.

Wer weiß schon, warum der Hummer beim Kochen rot wird?

Das bekannte Bild eines lecker gekochten Hummers zeigt diesen in leuchtendem Rot bis Rotorange, umkränzt mit grünem Petersiliendekor und dazu eine goldgelbe Buttersauce. Was aber geschieht, dass dieses eher dunkel gepanzerte Tier eine solche farbliche Veränderung erfährt?
Zwei Arten von Hummern gibt es: Den Amerikanischen *(Homarus americanus)* und den Europäischen Hummer *(Homarus gammarus)*. Letzterer gilt bei Feinschmeckern als besonders zart und delikat, allerdings ist er auch schwerer zu bekommen und dafür entsprechend teurer. Der amerikanische Hummer ist zudem größer als der europäische Verwandte und erkennbar an seiner leicht braun rötlichen Färbung. Das europäische Krustentier hingegen erstrahlt in glänzendem Blauschwarz oder Schwarzgrün, so er sich in freier Wildbahn befindet. Um ihnen ein kurzes und schmerzloses Ende zu bereiten, sieht es das deutsche Gesetz vor, sie kopfüber in sprudelnd kochendes Wasser zu geben. In anderen Ländern ist das gezielte Zustechen in den Kopf ein probates Mittel, den Hummer ins Jenseits zu befördern – dazu bedarf es aber einiger Übung. Legt man den Hummer vor seinem Exitus noch für eine Weile in den Kühlschrank, ist er so betäubt, dass er sein Ende nicht richtig mitbekommt.

Ob amerikanisch oder europäisch: Beide erstrahlen nach dem Kochvorgang in besagtem leuchtenden Rotorange – ein Vorgang der übrigens bei allen Krustentieren zu beobachten ist. Grund dafür ist eine chemische Zusammensetzung im chitinhaltigen Panzer dieser Meeresbewohner. Dafür verantwortlich ist das so genannte Karotinoid »Astaxanthin«. Karotinoide sind allgemein bekannt als die Pflanzenstoffe, die beispielsweise Möhren und Tomaten rot erscheinen lassen und wegen derer Kinder diese Gemüse verzehren müssen: Denn das darin vorkommende bekannteste Karotinoid ist das gesunde »Beta-Karotin«, die Vorstufe des Vitamin A. Ein Hummer nimmt das Karotinoid mit der Nahrung auf, es lagert sich dann im Panzer ab. Das Hummerkarotinoid »Astaxanthin« ist in der Schale an ein Protein (ein Eiweiß namens Beta-Crustacyanin – gut zu merken als Crusta wie Kruste) gebunden. Wird die Hummerschale erhitzt, löst sich die Astaxanthin-Protein-Verbindung auf.

Durch das Garen frei gewordene Karotinoide sorgen für die leuchtend rote Farbe des Hummers.

Solange das Astaxanthin an das Protein Beta-Crustacyanin angedockt ist, hat es eine blaue Färbung, da seine Lichtabsorption durch diese Bindung verändert ist (das menschliche Auge kann es nicht sehen). Durch Hitzezufuhr löst sich das Astaxanthin jedoch von dem Protein ab und erstrahlt in seiner ursprünglichen rotorangen Farbe. Unser Hummer wird rot.
Damit aber nicht genug: Seit man von diesem chemischen Prozess weiß, nutzt man ihn auch gleich zum Einfärben, beispielsweise von Fischfleisch. So werden Lachse in Aquakultur mit einer mit Astaxanthin angereicherten Nahrung gefüttert, auf dass sie das begehrte rote – oder auch lachsrote – Fischfleisch erhalten. Denn, das Auge isst ja bekanntlich immer mit.

Stephanie Wenzel

Krustentiere brauchen viel Würze

Damit sie nicht auslaugen, kocht man Hummer, Langusten oder Krebse nicht einfach in Wasser, sondern in einem aromatischen Sud.

MEERWASSER WÄRE IDEAL zum Garen von Krustentieren, ihr Geschmack – das ist zumindest die Meinung vieler Küstenbewohner – bliebe unverfälscht und fein, allenfalls ein Lorbeerblatt könne hinzukommen. Viele renommierte Köche sind jedoch der Auffassung, ein mit Weißwein oder Essig aromatisierter und eventuell mit Gemüse angereicherter Sud – die Court-Bouillon – bringe erst das richtige Aroma. Für alle, die ihren Wohnsitz fernab der Küste haben, stellt sich das Problem erst gar nicht: Für sie bleibt nur die Frage, für welche der drei folgenden Rezepte sie sich entscheiden sollen. Variante 1 mit Gemüse ist aromatisch-mild, die Nummer 2 hat einen großen Anteil an Weißwein und Zwiebeln und die Nummer 3 ist eher würzig. Finden Sie Ihren Favoriten selbst heraus. Die Zutaten sind jeweils auf 3 l Wasser abgestimmt, benötigen Sie mehr Court-Bouillon, rechnen Sie die Mengen einfach entsprechend hoch.

COURT-BOUILLON MIT ESSIG UND GEMÜSE

- 350 g Möhren, 250 g Zwiebeln
- 1/8 l Weißweinessig, 45 g Salz
- 1 Bund glatte Petersilie, gewaschen
- 1 Lorbeerblatt
- 1 EL zerstoßene Pfefferkörner

1. Schälen Sie die Möhren und Zwiebeln und schneiden Sie beides in Scheiben. Das Gemüse in einem Topf mit 3 l Wasser, Essig und Salz sowie Petersilie und Lorbeerblatt zum Kochen bringen.

2. Reduzieren Sie die Hitze und lassen Sie die Court-Bouillon 40 Minuten köcheln. Erst zum Schluss die zerstoßenen Pfefferkörner zufügen.

COURT-BOUILLON MIT WEISSWEIN

- 350 g Zwiebeln, 30 g Salz
- 2 Stängel glatte Petersilie, 2 Zweige Thymian
- 1 Lorbeerblatt, 1 l trockener Weißwein
- 1 TL zerdrückte Pfefferkörner

1. Schälen Sie die Zwiebeln und schneiden Sie sie in Scheiben. In einem Topf 3 l Wasser und Salz aufkochen. Zwiebeln, Petersilie, Thymian und Lorbeerblatt zugeben und alles 20 Minuten köcheln lassen.

2. Gießen Sie den Weißwein zu und lassen Sie die Court-Bouillon weitere 20 Minuten köcheln. Kurz vor Ende der Garzeit dann die zerstoßenen Pfefferkörner zufügen.

COURT-BOUILLON MIT ESSIG UND KÜMMEL

- 350 g Zwiebeln, 1/8 l Rotweinessig, 45 g Salz
- 1 Bouquet garni (1 Möhre, 1 Petersilienwurzel, 1 Stängel Staudensellerie, 2 Stängel glatte Petersilie und 1 Lorbeerblatt)
- 1 EL Kümmelsamen

1. Schälen Sie die Zwiebeln und schneiden Sie sie in Scheiben. In einem Topf 3 l Wasser mit dem Rotweinessig und dem Salz aufkochen.

2. Fügen Sie die Zwiebelscheiben, das Bouquet garni und den Kümmel zu. Die Hitze reduzieren und die Court-Bouillon noch 40 Minuten köcheln lassen.

HUMMERFOND ZUBEREITEN

(1) Die gewaschenen und gut abgetropften Hummerkarkassen mit einem kräftigen, scharfen Messer in kleine Stücke schneiden oder im Mörser grob zerstoßen.

(2) Im Wok das Öl erhitzen und die Karkassen darin portionsweise anbraten.

(3) Das Gemüse unter Rühren kurz anschwitzen, dann Gewürze und Kräuter zufügen und das Tomatenmark einrühren.

(4) Die Mischung 2 Minuten ziehen lassen, dann die angebratenen Hummerkarkassen zufügen und alles gut vermischen.

(5) Mit so viel kaltem Wasser aufgießen, bis die Mischung gerade eben bedeckt ist. Alles aufkochen, dabei öfter umrühren.

(6) Den Fond etwa 45 Minuten köcheln lassen, dabei den aufsteigenden Schaum mehrmals abschöpfen.

(7) Den Hummerfond nach und nach durch ein mit einem Passiertuch ausgelegtes Sieb ablaufen lassen und ausdrücken.

Hummerfond

Ein Basis-Rezept der Meeresfrüchteküche – es eignet sich für sehr viele Krustentierkarkassen.

ZUBEREITUNGSZEIT 1 Std. 15 Min.

ZUTATEN für etwa 1 l
- Karkassen von 1 gekochten Hummer von 1 kg
- 250 g Möhren, 50 g Staudensellerie, 50 g Lauch
- 50 g Schalotten, 2 Knoblauchzehen
- 2 Tomaten, 2 EL Öl
- 2 cl Cognac, 20 g Butter, 1 Lorbeerblatt
- 1 Gewürznelke, 3 zerdrückte Wacholderbeeren
- 1 Zweig Estragon, 1 Zweig Thymian
- 50 g Tomatenmark

1. Spülen Sie alle Karkassenteile gründlich kalt ab und lassen Sie sie in einem Sieb abtropfen. In der Zwischenzeit das Gemüse putzen oder schälen und in Scheiben oder Würfel schneiden. Schalotten und Knoblauch schälen, beides klein würfeln und die Tomaten achteln.

2. Zerkleinern Sie die Hummerkarkassen und braten Sie sie an, wie in den ersten beiden Steps links oben gezeigt. Die angebratenen Karkassen in den Wok zurückgeben, mit dem Cognac ablöschen und beiseite stellen.

3. Zerlassen Sie die Butter in einem separaten Topf, schwitzen Sie das vorbereitete Gemüse mit den Schalotten, dem Knoblauch und den Tomaten darin an und fahren Sie fort, wie in Step 3 bis 6 gezeigt.

4. Nehmen Sie den Hummerfond vom Herd und lassen Sie ihn durch ein mit einem Passiertuch ausgelegtes Sieb ablaufen, wie in Step 7 gezeigt. Dann das Tuch hochschlagen und die Enden leicht zusammendrehen, um so auch den letzten Rest Fond aus den Karkassen herauszupressen.

5. Fonds wie der Hummer- oder Fischfond lassen sich gut auf Vorrat herstellen und portionsweise tiefkühlen. Es empfiehlt sich, den Grundfond nicht zu salzen, damit Sie ihn noch reduzieren können, ohne dass er zu salzig wird.

Fischfond

Dezent gewürzt, ergänzt ein Fischfond delikate Meeresfrüchte überall dort, wo relativ viel Flüssigkeit benötigt wird, etwa Suppen und Saucen. Geklärt werden kann er wie der Krebsfond auf S. 162.

ZUBEREITUNGSZEIT 45 Min.

ZUTATEN für etwa 2 ½ l
- 1 kg Weißfischkarkassen (z. B. Steinbutt, Scholle, Glattbutt, Seezunge, Zander, Petersfisch)
- 80 g Schalotten
- 200 g Lauch (nur der weiße Teil)
- 100 g Petersilienwurzeln, 80 g Staudensellerie
- 3 EL Öl, ½ l trockener Weißwein, 1 Lorbeerblatt
- 2–3 Zweige Thymian, ½ TL weiße Pfefferkörner

1. Die Karkassen grob zerkleinern und die Kiemen entfernen. Wässern Sie die Karkassen etwa 20 Minuten unter fließendem kaltem Wasser, bis das Wasser frei von Trübstoffen abläuft, anschließend gut abtropfen lassen.

2. Inzwischen das Gemüse schälen oder putzen, die Schalotten fein würfeln, den Lauch in dünne Ringe schneiden, Petersilienwurzeln und Staudensellerie grob würfeln.

3. Stellen Sie aus den Karkassen einen Fischfond her, wie gezeigt. Nach dem Erkalten mit Küchenpapier entfetten.

FISCHFOND ZUBEREITEN

(1) Das Öl in einem großen Topf erhitzen und die Karkassen unter Wenden darin 3 bis 4 Minuten ohne Farbe anschwitzen.

(2) Das vorbereitete Gemüse zufügen und alles unter Wenden farblos anschwitzen.

(3) Sobald die Mischung zu kochen beginnt, mit dem Wein ablöschen, dann erneut langsam erhitzen und den Wein etwas reduzieren.

(4) Alles mit 2 l kaltem Wasser aufgießen. Dann das Lorbeerblatt, die Thymianzweige und die Pfefferkörner zugeben.

(5) Den Fond aufkochen und 20 bis 30 Minuten köcheln lassen, dabei wiederholt abschäumen, dann durch ein Passiertuch gießen.

Das Geheimnis eines guten Fonds

Während eine Court-Bouillon – ein würziger Sud aus Gemüse, Kräutern und Gewürzen – zum Kochen von Krustentieren dient und diesen noch mehr Aroma mitgibt, sind aus Karkassen und Knochen gekochte Fonds die Grundlage vieler feiner Suppen und Saucen. Denn Fond – abgeleitet aus dem französischen »Grund«, »Boden« – bedeutet eigentlich nichts anderes als Basis. Er bestimmt später den Geschmack eines Gerichtes entscheidend mit.

Fonds bilden also die geschmackliche Grundlage, die sich mit dem Reduzieren immer weiter verdichtet. Hinzu kommen die Aromen von Gemüse, etwa Möhren und Staudensellerie, von Kräutern wie Petersilie oder Koriandergrün und von Gewürzen wie Pfefferkörnern und Lorbeerblättern. Oft werden Fonds in der Meeresfrüchteküche zudem mit einem Schuss Weißwein verfeinert.

Zum Einsatz kommen bei guten Köchinnen und Köchen dort jedoch nicht allein Hummer- und Krebsfonds, sondern, und zwar weitaus häufiger als gedacht, auch aus Fisch- und Geflügelkarkassen gekochte Varianten. Gerade wenn das Krustentieraroma nicht zu sehr im Vordergrund stehen soll, sind sie in der Meeresfrüchteküche unentbehrlich.

KARKASSENFONDS VON FISCHEN

Ein Fischfond – in Frankreich auch als »Fumet de poisson« bezeichnet – wird entweder für Suppen und Eintöpfe verwendet oder auch als wichtiger flüssiger Bestandteil einer feinen Sauce. Bei ihm sind die Aromaten ähnlich wie bei der Court-Bouillon, aber zumeist noch erweitert um ein Bouquet garni und etwas Wermut. Küchenchefs empfehlen bei der Zugabe von Weißwein, keinen allzu billigen zu verwenden – der Geschmack könnte sonst leiden. Auch sollten nur die Karkassen von Weißfischen ausgekocht werden und auch nicht länger als 25 bis 30 Minuten, sonst wird der Fond grauschlierig und leimig. Ein guter Fischfond ist dann der notwendige Flüssigkeitsgeber für eine weiße Buttersauce oder Weißweinsauce – die perfekten Begleiter zu vielen Meeresfrüchtegerichten.

Neben gut gespülten Karkassen ist die Wahl der richtigen Kräuter, Gewürze und Flüssigkeiten ausschlaggebend für die Qualität eines Fonds.

KARKASSENFONDS VON MEERESFRÜCHTEN

Wie beim Fischfond, wo aus ungenießbaren Abfällen aromatische Fonds gekocht werden, so entstehen auch aus den scheinbar wertlosen Schalen von Krustentieren beste Grundfonds. Absolutes Muss ist jedoch das gründliche Reinigen der Karkassen (wie bei Fisch übrigens auch); sie können sonst einen unangenehmen Beigeschmack erzeugen.

Zumeist werden auch hier klassische Suppengemüse und Kräuter wie Möhren, Lauch, Staudensellerie und Petersilie beigegeben, übliche Gewürzzutaten sind Lorbeer und Pfefferkörner. Sie alle bilden eine feine geschmackliche Unterlage, ohne zu dominieren. Meeresfrüchtefonds können durchaus etwas kräftiger sein – das erreicht man schon durch das Anbraten der Karkassen. Werden sie in Öl etwas schärfer, aber keinesfalls zu heiß angebraten, schmeckt auch der Fond intensiver. Das Andünsten in geschmolzener Butter lässt auch den Fond weicher werden. Während die Zugabe von feiner Säure in Form von Essig oder Weißwein beim Fischfond eine besondere Rolle spielt, vertragen die robusteren Meeresfrüchtefonds zusätzliche, aromatischere Würzungen in Form eines Schlucks Cognac und etwas Tomatenmark.

Stephanie Wenzel

WARENKUNDE KÜCHENPRAXIS REZEPTE
→ Fonds

Perfekte Harmonie im Geschmack

Geflügelfond ist in der feinen Küche unverzichtbar, da er im Hintergrund bleibt, vieles jedoch harmonisch abrundet – auch Meeresfrüchte.

ZUBEREITUNGSZEIT 3 Std.

ZUTATEN für etwa 2 ½ l
- 2 kg Karkassen vom Huhn (mit Innereien)
- 750 g Kalbsknochen, in Scheiben
- 4 EL Öl, 100 g Möhren, 80 g Lauch
- 80 g Staudensellerie, 40 g Knollensellerie
- ¼ l trockener Weißwein, 1 Lorbeerblatt
- 15 Pfefferkörner, 4 Pimentkörner
- 1 Knoblauchzehe, angedrückt

1. Die Geflügelkarkassen klein hacken, mit den Kalbsknochen in einen großen Topf geben und wässern, wie in Step 1 gezeigt.

2. Putzen Sie das Gemüse und schneiden Sie es in etwa 1 cm große Stücke. Karkassen und Knochen herausnehmen, gut abtropfen lassen und weiterverfahren, wie in Step 2 bis 7 gezeigt.

3. Fond vom Herd nehmen, 20 Minuten ziehen lassen, durch ein Sieb gießen und entfetten, wie gezeigt.

GEFLÜGELFOND ZUBEREITEN

(1) Hühnerkarkassen und Kalbsknochen 30 Minuten unter fließendem kaltem Wasser wässern.

(2) In einem großen Topf das Öl erhitzen und die gut abgetropften Karkassen und Knochen darin farblos anbraten.

(3) Das zerkleinerte Gemüse zufügen und mitbraten, ohne es Farbe nehmen zu lassen.

(4) Die Hühnerkarkassen und Kalbsknochen mehrmals wenden und mit dem Weißwein ablöschen.

(5) Die Karkassen-Knochen-Gemüse-Mischung mit 3 l Wasser aufgießen und aufkochen lassen.

(6) Den Fond 2 Stunden köcheln lassen, dabei wiederholt abschäumen.

(7) Nach 1 Stunde Gewürze und Knoblauch zufügen und den Fond 1 weitere Stunde köcheln lassen.

(8) Den Geflügelfond durch ein mit einem Passiertuch ausgelegtes Sieb in einen Topf gießen.

(9) Ein zurechtgeschnittenes Stück Küchenpapier über die Oberfläche ziehen und den Fond entfetten.

Teubner Edition

Kräftig im Aroma: Krebs-Consommé

Wie aus den Karkassen von Flusskrebsen eine feine Consommé wird. Nach dieser Methode können Sie auch andere Fonds klären.

ZUBEREITUNGSZEIT 2 Std.

ZUTATEN für etwa 1 ½ l
- 500 g Krebskarkassen, 100 g Staudensellerie
- 200 g Möhren, 50 g Lauch, 50 g Schalotten
- 2 Knoblauchzehen, 2 Tomaten, 4 EL Öl
- 2 cl Cognac, 1 Lorbeerblatt, 1 Gewürznelke
- 3 Wacholderbeeren, zerdrückt
- je 1 Zweig Estragon und Thymian
- ½ TL Salz, weißer Pfeffer, 50 g Tomatenmark

ZUM KLÄREN
- 250 g Filet von Weißfischen (etwa Zander)
- 50 g Lauch, 50 g Staudensellerie, 1 Tomate
- 2 Schalotten, 1 Knoblauchzehe
- 3 gut gekühlte Eiweiße, 1 Gewürznelke
- ½ Lorbeerblatt, 1 Zweig Thymian
- ½ TL Salz, 3–4 Eiswürfel

1. Die Karkassen waschen und abtropfen lassen. Das Gemüse putzen und klein würfeln, die Tomaten vierteln. Weiterverfahren, wie in Step 1 bis 4 gezeigt.

2. Drehen Sie das Fischfilet zum Klären durch die grobe Scheibe des Fleischwolfs. Das Gemüse putzen und klein schneiden. Alles in einer Schüssel mit dem leicht geschlagenen Eiweiß, Gewürzen, Kräutern und Eiswürfeln vermengen. Weiterverfahren, wie in Step 5 und 6 gezeigt.

3. Rühren Sie nicht mehr um, sobald dichter Schaum aufsteigt. Alles noch 45 Minuten köcheln lassen und den Fond durch ein Sieb gießen, wie unten in Step 7 gezeigt.

KREBSFOND KOCHEN UND KLÄREN

(1) In einem großen Topf 2 EL Öl erhitzen und die gut abgetropften Krebskarkassen unter ständigem Rühren darin bei starker Hitze anbraten, aber nicht bräunen. Die Karkassen mit dem Cognac ablöschen und beiseite stellen.

(2) In 2 EL Öl Gemüse, Gewürze, Kräuter und Tomatenmark kurz anschwitzen, 1 ½ l Wasser zugießen, aufkochen.

(3) Gemüse zu den Karkassen geben, alles 45 Minuten köcheln lassen, abschäumen und durch ein Passiertuch gießen.

(4) Die Enden des Tuchs zusammendrehen und den restlichen Krebsfond auspressen, es sollten 1 ½ l sein.

(5) Klärmischung in einen Topf füllen, den Krebsfond mit dem Schneebesen unterrühren und alles langsam erhitzen.

(6) Aufkochen, dabei ständig mit dem Bratenwender am Boden entlangfahren, damit das Eiweiß nicht ansetzt.

(7) Den Fond nach und nach durch ein mit einem Passiertuch ausgelegtes Sieb laufen lassen, jedoch nicht ausdrücken.

Meeresfrüchte – konserviertes Aroma

Ein kleiner Hafen, ein kleines Fischerboot, das gerade vom Fang zurückkehrt, ein kleines Restaurant, wo Koch und Genießer schon auf das frische Seegetier warten. Die Wirklichkeit sieht leider meist ganz anders aus. Meeresfrüchte sind ausgesprochen schnell verderblich. Wie Fische haben sie keine festgelegte Körpertemperatur, sondern passen sich an die Umgebung an, in der sie leben. Ihr Stoffwechsel basiert daher auf Enzymen, die auch bei sehr niedrigen Temperaturen noch aktiv sind – Kühlschranktemperaturen verlangsamen sie nur geringfügig.

TIEFGEKÜHLT UND AUS DER DOSE

Im Binnenland wird deshalb zwangsläufig oft aufgetaut, aufgeschraubt oder der Dosenöffner eingesetzt. Geht man dabei überlegt zu Werke, kann das Ergebnis trotzdem überzeugen. So werden besonders größere Sepien und Kalmare durchs Tiefkühlen zarter. Das Weichklopfen von Oktopus soll noch effektiver sein, wenn man den tiefgekühlten Kopffüßer eine Stunde antauen lässt und ihn dann in ein Tuch gewickelt mit einem Fleischklopfer bearbeitet. Grundsätzlich abzuraten ist hingegen von tiefgekühlten Muscheln, die meist trocken, zäh und ledrig schmecken. In Lake eingelegte Mollusken aus dem Glas eignen sich jedoch gut für Nudelsaucen, wenn man sie vorsichtig erwärmt. In Spanien schwören Kenner auf in bestem Olivenöl konservierte Mies-, Herz- und Venusmuscheln in Dosen. Es heißt, dass größere Dosenformate für besseren Geschmack sorgen, ähnlich wie Magnumflaschen beim Wein, und die Muscheln mit mehreren Monaten »Reifezeit« aromatischer werden. Wenn auch der feine Geschmack einer Spitzen-Eismeergarnele frisch natürlich unübertroffen ist – langsam im Kühlschrank aufgetaut und dann sofort zubereitet, zeigen krebsartige Meerestiere tiefgekühlt generell gute Resultate. Kleinere Shrimps sind besonders saftig, wenn man sie im Kühlschrank in einer kräftigen Salzlake mit etwas Zucker auftauen lässt.

GETROCKNET UND ALS PASTE

In südlichen Breitengraden werden Fisch und Meeresfrüchte traditionell getrocknet. Bei einem Feuchtigkeitsgehalt unter 13 % stellen die Enzyme ihre Tätigkeit ein und auch Mikroorganismen haben von außen keine Chance mehr: Kühlung überflüssig, Haltbarkeit quasi unbegrenzt und Sonnenenergie zum Trocknen umsonst. Neben Shrimps werden auf südostasiatischen Märkten auch Tintenfische, Abalone oder Conpoy, Jakobsmuscheln, in getrockneter Form angeboten. Ihre Zubereitung verlangt einiges an Erfahrung; man sollte einfach ausprobieren, was

Keine Frage – frische Meeresfrüchte haben am meisten Geschmack und Aroma. Doch einige Fertig- und viele Tiefkühlprodukte sind akzeptable Alternativen.

wie lange in kaltem Wasser liegen und wie lange vorsichtig gekocht werden muss. Was dabei an Aroma verloren geht, wird durch den Einsatz von fermentierten Produkten ausgeglichen. Nam Pla in Thailand und Nuoc mam in Vietnam sind Würzsaucen aus mit in Salz eingelegten und fermentierten kleinen Fischen, ähnlich dem Garum der Römer. Für die thailändische Garnelenpaste Kapi werden Shrimps vergoren. Sie ist sehr fest, extrem konzentriert und sollte nur sehr sparsam zum Einsatz kommen. Currypasten lassen sich damit im Mörser selbst herstellen: entkernte rote Vogelaugen-Chilis, Knoblauch, Schalotten, Zitronengras, Kaffirlimettenzesten, Galgant und Finger-Ingwer grob hacken und dann mit Salz, wenig Garnelenpaste und viel Geduld zu einer feinen Paste verreiben.

Ursula Heinzelmann

WARENKUNDE **KÜCHENPRAXIS** REZEPTE
→ *Hummerbutter*
  Corailbutter

Konzentrierter Geschmack: Würzbutter als Aromadepot

Hergestellt aus den Karkassen von Hummern, Langusten, Krebsen oder Garnelen, ist Würzbutter in der feinen Krustentierküche unentbehrlich.

SCHON EIN KLEINES STÜCKCHEN davon reicht aus, um Suppen, Saucen oder Eintopfgerichte zu verfeinern und ihnen eine besondere kulinarische Note zu verleihen. Wenn Sie einen Hummer oder eine größere Menge Garnelen kochen, bietet es sich daher an, aus den Karkassen auch gleich eine Hummer- oder Garnelenbutter zuzubereiten, um so das köstliche Aroma der Krustentiere zu konservieren.

Am besten, Sie stellen die Würzbutter gleich in einer größeren Menge her. Das folgende Grundrezept, nach dem Sie auch eine Würzbutter aus Langusten-, Garnelen- oder Krebskarkassen kochen können, sieht eine Menge von 750 g Butter vor. Denn einmal hergestellt, lässt sich Hummer- oder Garnelenbutter prima portionsweise tiefkühlen und bis zu 4 Monaten im Tiefkühlfach aufbewahren.

HUMMERBUTTER HERSTELLEN

(1) Die trockenen Hummerkarkassen zerkleinern und im heißen Öl unter Rühren anrösten. Die Gemüsewürfel sowie das Tomatenmark zufügen und unter Wenden kurz mitrösten.

(2) Zwei Drittel der Butterstücke zufügen und unter Rühren zerlassen. Dann ¼ l Wasser unter Rühren zugießen.

(3) Die Mischung durch ein Sieb in eine Kasserolle gießen und über Nacht durchkühlen.

(4) Die erstarrte Butter abheben und in einer Kasserolle bei schwacher Hitze schmelzen.

(5) Die flüssige Hummerbutter erneut durch ein Sieb in eine hitzebeständige Form gießen.

(6) Die Hummerbutter zugedeckt in der Form erstarren lassen, auf ein Brett stürzen und mit einem scharfen Messer in beliebig große Portionen teilen. Diese einzeln verpacken und tiefkühlen.

WARENKUNDE KÜCHENPRAXIS REZEPTE
→ *Hummerbutter*
Corailbutter

HUMMERBUTTER

ZUBEREITUNGSZEIT 1 Std. 45 Min.
KÜHLZEIT 15 Std.

ZUTATEN für etwa 750 g
- 750 g Hummerkarkassen
- 100 g Möhren
- 50 g Staudensellerie
- 50 g Lauch
- 50 g Schalotten
- 2 Knoblauchzehen
- 750 g Butter, in Stücken
- 2 EL Sonnenblumenöl
- 1 EL Tomatenmark

1. Waschen Sie die Hummerkarkassen gründlich und lassen Sie sie auf einem Küchentuch sehr gut abtropfen. Die Karkassen müssen vor dem Anbraten ganz trocken sein.

2. Das Gemüse putzen oder schälen und etwa ½ cm groß würfeln, die Knoblauchzehen abziehen und halbieren. In einer großen Pfanne das Öl erhitzen und weiterverfahren, wie in Step 1 und 2 der Bildfolge links gezeigt.

3. Kochen Sie alles gut durch, dann fügen Sie nach und nach die übrigen Butterstücke zu. Die Karkassen-Mischung bei schwacher Hitze etwa 1 Stunde ziehen lassen, dann durch ein Sieb gießen, wie links in Step 3 gezeigt.

4. Die Kasserolle mit Folie bedecken und die Hummerbutter über Nacht im Kühlschrank durchkühlen lassen. Herausnehmen, die feste Butter von der Brühe abheben – diese anderweitig verwenden – und die Hummer in Portionsförmchen füllen, wie links in Step 4 bis 6 gezeigt.

AUS DEM CORAIL, wie der Rogen des weiblichen Hummers genannt wird, lässt sich ebenfalls eine aromatische Würzbutter herstellen. Voraussetzung dafür ist jedoch, dass der Hummer nur getötet und nicht gar gekocht wurde. Ob der Corail für eine Corailbutter geeignet ist, erkennt man an der Farbe: Roh ist er grünlich schwarz, durch die einwirkende Hitze beim Garen wird der Corail korallenrot. Die fertige Corailbutter färbt Speisen dann zartrosa.

CORAILBUTTER

ZUBEREITUNGSZEIT 10 Min.
KÜHLZEIT 6–12 Std.

ZUTATEN
- Corail von einem oder mehreren Hummern
- die doppelte Menge an weicher Butter

1. Den frisch getöteten Hummer halbieren oder zerteilen, wie auf S. 138 gezeigt, und den Corail herausnehmen.

2. Stellen Sie daraus eine Corailbutter her, wie in Step 1 bis 3 der Bildfolge unten gezeigt.

CORAILBUTTER
vom Hummer zubereiten

(1) Aus der halbierten Vorderhälfte des Hummers die Leber entnehmen (diese entweder anderweitig verwenden oder mit unter die Butter kneten) und mit einem Teelöffel den grünlich schwarzen Corail herausnehmen.

(2) Corail abwiegen und mit der doppelten Menge weicher Butter mit einer Gabel vermischen.

(3) Die fertige Corailbutter sollte von geschmeidiger, homogener Konsistenz sein. Mit Hilfe eines Stücks Alufolie zur Rolle formen, luftdicht in Alufolie einwickeln und die Corailbutter im Kühlschrank fest werden lassen.

REZEPTE

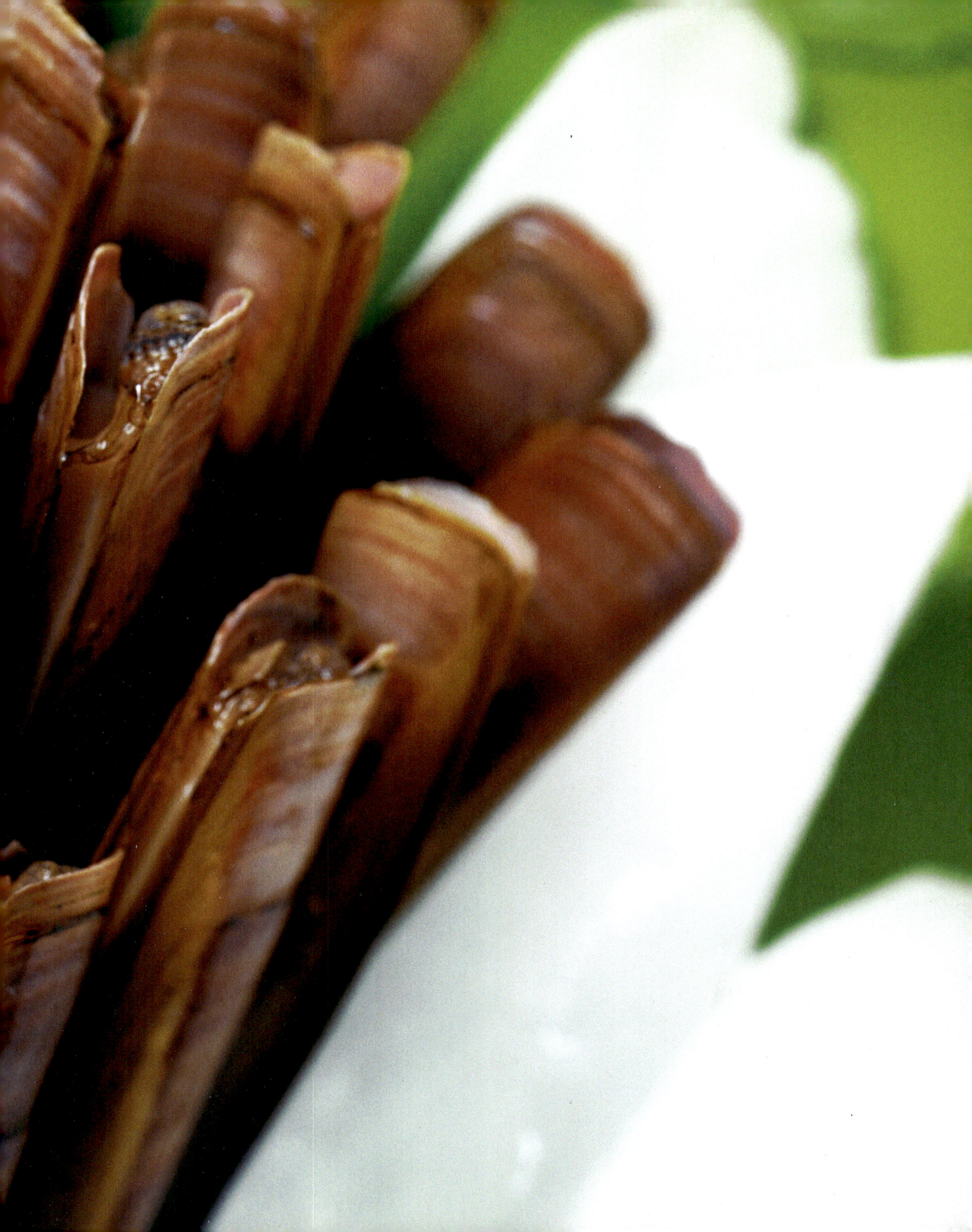

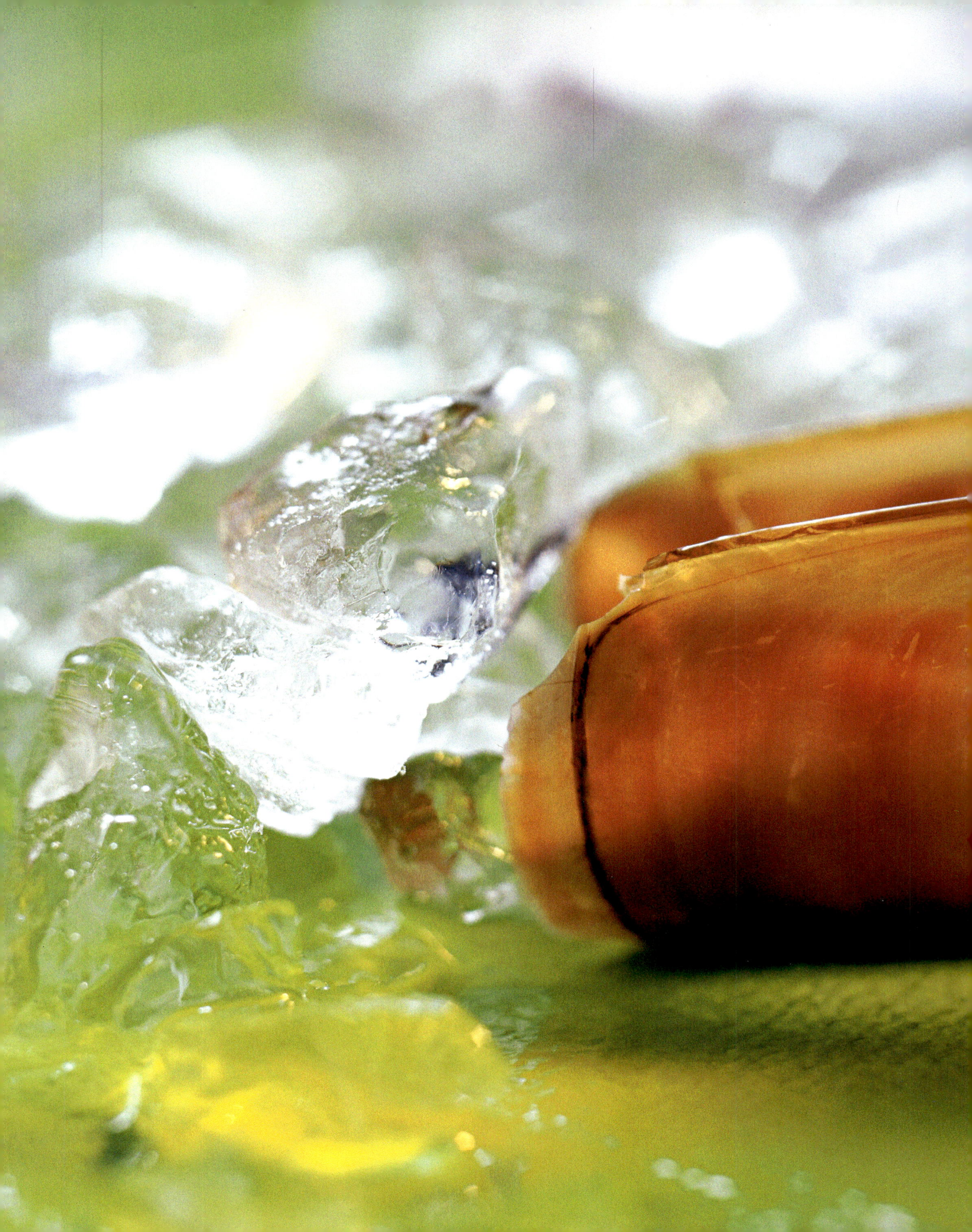

REZEPTE

Der pure Genuss

Kalte Meeresfrüchteküche und Vorspeisen

Von der großen Meeresfrüchteplatte über feine Muschelsalate bis zu Hummermousse.

WARENKUNDE KÜCHENPRAXIS **REZEPTE**
→ *Kalte Meeresfrüchteküche und Vorspeisen*

Das Meer schmecken

So kommt ihr unvergleichlicher Geschmack am besten zur Geltung: Meeresfrüchte sind – kalt serviert, ob roh oder gegart – die ideale Vorspeise. Unverfälscht, köstlich und leicht, ein absoluter Genuss!

JE FRISCHER, DESTO BESSER, das gilt für Meeresfrüchte ganz besonders. Nur fangfrisch entfalten sie ihren wundervollen Geschmack. Daher lohnt es sich also unbedingt, bereits beim Einkauf auf Frische und Qualität zu achten. Glücklich, wer – wenigstens zeitweise – an der Küste lebt. Für alle andern ist es im Zweifel ratsamer, auf Garnelen auszuweichen, wenn die Kaisergranate nicht mehr den besten Eindruck machen. Der Einkauf von Meeresfrüchten ist Vertrauenssache, zumal Hummer, Langusten und Co. ja nicht gerade preiswert sind.

PUR SERVIERT ...

Vor allem dann, wenn sie roh serviert werden, müssen Meeresfrüchte unbedingt absolut frisch sein, etwa für Sushi oder Sashimi. Die Delikatessen aus dem Meer ungegart zu verzehren, ist jedoch keine ausschließlich japanische Idee, wie man vielleicht vermuten könnte: In den Ländern rund ums Mittelmeer oder am Atlantik schätzen Kenner seit jeher den unverfälschten Geschmack roh servierter Meeresfrüchte, der durch keinerlei Garmethode – und sei sie auch noch so schonend – beeinträchtig wird. Angerichtet auf zerstoßenem Eis kommen Austern, Muscheln, Schnecken, Seeigel, Garnelen und Kaisergranate auf den Tisch, begleitet allenfalls von etwas Zitrone und einer delikaten Sauce, die jedoch schon wieder kein Muss ist. Große Krustentiere wie Hummer und Languste eignen sich übrigens nicht zum Rohverzehr, sie sollten immer gegart werden.

... ODER WÜRZIG MARINIERT?

Das heißt natürlich nicht, dass Meeresfrüchte immer so puristisch daher kommen müssen. Gerade die Küchen jener Länder, in denen Meeresfrüchte seit jeher in Hülle und Fülle zur Verfügung stehen, haben eine Vielzahl an Ideen entwickelt, wie sich die Krusten- und Schaltiere abwechslungsreich auf den Tisch bringen lassen. Von den Gerichten der asiatischen und der mediterranen Küche sind auch die Rezepte des folgenden Kapitels inspiriert, etwa die kräuterwürzig marinierten Garnelen, das Carpaccio von der Krake oder auch die Ceviche vom Hummer. Wichtig ist dabei jedoch immer eines: Der feine Geschmack der Meeresfrüchte darf nicht durch zu starke Aromen überdeckt, sondern immer nur ergänzt werden.

LUXUS AUS DEM MEER

Waren Hummer und Languste noch vor einigen Jahrzehnten bei festlichen Empfängen und Gala-Büfetts als optisches Highlight unverzichtbar, so legen Köchinnen und Köche heute mehr Wert auf den Geschmack. Sie verzichten bewusst auf das große Schaustück in der Mitte und bevorzugen statt dessen raffinierte Kreationen auf dem Teller. So lassen sich mit Meeresfrüchten beispielsweise herrlich erfrischende Salate zubereiten, klassisch sind Muscheln, Garnelen und Kaisergranat aber auch in Gelee eingelegt. Werden Krusten- und Schaltiere dafür nicht roh verwendet, müssen sie grundsätzlich erst einmal in ausreichend sprudelnd kochendem Salzwasser oder besser noch in einer Court-Bouillon (S. 159) gegart werden. Nach dem Erkalten lässt sich das ausgelöste Fleisch dann nach Belieben weiterverarbeiten. Für Salate gut geeignet ist daher auch das Fleisch tiefgekühlter, bereits gekochter Tiere, etwa von Krabben, das nur so in den Handel gelangt.

DIE HOHE KUNST DER KALTEN KÜCHE

Etwas aufwändiger in der Zubereitung, aber Klassiker der Vorspeisenküche sind Mousse und Parfait. Ob vom Hummer oder von der Jakobsmuschel, hier steckt der Geschmack nach Meer in einer luftigen Masse, wie sie perfekter und leichter nicht sein könnte. Einen Versuch sind sie in jedem Fall wert, ebenso wie all die anderen raffinierten Kreationen.

Frische ist wichtig

Damit es keine enttäuschten Gesichter gibt, wenn der Hummer keine kulinarische Offenbarung ist, sollten Sie beim Einkauf unbedingt auf Qualität und Frische achten. Frische Krusten- und Schaltiere riechen immer angenehm nach Meer und nie fischig!

REZEPTE
→ Kalte Meeresfrüchteküche und Vorspeisen

Gemischte Meeresfrüchteplatte

MEERESFRÜCHTE, EISKALT UND LEBEND-FRISCH, also noch roh serviert, da scheiden sich die Geister: Für die einen der höchste Genuss, für die andern eher ein Grund, dankend abzulehnen. Puristen schätzen den unverfälschten Geschmack, der durch keinerlei Garvorgang beeinflusst wird; Skeptiker ziehen doch lieber Gegartes vor. Während die klassische Austernplatte immer mit rohen Austern bestückt ist, kann eine gemischte Meeresfrüchte-Platte durchaus Gegartes und Rohes vereinen, so ist für alle etwas dabei. Serviert werden die Meeresfrüchte meist als Vorspeise, nur von einer Sauce und etwas Brot begleitet. Als Getränk dazu empfiehlt sich Weißwein, etwa ein Chablis, ein Meursault oder auch ein Sancerre. Alle drei Franzosen harmonieren aufs Beste mit edlen Meeresfrüchten. Ganz ausgezeichnet passt hier natürlich auch ein Glas Champagner.

Die Auswahl der Meeresfrüchte für die Platte richtet sich ganz nach Ihrem Geschmack und dem jeweiligen Tagesangebot. Denn absolute Frische ist für roh servierte Meeresfrüchte ein Muss. Aber auch bei Meeresfrüchten, die gegart werden, sollten Sie auf Qualität und Frische achten.

ZUBEREITUNGSZEIT 20 Min.

FÜR DIE MEERESFRÜCHTEPLATTE
(FÜR 4 PORTIONEN ALS VORSPEISE)
· 8 Austern
· 16 Muscheln (etwa Teppichmuscheln, Samtmuscheln oder Clams)
· 12 Bigorneau-Schnecken, Salz
· zerstoßenes Eis
· 4 Seeigel, 8 Garnelen
· 4 Riesengarnelen
· 8 Kaisergranate
· 2 Zitronen oder Limetten, in Spalten geschnitten
· Queller (Glasschmalz) oder Algen nach Belieben

FÜR DIE COCKTAILSAUCE
· 100 g Mayonnaise, 2 TL Tomatenmark
· 2 cl Cognac
· 2 TL Limetten- oder Zitronensaft
· 2 Tropfen Tabasco, ¼ TL geriebener Ingwer
· 1 TL Paprika edelsüß, Salz, Pfeffer
· 50 g Sahne, geschlagen

S. 144–149
KÜCHENPRAXIS Muscheln, Schnecken

S. 157
KÜCHENPRAXIS Seeigel

S. 128–131
KÜCHENPRAXIS Garnelen, Kaisergranate

1. Legen Sie die Muscheln und Schnecken vor der Verwendung noch für 3 bis 4 Stunden in gesalzenes Wasser, damit sie allen eventuell vorhandenen Sand ausscheiden.

2. Für die Cocktailsauce verrühren Sie die Mayonnaise mit Tomatenmark und Cognac und würzen Sie sie mit Limettensaft, Tabasco, Ingwer und Paprika. Die Sauce mit Salz und Pfeffer abschmecken und die geschlagene Sahne unterziehen.

3. Wenn Sie die Meeresfrüchte roh servieren wollen, verteilen Sie zerstoßenes Eis auf einer großen oder auf vier kleinen Platten. Die Austern sowie die anderen Muscheln und Schnecken säubern und waschen, wie auf S. 144 bis 149 beschrieben.

4. Die Austern aufbrechen, wie auf S. 145 gezeigt. Die Seeigel öffnen und ausnehmen, wie auf S. 157 gezeigt. Richten Sie die Eierstöcke oder Gonaden im Seeigel appetitlich an. Die Garnelen, Riesengarnelen und Kaisergranate ausbrechen und vom Darm befreien, wie auf den Seiten 128 bis 131 gezeigt. Arrangieren Sie die Meeresfrüchte dekorativ auf dem Eis.

5. Werden die Krustentiere gegart serviert, diese in Salzwasser oder in einer würzigen Court-Bouillon (S. 159) 2 bis 4 Minuten gerade eben gar kochen. Herausnehmen, etwas abkühlen lassen und die Krustentiere ausbrechen (S. 128–131). Richten Sie sie mit den Schaltieren an. Die Sauce in einem Schälchen auf der Platte servieren und alles mit Zitronenspalten und mit Queller oder Algen garnieren.

Austern pur

Klassisch werden sie roh auf Eis serviert. Feinschmecker schlürfen sie ohne jeden Zusatz aus der Schale, allenfalls mit einem Spritzer Limetten- oder Zitronensaft. Für eine Austernplatte rechnet man 6 Austern pro Portion. Legen Sie die Austern vorher 4 Stunden in Salzwasser, damit sie eventuell vorhandenen Sand ausscheiden. Servieren Sie die Austern mit einem Glas Champagner oder Riesling-Sekt.

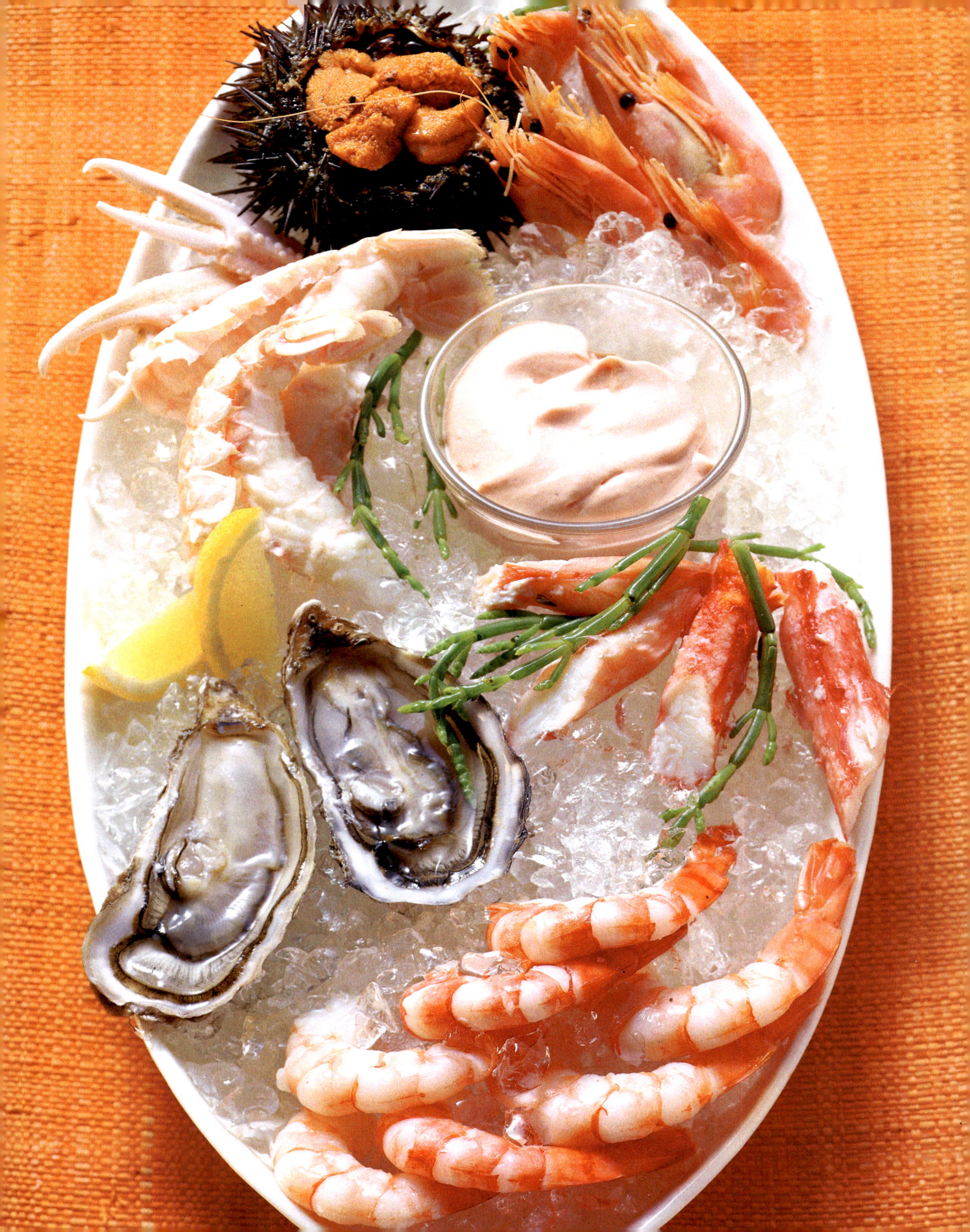

Austern – gebacken, pochiert, gratiniert und im Speckmantel

REIZVOLL SIND DIESE Variationen von der Auster. Sie können sie für eine größere Gesellschaft entweder alle zubereiten oder Sie entscheiden sich für Ihren Favoriten – generell rechnet man 6 Austern pro Person als Vorspeise.

S. 82
WARENKUNDE Austern

S. 145
KÜCHENPRAXIS Austern

GEBACKENE AUSTERN

ZUBEREITUNGSZEIT 20 Min.

ZUTATEN
- 24 Austern, 4 Scheiben trockenes Toastbrot
- 3 Eiweiße, 300 ml Öl
- gekochte Kartoffelscheiben (etwa La Ratte), in Butter gewendet und lauwarm abgekühlt
- etwas Remouladensauce

1. Die Austern auslösen, wie auf S. 145 gezeigt. Das Toastbrot von der Rinde befreien und im Blitzhacker zerkleinern. Die Eiweiße leicht schlagen, die Austern durchziehen und in den Brotbröseln wälzen. Backen Sie die Austern im heißen Öl in etwa 3 Minuten goldbraun aus. Herausnehmen und auf Küchenpapier entfetten.

2. Die gebackenen Austern in der gewölbten Schalenhälfte auf Kartoffelscheiben anrichten und mit einem Tupfer Remouladensauce garnieren.

REZEPTE
→ *Kalte Meeresfrüchteküche und Vorspeisen*

POCHIERTE AUSTERN

ZUBEREITUNGSZEIT 45 Min.

ZUTATEN
- 24 Austern »Fines de Claires«
- etwa 200 ml Himbeersauce (Rezept siehe Kasten)
- 24 frische Himbeeren

1. Die Austern auslösen, wie auf S. 145 gezeigt, dabei das Austernwasser auffangen und durch ein feines Sieb gießen. Erhitzen Sie es in einem kleinen Topf auf 80 °C, lassen Sie die Austern darin in etwa 20 Sekunden steif werden. Herausnehmen und abtropfen lassen.

2. Legen Sie die Austern in die Schalen. Mit der Sauce umgießen und mit einer Himbeere garnieren.

GRATINIERTE AUSTERN

ZUBEREITUNGSZEIT 40 Min.

ZUTATEN
- 24 Austern, 200 ml Weißwein
- 20 ml Champagneressig (Ersatz: Weißweinessig)
- 40 g Schalottenwürfel, je 1 Zweig Estragon und Kerbel
- ½ TL weiße Pfefferkörner, 3 Eigelbe
- 60 g kalte Butterwürfel, Saft von 1 Zitrone
- 1 Msp. Cayennepfeffer, Salz, Pfeffer, Muskatnuss
- 1 EL geschlagene Sahne, 20 g Butter
- 150 g junger Blattspinat, geputzt und gewaschen

1. Die Austern auslösen, wie auf S. 145 gezeigt, dabei das Austernwasser auffangen und durch ein Sieb gießen. Kochen Sie in einem Topf Weißwein, Essig, 20 g Schalottenwürfel, Kräuter und Pfefferkörner auf, reduzieren Sie die Flüssigkeit um die Hälfte und gießen Sie sie durch ein feines Sieb.

2. Eigelbe und Austernwasser über einem Wasserbad leicht schaumig schlagen, die Reduktion zufügen und kräftig aufschlagen. Die kalte Butter einmontieren und die Sauce mit Zitronensaft, Salz, Cayennepfeffer und Muskat abschmecken. Die geschlagene Sahne unterheben.

2. Die übrigen Schalottenwürfel in Butter anschwitzen, den abgetropften Spinat kurz mitdünsten, würzen und in die Austernschalen füllen. Je 1 Auster auflegen, mit der Sauce übergießen. Gratinieren Sie die Austern bei Oberhitze im vorgeheizten Ofen etwa 5 Minuten, bis sie schön goldbraun sind. Herausnehmen und servieren.

AUSTERN IM SPECKMANTEL

ZUBEREITUNGSZEIT 25 Min.

ZUTATEN
- 24 Austern
- 12 dünne Scheiben Bauchspeck, halbiert
- 2 EL Öl

1. Lösen Sie die Austern aus, wie auf S. 145 gezeigt. Das Austernfleisch jeweils mit ½ Speckscheibe umwickeln und im heißen Öl knusprig braten.

2. Je 1 Auster im Speckmantel in den Schalenhälften anrichten; nach Belieben den Speck vorher entfernen.

»Austern mit Himbeersauce«

Eine wunderbare Ergänzung zu pochierten Austern ist diese Himbeersauce. Dafür koche ich 1 fein gewürfelte Schalotte mit 10 Himbeeren und 10 g Zucker sirupartig ein und rühre 20 ml Himbeeressig unter. Dann öffne ich 6 Austern, vorzugsweise »Fines de Claires«. Ich löse die Austern aus und fange dabei das Austernwasser auf. Austern, Austernwasser und 100 g Crème double verrühre ich mit der Himbeermischung und lasse alles 3 Minuten köcheln. Zum Schluss gieße ich die Sauce durch ein Sieb, schmecke sie mit Salz und schwarzem Pfeffer ab und verteile sie über die in der Schale angerichteten pochierten Austern.

Bobby Bräuer

REZEPTE
→ *Kalte Meeresfrüchteküche und Vorspeisen*

Roh marinierte Garnelen

ZUBEREITUNGSZEIT 30 Min.
ABTROPFZEIT 12 Std.

FÜR DIE GARNELEN
- 8 frische Garnelen, je etwa 80 g
- 200 ml gutes Olivenöl, Saft von 1 Limette
- Meersalz, frisch gemahlener Pfeffer
- 1 Prise Zucker, 1 TL gehacktes Koriandergrün
- 100 g Tomatenfruchtfleisch, klein gewürfelt
- Limettenscheiben, geviertelt, geröstetes Baguette

FÜR DEN TOMATENSAFT
- 2 reife Tomaten, geviertelt, 1 bis 2 TL Gin
- ½ TL Cayennepfeffer, 1 TL Zucker
- je 1 Prise Salz und frisch gemahlener Pfeffer

S. 22
WARENKUNDE Garnelen
S. 128
KÜCHENPRAXIS Garnelen

1. Stellen Sie zunächst den Tomatensaft her: Dafür alle Zutaten im Mixer pürieren, in ein Passiertuch geben und den Saft über Nacht in ein Gefäß abtropfen lassen. Wichtig dabei ist, dass Sie die Tomaten nicht ausdrücken, sonst wird der Saft nicht klar.

2. Am nächsten Tag die Garnelenschwänze vom Kopf abdrehen, schälen, längs in Scheiben schneiden und zwischen zwei Lagen Klarsichtfolie mit einem breiten Messer leicht plattieren; die Scheiben sollten jeweils etwa 3 mm dick sein.

3. Das Olivenöl mit dem Limettensaft und 100 ml abgetropftem Tomatensaft verrühren und die Marinade mit Salz, Pfeffer und Zucker würzen.

4. Bepinseln Sie die Teller mit etwas Marinade und legen Sie sie mit Garnelenscheiben aus. Das Koriandergrün und die Tomatenwürfel unter die übrige Marinade rühren und die Garnelen damit beträufeln. Alles leicht salzen, pfeffern und mit Limettenstückchen garnieren. Dazu schmeckt geröstetes Baguette.

Roh marinierte Kaisergranate

ZUBEREITUNGSZEIT 35 Min.

FÜR DIE KAISEGRANATE
- 2 Tomaten, ½ rote Paprikaschote
- ¼ Salatgurke, 2 Frühlingszwiebeln
- 2 Scheiben Toastbrot, ohne Rinde
- 2 EL Olivenöl, 1 Knoblauchzehe, abgezogen
- 16 Kaisergranatschwänze, ausgelöst
- 1 Bund Basilikum, Olivenöl zum Frittieren

FÜR DIE VINAIGRETTE
- 1 Schalotte, 50 g Fenchelknolle
- 1 Knoblauchzehe, 5 EL Olivenöl
- 100 ml Geflügelfond (S. 163)
- 4 cl Noilly Prat, 2 EL Sherryessig
- 2 EL Champagneressig (Ersatz: Weißweinessig)
- Salz, frisch gemahlener Pfeffer, Zucker

1. Die Tomaten blanchieren, häuten, von Stielansätzen und Samen befreien, die Samen dabei auffangen. Das Tomatenfruchtfleisch klein würfeln. Schälen Sie die Paprika und die Gurke mit dem Sparschäler, entfernen Sie jeweils die Samen und schneiden Sie das Fruchtfleisch in kleine Würfel. Die Frühlingszwiebeln putzen, längs halbieren und in feine Scheiben schneiden.

2. Für die Vinaigrette die Schalotte schälen, den Fenchel putzen und beides in feine Streifen schneiden. Den Knoblauch schälen und halbieren. In einer Pfanne 1 EL Olivenöl erhitzen, Schalotten und Fenchel darin farblos anschwitzen. Mit Geflügelfond und Noilly Prat ablöschen, Tomatensamen und Knoblauch zufügen und alles 10 bis 15 Minuten köcheln lassen. Durch ein Sieb gießen, gut ausdrücken, den Fond mit den beiden Essigsorten und dem restlichen Öl zu einer sämigen Vinaigrette verrühren und mit Salz, Pfeffer und Zucker abschmecken.

3. Das Toastbrot klein würfeln, den Knoblauch vierteln. Das Olivenöl erhitzen, den Knoblauch darin hellbraun braten, die Brotwürfel zufügen, goldbraun rösten. Alles auf Küchenpapier gut abtropfen lassen und den Knoblauch entfernen.

4. Vier Teller leicht ölen, salzen und pfeffern. Die Kaisergranatschwänze längs in dünne Scheiben schneiden, auf den Tellern anrichten und mit der Hälfte der Vinaigrette beträufeln. Basilikum waschen und trockenschütteln. Suchen Sie 12 große Basilikumblätter aus und tupfen Sie sie gut trocken – sonst besteht akute Spritzgefahr! Die Blättchen dann kurz in reichlich Olivenöl frittieren, herausheben und auf Küchenpapier abtropfen lassen.

5. Alle Zutaten für den Brotsalat vermischen, mit der restlichen Vinaigrette vermengen und abschmecken. Übriges Basilikum in Streifen schneiden und untermischen. Richten Sie den Brotsalat auf den Kaisergranatscheiben an und garnieren Sie ihn mit den frittierten Basilikumblättchen.

S. 50
WARENKUNDE Kaisergranate

S. 131
KÜCHENPRAXIS Kaisergranate

Unbedingt frisch!

Die Kaisergranate für dieses Gericht müssen von bester Qualität und wirklich absolut frisch sein, da sie nicht gegart werden. Im Zweifelsfall lieber auf andere Krustentiere zurückgreifen, die fangfrisch zu haben sind.

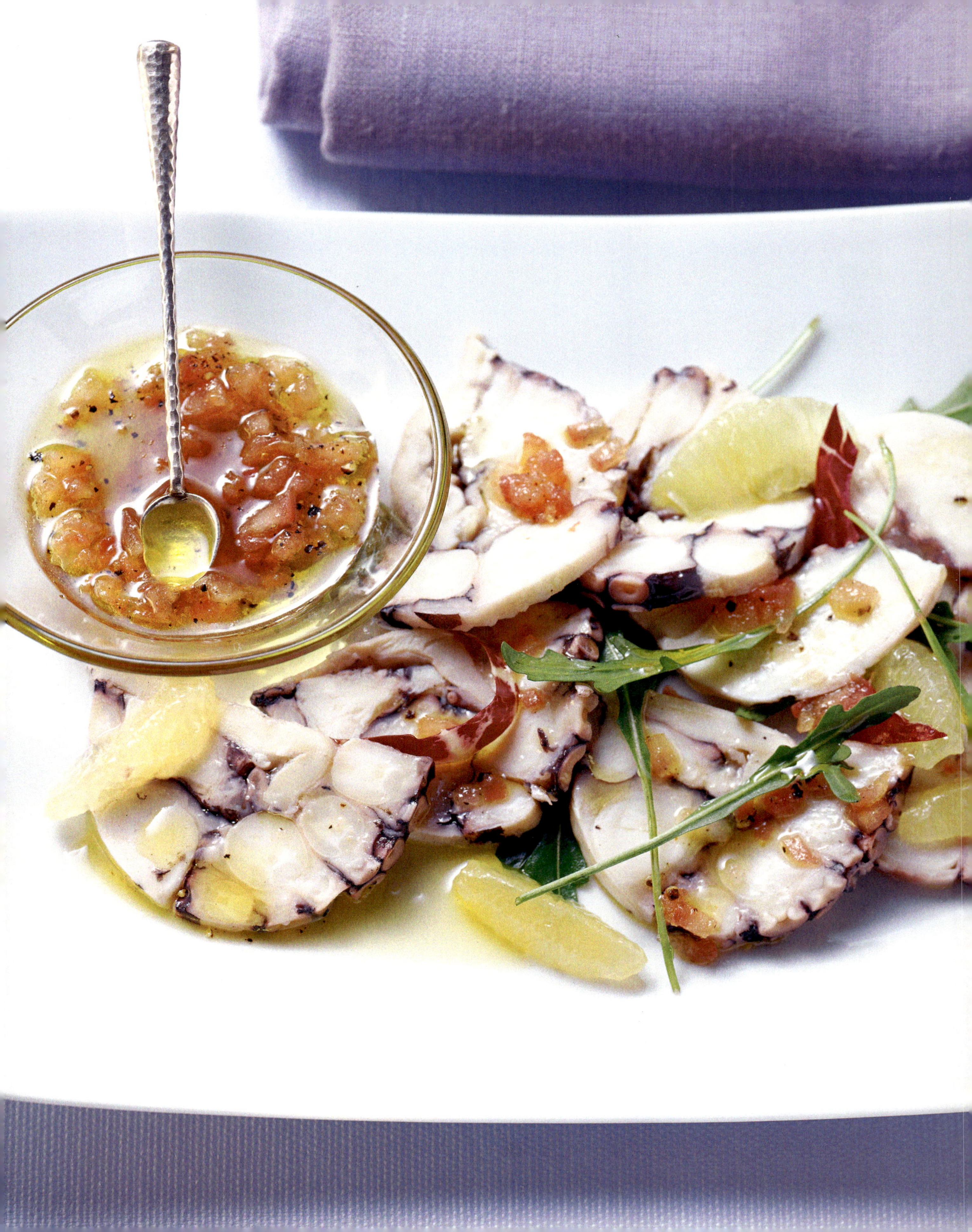

WARENKUNDE   KÜCHENPRAXIS   **REZEPTE**
→ *Kalte Meeresfrüchteküche und Vorspeisen*

Carpaccio vom Kraken

ZUBEREITUNGSZEIT 1 Std. 30 Min.
KÜHLZEIT 12 Std.

ZUTATEN
- 1 Krake von 1 ½ kg, 2 l Weißwein
- 100 ml Champagner- oder Weißweinessig
- 300 g Suppengrün (Bouquet garni)
- ½ Bund glatte Petersilie
- 1 Zweig Thymian, 3 Lorbeerblätter
- Salz, 1 EL Pfefferkörner
- 6 EL Olivenöl, 2 EL Limettensaft, Pfeffer
- etwas Rucola und Radicchio, geputzt
- Filets von 1 Limette, 2 EL Tomatenwürfel

S. 116
WARENKUNDE Kraken

S. 156
KÜCHENPRAXIS Kraken

1. Legen Sie den Kraken in ein Küchentuch und klopfen Sie ihn ungefähr 10 Minuten mit der flachen Seite des Fleischklopfers. Den Kraken vorbereiten, häuten und ausspülen, wie auf S. 156 gezeigt.

2. In einem Topf 1 ½ l Wasser mit Weißwein und Essig zum Kochen bringen. In der Zwischenzeit das Suppengrün putzen und grob würfeln. Petersilie und Thymian waschen. Suppengrün, Kräuter und Gewürze zufügen und den Sud abschmecken. Den Kraken im heißen Sud in etwa 1 Stunde weich garen.

3. Den Kraken aus dem Sud nehmen und in einem Sieb gut abtropfen lassen. Den Körperbeutel in breite Streifen schneiden, die Tentakel ganz lassen und weiterverfahren, wie in den Steps 1 bis 3 der Bildfolge unten gezeigt.

4. Aus Olivenöl, Limettensaft, Salz und Pfeffer eine Vinaigrette rühren und die Teller damit dünn ausstreichen. Die Krakenscheiben leicht überlappend auf den Tellern anrichten und mit Rucolablättchen, Radicchiostreifen sowie Limettenfilets garnieren. Die Tomatenwürfel unter die restliche Vinaigrette rühren und das Carpaccio mit der Vinaigrette beträufeln.

KRAKE IN DIE FORM
einschichten und schneiden

(1) Legen Sie eine Terrinenform mit Klarsichtfolie aus. Lassen Sie dabei die Folie auf einer Seite etwas überlappen. Die Tentakel im Ganzen mit den Krakenstreifen in die Form schichten, die Folie darüber schlagen, mit einem Gewicht beschweren und 12 Stunden kühl stellen.

(2) Das Krakenfleisch aus der Form nehmen und die Folie entfernen.

(3) Das gut durchgekühlte Krakenfleisch mit einem scharfen Messer oder mit der Aufschnittmaschine so dünn wie möglich aufschneiden.

Hummermousse mit Salat von Artischocken

»Klassiker schnell zubereitet«

Das folgende Rezept für eine Hummermousse kann relativ schnell zubereitet werden, wenn Sie den Hummerfond bereits hergestellt haben.
Dafür weichen Sie 4 Blatt Gelatine in kaltem Wasser ein. Das Fleisch aus Schwanz, Scheren und Beinen eines gekochten Hummers (etwa 1 kg) ausbrechen – es sollte etwa 300 g ergeben – und zerkleinern. In einer Kasserolle ¼ l Hummerfond erhitzen, die Gelatine ausdrücken und darin auflösen. Das Hummerfleisch im Mixer pürieren. Den Hummerfond nach und nach zugießen und zu einer homogenen Masse verarbeiten. Die Masse mit einem Gummischaber durch ein feines Sieb streichen und cremig rühren. Die Mousse mit Salz, Pfeffer und 2 cl Cognac würzig abschmecken. Sobald sie zu erstarren beginnt, 250 g Sahne steif schlagen und unterheben. Die Mousse mindestens 3 Stunden kalt stellen. Zum Servieren mit einem in warmes Wasser getauchten Löffel Nocken abstechen.
Im Gegensatz zur oben vorgestellten Hummermousse, für die sowohl Hummerfleisch als auch ein aus Hummerkarkassen hergestellter Fond verwendet werden, stelle ich meine Mousse (siehe Rezept rechts) nur aus Karkassen her. Die besondere Note erhält sie zum einen durch die Zugabe ausgezeichneter Weine und zwar Sauternes und weißem Portwein, zum anderen durch die Verwendung von Sternanis. Szechuanpfeffer rundet das Aroma ab und sorgt für eine angenehme Schärfe.
Zu dieser Mousse serviere ich einen Artischockensalat, dessen fein-herbes Aroma eine gute Ergänzung zum kräftigen Hummeraroma ist.

Matthias Buchholz

ZUBEREITUNGSZEIT 2 Std. 10 Min.
KÜHLZEIT 3 Std.

FÜR DEN ARTISCHOCKENSALAT
- 4 EL Olivenöl, 2 Schalotten, geschält und gewürfelt
- 2 Knoblauchzehen, abgezogen und angedrückt
- ½ Fenchelknolle, geputzt und gewürfelt
- 1 Stange Staudensellerie, geputzt und gewürfelt
- 1 Möhre, geschält und gewürfelt
- ½ Stange Lauch, nur den weißen Teil, gewürfelt
- 2 Tomaten, geviertelt
- je 1 cl Noilly Prat und Pernod
- 2 EL Champagner- oder Weißweinessig
- ½ TL Fenchelsamen, 1 Lorbeerblatt
- 1 Sternanis, 1 TL weiße Pfefferkörner
- je 1 Zweig Thymian und Rosmarin
- ½ l Geflügelfond (S. 163)
- Salz, frisch gemahlener Pfeffer, 1 Prise Zucker
- 6 kleine Artischocken oder 6 Artischockenböden

FÜR DIE HUMMERMOUSSE
- 500 g Hummerkarkassen, klein geschnitten
- 1–2 EL Butterschmalz, 2 Tomaten, geviertelt
- 1 Stange Staudensellerie, gewürfelt
- 100 ml Sauternes oder ein anderer Süßwein
- 4 cl Noilly Prat, 100 ml weißer Portwein
- 3 Sternanis, ¼ TL Szechuan-Pfeffer
- 300 g Sahne, 5 Blatt Gelatine, kalt eingeweicht
- Salz, 250 g Sahne, geschlagen

AUSSERDEM
- 4 ausgelöste Hummerscheren
- Rosmarinzweige, Thymianblättchen

S. 45
WARENKUNDE Hummer

S. 136
KÜCHENPRAXIS Hummer

REZEPTE
→ *Kalte Meeresfrüchteküche und Vorspeisen*

1. Für den Artischockensalat erhitzen Sie 2 EL Öl und schwitzen Sie das Gemüse darin an. Mit Noilly Prat, Pernod und 1 EL Champagneressig ablöschen. Gewürze und Kräuter zufügen und den Geflügelfond zugießen. Mit Salz, Pfeffer und Zucker würzen, aufkochen, kurz ziehen lassen und den Fond durch ein Sieb gießen.

2. Braten Sie die geputzten Artischocken oder Artischockenböden im übrigen Öl an und löschen Sie sie mit 1 EL Champagneressig ab. Den Fond zugießen, aufkochen und die Artischocken bei schwacher Hitze in 5 bis 8 Minuten weich garen, dann lauwarm abkühlen lassen. Artischocken oder -böden aus dem Fond nehmen und in Stücke schneiden. Nehmen Sie etwas Fond ab und legen Sie die Artischockenstücke darin ein.

3. Die Hummerkarkassen im heißen Butterschmalz etwa 5 Minuten anschwitzen. Tomaten und Sellerie kurz mitbraten. Löschen Sie die Karkassen mit Weißwein, Noilly Prat und Portwein ab. Die Gewürze zufügen, alles mit der flüssigen Sahne und etwa ½ l Wasser auffüllen und zum Kochen bringen. Den Fond etwa 30 Minuten köcheln lassen, vom Herd nehmen, auf Zimmertemperatur abkühlen lassen und durch ein feines Sieb abgießen.

4. Reduzieren Sie den Fond auf ½ l und messen Sie 100 ml ab. Die ausgedrückte Gelatine darin auflösen, unter den restlichen Fond mischen, salzen und alles auf Eiswasser kaltrühren. Kurz vor dem Gelierpunkt die geschlagene Sahne unterheben und die Mousse 3 Stunden durchkühlen lassen. Nocken abstechen, die Mousse mit dem Artischockensalat anrichten und mit je 1 Hummerschere und den Kräutern garnieren.

Jakobsmuscheln mit Korianderpesto

ZUBEREITUNGSZEIT 1 Std. 20 Min.

FÜR DIE MUSCHELN
- ½ l Olivenöl
- Zesten von 1 unbehandelten Zitrone
- 2 TL weiße Pfefferkörner, 1 TL Koriandersamen
- 2 TL Fenchelsamen, 1 TL Pimentkörner
- 2 Lorbeerblätter
- 4 Jakobsmuscheln, ausgelöst
- Salz, frisch gemahlener Pfeffer, Zitronensaft
- gemahlener Koriander, 2 EL Olivenöl
- Blattsalate für die Garnitur

FÜR DAS PESTO UND DIE SCHWARZWURZELN
- 1 Bund Koriandergrün
- 30 g geröstete Pinienkerne
- 75 ml Olivenöl, Salz, Pfeffer, Öl zum Frittieren
- 2 TL geröstete Koriandersamen
- 80 g Weißbrotbrösel
- 500 g Schwarzwurzeln, geschält, in Stücke geschnitten und in Salz-Zitronen-Wasser gegart
- 1 EL Mehl, 1 verquirltes Ei

1. Erhitzen Sie das Olivenöl mit den Zitronenzesten und den Gewürzen auf 80 °C. Die Jakobsmuscheln darin 15 Minuten pochieren und abtropfen lassen.

2. Für das Pesto das Koriandergrün waschen, trocknen und die Blättchen abzupfen. Mixen Sie aus der Hälfte der Blättchen, den Pinienkernen und dem Olivenöl ein Pesto. Mit Salz und Pfeffer abschmecken. Frittieren Sie zwei Drittel der übrigen Korianderblättchen im 170 °C heißen Öl. Das frittierte Koriandergrün, das restliche Drittel Koriandergrün, die Koriandersamen und die Weißbrotbrösel im Blitzhacker zu einer Panade zerkleinern.

3. Die Schwarzwurzeln salzen, erst in Mehl, dann in Ei und zuletzt in der Korianderpanade wenden und im 170 °C heißen Öl knusprig frittieren. Herausheben und auf Küchenpapier abtropfen lassen.

4. Die Jakobsmuscheln quer in dünne Scheiben schneiden und mit Salz, Pfeffer, Zitronensaft sowie Olivenöl würzen. Richten Sie die Jakobsmuscheln dekorativ mit dem Korianderpesto und den Schwarzwurzeln an und garnieren Sie sie mit Blattsalaten.

Jakobsmuschel-parfait

ZUBEREITUNGSZEIT 35 Min.
KÜHLZEIT 3 Std.

FÜR DAS PARFAIT (6 PORTIONEN)
- 16 Jakobsmuscheln, ausgelöst, mit Corail
- 1 EL Butter
- 200 ml Fischfond (S. 161)
- 2 EL Crème fraîche
- 2 Zweige Rosmarin
- 4 Blatt Gelatine, kalt eingeweicht
- 200 g Sahne, geschlagen
- Salz, frisch gemahlener weißer Pfeffer

AUSSERDEM
- 1 Dreiecksform oder eine Dachziegelform
- Blattsalate der Saison, geputzt
- 2 EL Vinaigrette, 1 EL Butter

1. Das Jakobsmuschelfleisch – Corail beiseite stellen – in der zerlassenen Butter kurz anbraten, aber nicht bräunen. Mit dem Fischfond ablöschen und die Muscheln noch 1 Minute garen. Das Muschelfleisch herausnehmen und beiseite stellen. Fügen Sie die Crème fraîche sowie den Rosmarin zu und lassen Sie den Fond noch etwas köcheln. Den Rosmarin wieder entfernen und den Fond mitsamt dem Muschelfleisch im Mixer fein pürieren.

2. Die eingeweichte Gelatine mit dem Abtropfwasser in einem kleinen Topf auflösen und unter das Muschelpüree rühren. Lassen Sie die Masse abkühlen und heben Sie kurz vor dem Erstarren die geschlagene Sahne unter. Die Parfaitmasse mit Salz und Pfeffer abschmecken, in eine Dreiecks- oder Dachziegelform einfüllen und 3 Stunden durchkühlen lassen.

3. Das Parfait auf eine Platte stürzen und in 1 ½ cm dicke Scheiben schneiden. Die Salatblätter waschen, trockenschleudern und mit der Vinaigrette vermengen. Richten Sie jeweils eine Scheibe Jakobsmuschelparfait mit einem kleinen Salatbouquet auf gekühlten Tellern an. In einer Pfanne die Butter zerlassen, den Corail darin kurz braten und neben dem Parfait anrichten. Dazu passt knuspriges Baguette.

S. 92
WARENKUNDE Jakobsmuscheln

S. 148
KÜCHENPRAXIS Jakobsmuscheln

Austern-Variante

Auch mit Austern schmeckt dieses Parfait hervorragend. Dafür die Austern auslösen und im Austernwasser kurz pochieren. Die anderen Zutaten bleiben gleich, nur die Menge des Fischfonds reduziert sich um die Hälfte. Passen Sie jedoch beim Würzen auf, da Austern in der Regel sehr salzig sind.

Salat von Schwertmuscheln

ZUBEREITUNGSZEIT 1 Std. 50 Min.
EINWEICHZEIT 24 Std.

FÜR DEN SALAT
- 80 g große getrocknete weiße Bohnenkerne
- 20 g Räucherspeckschwarte, Meersalz
- 1 Schalotte, 1 Knoblauchzehe, abgezogen
- 4 EL Olivenöl, 2 EL Weißweinessig
- Pfeffer, 10 schwarze Oliven, entsteint
- 2 getrocknete Tomaten in Öl, abgetropft
- 60 g Rucola

FÜR DIE MUSCHELN
- 12 Schwertmuscheln, 2 EL Olivenöl
- 1 Knoblauchzehe, 20 g Schalottenwürfel
- 40 ml Weißwein, 40 ml Fischfond (S. 161)
- 40 g kalte Butter, in Stücken, 40 g Bauchspeck

1. Weichen Sie die Bohnen am Vortag ein. Abgießen, abspülen und die Bohnen mit der Speckschwarte in 1 Stunde und 20 Minuten – bei Bedarf länger – weich kochen. Gießen Sie die Bohnen ab und schrecken Sie sie in kaltem Salzwasser ab. Schalotte und Knoblauch schälen, beides fein würfeln und in 1 EL Olivenöl glasig schwitzen. Mit dem Essig ablöschen, vom Herd nehmen und das übrige Olivenöl unterrühren. Die Marinade warm über die abgetropften Bohnen gießen, salzen, pfeffern und alles 30 Minuten durchziehen lassen. Die Oliven sowie die abgetropften Tomaten grob würfeln und untermischen.

2. Die Muscheln säubern, wie auf S. 147 gezeigt. Die Muscheln 2 Minuten im heißen Öl anschwitzen. Den Knoblauch hacken, mit den Schalottenwürfeln zufügen und 2 Minuten anschwitzen. Wein und Fond zugießen und alles kurz aufkochen lassen. Nehmen Sie die gegarten Muscheln heraus und gießen Sie den Fond durch ein feines Sieb. Muschelfond auf ein Drittel reduzieren und mit der eingerührten kalten Butter binden.

3. Vier Muscheln auslösen und in 2 cm lange Stücke schneiden. Den Speck in feine Streifen schneiden, ohne Fett knusprig braten und auf Küchenpapier entfetten. Vor dem Anrichten schneiden Sie 10 g Rucola in feine Streifen, mischen Sie diese unter den Salat und schmecken ihn ab. Restlichen Rucola mit etwas Marinade vom Salat vermischen, auf Tellern oder in Gläsern anrichten, den Bohnensalat darauf verteilen und mit den Muscheln umlegen. Die Muschelstücke auf dem Salat arrangieren und mit Speckstreifen garnieren.

Alternativen

Statt der Schwertmuscheln, auch Stabmuscheln genannt, können Sie diesen Salat auch mit anderen Meeresfrüchten kombinieren. Sehr gut schmecken dazu etwa gegrillte oder gebratene Jakobsmuscheln, gedünstete Bouchot-Muscheln oder gegrillte Garnelen. Auch eine Mischung verschiedener Meeresfrüchte kann zum Bohnensalat sehr reizvoll sein.

S. 102
WARENKUNDE Schwertmuscheln

S. 147
KÜCHENPRAXIS Schwertmuscheln

Crostini mit Bouchot-Muscheln, getrockneten Tomaten und Oliven

ZUBEREITUNGSZEIT 1 Std. 10 Min.

FÜR DIE MUSCHELN
- 750–800 g Bouchot-Muscheln, 40 g Butter
- 2 EL Schalottenwürfel, 1 Knoblauchzehe
- ¼ l trockener Weißwein
- ¼ l Fischfond (S. 161), ½ Lorbeerblatt
- ½ TL weiße Pfefferkörner, 1 Zweig Thymian

AUSSERDEM
- 90 ml Olivenöl, 20 g Schalottenwürfel
- 3 Knoblauchzehen, abgezogen
- 10 ml Aceto Balsamico bianco, Salz, Pfeffer
- 120 g schwarze Oliven, entsteint
- 20 g Kapern, 20 g geröstete Pinienkerne
- 4 getrocknete Tomaten in Öl, abgetropft
- 1 EL gehackte glatte Petersilie
- 1 Msp. abgeriebene unbehandelte Zitronenschale
- ½ Stange Baguette, 50 ml Olivenöl

S. 76, 78
WARENKUNDE Muscheln

S. 146
KÜCHENPRAXIS Muscheln

1. Säubern Sie die Muscheln, wie auf S. 146 gezeigt. In einem Topf die Butter zerlassen, die Schalottenwürfel und die abgezogene, angedrückte Knoblauchzehe darin glasig schwitzen. Die Muscheln zugeben, Weißwein und Fischfond angießen, Lorbeerblatt, Pfefferkörner sowie Thymian zufügen und alles aufkochen. Lassen Sie die Muscheln zugedeckt 3 Minuten köcheln, dann abgießen. Das Fleisch aus den Schalen lösen und abkühlen lassen; es sollten etwa 150 g Muschelfleisch sein.

2. Für die Crostini 40 ml Öl erhitzen und die Schalottenwürfel darin mit 1 fein gewürfelten Knoblauchzehe glasig anschwitzen. Das Muschelfleisch zufügen, mit dem Essig ablöschen und vom Herd nehmen. Würzen Sie die Muschel-Mischung mit Salz und Pfeffer und lassen Sie sie etwa 30 Minuten bei Zimmertemperatur durchziehen.

3. Würfeln Sie die Oliven, Kapern, Pinienkerne und Tomaten grob und vermengen Sie alles mit den marinierten Muscheln. Den Belag für die Crostini mit Salz, Pfeffer, gehackter Petersilie und abgeriebener Zitronenschale würzen.

4. Das Baguette in 1 ½ cm dicke Scheiben schneiden, mit Öl bepinseln und bei 180 °C im vorgeheizten Ofen in 10 Minuten goldbraun rösten, herausnehmen. Halbieren Sie die übrigen Knoblauchzehen, reiben Sie die Brotscheiben damit ein und verteilen Sie den Belag darauf. Crostini auf einer Platte anrichten, nach Belieben mit Kräutern und Zitronenzesten garnieren.

REZEPTE
Kalte Meeresfrüchteküche und Vorspeisen

Meeresfrüchte in Buttermilchgelee

ZUBEREITUNGSZEIT 3 Std. 30 Min.
MARINIER- UND KÜHLZEIT 36 Std.

FÜR DAS GELEE (12 PORTIONEN)
- 8 Riesengarnelen, geschält und ohne Darm
- Salz, Zucker
- frisch gemahlener weißer Pfeffer
- 150 g gemischte gehackte Kräuter (etwa glatte Petersilie, Kerbel, Schnittlauch, Rosmarin, Thymian, Majoran, Dill, Estragon)
- 1 ½ l Buttermilch, Saft von 1 Zitrone
- 500 g Miesmuscheln
- 1 Knoblauchzehe
- 1 Schalotte
- je 60 g Möhre und Petersilienwurzel
- 1 Stange Staudensellerie, 1–2 EL Öl
- Schale und Saft von ½ unbehandelten Zitrone
- 200 ml trockener Weißwein oder Fischfond
- 12 Blatt Gelatine, kalt eingeweicht

FÜR DEN WILDKRÄUTER-SALAT
- 3 Bund Wildkräuter (etwa Löwenzahn, Vogelmiere, Brennnessel, Spitzwegerich, Huflattich, Sauerampfer, Bärlauch)
- 8 EL kräftige Vinaigrette nach Geschmack

AUSSERDEM
- 1 Kastenform von 1,2 l
- Frischhaltefolie

1. Halbieren Sie die Garnelen längs und reiben Sie die Hälften ringsum mit Salz, Zucker und Pfeffer ein. Die Hälfte der Kräuter zugedeckt kühl stellen, die andere Hälfte über die Garnelen streuen, leicht festdrücken und alles mit Frischhaltefolie bedeckt 24 Stunden im Kühlschrank durchziehen lassen.

2. Die Buttermilch mit ½ EL Salz, 50 g Zucker, weißem Pfeffer und dem Zitronensaft würzen. Die Muscheln säubern, wie auf S. 146 gezeigt. Den Knob-

lauch und die Schalotte schälen, beides fein würfeln. Das Gemüse putzen und klein würfeln.

3. Schwitzen Sie die Schalotte und den Knoblauch im heißen Öl an. Gemüse zufügen und 5 Minuten anschwitzen. Zitronenschale und Muscheln zugeben, Wein und Zitronensaft zugießen und 2 EL Kräuter unterrühren. Aufkochen und die Muscheln bei schwacher Hitze 6 Minuten darin garen, herausnehmen, abtropfen und abkühlen lassen. Die Muscheln – geschlossene Exemplare wegwerfen – auslösen und mit 1 EL Kräuter vermischen.

4. Klopfen Sie die überschüssigen Kräuter von den Garnelen ab, sie sollen nur von einem leichten grünen Mantel umgeben sein. Die Garnelen etwa 3 Minuten dämpfen und abkühlen lassen. Eine Kastenform ölen, mit Frischhaltefolie auslegen und kühl stellen. 200 ml Buttermilch erhitzen, die gut ausgedrückte Gelatine darin auflösen und die Mischung mit dem Schneebesen rasch unter die restliche Buttermilch rühren. Die Buttermilch bis kurz vor den Gelierpunkt auf Eiswasser abkühlen, dann die übrigen Kräuter unterrühren. Schmecken Sie das flüssige Gelee ab, es soll kräftig und leicht süßlich sein.

5. Füllen Sie die vorbereitete Form 1 ½ cm hoch mit Buttermilchgelee und lassen Sie die Schicht im Kühlschrank erstarren. Diese mit der Hälfte der Garnelen belegen – die Garnelen bei Bedarf in Stücke schneiden, die Fläche sollte ganz bedeckt sein. Darauf erneut 1 cm hoch Gelee einfüllen, kühl stellen. Das Muschelfleisch auf der festen Geleeschicht verteilen, 1 cm hoch mit Gelee bedecken und erstarren lassen. Darauf die übrigen Garnelen legen und mit dem restlichen Gelee abschließen. Die Form mit Frischhaltefolie bedecken und über Nacht im Kühlschrank durchkühlen lassen.

6. Wildkräuterblättchen abzupfen, waschen, trockenschleudern und in der Vinaigrette marinieren. Stürzen Sie das Gelee aus der Form und wickeln Sie es zum Schneiden mehrfach in Frischhaltefolie. Schneiden Sie das Gelee in breite Scheiben und entfernen Sie die Folie wieder. Den Wildkräutersalat mit 1 Scheibe Buttermilchgelee anrichten und beides mit der verbliebenen Vinaigrette beträufeln.

S. 128
KÜCHENPRAXIS Garnelen

S. 146
KÜCHENPRAXIS Miesmuscheln

»Klassisch in Rieslinggelee«

Der folgende Klassiker »Meeresfrüchte in Rieslinggelee« hat mich zu meiner frischen, sommerlichen Rezeptvariante inspiriert, für die ich mit Kräutern marinierte Meeresfrüchte in ein würziges Buttermilchgelee einbette (siehe Rezept links).

Für das klassische Rezept weichen Sie 7 Blatt Gelatine in kaltem Wasser ein. Dann erwärmen Sie in einem Topf 400 ml Fischfond zusammen mit ⅛ l Riesling, 1 EL Wermut und 1 EL Zitronensaft. Darin lösen Sie die gut ausgedrückte Gelatine auf. Die Flüssigkeit leicht salzen und abkühlen lassen.

Waschen Sie die Blätter eines halben Kopfsalates und schleudern Sie sie trocken. Legen Sie vier Suppenteller mit den Salatblättern aus. Lösen Sie einen gekochten Hummer (700 g), 150 g gekochte Garnelenschwänze, 4 gekochte Scampi und 200 g gedämpfte Muscheln (aus 1 kg Frischware) aus. Bei Bedarf größere Fleischstücke klein schneiden und alles auf dem Salat verteilen.

2 Tomaten blanchieren, häuten, entkernen und das Fruchtfleisch vierteln. Je 50 g Möhren- und Lauchstreifen blanchieren, kalt abschrecken und mit den Tomaten über den Meeresfrüchten verteilen. Die vorbereiteten Teller im Kühlschrank 30 Minuten durchkühlen lassen.

Zum Schluss das fast erkaltete Gelee darüber gießen und im Kühlschrank fest werden lassen.

Schneiden Sie 1 gekochtes Ei in Scheiben und belegen Sie das Gelee vor dem Servieren damit.

Matthias Buchholz

Tapa mit gefüllten Calamaretti

ZUBEREITUNGSZEIT 25 Min.

FÜR DIE FÜLLUNG
- ½ Fenchelknolle
- 1 TL Zitronensaft
- 2 EL frisch geriebener Parmesan
- 100 g Weißbrot, ohne Rinde
- ½ Bund glatte Petersilie, grob gehackt
- 1 TL gehackte Rosmarinnadeln, 1 Ei
- Meersalz, frisch gemahlener Pfeffer
- Semmelbrösel nach Bedarf

AUSSERDEM
- 8 küchenfertige Calamaretti (Ersatz: kleine Sepien)
- ½ Radicchio di Treviso (Ersatz: ½ Radicchio di Chioggia)
- 3 EL Olivenöl
- 50 ml Weißwein
- 100 ml Fisch- oder Gemüsefond
- 100 ml Tomatensaft

S. 115
WARENKUNDE Kalmare

S. 154
KÜCHENPRAXIS Kalmare

1. Für die Füllung den Fenchel putzen und auf einer Gemüsereibe grob reiben. Vermischen Sie den Fenchel in einer Schüssel mit dem Zitronensaft und mischen Sie den Parmesan unter. Das Weißbrot in Stücke zerpflücken und mit der Petersilie, dem Rosmarin sowie dem Ei zufügen. Alles gut vermengen und mit Salz und Pfeffer würzen. Sollte die Masse für die Füllung noch zu feucht sein, rühren Sie noch 1 EL Semmelbrösel unter.

2. Die Calamaretti vorbereiten und häuten, wie auf S. 154 gezeigt. Die Flossen sowie die beiden langen Fangarme entfernen und die Calamaretti waschen und trockentupfen. Die Füllung mit einem Spritzbeutel mit großer Lochtülle in die Körperbeutel füllen und die Öffnung jeweils mit Zahnstochern verschließen.

3. Den Radicchio di Treviso in seine Blätter teilen; wird ein runder Radicchio di Chioggia verwendet, schneiden Sie ihn längs in vier gleich große Teile. 1 EL Olivenöl in einer Pfanne erhitzen und die gefüllten Calamaretti und den Radicchio darin von beiden Seiten je 1 Minute braten. Den Radicchio herausnehmen, salzen, pfeffern und warm halten.

4. Die Hitze etwas reduzieren, Weißwein und Fond zugießen und alles kurz aufkochen lassen. Fügen Sie den Tomatensaft, das restliche Öl sowie 1 Prise Meersalz zu – dabei die Pfanne etwas schwenken, so dass sich alles gut verbindet – und lassen Sie die Calamaretti bei mittlerer Hitze noch 1 Minute garen. Den Radicchio auf vorgewärmte kleine Schalen verteilen und die gefüllten Calamaretti darauf anrichten. Die Sauce erneut aufkochen und über die Calamaretti träufeln.

Zum Füllen ideal

Die im Handel erhältlichen Einwegspritzbeutel sind zum Einfüllen von Farcen oder Füllungen ideal, da sich ein Spritzbeutel aus Stoffgewebe meist nicht so gut reinigen lässt. Ersatzweise können Sie einen Gefrierbeutel verwenden und eine Ecke abschneiden.

WARENKUNDE KÜCHENPRAXIS **REZEPTE**
→ *Kalte Meeresfrüchteküche und Vorspeisen*

Mit Garnelen gefüllte Calamaretti

ZUBEREITUNGSZEIT 1 Std. 45 Min.

ZUTATEN
- 12 Kirschtomaten, 4 EL Olivenöl
- 1 Bund Thymian
- Salz, frisch gemahlener Pfeffer
- 2 Zucchini, gewaschen und geputzt
- 3 Knoblauchzehen, abgezogen
- Saft von 1 Zitrone
- 2 rote Paprikaschoten
- 1 rote Zwiebel, geschält
- 8 küchenfertige Calamaretti, gehäutet
- 8 Riesengarnelenschwänze
- 4 Zweige Thymian für die Garnitur

»Mediterraner Genuss mit viel Geschmack: Knoblauch, Thymian und Olivenöl verwöhnen den Gaumen. Ebenso wie die zart gebratenen Calamaretti mit ihrer delikaten Füllung.«

S. 115
WARENKUNDE Kalmare
S. 154
KÜCHENPRAXIS Kalmare

1. Die Kirschtomaten waschen, trocknen, auf ein geöltes Blech geben, mit Thymian belegen und mit Salz und Pfeffer würzen. Die Tomaten bei 100 °C im vorgeheizten Ofen etwa 1 Stunde und 40 Minuten trocknen.

2. Die Zucchini quer in Scheiben schneiden und mit 1 Knoblauchzehe in 1 EL heißem Öl bissfest braten. Mit Salz, Pfeffer und Zitronensaft würzen und die Zucchini warm halten. Die Paprikaschoten mit dem Sparschäler schälen und das Fruchtfleisch fein würfeln. Die Zwiebel und die restlichen 2 Knoblauchzehen ebenfalls fein würfeln. Schwitzen Sie alles in 1 EL Öl kurz an und lassen Sie die Paprikawürfel abkühlen.

3. Calamaretti waschen, trockentupfen und innen wie außen salzen und pfeffern. Die Garnelen bis auf das Schwanzsegment schälen, salzen und pfeffern. Füllen Sie die Garnelen im Ganzen sowie die Paprikawürfel in die Calamarettikörper und verschließen Sie diese jeweils mit einem Zahnstocher.

4. In einem Bräter 2 EL Öl erhitzen. Braten Sie die gefüllten Calamaretti im heißen Öl erst auf dem Herd an und dann noch etwa 15 Minuten bei 160 °C im vorgeheizten Ofen. Herausnehmen und die Calamaretti auf den Zucchinischeiben anrichten, mit den Kirschtomaten und je 1 Thymianzweig garnieren.

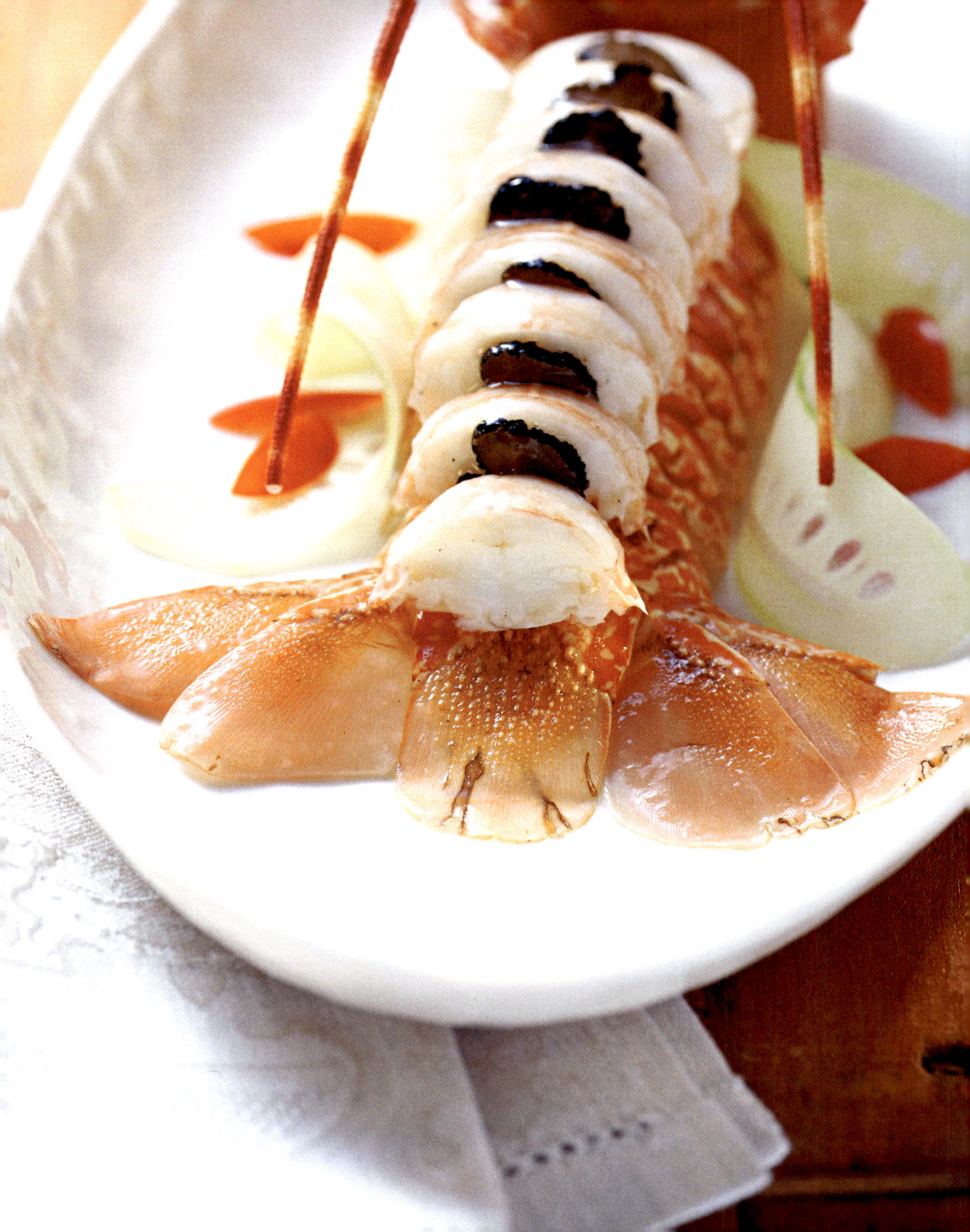

WARENKUNDE   KÜCHENPRAXIS   **REZEPTE**
→ *Kalte Meeresfrüchteküche und Vorspeisen*

Languste Bellevue

ZUBEREITUNGSZEIT 1 Std. 20 Min.

FÜR DIE LANGUSTE
- ½ l geklärter Fischfond, gewürzt (S. 161)
- 10–12 Blatt Gelatine, kalt eingeweicht
- 500 g Möhren, 350 g Zwiebeln
- 60 g Salz, 180 ml Weißweinessig
- 100 g glatte Petersilie, 2 Lorbeerblätter
- 1 ½ EL zerstoßene schwarze Pfefferkörner
- 1 Languste von etwa 3 kg

FÜR DIE GARNITUR
- Scheiben von Schwarzer Trüffel
- 1 Stück Salatgurke, längs in Streifen geschnitten
- 2 kleine Tomaten, in Achtel geschnitten

S. 36
WARENKUNDE Langusten

S. 132, 133
KÜCHENPRAXIS Langusten

1. Erhitzen Sie den Fischfond und lösen Sie die ausgedrückte Gelatine darin auf. Abkühlen und das flüssige Gelee kühl stellen.

2. Möhren und Zwiebeln schälen, die Möhren quer in Scheiben, die Zwiebeln in Ringe schneiden. Bringen Sie in einem großen Topf 4 ½ l Wasser mit dem Salz und dem Weißweinessig zum Kochen. Die Möhren, Zwiebeln, Petersilie sowie die Lorbeerblätter zufügen und alles 35 Minuten köcheln lassen. Die zerstoßenen Pfefferkörner zugeben und den Sud weitere 5 Minuten köcheln.

3. Die Languste vorbereiten und auf ein Brettchen binden, wie auf S. 132 gezeigt und im sprudelnd kochenden Sud 30 Minuten garen. Herausheben, auskühlen lassen und das Langustenfleisch auslösen, wie auf S. 133 gezeigt – wichtig ist, dass der Panzer der Languste dabei intakt bleibt. Den Panzer aufbewahren und kühl stellen.

4. Das Schwanzfleisch der Languste in Scheiben schneiden. Das Gelee bei schwacher Hitze leicht erwärmen, den Langustenpanzer mit der Hälfte des Gelees überziehen und auf einer Platte anrichten. Belegen Sie den Panzer abwechselnd mit Langusten- und Trüffelscheiben und überziehen Sie beides dünn mit dem restlichen Gelee. Das Gelee erstarren lassen und die Languste Bellevue seitlich mit Gurkenstreifen und Tomatenachteln garnieren.

»Zwei köstliche Saucen zur Languste«

Languste Bellvue ist ein Klassiker der Meeresfrüchteküche, der auch heute noch bei kalten Büfetts ein echter Hingucker ist. Weniger aufwändig, doch geschmacklich ausgezeichnet, sind die beiden folgenden Saucenvarianten, die hervorragend zu gekochter Languste passen!

Für die Kapern-Tunfisch-Sauce vermischen Sie 1 EL gehackte Kapern mit 1 ½ EL rohen Tunfischwürfeln und 1 ½ EL gewürfeltem Tomatenfruchtfleisch. Schmecken Sie diese Mischung mit etwas Olivenöl, Weißweinessig, Salz, schwarzem Pfeffer und Zitronensaft würzig ab.

Für eine Zitronengrascreme schneiden Sie 1 Stängel Zitronengras in Stücke und schlagen diese etwas an. Das Zitronengras mit 1 fein gewürfelten Schalotte und ¼ Knoblauchzehe in 2 EL Erdnussöl anrösten. 100 ml Fischfond sowie 50 ml Weißwein zugießen und etwa 10 Minuten kochen. Die Flüssigkeit durch ein feines Sieb gießen und auf ein Viertel einkochen lassen. Die Sauce erkalten lassen, 2 bis 3 EL Crème fraîche unterziehen und servieren.

Markus Bischoff

Ceviche vom Hummer mit Linsenkompott und glasiertem Chicorée

ZUBEREITUNGSZEIT 2 Std. 15 Min.
MARINIERZEIT 20 Min.

FÜR DEN HUMMER
- 2 lebende Hummer, je 350–500 g
- 1 EL Olivenöl, einige Blätter Radicchio
- Thymianzweige zum Garnieren

FÜR DEN HUMMERSUD
- ½ Knollensellerie, 1 Zwiebel, 2 Möhren
- 10 Stängel glatte Petersilie, 2 Lorbeerblätter
- 2 Gewürznelken, 1 EL Kardamonkapseln
- 2 Sternanis, 10 Pfefferkörner
- 2 unbehandelte Orangen, Saft von 1 Zitrone
- 300 ml Weißwein, 1 EL Weißweinessig

FÜR DIE CEVICHE-MARINADE
- Mark von ½ Vanilleschote, 1 EL Limettensaft
- ½ TL Pernod oder Ricard
- 1 Msp. Cayennepfeffer
- ½ TL Meersalz, 4 EL Olivenöl

FÜR DIE LINSEN
- 100 g Puy-Linsen oder andere grüne Linsen
- 1 rote Zwiebel, 1 TL Olivenöl
- 100 ml Weißwein, ¼ l Gemüsebrühe
- 100 g Sahne, 1 TL Sherryessig oder Obstessig
- ½ TL Meersalz

FÜR DEN CHICORÉE
- 2 Stauden Chicorée, rot oder gelb
- 1 ½ EL Olivenöl, 1 TL Zucker
- Saft von ½ Zitrone
- Saft von ½ Orange
- 150 ml Cream of Coconut (Ersatz: Kokosmilch)
- 1 Prise Salz, frisch gemahlener Pfeffer
- ½ EL abgezupfte frische Thymianblättchen
- Saft von 1 Limette

WARENKUNDE   KÜCHENPRAXIS   REZEPTE
→ *Kalte Meeresfrüchteküche und Vorspeisen*

1. Für den Hummersud das Gemüse schälen, grob würfeln und mit den gewaschenen Petersilienstängeln, Lorbeerblättern und Gewürzen in einen Topf geben. Die Orangen heiß waschen, die Schale fein abreiben und mit dem Zitronensaft zufügen. Mit 4 bis 5 l kaltem Wasser und dem Wein aufgießen. Den Essig zufügen, aufkochen und den Sud zugedeckt 10 Minuten köcheln lassen.

2. Den Sud aufkochen, die Hummer nacheinander – Kopf voraus – darin jeweils 4 Minuten kochen. Herausnehmen, kurz abkühlen lassen. Die Beine und die Scheren direkt am Körper abdrehen, zurück in den Sud geben und weitere 2 Minuten kochen. Hummerschwänze längs halbieren und das Fleisch leicht von der Schale lösen.

3. Für die Ceviche-Marinade verrühren Sie das Vanillemark mit den übrigen Zutaten. Die Hummerschwänze und -scheren anbraten und marinieren, wie in Step 1 unten beschrieben.

4. Linsen waschen. Zwiebel schälen und fein würfeln. Schwitzen Sie die Zwiebelwürfel im heißen Öl 1 Minute an und fügen Sie dann die Linsen und den Wein zu. Alles wie einen Risotto unter Rühren köcheln, bis der Wein fast völlig verdunstet ist. Die Brühe angießen und die Linsen bei mittlerer Hitze 15 Minuten köcheln lassen. Die Sahne zugießen und die Linsen unter Rühren weich garen. Das Fleisch aus den Hummerbeinen auslösen, untermischen und die Linsen mit Essig und Salz würzen. Beiseite stellen.

5. Den Chicorée längs halbieren. ½ EL Öl in einer Pfanne erhitzen, die Chicoréehälften darin mit der Schnittfläche nach unten 1 Minute anbraten. Zucker und Zitronensaft zufügen und den Zucker leicht karamellisieren lassen. Die Hitze reduzieren, den Orangensaft zugießen und aufkochen lassen. Die Cream of Coconut einrühren, etwas einkochen lassen, salzen und pfeffern. Chicorée herausnehmen. Thymian, Limettensaft und das restliche Öl unterrühren. Richten Sie den Hummer mit den Linsen an, wie unten in Step 2 gezeigt.

S. 45
WARENKUNDE Hummer

S. 136
KÜCHENPRAXIS Hummer

HUMMER BRATEN
und anrichten

(1) In einer Pfanne 1 EL Olivenöl erhitzen und die Hummerschwänze darin mit der Fleischseite nach unten 1 Minute braten. Die Scheren kurz anbraten. Hummerschwänze und -scheren in einem Teller mit der Marinade bepinseln, mit einem zweiten Teller abdecken und die Hummerstücke 20 Minuten marinieren.

(2) Linsenkompott mit Hummerfleisch anrichten. Glasierten Chicorée und Radicchioblätter auflegen, je eine Hummerhälfte und -schere darauf setzen und mit Thymianzweigen garnieren.

Gegrillte Riesengarnelen mit Pfirsich-Rettich-Salat

ZUBEREITUNGSZEIT 1 Std. 15 Min.
KÜHLZEIT 12 Std.

FÜR DEN SALAT UND DIE GARNELEN
- 2 frische Pfirsiche, 60 g Zucker
- 100 ml weißer Portwein
- 200 ml Orangensaft, 500 g Schwarzer Rettich
- 150 ml Apfelsaft, 1 Weißer Rettich
- 4 Riesengarnelen, Salz, Pfeffer

FÜR DAS WASABI-DRESSING
- 100 ml Geflügelfond, 1 ½ EL Zwiebelwürfel
- 1 Msp. fein gehackter Knoblauch
- 100 ml Madeira, 100 ml roter Portwein
- je 1 Stängel Petersilie, Dill und Basilikum
- 300 ml Aceto Balsamico, 300 ml Maiskeimöl
- 1 Msp. Senf, 40 g Wasabi, Salz, Pfeffer, Zucker

S. 22
WARENKUNDE Garnelen

S. 128
KÜCHENPRAXIS Garnelen

1. Die Pfirsiche halbieren, entsteinen und in dünne Spalten schneiden. In einer Kasserolle 30 g Zucker karamellisieren, mit 50 ml Portwein und Orangensaft ablöschen. Aufkochen, 10 Minuten köcheln lassen, die Pfirsichspalten zufügen, vom Herd nehmen und abkühlen lassen. Den Schwarzen Rettich waschen, halbieren und quer in 1 mm dicke Scheiben schneiden. Karamellisieren Sie den restlichen Zucker in einer Kasserolle und löschen Sie ihn mit dem übrigen Portwein und dem Apfelsaft ab. Alles aufkochen, 10 Minuten köcheln lassen, die Rettichscheiben zufügen, vom Herd nehmen und abkühlen lassen.

2. Für das Dressing Fond, Zwiebelwürfel, Knoblauch, Madeira und Portwein aufkochen und 15 Minuten köcheln lassen. Die Kräuter 1 bis 2 Minuten mitkochen, dann alles über Nacht kühl stellen. Den Sud durch ein Sieb abgießen, mit Essig, Öl und den Gewürzen verrühren und aufschlagen.

3. Weißen Rettich waschen, in dünne Streifen schneiden und im Wasabi-Dressing marinieren. Riesengarnelen salzen, pfeffern und auf jeder Seite 2 bis 3 Minuten grillen. Richten Sie Pfirsichspalten und Rettichscheiben dekorativ an, beträufeln Sie sie mit dem jeweiligen Fond und legen Sie je 1 Riesengarnele darauf. Mit Rettichstreifen garnieren.

Nudel-Salat »Thai-Style«

ZUBEREITUNGSZEIT 1 Std.
KÜHLZEIT 2–3 Std.

ZUTATEN
- Salz, 4 lebende Marrons oder andere Flusskrebse
- 50 g Frühlingslauch (Ersatz: Frühlingszwiebeln)
- 50 g Möhre
- 50 g rotes Paprikafruchtfleisch
- 10 g frischer Galgant (Ersatz: frischer Ingwer)
- 50 g Shiitake-Pilze, 50 g Sojasprossen
- 300 g schmale Bandnudeln
- 30 ml Sesamöl
- 10 g schwarze Sesamsamen
- 1 EL Tamarindensaft (Ersatz: Zitronensaft)
- 1 EL Honig, 1 EL Aceto Balsamico
- Chilipulver, Meersalz
- 1 Stängel Minze, 1 Stängel Zitronengras

1. Bringen Sie in einem großen Topf 5 l Salzwasser zum Kochen und garen Sie die Krebse nacheinander – Kopf voraus – darin jeweils 4 Minuten. Herausnehmen und abtropfen lassen.

2. Das Gemüse waschen und putzen oder schälen. Den Lauch, die Möhre und das Paprikafruchtfleisch in feine Streifen schneiden. Den Galgant schälen und fein hacken. Shiitake-Pilze putzen, von den harten Stielen befreien und die Hüte je nach Größe halbieren oder vierteln. Die Sojasprossen verlesen, abspülen und abtropfen lassen.

3. Die Bandnudeln in ausreichend Salzwasser etwas mehr als al dente kochen, abgießen und gut abtropfen lassen.

4. Erhitzen Sie das Öl im Wok und braten Sie die Gemüsestreifen darin bei starker Hitze unter Rühren an. Dann Galgant, Sesam, Tamarindensaft, Honig und Balsamico zufügen. Die abgetropften Sojasprossen und Bandnudeln untermischen und alles gut vermengen. Schmecken Sie den Nudelsalat mit Chilipulver und Meersalz ab und stellen Sie ihn für 2 bis 3 Stunden in den Kühlschrank.

5. Das Zitronengras der Länge nach vierteln. Die Krebse ausbrechen und den Darm entfernen, wie auf S. 141 gezeigt. Ziehen Sie je einen Streifen Zitronengras durch den Darmkanal und grillen Sie die Krebsschwänze 2 Minuten von jeder Seite oder braten Sie sie in einer Grillpfanne an. Nur leicht salzen, die Krebse auf den in Schalen angerichteten Nudelsalat legen und mit Minze garnieren.

Leicht vorzubereiten

Erfrischend, exotisch und dazu noch leicht vorzubereiten: Dieser Salat ist ideal für Gäste. Alles bis auf das minutenschnelle Grillen kann gut im Vorfeld erledigt werden.

S. 54
WARENKUNDE Marrons

S. 141
KÜCHENPRAXIS Flusskrebse

Salat von Garnelen und Papaya im Eiernetz

S. 22
WARENKUNDE Garnelen

S. 128
KÜCHENPRAXIS Garnelen

S. 160
KÜCHENPRAXIS Hummerfond

ZUBEREITUNGSZEIT 1 Std. 35 Min.

FÜR DIE KARTOFFELKÜCHLEIN
· 4 mittelgroße mehlig kochende Kartoffeln, Salz
· 1 TL Kartoffel- oder Maisstärke, 1 Prise Meersalz
· 4 EL Schnittlauchröllchen, 1 EL Olivenöl

FÜR DIE EIERNETZE
· 3 Eier, 1 TL Sojasauce, ½ TL Olivenöl

FÜR DEN GARNELENSALAT
· 16 Black Tiger Prawns, je 20 g
· 1 Knoblauchzehe, 4 Frühlingszwiebeln
· 2 kleine Schalotten, 80 g Rucola, geputzt
· 2 EL Olivenöl, ½ TL Meersalz, Pfeffer
· 100 ml Weißwein, 2 EL Zitronensaft
· 100 ml Gemüse- oder Fischfond
· 1 Bund Basilikum, 1 reife große Papaya
· 2 EL geröstete Mandelstifte oder -blättchen

FÜR DAS DRESSING
- 4 EL Garnelen- oder Hummerfond (S. 160)
- ½ reife Avocado, geschält, 1 EL Zitronensaft
- 1 TL mittelscharfer Senf
- 1 TL Agavendicksaft oder Blütenhonig
- ½ TL Meersalz, frisch gemahlener Pfeffer
- 2 EL Sherry- oder Obstessig
- 6 EL Buttermilch, 2 EL Walnuss- oder Olivenöl

1. Waschen Sie die Kartoffeln und kochen Sie sie mit der Schale in 15 bis 20 Minuten in Salzwasser nur halb gar. Alle Zutaten für die Eiernetze verquirlen, aber nicht schaumig schlagen. Stellen Sie nacheinander vier Eiernetze her, wie in Step 2 und 3 rechts beschrieben. Die Eiernetze nebeneinander legen und beiseite stellen.

2. Bereiten Sie die Garnelenschwänze vor, wie in Step 1 rechts gezeigt. Die Schalen der Garnelen waschen und abtropfen lassen. Knoblauch abziehen und fein hacken, Frühlingszwiebeln putzen und schräg in Stücke schneiden. Die Schalotten schälen und grob hacken. Vom Rucola die groben Stiele entfernen, die Blättchen waschen und trockenschleudern.

3. Wenn die Kartoffeln außen weich, innen aber noch hart sind, abgießen, ausdampfen lassen und pellen. Reiben Sie die Kartoffeln noch heiß mit einer groben Reibe in eine Schüssel und fügen Sie Stärke, Salz und Schnittlauch zu. Die Masse eng in Frischhaltefolie einschlagen und zu einer Rolle mit 3 cm Ø formen. Alle Zutaten für das Dressing im Mixer pürieren.

4. In einer Pfanne 1 EL Olivenöl erhitzen und die Garnelen darin bei starker Hitze 1 Minute braten, salzen und pfeffern. Knoblauch und Frühlingszwiebeln kurz mitbraten und alles in eine Schüssel füllen. Braten Sie die abgetropften Garnelenschalen mit den Schalotten bei starker Hitze 1 Minute an. Mit Weißwein ablöschen, Zitronensaft, Fond und 4 Basilikumstängel zufügen. Lassen Sie alles noch 5 Minuten köcheln, dann gießen Sie den Sud durch ein Sieb über die Garnelen.

5. Die Papaya großzügig schälen, längs halbieren und die Kerne entfernen. Das Fruchtfleisch 1 cm groß würfeln. Vermischen Sie Papayawürfel, Mandeln, Rucola und die abgezupften Basilikumblättchen mit der Hälfte des Dressings. Alles gut durchmischen.

6. Den Sud von den Garnelen abgießen und die Garnelen mit den Frühlingszwiebeln unter den Salat mischen. Die Kartoffelrolle in 2 cm dicke Scheiben schneiden, die Folie entfernen und die Küchlein in 1 EL Olivenöl von beiden Seiten goldbraun braten. Die Kartoffelküchlein mit dem Garnelensalat auf Tellern anrichten, jeweils mit einem Eiernetz garnieren und mit dem restlichen Dressing beträufeln.

GARNELEN VORBEREITEN
und Eiernetze backen

(1) Die Garnelen auf der Unterseite mit einer Schere einschneiden und die Schale mitsamt dem Schwanzfächer mit den Fingern ablösen. Auf der Rückenseite leicht einschneiden, Garnelen vom Darm befreien und halbieren.

(2) Das Eiergemisch in einen Gefrierbeutel füllen, eine Ecke abschneiden. Erhitzen Sie eine beschichtete Pfanne ohne oder mit wenig Fett und lassen Sie das Eiergemisch in dünnem Strahl spiralförmig einlaufen.

(3) Verbinden Sie die Spirale durch Querlinien, so erhalten Sie eine schöne Gitterstruktur. Das Eiernetz stocken lassen, bis es ganz fest ist und vorsichtig aus der Pfanne heben. Nacheinander 3 weitere Netze backen.

WARENKUNDE   KÜCHENPRAXIS   **REZEPTE**
→ *Kalte Meeresfrüchteküche und Vorspeisen*

Gefüllter Taschenkrebs

ZUBEREITUNGSZEIT 1 Std.
ABKÜHLZEIT 30 Min.

FÜR DIE TASCHENKREBSE
· 4 Taschenkrebse, je 800 g
· 4 l Court-Bouillon (S. 159)

FÜR DIE FÜLLUNG
· 200 g Zwiebeln
· 200 g junge Möhren
· 80 g Lauch, nur der hellgrüne Teil
· 80 g Butter
· 600 ml Fischfond (S. 161)
· ½ l Hummersauce (S. 297)
· 4 EL geschlagene Sahne
· Salz, Cayennepfeffer

1. Brausen Sie die Taschenkrebse kalt ab. In einem großen Topf die Court-Bouillon zum Kochen bringen und die Krebse darin – Kopf voraus – 8 Minuten garen. Die Flüssigkeit muss jeweils wieder sprudelnd kochen, bevor der nächste Krebs hineinkommt. Stellen Sie den Topf vom Herd und lassen Sie die Krebse noch 4 bis 5 Minuten in der Court-Bouillon ziehen, dann herausnehmen und abkühlen lassen.

2. Brechen Sie die Taschenkrebse aus, wie auf S. 142 gezeigt. Das Beinfleisch etwas zerkleinern, das Scherenfleisch ganz lassen und beiseite stellen. Die Panzer 5 bis 10 Minuten in Wasser auskochen, herausnehmen und auf Küchenpapier trocknen lassen.

3. Schälen Sie die Zwiebeln und Möhren für die Füllung und schneiden Sie beides in sehr feine Würfel. Lauch putzen, der Länge nach halbieren, waschen und fein würfeln.

4. Lassen Sie die Butter in einem Topf aufschäumen und schwitzen Sie die Gemüsewürfel darin 2 Minuten hell an. Den Fischfond zugießen und das Gemüse offen in 3 bis 5 Minuten bissfest garen, dabei die Flüssigkeit weitgehend reduzieren, das Gemüse sollte gerade noch feucht sein. Das Krebsfleisch darin erwärmen und alles leicht salzen.

5. Erhitzen Sie die Hummersauce, heben Sie die Sahne unter und schmecken Sie die Sauce mit Salz und Cayennepfeffer ab. Die trockenen Panzer mit der Gemüsemischung füllen und auf mit grobem Salz gefüllte Teller setzen. Die gefüllten Taschenkrebse mit der Hummersauce beträufeln und dekorativ mit dem Scherenfleisch anrichten.

Zum Füllen geradezu ideal!

Der Taschenkrebs hat von Natur aus vorgegebene »Sollbruchstellen«, an denen sein harter Panzer leicht abgetrennt werden kann. Wenn Sie zum Füllen eine größere Öffnung wünschen, können Sie die Unterschale an der vom Rand 1 bis 2 Zentimeter entfernten Nahtstelle problemlos abbrechen.

S. 142
KÜCHENPRAXIS Taschenkrebse

S. 159
KÜCHENPRAXIS Court-Bouillon

S. 297
REZEPTE Hummersauce

»Gefüllter Taschenkrebs asiatische Art«

Ich fülle einen Taschenkrebs gerne auch mal mit asiatischen Zutaten. Für 4 Portionen gare ich 4 Taschenkrebse nacheinander in 4 l sprudelnd kochender Court-Bouillon jeweils 10 Minuten und lasse sie weitere 5 Minuten im Sud ziehen. Dann hebe ich die Krebse heraus, lasse sie in Eiswasser abkühlen, löse das Krebsfleisch aus und stelle es beiseite. Die Panzer koche ich in Wasser aus und lasse sie vor dem Füllen gut abtropfen.

Ich wasche 80 g Pak Choi und schneide ihn klein. Die Stiele werden in wenig Sesamöl angebraten. Dazu gebe ich 80 g in Streifen geschnittene Shiitake-Pilze, 60 g Sojasprossen, 80 g blanchierte Möhrenwürfel und die Pak-Choi-Blätter und dünste alles kurz an. Die Mischung schmecke ich mit 20 ml Sojasauce, 10 ml Austernsauce sowie 10 ml Reisessig ab und hebe 20 g gerösteten weißen Sesam sowie 1 EL Korianderblättchen unter. Die abgekühlte Mischung fülle ich in die Krebspanzer und serviere sie mit Blattsalaten, angemacht mit einer Essig-Öl-Vinaigrette. Dazu passt ein Sellerie-Kartoffel-Püree mit Wasabi.

Matthias Buchholz

Suppen und Eintöpfe

Von Hummerconsommé über Clam Chowder bis Gazpacho mit Calamaretti: Feines zum Löffeln, kalt und warm.

REZEPTE
→ Suppen und Eintöpfe

Klassiker und neue Kreationen

Hummerbisque, Consommé und Vichyssoise zählen zum klassischen Repertoire der Suppenküche. Neues erwarten lassen Austern-Wan-Tans in Currysuppe oder asiatische Suppen mit Meeresfrüchten.

NICHT NUR IN DER KALTEN JAHRESZEIT sind Suppen und Eintöpfe beliebt. Feine Varianten mit Meeresfrüchten eignen sich das ganze Jahr über als Vorspeise. Sie haben ihren Auftritt aber ebenso, vielleicht in Begleitung von etwas geröstetem Weißbrot, als Zwischengang oder leichtes Hauptgericht. Vor allem in Küstennähe haben Suppen und Eintöpfe mit Fisch, verfeinert mit verschiedenen Krustentieren und Muscheln – eine große Tradition: Hinein kommt, was Meer oder Markt gerade hergeben. Die Rezepte sind meist variabel, keine Zutat ist zwingend vorgeschrieben. Gibt es heute keine Herzmuscheln, nimmt man eben Vongole, macht nichts. Hauptsache, der Topf steht brodelnd auf dem Herd.

MANCHE MÖGENS HEISS

Ein Teller dampfend heiße Suppe stärkt und weckt die Lebensgeister, besonders wenn feine Meeresfrüchte mit im Spiel sind. Grundsätzlich gibt es hier zwei Möglichkeiten: Die Basis der Suppe kann entweder ein aus den Karkassen von Hummer, Languste oder Krebsen gekochter heller Fond sein. Oder aber die Suppe wird aus einem anderen Produkt hergestellt, etwa aus Kürbis, und dann mit Fisch- oder Geflügelfond aufgegossen. In diesem Fall dienen die maritimen Leckerbissen als geschmackvolle Einlage. Durch Zugabe von Sahne wird aus der klaren Suppe eine gebundene, vor allem, wenn sie am Ende der Kochzeit zusätzlich mit einem Eigelb legiert wird. Kulinarisches Highlight unter den Suppen ist die feine Consommé, bei der ein eigens dafür gekochter Fond im Anschluss geklärt wird. Glasklar und durchsichtig, ist er dann wiederum die Grundlage für Gelees.

VON DICK BIS DEFTIG

Der Alltagsküche entlehnt sind die kräftigen Eintopfgerichte mit frischen Schal- und Krustentieren. Sie können leicht als ein komplettes Mittag- oder Abendessen serviert werden. Für ihre Zubereitung benötigt man nur einen Topf, in den dann nach und nach alle weiteren Zutaten mit hinein kommen. Meist köcheln in Eintöpfen dieser Art die preislich etwas günstigeren Meeresfrüchte mit, beispielsweise Miesmuscheln im mediterranen Muscheltopf oder Clams im berühmten Clam Chowder aus den USA. Der Vorteil dabei ist, dass auch größere und etwas zähere Muscheln oder Schnecken in der sie umgebenden Flüssigkeit und bei entsprechend langer Garzeit schön zart werden. Bei besonders deftigen Varianten, wie man sie vor allem in Spanien und Portugal kennt, ist außer den Meeresfrüchten auch noch etwas Fleisch oder Wurst mit dabei, um einen noch kräftigeren Geschmack zu erhalten.

KALTE SÜPPCHEN ERFRISCHEN

Noch eine weitere kulinarische Besonderheit aus dem Süden Europas haben die Köche hierzulande entdeckt: Die Vorliebe für kalte Suppen in heißen Ländern. Vor allem an warmen Tagen schmecken sie herrlich erfrischend und können zudem optimal und in aller Ruhe vorbereitet werden – ideal also für Gäste, wenn man an einem schönen Sommerabend nicht lange in der Küche stehen will. Ob Gazpacho mit Calamaretti, Vichyssoise mit Flusskrebsen oder eine kalte Consommé mit Hummer: Auch die kalten Süppchen werden ihre Anhänger finden.

NEUES AUS DER SUPPENKÜCHE

Asiatisch angehaucht sind einige der neuen Kreationen aus der Suppenküche, so verfeinert Ingwer die Kürbissuppe mit gebratenen Jakobsmuscheln. Ein anderes Rezept kombiniert die Schärfe von Chilis mit Garnelen, die diese gut vertragen. Löffel für Löffel wächst die Lust am Experimentieren, wagen Sie sich selbst auf kulinarisches Neuland.

Meeresfrüchte als Einlage

Für Suppen auf der Basis von Fisch- oder Geflügelfond eignen sich Meeresfrüchte als Einlage ausgezeichnet. Infrage kommen etwa Medaillons von Hummer oder Languste, Krebsschwänze, Garnelen oder auch verschiedene Muschelarten.

Hummer-Essenz mit Spargel

ZUBEREITUNGSZEIT 1 Std. 15 Min.

FÜR DEN HUMMERFOND
- 1 ½ l Fischfond (S. 161)
- 1 ½ l Geflügelfond (S. 163)
- 400 g Hummerkarkassen
- 250 g Möhren, 50 g Staudensellerie
- 50 g Lauch, 2 Schalotten
- 2 Knoblauchzehen, 2 Tomaten
- 4 EL Olivenöl, 3 cl Cognac
- 1 Lorbeerblatt, 1 Nelke
- 2 zerdrückte Wacholderbeeren
- 1 Stängel Estragon, 1 Zweig Thymian
- 50 g Tomatenmark, Salz, Pfeffer

AUSSERDEM
- 8 Stangen grüner Spargel, blanchiert und in Stücke geschnitten
- 4 gekochte ausgelöste Hummerscheren oder Schwanzfleisch vom Hummer, in Stücken
- 2 EL Gemüsejulienne, in Salzwasser blanchiert und abgetropft, nach Belieben
- 1 EL Basilikumstreifen nach Belieben
- grob gemahlener Pfeffer nach Belieben

1. Reduzieren Sie den Fisch- und den Geflügelfond jeweils auf 1 l. Spülen Sie die Hummerkarkassen gründlich kalt ab und lassen Sie sie in einem Sieb abtropfen. Das Gemüse putzen oder schälen und in Würfel oder Scheiben schneiden.

2. Braten Sie die Karkassen in 2 EL heißem Öl an und löschen Sie sie mit dem Cognac ab. Separat das restliche Öl erhitzen und das Gemüse darin kurz anschwitzen. Gewürze und Kräuter zugeben, das Tomatenmark einrühren und kurz anschwitzen. Die Karkassen zufügen und alles mit dem reduzierten Fisch- und Geflügelfond aufgießen.

3. Die Mischung aufkochen, dabei öfter umrühren und die Flüssigkeit in etwa 1 Stunde auf 1 l reduzieren. Schöpfen Sie dabei den aufsteigenden Schaum mehrmals ab und gießen Sie den Hummerfond anschließend durch ein mit einem Passiertuch ausgelegtes Sieb. Klären Sie den Hummerfond, wie beim Krebsfond auf S. 164 gezeigt.

4. Die Consommé mit Salz und Pfeffer kräftig abschmecken. Spargel, Hummerfleisch und eventuell Gemüsestreifen in Suppentassen verteilen, mit der heißen Consommé übergießen, nach Belieben mit Basilikum und Pfeffer bestreuen und sofort servieren.

5. Wollen Sie die Consommé kalt servieren, lassen Sie sie mit den Einlagen in den Suppentassen abkühlen. Stellen Sie diese für mindestens 6 Stunden in den Kühlschrank; beim Abkühlen geliert die Consommé leicht. Mit Pfeffer bestreut servieren.

S. 45
WARENKUNDE Hummer

S. 164
KÜCHENPRAXIS Krebsfond klären

Hummer-Bisque

ZUBEREITUNGSZEIT 1 Std. 15 Min.

- Karkasse von 1 gekochten Hummer
- 2 EL Olivenöl, 2 ½ cl Cognac
- 100 g Möhren, 50 g Staudensellerie
- 50 g Lauch, 2 Schalotten
- 2 Knoblauchzehen, 2 Tomaten
- 20 g Butter, 1 Lorbeerblatt
- 1 Gewürznelke, 3 zerdrückte Wacholderbeeren
- je 1 Estragon- und Thymianzweig
- 50 g Tomatenmark, 150 g Crème double
- ¼ l Hummerfond (S. 160)
- 4 EL ausgelöstes Hummerfleisch, in Stücken
- 4 EL geschlagene Sahne, Cognac, Salz

1. Die Hummerkarkasse säubern, kalt abspülen und gut abtropfen lassen. Braten Sie die Karkasse bei starker Hitze im heißen Öl 5 Minuten scharf an. Mit dem Cognac ablöschen.

2. Das Gemüse putzen oder schälen und in Scheiben schneiden, die Tomaten vierteln. Zerlassen Sie die Butter in einem separaten Topf und schwitzen Sie darin Lorbeerblatt, Nelke, Wacholderbeeren und Kräuter unter Rühren bei schwacher Hitze 10 Minuten an. Das Tomatenmark einrühren und alles 2 Minuten ziehen lassen.

3. Geben Sie die Gemüsemischung zu der Karkasse und bedecken Sie diese knapp mit kaltem Wasser. Zum Kochen bringen, dabei den Schaum wiederholt abschöpfen und alles bei schwacher Hitze 40 bis 45 Minuten garen. Die Crème double einrühren, die Suppe noch 10 Minuten köcheln lassen und durch ein Tuch passieren.

4. Von der Menge ¾ l abnehmen, Rest anderweitig verwenden, und mit dem Hummerfond und -fleisch erhitzen, dann sofort vom Herd nehmen. Die Sahne unterziehen und die Bisque mit Cognac und Salz abschmecken.

»Mein schnelles Hummer-Pot-au-feu«

Mein Hummer-Pot-au-feu geht um einiges schneller als die klassische Bisque. Für das Pot-au-feu koche ich 1 Hummer von 600 g 2 Minuten in sprudelndem Salzwasser, hebe ihn aus dem Sud und zerteile ihn, wie auf S. 138 gezeigt.
Die Hummerstücke röste ich in 2 EL Olivenöl und 1 EL Butter an. Dann gebe ich 1 fein gewürfelte Schalotte sowie je 1 EL gewürfelte Möhre, Lauch und Staudensellerie hinzu und röste sie kurz mit. Das Ganze lösche ich mit 4 cl Cognac ab und gieße es mit je 50 ml Fisch- und Hummerfond sowie 100 g Sahne auf.
Anschließend lasse ich alles noch etwa 10 Minuten köcheln – ist die Sauce zu dünn, erst etwas einkochen lassen und dann die Sahne zugießen. Ich nehme die Hummerstücke heraus, schlage die Sauce mit dem Pürierstab auf und schmecke sie mit Salz und Pfeffer ab. Dann gieße ich die Sauce über die Hummerstücke und serviere sie mit frischem Baguette.

Markus Bischoff

REZEPTE
→ *Suppen und Eintöpfe*

Curry-Fenchel-Suppe mit Austern-Wan-Tan

ZUBEREITUNGSZEIT 1 Std. 30 Min.

FÜR DIE SUPPE
- 12 Austern »Fines de Claires«
- 12 Wan-Tan-Blätter, je 10 x 10 cm (Asialaden)
- 1 Eiweiß, 1 TL Öl, 20 g Schalottenwürfel
- 100 g Fenchel, geputzt, in 1 cm großen Stücken
- 1 TL gelbe Currypaste, 200 ml Kokosmilch
- 100 ml Fischfond (S. 161), 2 cl Noilly Prat, Fischsauce (Nam Pla)
- Palmzucker oder brauner Zucker, 1 Spritzer Limettensaft

FÜR DIE GARNITUR
- 1 Kaffirlimettenblatt, 60 g Fenchelknolle, geputzt
- 200 ml Orangensaft, 100 ml weißer Portwein
- 100 ml Olivenöl, Salz, Pfeffer, 1 Prise Zucker

S. 82
WARENKUNDE Austern

S. 145
KÜCHENPRAXIS Austern

1. Lösen Sie die Austern aus der Schale, wie auf S. 145 beschrieben. Fangen Sie dabei das Austernwasser auf und gießen Sie es durch ein Sieb. Die Wan-Tan-Blätter auf einer Arbeitsfläche auslegen und weiterverfahren, wie in Step 1 rechts gezeigt.

2. Das Öl im Wok erhitzen und die vorbereiteten Schalottenwürfel und Fenchelstücke darin farblos anschwitzen. Die Currypaste einrühren, kurz anschwitzen und weiterverfahren, wie Step 2 rechts gezeigt.

3. Gießen Sie die Suppe durch ein Sieb und schmecken Sie sie mit Fischsauce, Palmzucker und Limettensaft ab. Erneut erhitzen und die gefüllten Wan-Tans in der Suppe etwa 2 Minuten ziehen lassen.

4. Das Limettenblatt heiß waschen, trocknen und weiterverfahren, wie in Step 3 gezeigt. Schneiden Sie den Fenchel für die Garnitur ebenfalls in hauchdünne Streifen. Orangensaft und Portwein in einer Kasserolle aufkochen und auf ein Drittel reduzieren. Die Reduktion mit dem Olivenöl aufmixen und mit Salz, Pfeffer und Zucker würzen. Die Fenchel- und Limettenblattstreifen in der Marinade 2 bis 3 Minuten ziehen lassen.

5. Richten Sie je ein Häufchen marinierte Fenchel- und Limettenstreifen in der Mitte der Teller oder Schalen an, legen Sie je 3 Wan-Tans ringsum und übergießen Sie alles mit der heißen Suppe. Sofort servieren.

WAN-TANS FORMEN, SUPPE KOCHEN
und Limettenblatt in Julienne schneiden

(1) Die Ränder der Wan-Tan-Blätter jeweils mit Eiweiß bestreichen. 1 ausgelöste Auster in die Mitte setzen und nach Belieben pfeffern. Die Teigränder einschlagen und mit den Fingern in der Mitte leicht festdrücken. Die gefüllten Wan-Tans bis zur weiteren Verwendung kühl stellen.

(2) Die Fenchel-Schalotten-Mischung mit Kokosmilch, Fischfond und Noilly Prat aufgießen und köcheln lassen, bis der Fenchel weich ist. Das Austernwasser unterrühren und alles im Mixer fein pürieren.

(3) Das Kaffirlimettenblatt für die Garnitur mit einem sehr scharfen Messer quer in hauchdünne, etwa 1 mm breite Streifen (Julienne) schneiden.

Japanischer Nudeltopf

ZUBEREITUNGSZEIT 2 Std. 30 Min.
EINWEICHZEIT 2 Std.

ZUTATEN
- 200 g Kalmar, 8 Garnelen mit Schale
- 8 Jakobsmuscheln, ausgelöst
- 200 g Hähnchenbrust, 100 g Zuckerschoten
- 50 g Möhre, 50 g Sojasprossen
- 100 g Enoki-Pilze (Asialaden) oder Champignons
- 1 Kombublatt (Alge), 10 x 10 cm groß (Asialaden)
- ½ l Geflügelfond (S. 163)
- 15 g Bonito-Flocken (Asialaden)
- abgeriebene Limettenschale
- Sansho-Pfeffer, 1 EL Sojasauce
- 150 g Soba-Nudeln, Salz

S. 22
WARENKUNDE Garnelen

S. 128
KÜCHENPRAXIS Garnelen

1. Waschen Sie den Kalmar, lassen Sie ihn abtropfen und schneiden Sie ihn in Ringe. Die Garnelen vorbereiten, wie auf S. 128 gezeigt. Die Jakobsmuscheln je nach Größe ganz lassen oder halbieren und die Meeresfrüchte kühl stellen. Die Hähnchenbrust 2 cm groß würfeln und ebenfalls kühl stellen. Zuckerschoten waschen und putzen. Die Möhre schälen und in 2 mm breite Streifen schneiden. Sojasprossen abbrausen und in einem Sieb abtropfen lassen. Die Pilze putzen und je nach Größe ganz lassen, halbieren oder vierteln.

2. Mit einem sauberen Tuch den weißen Belag vom Kombu-Blatt abreiben und dieses in einem Topf in ½ l Wasser 2 Stunden einweichen. Anschließend rasch zum Kochen bringen und den Kombu in etwa 5 Minuten weich kochen. Den Geflügelfond zugießen, den auftretenden Schaum abschöpfen und den Fond etwas reduzieren.

3. Ist der Fond aromatisch genug, leicht abkühlen lassen; bei einer Temperatur von etwa 70 °C die Bonito-Flocken zufügen und 10 Minuten ziehen lassen. Den Fond durch ein Passiertuch gießen und mit Limettenschale, Sansho-Pfeffer und Sojasauce würzen.

4. Den Fond erneut erhitzen und die vorbereiteten Meeresfrüchte, das Hühnerfleisch, das Gemüse und die Pilze darin 10 bis 15 Minuten garen. Soba-Nudeln separat in Salzwasser al dente kochen, abgießen und gut abtropfen lassen. Mischen Sie die Nudeln unter die Suppe und richten Sie den Nudeltopf in vorgewärmten Schalen an.

Brühe aus Tang

Aus getrocknetem Tang (Kombu) und einigen Gramm getrocknetem Tunfisch (Bonito-Flocken) lässt sich eine wunderbar leichte, vollkommen fettfreie Brühe herstellen. Dashi, so wird sie genannt, ist in Japan Grundlage für viele Zubereitungen und Suppen. Alle dafür benötigten Zutaten sowie die Enoki-Pilze bekommen Sie im Asialaden.

Klare scharfe Suppe mit Garnelen

ZUBEREITUNGSZEIT 1 Std. 30 Min.
MARINIERZEIT 12 Std.

FÜR DIE SUPPE
- 1 Kohlrabiknolle, geschält und halbiert
- 1 ½ Jalapeño-Chilis, in Ringe geschnitten
- 120 g Somen-Nudeln (Asialaden, Ersatz: schmale Bandnudeln)
- Salz, 2 TL Sesamöl
- 400 g Riesengarnelenschwänze
- 2 große Knoblauchzehen, abgezogen
- 2 ½ EL Olivenöl, 100 ml Weißwein
- Saft 1 Zitrone, 200 ml Geflügelfond (S. 163)
- 1 ½ l eiskalter Geflügel- oder Gemüsefond
- 3 Eiweiße, ½ EL Tomatenmark
- 10 getrocknete Shiitake-Hüte, eingeweicht
- ½ Salatgurke, längs halbiert ohne Samen
- 1 kleine Dose Kimchi (eingelegter Kohl)
- 4 Frühlingszwiebeln, in 2 cm Stücken
- 4 Stängel Koriandergrün

FÜR DIE MARINADE (ergibt ½ l)
- ⅛ l Reisessig oder Weißweinessig
- 6 EL Zucker, 2 EL Meersalz, 1 Gewürznelke
- je 1 TL Senf- und Pfefferkörner
- 1 TL frisch geraspelter Ingwer

1. Schneiden Sie die Kohlrabihälften in je 6 Spalten. Alle Zutaten für die Marinade mit ¼ l Wasser 5 Minuten kochen, durch ein Sieb gießen und abkühlen lassen. Kohlrabispalten und ein Drittel der Chiliringe darin über Nacht durchziehen lassen.

2. Kochen Sie die Nudeln in Salzwasser in 2 bis 3 Minuten al dente, dann abschrecken und mit 1 TL Sesamöl vermischen. Die Garnelenschwänze schälen, längs halbieren und vom Darm befreien. Knoblauch grob würfeln. Die Garnelenschalen in 2 EL Olivenöl unter Rühren anbraten. Knoblauch zufügen, mit Wein und Zitronensaft ablöschen und die 200 ml Geflügelfond zugießen. Alles aufkochen, 5 Minuten köcheln lassen, durch ein Sieb in einen hohen Topf gießen, mit dem eiskalten Fond vermischen.

3. Eiweiße und Tomatenmark leicht aufschlagen. Rühren Sie das Eiweiß unter den Fond und erhitzen Sie ihn unter Rühren, bis das Eiweiß ausflockt und an die Oberfläche steigt. Die Hitze reduzieren und alles 25 Minuten köcheln lassen, dabei den Schaum abheben. Den Fond durch ein Passiertuch gießen und salzen.

4. Die Pilze in dünne Streifen, die Gurke in 3 mm dicke Scheiben schneiden. Erhitzen Sie das übrige Sesam- und Olivenöl und braten Sie die Pilze darin an. Abgetropfte Kohlrabispalten kurz mitbraten, den geklärten Fond zugießen und 5 Minuten köcheln lassen. Die Garnelen zugeben und 3 Minuten ziehen lassen, Kimchi- und Gurkenstücke zufügen. Frühlingszwiebeln und Nudeln in Schalen verteilen, mit Koriander bestreuen, Suppe und Garnelen gleichmäßig verteilen und sofort servieren.

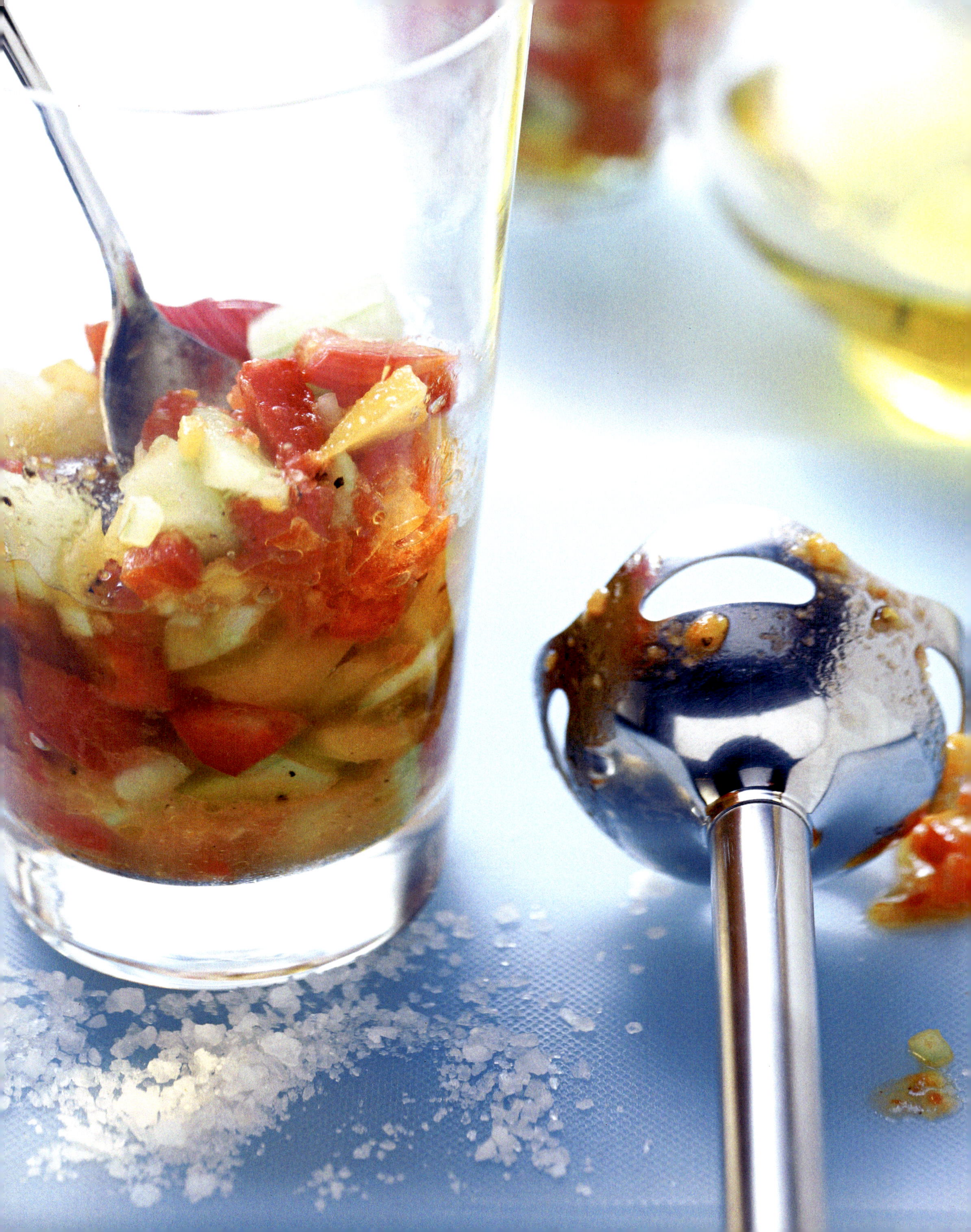

Gazpacho mit Calamaretti

ZUBEREITUNGSZEIT 45 Min.
MARINIERZEIT 3 Std.

FÜR DEN GAZPACHO
- 30 g Fenchelknolle, 40 g Staudensellerie
- 2 Schalotten, 5 Knoblauchzehen
- 350 g Tomaten, 140 g Salatgurke
- je 60 g gelbes und rotes Paprikafruchtfleisch
- 300 ml Geflügelfond (S. 163), 4 EL Olivenöl
- 1–2 TL Sherryessig, Meersalz, Pfeffer
- 4 küchenfertige Calamaretti

AUSSERDEM
- 3 Scheiben Weißbrot, entrindet, gewürfelt
- 40 g Butter, 1 Knoblauchzehe, abgezogen
- 140 g Tomatenwürfel, 60 g Gurkenwürfel
- je 60 g rote und gelbe Paprikawürfel, Salz, Pfeffer

1. Das Gemüse waschen, putzen oder schälen, von Samen und Stielansätzen befreien und grob würfeln. Gemüse, 3 Knoblauchzehen und Geflügelfond im Mixer fein pürieren. Passieren Sie die Mischung durch ein Haarsieb, würzen Sie sie mit 1 EL Olivenöl, Sherryessig, Meersalz und Pfeffer und stellen Sie den Gazpacho zugedeckt 3 Stunden kalt.

2. Die Calamaretti waschen. Die Arme in $\frac{1}{2}$ cm große Stücke und die Öffnung der Körperbeutel gerade abschneiden, das spitze Ende der Körperbeutel jeweils kreuzweise 3 cm tief einschneiden. Braten Sie die Calamaretti mit den restlichen 2 angedrückten Knoblauchzehen kurz bei starker Hitze in 2 bis 3 EL Olivenöl an. Calamaretti auf Küchenpapier entfetten, salzen und pfeffern. Die Armstückchen kurz braten, entfetten und würzen. Alles auskühlen lassen.

3. Rösten Sie die Brotwürfel in der Butter goldbraun an und geben Sie kurz vor dem Herausnehmen die Knoblauchzehe im Ganzen zu. Die Croûtons auf Küchenpapier entfetten. Richten Sie Gazpacho und Calamaretti entweder in Suppentassen oder in Gläsern an: Calamaretti mit Gemüse und zerkleinerten Fangarmen füllen, nach Bedarf unten mit Zahnstochern verschließen, mit der Suppe umgießen und mit den Croûtons garnieren. Wollen Sie die Calamaretti in Gläsern servieren, stecken Sie sie auf einen Holzspieß und legen ihn auf das Glas. Die Suppe in die Gläser verteilen, mit den übrigen Gemüsewürfeln und Croûtons garnieren und servieren.

Noch mehr Geschmack

Eine besondere Note erhalten die gefüllten Calamaretti, wenn man an Stelle der Holzspieße Rosmarinzweige verwendet, die bis auf das Büschel an der Spitze von allen Nadeln befreit wurden. Das Gericht ist als Vorspeise gedacht. Wenn Sie es als Hauptgericht servieren wollen, verdoppeln Sie die Calamaretti und die Zutaten für den Gazpacho.

S. 115
WARENKUNDE Kalmare

S. 154
KÜCHENPRAXIS Kalmare

REZEPTE
→ *Suppen und Eintöpfe*

Eintopf von Kichererbsen mit Garnelen und Chorizo

ZUBEREITUNGSZEIT 1 Std. 30 Min.
EINWEICHZEIT 12 Std.

ZUTATEN
- 300 g Kichererbsen, 2 Schalotten
- 2 EL Olivenöl, 1 EL Tomatenmark
- ⅛ l trockener Weißwein
- 2 Knoblauchzehen, abgezogen
- 1 Lorbeerblatt
- 1–1 ½ l Geflügelfond (S. 163)
- 80 g Möhren, 80 g Staudensellerie
- 150 g fest kochende Kartoffeln
- 4 Tomaten, 5 Basilikumblättchen
- 2 Stängel glatte Petersilie
- 1 Zweig Thymian
- 200 g Chorizo (spanische Rohwurst)
- Salz, Cayennepfeffer, Zitronensaft
- 8 Garnelen, geschält, ohne Darm

1. Weichen Sie die Kichererbsen über Nacht ein. Am nächsten Tag abgießen, abspülen und abtropfen lassen. Die Schalotten schälen und fein würfeln. Schwitzen Sie die Schalottenwürfel und Kichererbsen im heißen Öl an. Dann das Tomatenmark unterrühren und alles mit dem Weißwein ablöschen.

2. Den Knoblauch hacken und mit dem Lorbeerblatt sowie mit ¾ l Geflügelfond zugeben. Lassen Sie alles knapp 1 Stunde bei schwacher Hitze köcheln; dabei noch etwas Geflügelfond angießen, wenn der Eintopf zu trocken wird.

3. In der Zwischenzeit Möhren, Sellerie sowie Kartoffeln schälen und würfeln. Die Tomaten blanchieren, häuten, von Stielansatz und Samen befreien und vierteln. Die Kräuter waschen, trockenschütteln, die Blättchen abzupfen und hacken. Geben Sie 10 Minuten vor Ende der Garzeit die Gemüsewürfel, die Kräuter sowie die gehäutete und gewürfelte Chorizo mit in den Topf und mischen Sie die Tomatenviertel unter. Alles erneut aufkochen.

4. Schmecken Sie den Eintopf mit Salz, Cayennepfeffer und Zitronensaft ab. Die Garnelen zugeben und kurz ziehen lassen, bis sie gar sind. Den Kichererbsen-Garnelen-Topf in vorgewärmte tiefe Teller verteilen und dazu nach Belieben knuspriges Weißbrot reichen.

Clam-Chowder: Muscheltopf aus den USA

ZUBEREITUNGSZEIT 1 Std. 30 Min.

ZUTATEN
- 24 große Clams
- 120 g Zwiebeln
- 50 g durchwachsener Räucherspeck, ohne Schwarte und Knorpel
- 1 TL Salz
- ½ TL grob gemahlener Pfeffer
- 300 g fest kochende Kartoffeln, geschält und 1 cm groß gewürfelt
- 250 g gepökeltes Schweinefleisch, aus der Schulter oder vom Hals, 1 cm groß gewürfelt
- 250 g frische Maiskörner
- 1 Scheibe Toastbrot ohne Rinde
- ¾ l Milch oder Sahne

S. 99
WARENKUNDE Clams

S. 147
KÜCHENPRAXIS Clams

1. Bürsten Sie die Clams unter kaltem Wasser sorgfältig ab und lösen Sie das Fleisch aus, wie auf S. 147 gezeigt. Dabei das Muschelwasser auffangen, durch ein feines Sieb gießen und beiseite stellen. Das ausgelöste Muschelfleisch in kleine Stücke schneiden.

2. Die Zwiebeln schälen und klein würfeln. Den Räucherspeck ebenfalls klein würfeln. Braten Sie die Speckwürfel in einem feuerfesten Topf kurz an.

3. Nehmen Sie den Topf vom Herd und füllen Sie die weiteren Zutaten schichtweise ein, dabei jede Schicht mit Salz und Pfeffer würzen: Zuerst kommen die Kartoffelwürfel in den Topf, darauf geben Sie das Schweinefleisch. Dann folgen Zwiebeln und Maiskörner und zuletzt kommt das zerkleinerte Muschelfleisch mitsamt dem aufgefangenen Wasser hinein. Rütteln Sie während des Einfüllens ab und zu am Topf, damit keine Hohlräume zwischen den Zutaten entstehen, sonst nehmen sie zu viel Flüssigkeit auf.

4. Schneiden Sie das Toastbrot in sehr kleine Würfel und streuen Sie diese über den Muscheltopf. Anschließend mit so viel Milch oder Sahne aufgießen, bis die Zutaten fast bedeckt sind. Den Deckel auflegen und den Clam-Chowder bei 200 °C im vorgeheizten Ofen 40 bis 45 Minuten garen.

5. Aus dem Ofen nehmen – der Clam-Chowder soll in der Konsistenz zwischen Suppe und Eintopf liegen – in tiefe Teller verteilen und den Muscheltopf mit getoastetem Weißbrot oder mit frischem Landbrot servieren.

Muscheltopf mit mediterranem Gemüse und Kartoffelwürfeln

ZUBEREITUNGSZEIT 1 Std.

ZUTATEN
- 1 kg Miesmuscheln
- 1 Paprikaschote
- 1 Zucchino, geputzt
- 1 Aubergine, geputzt
- 2 Fleischtomaten
- 2 große fest kochende Kartoffeln
- 4 EL Olivenöl, Salz
- ½ l Fischfond (S. 161)
- frisch gemahlener Pfeffer
- 1 großer Safranfaden
- Saft von 1 Zitrone

1. Die Miesmuscheln säubern und waschen, wie auf S. 146 gezeigt. Die Paprikaschote mit dem Sparschäler schälen, Samen und Stielansatz entfernen. Schneiden Sie das Paprikafruchtfleisch zusammen mit dem Zucchino und der Aubergine in kleine Rauten. Die Tomaten blanchieren, vom Stielansatz befreien, häuten und die Samen entfernen. Das Tomatenfruchtfleisch ebenfalls in Rauten schneiden.

2. Die Kartoffeln waschen, schälen und etwa 1 ½ cm groß würfeln. Braten Sie die Kartoffelwürfel in einer Pfanne in 2 EL heißem Olivenöl goldgelb. Leicht salzen.

3. Erhitzen Sie in einer Pfanne separat 2 EL Olivenöl und schwitzen Sie darin die Gemüserauten mit Ausnahme der Tomaten an. Mit Fischfond und ½ l Wasser aufgießen und mit Salz, Pfeffer, Safran und Zitronensaft abschmecken. Die Muscheln zugeben und zugedeckt 10 Minuten köcheln lassen, bis sie sich geöffnet haben. Zum Schluss die Tomatenrauten zufügen.

4. Die Muscheln – geschlossene Exemplare aussortieren – mit dem Sud und dem Gemüse in tiefen vorgewärmten Tellern anrichten und dazu die gebratenen Kartoffelwürfel reichen.

Muscheln prüfen

Muscheln, die sich nach leichtem Antippen wieder schließen, sind nicht verdorben und können mitgegart werden. Die nach dem Kochen noch geschlossenen Exemplare müssen dagegen aussortiert werden. Statt des Safrans bringt auch eine Prise Kurkuma Farbe in den Muscheltopf, allerdings ändert sich dabei der Geschmack.

S. 76
WARENKUNDE Miesmuscheln

S. 146
KÜCHENPRAXIS Miesmuscheln

Cacciucco – Ligurischer Fischtopf

ZUBEREITUNGSZEIT 55 Min.

ZUTATEN
- 2 mittelgroße Rotbarben, geschuppt, filetiert und entgrätet (Ersatz: Steinbeißer)
- 1 mittelgroßer Drachenkopf, geschuppt, filetiert und entgrätet
- 1 mittelgroßer Wolfsbarsch, geschuppt, filetiert und entgrätet
- 30 Venusmuscheln
- 30 Miesmuscheln
- 8 küchenfertige Calamaretti
- 4 Riesengarnelen
- 100 g Möhren
- 100 g Fenchelknolle
- 100 g Lauch
- 100 g Staudensellerie
- 300 g rote Zwiebeln
- 3 Knoblauchzehen
- 2–3 EL Olivenöl
- 2 Chilischoten, fein gehackt, ohne Samen
- 2 g Safranfäden
- 3 TL Tomatenmark
- 100 ml Weißwein
- ½ l Geflügelfond (S. 163)
- ½ l passierte Tomaten
- Salz, Zitronensaft, Pfeffer
- 8 schwarze Oliven

AUSSERDEM
- glatte Petersilie und Basilikum, gewaschen, abgetropft und gehackt

1. Die Fischfilets waschen und trockentupfen. Die Muscheln säubern, wie auf S. 146 gezeigt. Calamaretti und Riesengarnelen waschen und abtropfen lassen. Alles kühl stellen.

2. Das Gemüse waschen, putzen oder schälen und 1 cm groß würfeln. Den Knoblauch abziehen und hacken. Das Öl in einem Topf erhitzen, Gemüse und Knoblauch darin anschwitzen. Die gehackten Chilischoten, die Safranfäden und das Tomatenmark zufügen. Löschen Sie alles mit dem Weißwein ab und reduzieren Sie diesen auf die Hälfte. Mit Geflügelfond und den passierten Tomaten aufgießen, alles kurz aufkochen, 10 Minuten köcheln lassen und mit Salz und Zitronensaft abschmecken.

3. Die Fischfilets salzen, pfeffern, in Stücke teilen und mit den Muscheln, den Calamaretti, den Garnelen und den Oliven zufügen. Lassen Sie alles noch 5 Minuten ziehen. Den Cacciucco mit Petersilie und Basilikum bestreuen und kräftig mit Salz und Pfeffer abschmecken.

S. 76, 96
WARENKUNDE Muscheln

S. 146
KÜCHENPRAXIS Miesmuscheln

WARENKUNDE　KÜCHENPRAXIS　**REZEPTE**
→ *Suppen und Eintöpfe*

Kürbis-Ingwer-Süppchen mit Jakobsmuscheln

ZUBEREITUNGSZEIT 1 Std.

ZUTATEN
- 500 g Kürbisfruchtfleisch, 1 Schalotte
- 1–2 EL frisch geriebener Ingwer
- 60 g Butter, 100 ml Weißwein
- 700 ml Geflügelfond (S. 163)
- 1–2 EL Crème fraîche, Salz, Pfeffer
- Kardamom, frisch geriebene Muskatnuss
- 1 EL Kürbiskernöl, 40 g Kürbiskerne
- 4 Jakobsmuscheln
- Butterschmalz zum Braten

1. Schneiden Sie das Kürbisfruchtfleisch in 1 cm große Würfel. Die Schalotte schälen und klein würfeln. Schwitzen Sie die Kürbis- und Schalottenwürfel mit dem Ingwer in der zerlassenen Butter farblos an. Dann mit dem Weißwein und dem Geflügelfond aufgießen und den Kürbis in etwa 25 Minuten weich garen.

2. Pürieren Sie die Kürbis-Schalotten-Ingwer-Mischung im Mixer oder mit dem Pürierstab und gießen Sie die Suppe durch ein Sieb. Die Crème fraîche einrühren und das Kürbis-Ingwer-Süppchen mit Salz, Pfeffer, Kardamom sowie Muskatnuss würzen und warm halten.

3. Erhitzen Sie das Kürbiskernöl in einer beschichteten Pfanne und rösten Sie die Kürbiskerne darin kurz an. Die Kürbiskerne aus der Pfanne nehmen, auf Küchenpapier abtropfen lassen und leicht salzen.

4. Die Jakobsmuscheln öffnen und auslösen, wie auf S. 148 gezeigt. Das Muschelfleisch mit Salz und Pfeffer würzen. Das Butterschmalz in einer Pfanne erhitzen und die Jakobsmuscheln darin von beiden Seiten je 1 Minute anbraten.

5. Verteilen Sie die Jakobsmuscheln in vorgewärmte tiefe Teller oder Tassen und streuen Sie jeweils einige Kürbiskerne ringsum. Dann die Suppe mit dem Pürierstab aufschäumen, in die vorbereiteten Teller oder Tassen gießen und mit ein paar Tropfen Kürbiskernöl beträufeln. Sofort servieren.

S. 92
WARENKUNDE Jakobsmuscheln

S. 148
KÜCHENPRAXIS Jakobsmuscheln

Kühle Vichyssoise mit Flusskrebsen

ZUBEREITUNGSZEIT 1 Std. 15 Min.

ZUTATEN FÜR 6 BIS 8 PORTIONEN
- 500 g mehlig kochende Kartoffeln
- 2 Stangen Lauch, 1 mittelgroße Zwiebel
- 50 g Butter, ½ l Geflügelfond
- je 1 kleiner Bund Kerbel (50 g) und Thymian
- 200 g Sahne, 100 g Crème fraîche
- Salz, frisch gemahlener Pfeffer
- frisch geriebene Muskatnuss
- 2 EL Weißweinessig
- 24 Flusskrebse, 3 l Court-Bouillon (S. 159)
- 2 bis 3 TL Zitronensaft
- 2 EL Aceto Balsamico, auf 1 EL reduziert

1. Schälen Sie die Kartoffeln und schneiden Sie sie in grobe Würfel. Den Lauch putzen, waschen und würfeln. Die Zwiebel schälen und fein würfeln. Schwitzen Sie das Gemüse in der zerlassenen Butter an, löschen Sie es mit dem Geflügelfond ab und garen Sie es etwa 45 Minuten. Die Kräuter waschen, trocknen und die abgezupften Blättchen 5 Minuten vor Ende der Garzeit zufügen. Die Mischung pürieren, durch ein Sieb gießen, dann Sahne und Crème fraîche unterrühren. Schmecken Sie die Suppe mit Salz, Pfeffer, Muskat und Essig ab und lassen Sie sie abkühlen.

2. Die Flusskrebse in der sprudelnd kochenden Court-Bouillon garen und weiterverfahren, wie unten gezeigt. Würzen Sie das Krebsfleisch mit Salz und Zitronensaft. Die kalte Vichyssoise mit den Krebsschwänzen in Tellern oder Schalen anrichten. Beträufeln Sie sie vor dem Servieren nach Belieben mit einigen Tropfen Aceto Balsamico.

S. 52
WARENKUNDE Flusskrebse

S. 159
KÜCHENPRAXIS Court-Bouillon

GEKOCHTE KREBSE
aufbrechen und auslösen

(1) Die Flusskrebse nach einer Garzeit von 4 bis 6 Minuten mit einem Schaumlöffel herausnehmen, kurz abtropfen und abkühlen lassen.

(2) Krebsschwänze vom Körper abdrehen. Den Panzer aufbiegen oder -schneiden. Das Schwanzfleisch auslösen, am Rücken einschneiden und den Darm entfernen. Die Krebsnasen (Köpfe) eignen sich als Garnitur.

Gepanzerter Luxus aus dem Süßwasser

Lange Zeit beschränkten sich unsere Kontakte mit der geschmacklich wahrnehmbaren Welt auf die in einer südniedersächsischen Kleinstadt der siebziger Jahre übliche Handelsware. So kam es, dass sich niemals ein Flusskrebs in die Küche unserer Kindheit verirrte, obwohl es in unserer Heimatstadt damals noch einen Fischhändler gab. So einen richtigen Fischhändler im blaugestreiften Kittel und mit einer Prinz-Heinrich-Mütze auf dem Kopf. Weil er sich die teure Ladenmiete an der Hauptstraße irgendwann nicht mehr leisten konnte, zog er mit seinem Geschäft in eine Seitengasse. Sein Sortiment war optimal an die Kundenbedürfnisse angepasst. Von Montag bis Donnerstag herrschte Flaute, nur Freitags frischte eine leichte Brise auf und wehte ihm Kundschaft ins Geschäft.

Unser Fischhändler hatte so gut wie nichts Lebendiges im Angebot. Die obligatorischen Rotbarsch- und Seelachsfilets, die Schillerlocken, Bücklinge, Sprotten und Bismarckheringe, sie machten alle keinen Mucks mehr. Im gläsernen Fischbecken vor der türkis gekachelten Wand herrschte fast ganzjährig Ebbe, nur vor besonderen Feiertagen beherbergte es ein paar Regenbogenforellen, die unsere Neugier weckten. Erst am Ende des Jahres zog ins Aquarium pralles Leben in Form von fetten Karpfen ein. Die bekamen dann eins mit dem Rundholz auf die Mütze: »Soll ich Sie Ihnen ausnehmen und fertig machen?« Danach verschwanden sie in den »Mündener Nachrichten« und schnappten mit ihrem Stülpmaul noch eine Zeit lang weiter nach Luft.

Krebse aber führte unser Fischhändler so wenig wie Hummer, jedenfalls keine echten. Lediglich einige Plastikimitate mit einem Sträußchen Kunstpetersilie in den Scheren waren im Schaufenster platziert oder hingen effektvoll in den Fischernetzen an den Wänden, zusammen mit ein paar Plastikschollen, Seesternen und einem gelben Gummistiefel. Als einzige entfernt krebsverwandte Gattung im Laden gab es manchmal winzige abgekochte Büsumer Krabben – gepult oder ungepult. Aber der absolute Höhepunkt der Ladendekoration war die blaue Plazebo-Kaviardose mit dem leicht rostigen Rand. Rechts und links von ihr lagen die Gläser mit geschwärztem Seehasenrogen, der für Kanapeedekorationen und Mayonnaiseeier geldbeutelschonend Verwendung fand. Hätten wir den Fischhändler nach lebendigen Krebsen gefragt, er hätte gewiss geantwortet: »Jungs, das hier is'n Fischgeschäft, keine Zoohandlung!«

Den europäischen Edelkrebs *(Astacus astacus)* hat dasselbe Schicksal ereilt wie die Bachforelle. Beide wurden fast verdrängt durch Importe aus Amerika, die sich in den heimischen Gewässern trotz sinkender Wasserqualität pudelwohl fühlen. Die vom amerikanischen Flusskrebs eingeschleppte Flusskrebspest hat dem europäischen Flusskrebs fast gänzlich den Garaus gemacht. Was heute im Angebot gut sortierter Fischhändler auftaucht, sind in der Regel wildgefangene Krebse aus der Türkei, Iran, Aserbeidschan und Armenien *(Astacus leptodactylus)* oder rote Sumpfkrebse aus China, die in den Aquakulturen der Reisfelder gezüchtet werden. Krebszuchten mit dem seltenen europäischen Flusskrebs gibt es auch in Deutschland, zum Beispiel in Schleswig-Holstein bei Helmut Jeske in Oeversee. Früher war der Edelkrebs ein Beifang der Flussfischerei und schon immer eine besondere Delikatesse. Dem Leipziger Allerlei mit Spargel, Morcheln und jungen Erbsen setzte er die Krone auf.

Flusskrebse haben unscheinbar gefärbte braun-grüne Panzer, die schlagartig zu einem leuchtenden Flamingo-Rot mutieren, sobald sie in Kontakt mit kochendem Wasser kommen. Das Wasser sollte kräftig gesalzen sein, idealerweise viel frischen Dill und eine halbe Flasche Bier enthalten und sprudelnd kochen. Dann fehlt nur noch Mut und Entschlossenheit, um die Tiere in eine Delikatesse zu verwandeln ... Plumps! Der Rest ist reine Handarbeit: Nach dem Abkühlen den Schwanz vom Kopfteil abdrehen, dann mit Daumen und Zeigefinger etwas Druck auf das Ende des Schwanzfächers ausüben, um das Fleisch am anderen Ende ein wenig herauszudrücken. Den Happen dann vollends herausziehen und ... aah und oooh und hmmm! Doch die Enttäuschung kann beim ersten Mal groß sein, angesichts des kleinen Bissens der da zum Vorschein kommt. Der Genuss kann vergrößert werden, indem man ein oder zwei kalte Saucen zubereitet. Zum Beispiel eine sanfte Senf-Honig Variante mit Dill oder eine knoblauchfreie Mayonnaise, aber das ist Geschmackssache und echten Flusskrebspuristen bereits zuviel Ablenkung vom Kern der Sache. Sie ziehen es stattdessen vor, den Krustentieren das Kopfteil auszusaugen, was allerdings Geräusche verursacht, die nicht jedermann für esstischkompatibel hält. Die Scheren sind im Gegensatz zu ihren Verwandten aus dem Meer, den Hummern, relativ uninteressant, an ihnen ist kaum etwas dran, was die Mühe lohnen würde, sich mit ihnen zu beschäftigen. Beim Anblick der Panzertrümmer bekommen echte Krebsfans Herzklopfen – die wandern bei ihnen nämlich nicht in den Mülleimer, sondern in die Pfanne. Dort werden sie in etwas heißem Öl kräftig geröstet, bis ein intensiver Duft entsteht, dann im Mörser oder der Küchenmaschine zerkleinert, anschließend mit Weißwein und Krebs-

Der Flusskrebs ist wieder im Kommen. Unter seinem Panzer verbirgt sich eine der größten Delikatessen aus dem Süßwasser, die jede Mühe wert ist.

brühe ausgekocht. Die Flüssigkeit abseihen, kräftig reduzieren und mit Creme fraîche (viel) und Cognac (wenig) abschmecken.

Weißwein lässt dem Krebsgeschmack genug Raum, damit er sein Aroma voll entfalten kann, nur holzbetont darf er nicht sein. Etwas Säure hingegen steht ihm gut zu Gesicht, also Riesling, Weißburgunder oder Silvaner. Auch Champagner wird gerne genommen. Leider können wir uns nicht mehr daran erinnern, welchen Wein Michel Piccoli in »Eine Komödie im Mai« von Louis Malle zu seinen Flusskrebsen serviert hat. Aber wie er die Krebse fing, daran erinnern wir uns genau: Er stieg einfach in den Bach, der in der Nähe der Villa durch das Grundstück mäanderte (mit freiem Oberkörper und Strohhut, die Hosen behielt er an) und beugte sich zum Grund hinab. Nach einer Weile richtete er sich wieder auf und hielt die Arme triumphierend in die Höhe; an seinen Fingern hatten sich herrliche Flusskrebse festgezwickt. Die tischte er dann zum Abendessen im Kreise der Familie auf und bekleckerte sich beim geräuschvollen Verzehr seiner Beute, dass es eine Freude war.

Große Genüsse haben auch ihre Schattenseiten, das wollen wir hier nicht unter den Tisch fallen lassen. Im vorliegenden Fall ist es die Tatsache, dass es praktisch unmöglich ist, sich an Flusskrebsen satt zu essen. Daher sollte ein Gastgeber, der zu einem Krebsgelage einlädt, viel Brot und Butter im Hause haben, reichlich Wein im Keller und ein gut bestücktes Käsebrett, denn ein guter Gastgeber schickt seine Gäste niemals hungrig in die dunkle Nacht hinaus.

Cornelius und Fabian Lange

REZEPTE
→ Suppen und Eintöpfe

Samtsuppe vom Marron

ZUBEREITUNGSZEIT 1 Std. 10 Min.
RUHEZEIT 1 Std.

ZUTATEN
- 500 g Marrons (Ersatz: andere Flusskrebse)
- 3 l Court-Bouillon (S. 159)
- ½ mittelgoße Fenchelknolle
- 1 Stange Staudensellerie
- ½ Stange Lauch, ½ mittelgroße Möhre
- 3 Schalotten, 1 Knoblauchzehe
- 3 Tomaten
- 3 EL Olivenöl, 50 g Butter
- je 1 Zweig Thymian und Rosmarin
- 1 EL Tomatenmark
- 20 g Rundkornreis
- 10 cl Cognac
- 1 l trockener Weißwein
- 1 l Fischfond (S. 161)
- 200 g Sahne
- Salz, Cayennepfeffer

1. Waschen Sie die Krebse und bringen Sie die Court-Bouillon in einem großen Topf zum Kochen. Die Krebse nacheinander – Kopf voraus – im sprudelnden Sud 1 bis 2 Minuten kochen, herausheben und abkühlen lassen. Die Krebse ausbrechen, wie auf S. 141 gezeigt, oder halbieren und das Fleisch auslösen. Kühl stellen.

2. Putzen Sie den Fenchel, den Sellerie sowie den Lauch und schneiden Sie alles in kleine Würfel. Die Möhre, die Schalotten und den Knoblauch schälen und alles klein würfeln. Die Tomaten blanchieren, häuten, Stielansatz und Samen entfernen und das Fruchtfleisch ebenfalls würfeln.

3. Erhitzen Sie das Olivenöl in einem Topf und braten Sie die Krebskarkassen darin bei mittlerer Hitze an. Die Butter zufügen und die Gemüsewürfel sowie die Kräuter darin anschwitzen. Tomatenmark und Reis unterrühren und alles mit dem Cognac flambieren. Mit dem Weißwein ablöschen und diesen in etwa 10 Minuten um ein Viertel reduzieren.

4. Alles mit dem Fischfond aufgießen und die Suppe 30 Minuten bei schwacher Hitze köcheln lassen. Die Hälfte der Sahne zugeben, alles erneut aufkochen, die Suppe vom Herd nehmen und 1 Stunde ziehen lassen.

5. Anschließend die Suppe durch ein feines Sieb in eine Kasserolle gießen, dabei den Inhalt des Siebes leicht ausdrücken. Die Suppe mit Salz und Cayennepfeffer abschmecken und kurz aufkochen.

6. Schlagen Sie die restliche Sahne steif und heben Sie sie unter die Suppe. Das ausgelöste Krebsfleisch darin erwärmen und die Suppe sofort servieren.

S. 54
WARENKUNDE Marrons

S. 141
KÜCHENPRAXIS Flusskrebse

S. 159
KÜCHENPRAXIS Court-Bouillon

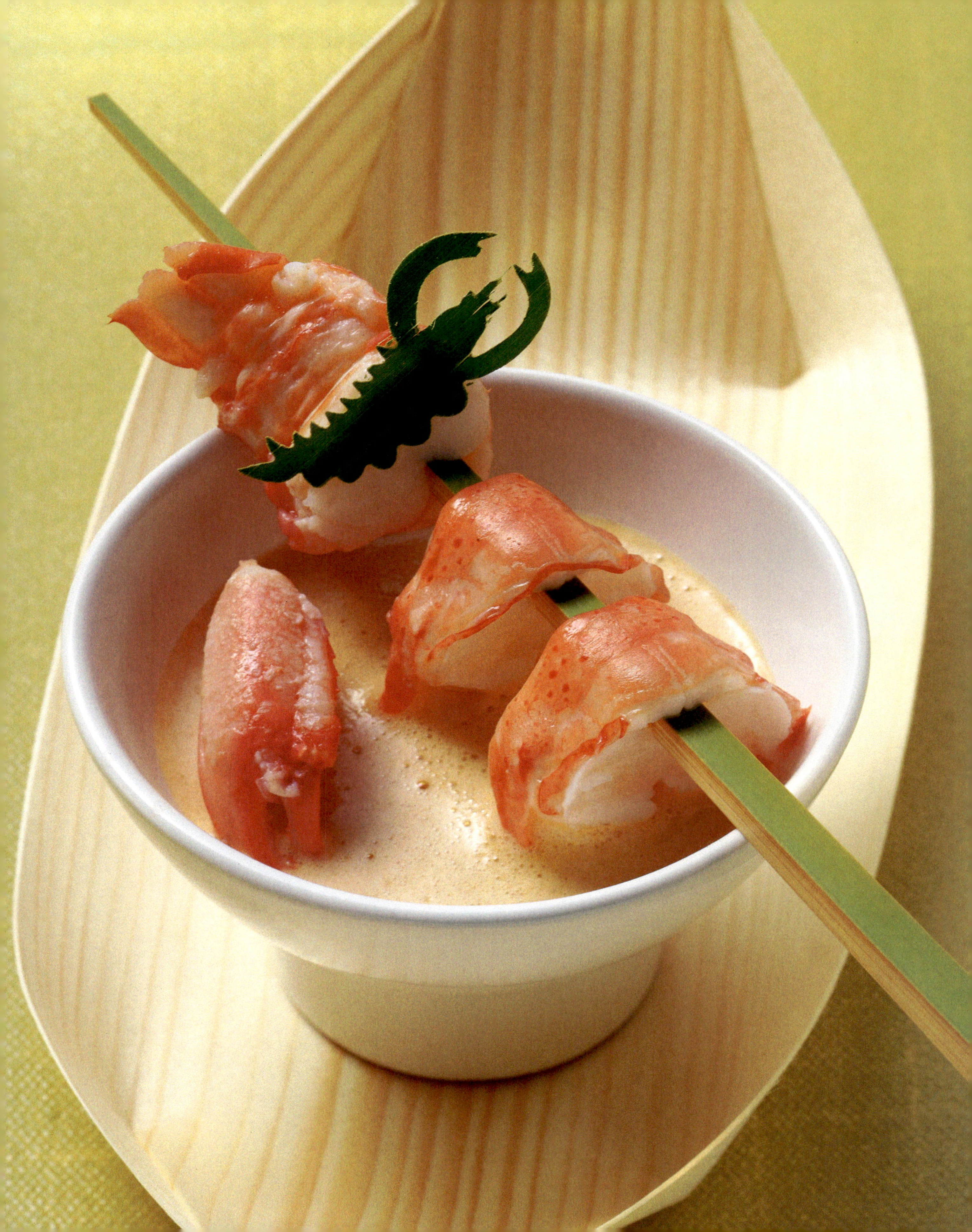

Kochen, Dämpfen und Dünsten

Von Schwertmuscheln im Kräutersud über Hummer in Olivenöl bis zu Kaisergranaten: Schonend gegart bleiben sie schön zart.

WARENKUNDE KÜCHENPRAXIS **REZEPTE**
→ *Kochen, Dämpfen und Dünsten*

Gekocht werden sie fast immer

Die größeren unter den »Gepanzerten« – Hummer, Langusten und Krabben – müssen, auch wenn sie später in der Pfanne oder auf dem Grill landen, zuerst kurz kochen, Muscheln wiederum dämpft man meistens.

KOPF VORAUS KOMMEN SIE HINEIN, ins sprudelnd kochende Salzwasser oder auch in eine Court-Bouillon (S. 159), die lebend gehandelten Delikatessen aus Meer und Seen wie Hummer, Languste und Flusskrebse. Das ist Vorschrift in Deutschland, und auch wenn andere Länder andere Bestimmungen haben, gibt es daran nichts zu rütteln. Werden mehrere Tiere auf einmal gegart, so muss unbedingt darauf geachtet werden, dass die Flüssigkeit wieder sprudelnd kocht, bevor der nächste Hummer oder der zweite Schwung Krebse in den Topf kommt.

WELCHE GARMETHODE?

Ob Meeresfrüchte gekocht, gedämpft oder gedünstet werden, hängt vor allem von der späteren Verwendung ab: Ist – wie bei den Muscheln – das in den Schalen enthaltene Wasser als geschmacksgebende Zutat gefragt, empfiehlt es sich, die Schaltiere nicht in mehreren Litern sondern nur in wenig Flüssigkeit zu garen, das Muschel- oder Austernwasser wäre sonst zu stark verdünnt. Muscheln werden aus diesem Grund überwiegend gedämpft oder gedünstet. Krustentiere kocht man dagegen in einigen Litern feinwürziger Court-Bouillon. Ganz besonders pur und unverfälscht bleiben Geschmack und Aroma der Tiere, wenn sie nur mit Wasserdampf in Berührung kommen. Zum Dämpfen eignen sich neben den Muscheln beispielsweise auch Garnelen oder Kaisergranate ganz ausgezeichnet.

KOCHEN: GAREN À LA NATURE

Über das Ergebnis entscheidet neben der Zusammensetzung des Suds – Puristen bevorzugen sauberes Meerwasser zum Kochen von Meeresfrüchten – vor allem die Länge der Garzeit: Nicht zu lange und nicht zu kurz sollte sie sein. Genau auf den Punkt gegart, gilt ein Hummer à la nature noch immer als Inbegriff der feinen Krustentierküche. Bei vielen Meeresfrüchten stellt sich die Frage in küstenfernen Regionen gar nicht – denn sie kommen bereits gekocht und tiefgekühlt oder in Konserven in den Handel, wie das in den USA aber auch hierzulande sehr beliebte Crab Meat. Die Krabben, aber auch Garnelen werden zum Teil direkt auf den Fangschiffen weiterverarbeitet und gegart.

DÄMPFEN – BESONDERS SCHONEND

Die Chinesen haben das mehrstöckige Garen im Dampf perfektioniert: Sie stellen einfach ein Bambuskörbchen auf das andere, der Dampf strömt von unten nach oben hindurch und alles ist gleichzeitig gar. Dabei braucht es weder Bambuskörbchen noch Wok, zum Dämpfen genügt ein ganz normaler, haushaltsüblicher Topf mit einem Siebeinsatz, der über zwei Handbreit Wasser gestellt wird. Der sich entwickelnde Dampf durchströmt beispielsweise Garnelen oder Kaisergranate und gart sie dabei. Weil die Meeresfrüchte dabei weder mit Wasser noch mit Fett in Berührung kommen, ist das Dämpfen unter allen Garmethoden die absolut schonendste. Auch bei den Muscheln bietet sich das Dämpfen an: Sie kommen oft mit etwas Flüssigkeit – meist Weißwein – Zwiebeln und Kräutern in einen Topf und werden ebenfalls durch den aufsteigenden Dampf gegart. Der dabei entstehende Muschelfond ist köstlich und wird oft durch ein Sieb gegossen und weiterverwendet.

DÜNSTEN

Zugedeckt in wenig Flüssigkeit oder Fett garen vorwiegend Muscheln. Von Dünsten spricht man dann, wenn diese – etwa Schwertmuscheln – relativ flach auf dem Boden verteilt liegen und mit der direkten Hitzequelle in Berührung kommen. Auch das Dünsten ist eine Garmethode bei der Aroma und Geschmack weitgehend erhalten bleiben.

Eine Frage der Größe

Für die Kleineren unter den Meeresfrüchten ist das Dämpfen eine gute, sehr schonende Garmethode. Größere Tiere wie Hummer, Languste oder Krake, die ein festes weißes Fleisch haben, werden besser gekocht.

Miesmuscheln in Riesling und Petersilie

ZUBEREITUNGSZEIT 1 Std.

ZUTATEN
- 3 kg Miesmuscheln, je 150 g Lauch und Möhren
- 150 g Schalotten, 3 Knoblauchzehen
- 60 g glatte Petersilie (Ersatz: Kerbel oder junge Spinatblätter)
- Salz, Mineralwasser
- 4 EL Olivenöl, 12 cl Noilly Prat, 400 ml Riesling
- 1 Thymianzweig, je 5 g Butter und Mehl
- 100 g Crème fraîche, 200 g Sahne, Tabasco
- glatte Petersilienblättchen für die Garnitur

1. Die Miesmuscheln säubern und waschen, wie auf S. 146 beschrieben. Den Lauch putzen, gründlich waschen und klein würfeln. Die Möhren schälen und ebenfalls klein würfeln. Schalotten und Knoblauch schälen, beides fein hacken.

2. Die Petersilie waschen, trockenschütteln und die Blättchen abzupfen. Petersilienblättchen in Salzwasser blanchieren und kalt abschrecken. Pürieren Sie die Petersilie im Mixer mit etwas Mineralwasser.

3. Erhitzen Sie das Öl in einem großen Topf und schwitzen Sie die Möhren-, Schalotten- und Knoblauchwürfel darin kurz an. Den Lauch zufügen und kurz mitbraten. Dann die Muscheln zugeben und den Noilly Prat sowie den Riesling angießen. Den Thymianzweig auf die Muscheln legen und diese zugedeckt 7 bis 8 Minuten garen.

4. Gießen Sie die gegarten Muscheln in ein Sieb und fangen Sie dabei den entstandenen Muschelfond auf. Die Muscheln – geschlossene Exemplare wegwerfen – und das Gemüse bis zur weiteren Verwendung warm halten.

5. Die Butter und das Mehl verkneten. Gießen Sie den aufgefangenen Muschelfond durch ein Sieb in einen flachen Topf und bringen Sie ihn zum Kochen. Die Mehlbutter in den kochenden Fond rühren, dadurch erhält die Sauce ihre Bindung. Crème fraîche und Sahne unterrühren und die Sauce mit Salz und Tabasco abschmecken. Das Petersilienpüree zufügen und die Sauce schaumig aufschlagen.

6. Die Muscheln in vorgewärmte tiefe Teller verteilen und mit der Sauce übergießen. Garnieren Sie die Muscheln mit ein paar Blättchen Petersilie und servieren Sie nach Belieben Knoblauchbrot dazu.

S. 76
WARENKUNDE Miesmuscheln

S. 146
KÜCHENPRAXIS Miesmuscheln

Schwertmuscheln im Kräutersud

ZUBEREITUNGSZEIT 1 Std.

FÜR DIE MUSCHELN
- 1 kg Schwertmuscheln, 1 Stück Lauch, 1 Möhre
- 1 Stück Knollensellerie, 1 Zwiebel, 2 EL Olivenöl
- 3 cl trockener Sherry, ½ l Fischfond (S. 161)
- 1 Kräutersträußchen (bestehend aus: Rosmarin, Thymian, Dill, Majoran und 1 Lorbeerblatt)
- Salz, frisch gemahlener Pfeffer
- frisch geriebene Muskatnuss, Limettensaft

AUSSERDEM
- gehackte Kräuter (etwa Estragon, Petersilie, Dill)

1. Die Schwertmuscheln säubern, wie auf S. 147 beschrieben. Das Gemüse putzen oder schälen und in Julienne schneiden, die Zwiebel klein würfeln. Schwitzen Sie die Zwiebelwürfel im heißen Öl an, fügen Sie die Gemüsestifte zu und löschen alles mit dem Sherry ab. Mit Fischfond und ½ l Wasser aufgießen, die Schwertmuscheln und das Kräutersträußchen zugeben. Den Sud mit Salz, Pfeffer, Muskat und Limettensaft würzen und die Muscheln 5 bis 8 Minuten köcheln, bis sie sich öffnen.

2. Richten Sie die Muscheln – geschlossene Exemplare wegwerfen – in vorgewärmten tiefen Tellern mit etwas Gemüse an. Die Muscheln mit gehackten Kräutern bestreuen und mit Baguette servieren.

S. 102
WARENKUNDE Schwertmuscheln

S. 147
KÜCHENPRAXIS Schwertmuscheln

»Der Klassiker: Muscheln in Weißwein«

Hier ist die klassische Zubereitung für »Muscheln in Weißwein«: 3 kg Muscheln waschen und putzen, wie auf S. 146 gezeigt. 4 EL Olivenöl erhitzen und je 8 EL fein gewürfelte Möhren, Schalotten und Lauch sowie 3 fein gewürfelte Knoblauchzehen darin anschwitzen. Die abgetropften Muscheln zufügen und 8 EL Noilly Prat sowie je 400 ml Weißwein und Fischfond (siehe S. 161) zugießen. 1 Zweig Thymian zufügen, den Topf verschließen und die Muscheln etwa 8 Minuten garen. Die Muscheln mit etwas Fond in Suppentellern anrichten.
Dieses Gericht habe ich im nebenstehenden Rezept durch die Zugabe eines sahnigen Petersilienpürees ergänzt. Das Aroma der Petersilie passt ausgezeichnet zum würzigen Geschmack der im Weißweinsud gegarten Muscheln. Wenn Sie Kräuter lieben, ersetzen Sie die Petersilie durch Kerbel, Estragon oder Pimpinelle. Auch Spinat eignet sich und passt sehr gut zu Muscheln.

Ingo Bockler

WARENKUNDE KÜCHENPRAXIS **REZEPTE**
➜ *Kochen, Dämpfen und Dünsten*

Pochierte »Fines de Claires«

ZUBEREITUNGSZEIT 1 Std. 15 Min.

FÜR DIE AUSTERN
- 24 Austern »Fines de Claires«
- 100 ml Champagner oder trockener Sekt
- 40 g Crème fraîche
- 90 g kalte Butter, in Würfeln
- Meersalz, frisch gemahlener Pfeffer
- 1 Bund Kerbel, fein geschnitten
- 50 g Sahne, geschlagen

FÜR DIE GARNITUR
- 6 Frühlingszwiebeln, 20 g Butter
- Meersalz, Pfeffer, 1 Prise Zucker
- 2–3 kg grobes Meersalz, Kerbelblättchen

1. Die Frühlingszwiebeln für die Garnitur putzen, waschen und schräg in 2 bis 3 mm dicke Scheiben schneiden oder längs halbieren. Die Butter in einer Pfanne zerlassen, Frühlingszwiebeln zufügen und mit Salz, Pfeffer und Zucker würzen. Dünsten Sie die Frühlingszwiebeln zugedeckt bissfest und halten Sie sie warm.

2. Die Austern öffnen und auslösen, wie auf S. 145 gezeigt, dabei das Austernwasser auffangen. Gießen Sie es durch ein Passiertuch in einen flachen Topf, fügen Sie 60 ml Champagner hinzu, erhitzen Sie die Mischung und pochieren Sie die Austern darin etwa 20 Sekunden. Herausnehmen und abtropfen lassen.

3. Den Austernfond auf die Hälfte reduzieren, Crème fraîche unterrühren und den Fond zum Kochen bringen. Montieren Sie die kalten Butterwürfel mit dem Pürierstab ein und schmecken Sie die Sauce mit dem restlichen Champagner, Salz und Pfeffer ab. Sollte sie zu salzig sein, mit etwas Wasser verdünnen. Warm halten.

4. Die tiefen Schalenhälften der Austern 10 Minuten in sprudelndem Wasser kochen, herausnehmen und abtropfen lassen. Verteilen Sie so viel grobes Meersalz auf den Tellern, dass die Schalen einen festen Stand haben. Setzen Sie je 6 Austernschalen auf das Salz, füllen Sie die gedünsteten Frühlingszwiebeln ein und legen Sie je 1 pochierte Auster darauf. Die Sauce erneut aufmixen, den Kerbel und die geschlagene Sahne unterrühren. Die Austern mit der Sauce übergießen und mit Kerbel garnieren. Nach Belieben die Austern noch 2 Minuten unter dem vorgeheizten Grill gratinieren.

S. 84
WARENKUNDE Austern

S. 145
KÜCHENPRAXIS Austern

»Für viele wahre Feinschmecker sind Austern pur, aus der Schale geschlürft, das größte kulinarische Glück auf Erden, allenfalls etwas Zitronensaft dulden sie noch. Dass die Meeresbewohner mit der rauen Schale jedoch keinesfalls nur roh schmecken, beweist diese elegante Zubereitung.«

WARENKUNDE KÜCHENPRAXIS **REZEPTE**
→ *Kochen, Dämpfen und Dünsten*

Portugiesische Muschelpfanne mit Spanferkelkoteletts

S. 76, 96
WARENKUNDE Muscheln

S. 146
KÜCHENPRAXIS Muscheln

ZUBEREITUNGSZEIT 1 Std. 30 Min.
MARINIERZEIT 1 Std.

FÜR DIE MARINADE
- 150 g rote Paprikawürfel
- 1 EL Olivenöl, 1 Msp. Cayennepfeffer
- 2 Knoblauchzehen, abgezogen
- 1 TL Meersalz, Pfeffer

FÜR DIE OFENKARTOFFELN
- 5 fest kochende Kartoffeln (600 g)
- 1 EL Olivenöl

FÜR DIE MAYONNAISE
- 2 Eigelbe, ½ TL Sambal oelek
- 1 TL Senf, ½ EL Zitronensaft
- 1 Prise Meersalz, 200 ml Olivenöl

FÜR DIE MUSCHELPFANNE
- 4 Spanferkelkoteletts, je 150 g (Ersatz: Schweine- oder Lammkoteletts)
- 4 große Tomaten, 2 große Schalotten, geschält
- 2 Stangen Staudensellerie, geputzt
- 1 kg Muscheln (Venus-, Teppich- oder Miesmuscheln)
- 1 EL Olivenöl, 1 Knoblauchzehe, gehackt
- 80 g Chorizo (spanische Rohwurst), gehäutet und ½ cm groß gewürfelt
- 100 ml Weißwein, 1 Lorbeerblatt
- 100 ml Gemüsefond, 1 EL Limettensaft
- 4 Zweige Thymian, die Blättchen abgezupft
- ½ TL Meersalz, frisch gemahlener Pfeffer
- ¼ Bund glatte Petersilie, die Blättchen abgezupft

1. Für die Marinade pürieren Sie die Paprikaschote mit den übrigen Zutaten. Die Koteletts beidseitig damit bestreichen und 1 Stunde kühl durchziehen lassen.

2. Die Kartoffeln waschen, schälen, längs in Spalten schneiden, mit dem Öl vermengen und auf einem mit Backpapier ausgelegten Blech verteilen. Backen Sie sie bei 200 °C 40 bis 50 Minuten im vorgeheizten Ofen.

3. Verrühren Sie alle Zutaten für die Mayonnaise bis auf das Öl. Dann das Öl in dünnem Strahl unter Rühren zugießen. Die fertige Mayonnaise kühl stellen.

4. Tomaten häuten, Stielansatz und Samen entfernen und das Fruchtfleisch grob würfeln. Schalotten in feine Ringe, Sellerie in ½ cm dicke Scheiben schneiden. Die Muscheln säubern, wie auf S. 146 gezeigt.

5. Braten Sie die marinierten Koteletts in ½ EL heißem Öl beidseitig je 1 ½ Minuten an. Herausnehmen und warm halten. ½ EL Öl zufügen, Knoblauch, Schalotten, Sellerie und Chorizo bei reduzierter Hitze ½ Minute anschwitzen. Muscheln und Tomaten zufügen, mit dem Wein ablöschen. Lorbeer zugeben, alles aufkochen, Gemüsefond und Limettensaft zugießen. Mit Thymian, Salz und Pfeffer würzen und alles 2 Minuten zugedeckt köcheln. Deckel abnehmen, Petersilie einrühren, Koteletts und Saft zufügen und alles offen 1 Minute kochen. Richten Sie Muscheln, Gemüse und Koteletts in Tellern an. Ofenkartoffeln und Mayonnaise separat servieren.

Spaghetti alle vongole

ZUBEREITUNGSZEIT 1 Std. 25 Min.
RUHEZEIT 2 Std.

FÜR DEN NUDELTEIG
- 6 Eigelbe, 1 Ei
- 4 EL Olivenöl
- Salz
- 200 g doppelgriffiges Mehl
- 100 g Hartweizengrieß

FUR DIE MUSCHELN
- 1,2 kg Venusmuscheln
- 2 Schalotten
- 1 Knoblauchzehe
- 2 Tomaten
- 1 Zweig Thymian
- 2–3 EL Olivenöl
- 100 ml Weißwein
- 100 ml Fischfond (S. 161)
- 1 Bund glatte Petersilie, gehackt

1. Verrühren Sie die Eigelbe mit Ei, Öl und Salz 2 bis 3 Minuten. Dann Mehl und Hartweizengrieß zufügen und alles zu einem glatten, geschmeidigen Teig verkneten. Wickeln Sie den Teig in Frischhaltefolie und lassen Sie ihn 2 Stunden ruhen.

2. Den Teig mit der Nudelmaschine dünn ausrollen und mit Hilfe des entsprechenden Vorsatzes in Spaghetti schneiden. Drehen Sie die fertigen Nudeln zu kleinen Nestern und lassen Sie diese bis zur Verwendung antrocknen.

3. Die Muscheln säubern und waschen, wie auf S. 146 gezeigt. Die Schalotten schälen und grob würfeln. Knoblauch abziehen und halbieren. Die Tomaten blanchieren, häuten, von Stielansatz und Samen befreien und das Fruchtfleisch würfeln. Schwitzen Sie Schalotten, Knoblauch und Thymian kurz im heißen Öl an und fügen Sie die abgetropften Muscheln zu. Alles mit dem Weißwein ablöschen und zudeckt 6 bis 8 Minuten garen, bis die Muscheln sich geöffnet haben. Die Muscheln abgießen, dabei den Sud auffangen. Die Muscheln bis auf einige Exemplare für die Garnitur aus den Schalen lösen – geschlossene Muscheln wegwerfen.

4. Garen Sie die Nudelnester in sprudelnd kochendem Salzwasser al dente, gießen Sie sie ab und lassen Sie sie gut abtropfen. Den Muschelsud mit dem Fischfond und den Tomatenwürfeln aufkochen, Petersilie zufügen und alles noch 3 bis 4 Minuten köcheln lassen. Die Nudeln zufügen und kurz ziehen lassen, zuletzt die ausgelösten Muscheln sowie die Muscheln in der Schale kurz im heißen Sud erwärmen. Sofort servieren.

S. 96
WARENKUNDE Venusmuscheln

S. 146
KÜCHENPRAXIS Muscheln

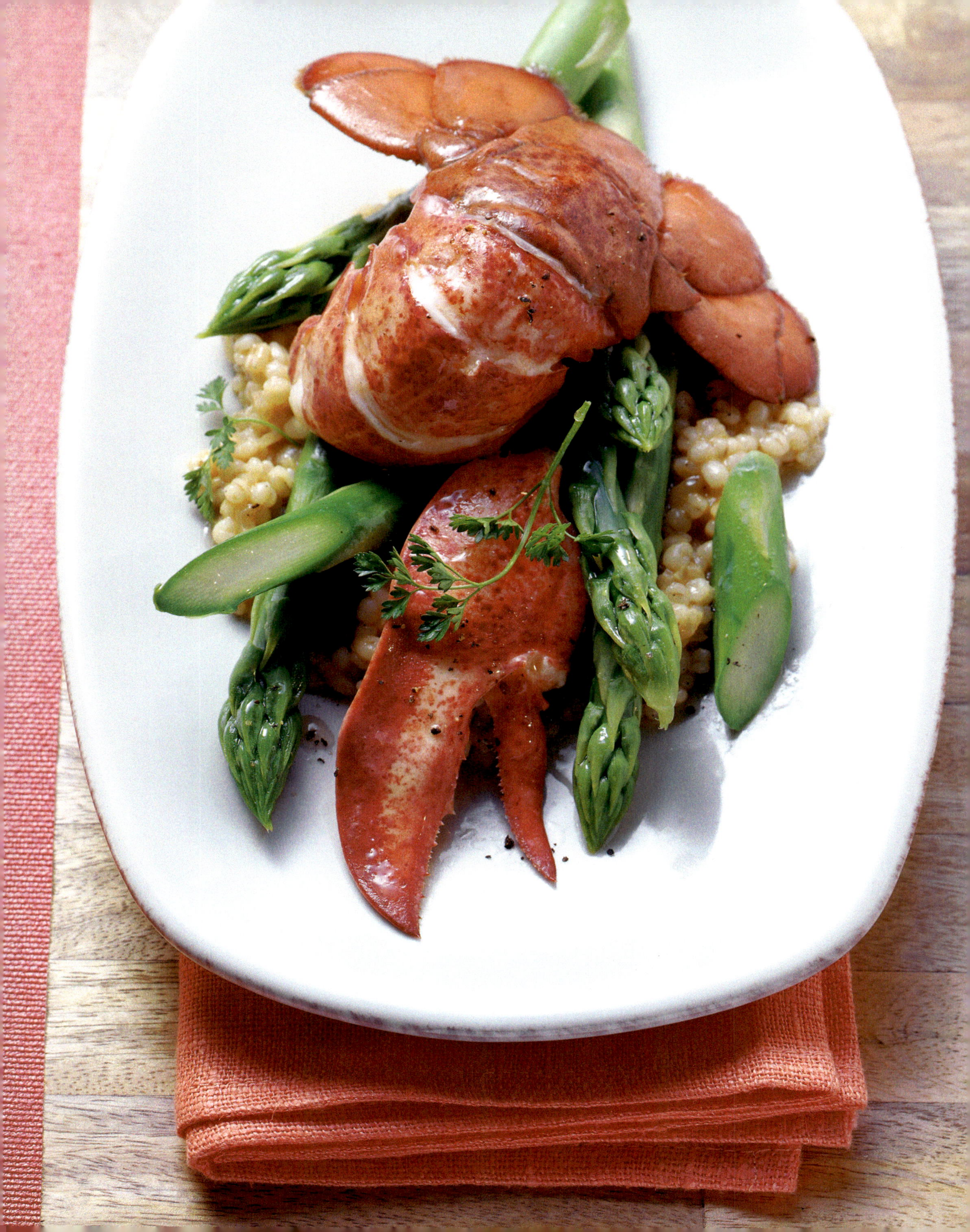

Hummer mit Vanillegraupen

ZUBEREITUNGSZEIT 45 Min.

ZUTATEN
- 2 Stangen Staudensellerie
- 2 Möhren, Salz
- 2 TL Kümmel
- 4 Hummer, je 450–500 g
- 200 g Perlgraupen
- 1 Schalotte
- 1 große Vanilleschote
- 8 Stangen grüner Spargel
- 100 ml Geflügelfond (S. 163)
- 30 g Hummerbutter (S. 166)
- frisch gemahlener Pfeffer
- Kerbelblättchen

1. Putzen Sie den Staudensellerie und schneiden Sie ihn quer in Scheiben. Die Möhren schälen und ebenfalls in Scheiben schneiden. Bringen Sie in einem großen Topf 5 l Wasser mit dem Gemüse, 1 EL Salz und dem Kümmel zum Kochen. Die Hummer nacheinander – Kopf voraus – darin 12 bis 14 Minuten garen. Herausnehmen und abkühlen lassen.

2. Kochen Sie inzwischen die Perlgraupen in Salzwasser 20 bis 30 Minuten, bis sie bissfest sind. Dann durch ein Sieb abgießen und die Graupen abtropfen lassen. Die Schalotte schälen und fein hacken, das Mark der Vanilleschote ausschaben. Den Spargel nur im unteren Drittel schälen und in Salzwasser 5 bis 8 Minuten kochen, abkühlen lassen und in Stücke schneiden.

3. Bringen Sie in einer Kasserolle den Geflügelfond mit den Schalottenwürfeln und dem Vanillemark zum Kochen und reduzieren Sie ihn auf die Hälfte. Die abgetropften Graupen untermischen und die Hummerbutter in Stücken mit dem Schneebesen einrühren. Die Vanillegraupen mit Salz und Pfeffer würzen.

4. Lösen Sie die Hummer so aus, wie auf S. 139 beschrieben, der Schwanz soll dabei ganz bleiben. Jeweils einen Hummerschwanz zusammen mit dem Scherenfleisch dekorativ auf den Vanillegraupen anrichten und mit grünem Spargel und etwas Kerbel garnieren. Sofort servieren.

Auch gut mit Beurre blanc

Hervorragend schmeckt der gekochte Hummer auch, wenn Sie ihn auf Blattspinat anrichten und mit einer weißen Buttersauce (siehe S. 298), unter Fachleuten »Beurre blanc« genannt, servieren.

S. 45
WARENKUNDE Hummer

S. 139
KÜCHENPRAXIS Hummer

S. 166
REZEPTE Hummerbutter

WARENKUNDE   KÜCHENPRAXIS   **REZEPTE**
→ *Kochen, Dämpfen und Dünsten*

Scampi mit Champagner-Kerbel-Sabayon

ZUBEREITUNGSZEIT 1 Std.

ZUTATEN
- 12 Scampi (Kaisergranate)
  (Ersatz: Riesengarnelen – Zubereitung gleich – oder 1 Languste, 7 Minuten in Court-Bouillon gekocht)
- 2 Schalotten
- 4 Stängel Kerbel
- 2 Eigelbe
- 400 ml Champagner
  (Ersatz: trockener Riesling)
- 3–4 EL Limettensaft
- 2 TL Zucker
- 1 TL Salz
- etwas Kerbel für die Garnitur

S. 50
WARENKUNDE Kaisergranate

S. 131
KÜCHENPRAXIS Kaisergranate

1. Brechen Sie die Kaisergranate aus und entfernen Sie den Darm, wie auf S. 131 gezeigt.

2. Die Schalotten schälen und in Ringe schneiden. Füllen Sie einen Wok 2 bis 3 cm hoch mit Wasser und dämpfen Sie die Kaisergranate im Bambuskörbchen, wie unten in Step 1 beschrieben. Sie können die Krustentiere selbstverständlich auch in einem anderen Topf mit Dämpfeinsatz garen.

3. Vom Kerbel die Blättchen abzupfen und fein hacken. Setzen Sie eine Rührschüssel aus Metall auf ein 90 °C heißes Wasserbad und schlagen Sie die Eigelbe mit dem Champagner, dem Limettensaft und dem Zucker auf, wie in Step 2 unten gezeigt. Dabei darf die Hitze nicht zu groß werden, sonst gerinnt das Ei. Das Champagner-Kerbel-Sabayon mit dem Salz würzen und den gehackten Kerbel unterrühren.

4. Die Kaisergranate herausnehmen, auf vorgewärmten Tellern oder auf einer Platte anrichten und mit dem luftig aufgeschlagenen Sabayon überziehen, wie in Step 3 gezeigt.

5. Nach Belieben die Kaisergranate mit den Scheren und ein paar abgezupften Kerbelblättchen garnieren und sofort servieren.

KAISERGRANATE DÄMPFEN
und Sabayon aufschlagen

(1) Kaisergranate und Schalotten in ein Dämpfkörbchen geben, Deckel auflegen. Das Dämpfkörbchen in den Wok stellen und die Krustentiere etwa 5 Minuten dämpfen.

(2) Alles mit dem Schneebesen aufschlagen, bis das Sabayon luftig und schaumig ist.

(3) Die sanft gedämpften Kaisergranatschwänze jeweils mit 1 EL Sabayon überziehen.

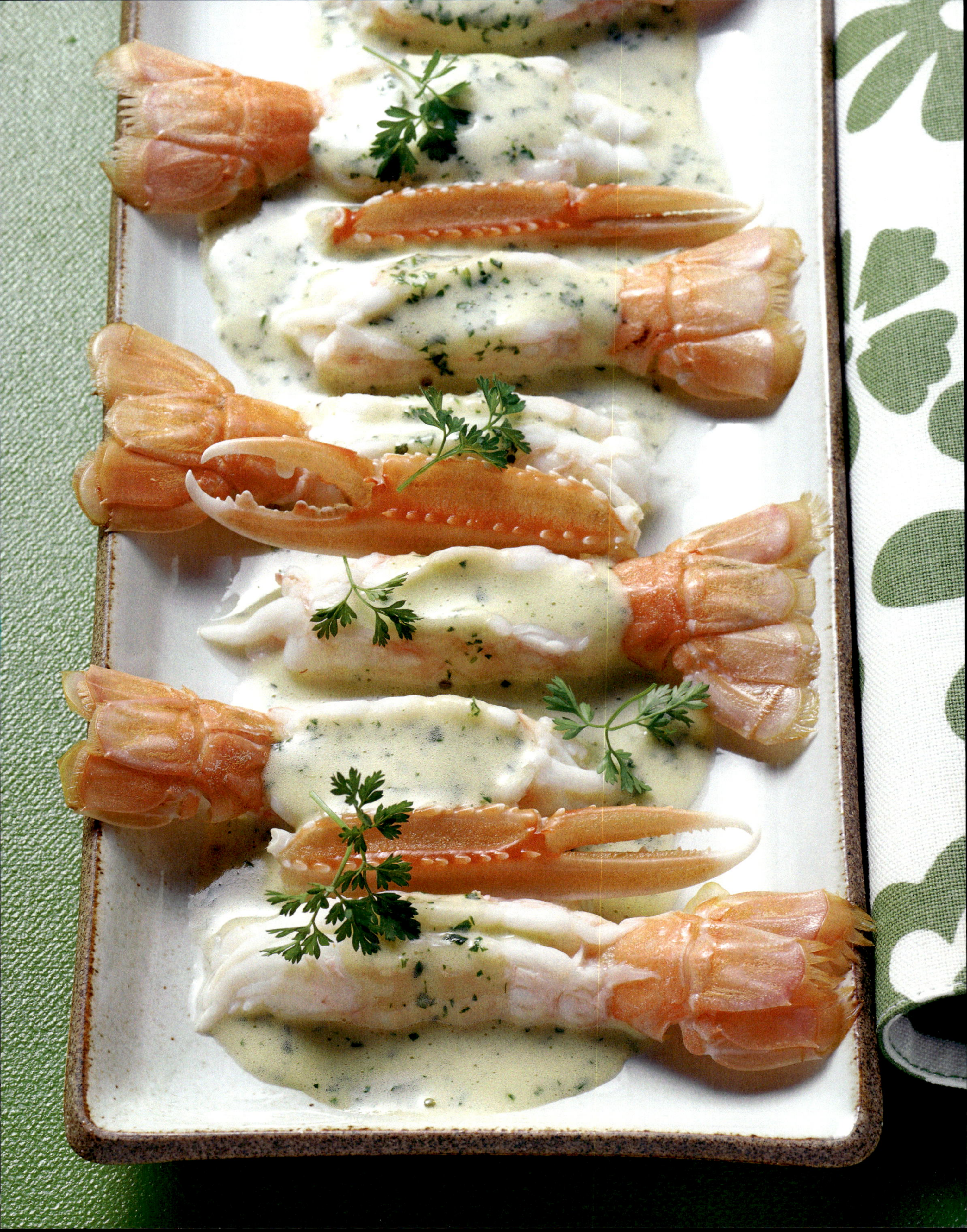

WARENKUNDE   KÜCHENPRAXIS   **REZEPTE**
→ *Kochen, Dämpfen und Dünsten*

Pochierter Hummer auf spanische Art

ZUBEREITUNGSZEIT 55 Min.

FÜR DIE SAUCE
- 20 g Butter, 1 EL Schalottenwürfel
- 1 Msp. fein gehackter Knoblauch
- 50 g gehäutete Mandeln, sehr fein gehackt
- 50 ml weißer Portwein, 100 ml Fischfond (S. 161)
- 100 ml Mandelmilch (siehe Tipp)
- 1 Zweig Zitronenthymian, Salz, Cayennepfeffer
- 60 g eiskalte Butter, in Würfeln, Zitronensaft

FÜR DIE HUMMER
- 4 Hummer, je 500 g
- Meersalz, 200 ml Olivenöl
- 4 Zweige Zitronenthymian, Pfeffer

FÜR DIE GARNITUR
- 20 g Butter, 1 EL Schalottenwürfel
- 160 g grüne Bohnen, geputzt und blanchiert
- 80 g grüne Mandeln, blanchiert und gehäutet
- Salz, Pfeffer, 1 TL gehackte glatte Petersilie
- 60 g Ibérico-Schinken, hauchdünn geschnitten

1. Für die Sauce zerlassen Sie die Butter und schwitzen Sie Schalottenwürfel, Knoblauch und Mandeln darin an. Mit Portwein ablöschen, Fischfond und Mandelmilch zugießen und den Thymian zufügen. Alles mit Salz und Cayennepfeffer würzen, aufkochen und 15 Minuten köcheln lassen. Gießen Sie die Sauce durch ein Sieb und kochen Sie sie erneut auf. Die kalten Butterwürfel einrühren und die Sauce mit 1 Spritzer Zitronensaft verfeinern.

2. Die Hummer einzeln in sprudelndem Salzwasser – Kopf voraus – 2 Minuten kochen, herausnehmen und abkühlen lassen. Hummerschwänze abdrehen, halbieren und den Darm entfernen, wie auf S. 136 gezeigt. Erhitzen Sie das Olivenöl auf 80 °C und fügen Sie den Zitronenthymian zu. Die Hummerschwänze mit Salz und Pfeffer würzen und im heißen Öl etwa 12 Minuten pochieren.

3. Zerlassen Sie die Butter in einem Topf und schwitzen Sie die Schalottenwürfel darin an. Die Bohnen und die grünen Mandeln zufügen, salzen, pfeffern und die gehackte Petersilie unterrühren.

4. Richten Sie Bohnen und Mandeln mittig auf Tellern an und setzen Sie die Hummerschwänze darauf. Die Sauce mit dem Pürierstab kurz aufschäumen und die Hummerschwänze damit umgießen. Den Ibérico-Schinken daneben arrangieren und alles sofort servieren.

Mandelmilch und grüne Mandeln:

Beides sind typisch spanische Zutaten, die nicht überall erhältlich sind. Bei der Mandelmilch kann man sich gut helfen: Dafür 100 g gehäutete Mandeln sehr fein mahlen, mit ¼ l aufgekochter Milch übergießen, 20 Minuten ziehen lassen und durch ein Sieb abgießen. Schwieriger wird es bei den grünen Mandeln: Bekommen Sie sie nicht, entweder weglassen oder ersatzweise Macadamia-Nüsse verwenden; allerdings ist der Geschmack dann ein anderer.

S. 45
WARENKUNDE Hummer

S. 136
KÜCHENPRAXIS Hummer

»Vanille und andere Aromen«

Ich pochiere Hummer gerne in purem Olivenöl, denn so erreicht man eine Verfeinerung des Geschmacks: Der Eigengeschmack des Hummers bleibt nicht nur erhalten, er wird durch das sanfte Garen im moderat erwärmten Olivenöl noch verstärkt und nicht durch Röststoffe wie beim Braten übertönt. Zusätzlich liefert das Eigenaroma des Olivenöls eine fruchtige, mediterrane Geschmacksnote.

Ich variiere diese Komposition gerne mit Gewürzen, wie etwa mit Zitronenthymian, aber auch eine Kombination aus Oregano, Basilikum und einem Hauch Knoblauch schmeckt wunderbar, da diese Aromen den mediterranen Charakter des Gerichts noch unterstreichen. Bisweilen gebe ich nur das ausgekratzte Mark einer Vanilleschote und einen Zweig Thymian in das Olivenöl, denn das feine, etwas süße Aroma der Vanille und die frische Note des Zitronenthymians setzen einen guten Kontrapunkt zum kräftigen Aroma des Hummers und lassen so das Gericht zu einem vollendeten Geschmackserlebnis werden.

Gerd Eis

Krustentierklößchen mit Estragonsauce und rotem Mangold

S. 128
KÜCHENPRAXIS Garnelen

S. 141
KÜCHENPRAXIS Flusskrebse

ZUBEREITUNGSZEIT 1 Std.
KÜHLZEIT 1 Std.

FÜR DIE KLÖSSCHEN
- 400 g Garnelenschwänze, ohne Schale und Darm
- 100 g Flusskrebsschwänze, ohne Schale und Darm
- 200 g Weißfischfilet (etwa Zander oder Kabeljau)
- 80 g Sahne, 2 Eiweiße, 5 Eiswürfel
- 1 g Safranpulver, Zitronensaft
- Salz, Pfeffer, 1 cl Noilly Prat

FÜR DEN MANGOLD
- 500 g roter Mangold (Ersatz: grüner Mangold)
- 1 rote Zwiebel, 50 g Butter, Salz, Pfeffer

FÜR DIE ESTRAGONSAUCE
- 1 Bund Estragon, 200 ml Fischfond (S. 161)
- 100 g Sahne, 1 EL Butter
- Salz, Pfeffer, etwas Zitronensaft

AUSSERDEM
- 8 Garnelenschwänze, ohne Schale und Darm
- 8 Flusskrebsschwänze, ohne Schale und Darm
- 1 EL Butter, Salz, frisch gemahlener Pfeffer

1. Für die Klößchen schneiden Sie Garnelen und Flusskrebse in 3 mm große Würfel. Das Fischfilet entgräten und im Mixer mit der Sahne, den Eiweißen und den Eiswürfeln pürieren. Vermischen Sie das Safranpulver mit etwas Zitronensaft, rühren Sie es unter die Farce und stellen Sie diese fertig, wie in der Bildfolge in Step 1 rechts beschrieben.

2. Inzwischen den Mangold waschen, die Stiele entfernen und die Blätter in 1 cm breite Streifen schneiden. Die Zwiebel schälen und klein würfeln. Zerlassen Sie die Butter in einem Topf und schwitzen Sie die Zwiebelwürfel darin hell an. Die Mangoldblätter kurz mit anschwitzen, salzen, pfeffern und zugedeckt 3 bis 4 Minuten dünsten.

3. Die Krustentierklößchen formen, wie in Step 2 und 3 rechts beschrieben und dämpfen.

4. Den Estragon waschen, trockenschleudern, die Blättchen abzupfen und fein hacken. Kochen Sie den Fischfond mit der Sahne kurz auf, rühren Sie die Butter ein und schmecken Sie die Sauce mit Salz, Pfeffer und Zitronensaft ab. Estragon zufügen und die Sauce mit dem Pürierstab aufschäumen.

5. Die Garnelen und Flusskrebse kurz in Butter braten, salzen und pfeffern. Verteilen Sie den Mangold auf Teller und richten Sie darauf jeweils die gebratenen Garnelen und Flusskrebse sowie je 3 Krustentierklößchen mit der Sauce an.

FARCE FERTIG STELLEN
und Krustentierklößchen formen

(1) Die Farce mit Salz und Pfeffer würzen. Die Garnelen- und Krebswürfel untermischen, die Farce mit dem Noilly Prat abschmecken und 1 Stunde kühl stellen.

(2) Einen Löffel Farce abstechen und diese mit einem zweiten Löffel zu einer Nocke formen.

(3) Die gesamte Farce zu Nocken formen und diese in einem Dämpfeinsatz oder im Bambuskörbchen zugedeckt etwa 12 Minuten dämpfen.

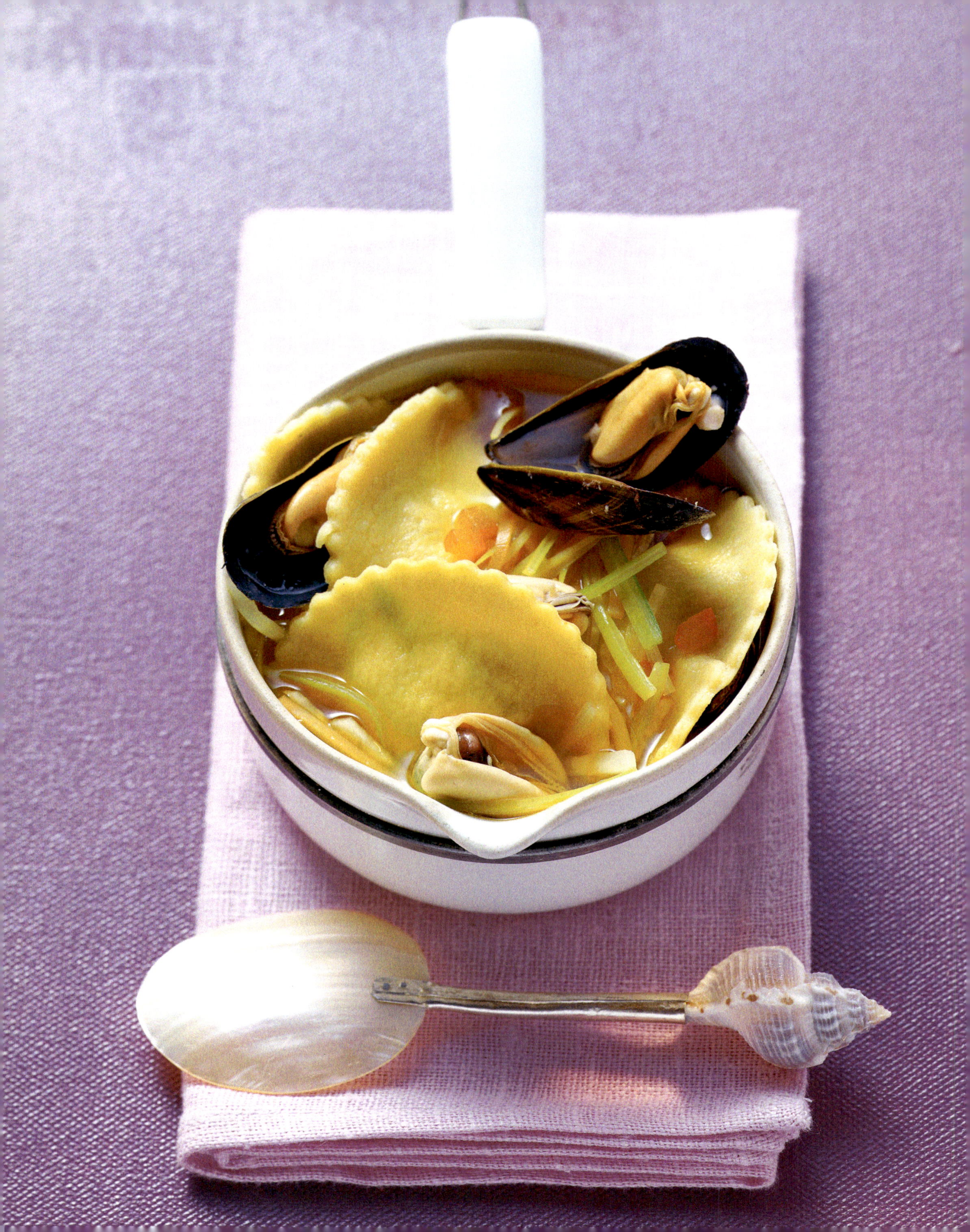

Ravioli mit Föhrer Muscheln

ZUBEREITUNGSZEIT 2 Std. 30 Min.

FÜR DEN TEIG
- 250 g Mehl, 2 Eier, 1 Eigelb, 1 EL Olivenöl

FÜR DIE FÜLLUNG
- 150 g Zanderfilet, Meersalz, 1 Eiweiß
- 1 kg Föhrer Muscheln oder andere Miesmuscheln
- 1 ½ EL Schalottenwürfel, 1 Knoblauchzehe
- 40 g Butter, ¼ l trockener Riesling
- ¼ l Fischfond (S. 161)
- ½ Lorbeerblatt, 1 Zweig Thymian
- ½ TL weiße Pfefferkörner, 150 g kalte Sahne
- 1 EL gehackte glatte Petersilie, weißer Pfeffer

AUSSERDEM
- 1 Eiweiß, mit 2 EL kaltem Wasser verrührt
- 150 g Filet von Weißfischen, 1 Eiweiß
- je 40 g Lauch und Möhre, beides grob gewürfelt
- 1 Tomate, 1 EL gehackte glatte Petersilie
- 12 Föhrer Muscheln oder andere Miesmuscheln
- je 50 g Möhren-, Lauch- und Selleriejulienne
- 1 Msp. Safranpulver, Meersalz, Tabasco
- 2 cl Noilly Prat, 60 g Tomatenwürfel

1. Für den Teig verkneten Sie das Mehl mit den Eiern, dem Eigelb, 2 EL Wasser und dem Öl. Den Teig in Folie wickeln und 1 Stunde ruhen lassen.

2. Für die Füllung das Fischfilet waschen, trockentupfen, würfeln, salzen, mit dem Eiweiß vermischen und 15 Minuten tiefkühlen. Die Muscheln kalt abspülen. Schwitzen Sie die Schalottenwürfel sowie die abgezogene, angedrückte Knoblauchzehe in Butter an und fügen Sie die Muscheln zu. Riesling und Fischfond zugießen, Lorbeer, Thymian und Pfefferkörner zugeben, alles aufkochen und zugedeckt 3 Minuten ziehen lassen. Die Muscheln durch ein Sieb abgießen, dabei den Fond auffangen. Lösen Sie das Muschelfleisch aus und lassen Sie es abkühlen. Den Fond durch ein Passiertuch gießen und kühl stellen.

3. Pürieren Sie das angefrorene Zanderfilet und gießen Sie dabei nach und nach die Sahne zu. Das Muschelfleisch grob hacken, mit der Petersilie unterheben und die Masse salzen und pfeffern. Den Nudelteig dünn ausrollen und mit einem gewellten Ausstecher von 6 bis 7 cm Durchmesser Kreise ausstechen. Setzen Sie jeweils 1 knappen TL Füllung in die Mitte. Die Teigränder mit Eiweiß bestreichen, die Kreise zusammenklappen und die Ränder festdrücken.

4. Das Fischfilet für den Sud fein hacken und mit dem Eiweiß vermischen. Lauch, Möhre, Tomate und Petersilie zufügen. Rühren Sie die Klärmasse in den Muschelfond und kochen Sie ihn langsam auf, dabei ständig am Topfboden rühren. Den Fond durch ein Passiertuch gießen.

5. Ravioli in Salzwasser etwa 3 Minuten garen. Vom Fond etwas abnehmen und die 12 Muscheln sowie die Gemüsejulienne darin bissfest garen. Safran einrühren und den Sud mit Salz, Tabasco und Noilly Prat abschmecken. Tomatenwürfel untermischen. Richten Sie die Ravioli mit dem Gemüse und den geöffneten Muscheln an.

S. 76
WARENKUNDE Miesmuscheln

S. 146
KÜCHENPRAXIS Miesmuscheln

Frische garantiert

Bei den Föhrer Muscheln handelt es sich um täglich frisch angelieferte Miesmuscheln aus der Nordsee. Küchenfertig geputzt und praktisch sandfrei brauchen sie nur noch abgespült zu werden.

»Meeresfrüchte-Risotto nero«

Klassisch ist der gelbe Risotto, der durch Safran seine schöne Farbe erhält und unter der Bezeichnung »Risotto alla milanese« berühmt wurde. Auch für meine dunkle Variante ist die Verwendung eines echten italienischen Risottoreises ganz wichtig. Am besten nehmen Sie Reis der Größe »super fino« und wählen die Sorte Arborio, Baudo, Carnaroli oder Vialone. Denn nur diese Reissorten lassen sich zu einem körnigen und dennoch weichen Gericht verarbeiten, das andere Aromaten trägt.

Der Reis kam übrigens mit den Arabern im 14. und 15. Jahrhundert nach Spanien und Süditalien. Zisterziensermönche bauten ihn dann in der fruchtbaren Po-Ebene im Norden Italiens an. Zunächst wurden die kleinen weißen Körnchen dort mit Skepsis betrachtet, da man von der im Wasser stehenden Pflanze die Förderung der Pest vermutete. Aber dann siegten der Hunger und das Interesse an der neuen Speise und es wurde eifrig damit experimentiert.

Daran hat sich bis heute nichts geändert und so mische ich anstelle des gelben Safrans schwarze Sepiatinte unter meinen Risotto, die dem Gericht zusätzlich einen maritimen Geschmack verleiht. Anstelle der Artischocken, die man leider nicht immer und überall frisch erhält, verwende ich Tomatenconcassé, das ist das klein gewürfelte Fruchtfleisch von gehäuteten und entkernten Tomaten, und fein geschnittene glatte Petersilie.

Christian Petz

Meeresfrüchte-Risotto

ZUBEREITUNGSZEIT 1 Std.

ZUTATEN
- 100 g Bouchot-Muscheln, 100 g Vongole
- ½ Knoblauchzehe, 60 g Schalotten
- 5 EL Olivenöl
- 200 ml trockner Weißwein
- 1 l Geflügelfond (S. 163), 2 Safranfäden
- 100 g küchenfertige Calamaretti, in Streifen geschnitten
- 50 g Fenchel, geputzt und klein gewürfelt
- 50 g Staudensellerie, geputzt und gewürfelt
- 200 g Risottoreis (etwa Carnaroli)
- 2 cl Noilly Prat, 1 Zweig Thymian
- 80 g Garnelenschwänze, ohne Schale und Darm
- 4 Jakobsmuscheln, ausgelöst und halbiert
- Salz, weißer Pfeffer, Saft von 1 Zitrone
- 100 g Butter
- 50 g im Ofen geschmorte Tomaten (2 Stunden mit Thymian und Salz bei 50 °C im Ofen geschmort; Ersatz: in Öl eingelegte getrocknete Tomaten, gut abgetropft)
- 2 kleine Artischockenböden, in Achtel geschnitten
- einige Blättchen Basilikum

1. Säubern und waschen Sie die Muscheln gründlich, wie auf S. 146 gezeigt. Knoblauch und Schalotten schälen, den Knoblauch ganz lassen, die Schalotten zur Hälfte in Ringe schneiden, die andere Hälfte fein würfeln.

2. Erhitzen Sie in einem Topf 1 EL Olivenöl und schwitzen Sie die Muscheln mit dem Knoblauch und den Schalottenringen darin an. Mit der Hälfte des Weißweins ablöschen und die Muscheln 3 Minuten zugedeckt kochen, bis sie sich geöffnet haben. Den entstandenen Fond durch ein feines Sieb zu dem Geflügelfond gießen.

3. Den Geflügelfond mit dem Safran erhitzen. Schwitzen Sie separat die Schalottenwürfel in 2 EL Olivenöl glasig an. Die Calamaretti-Streifen sowie den Fenchel und den Staudensellerie zufügen und kurz anschwitzen. Den Reis auf einmal dazuschütten und unter Rühren in 1 bis 2 Minuten glasig werden lassen. Löschen Sie alles mit dem restlichen Weißwein und dem Noilly Prat ab. Wenn die Flüssigkeit weitgehend verdampft ist, gießen Sie so viel heißen Geflügelfond an, bis der Reis gut bedeckt ist. Den Thymian zufügen und den Risotto bei schwacher Hitze köcheln, dabei gelegentlich umrühren. Wenn der Reis nicht mehr von Flüssigkeit bedeckt ist, mit Geflügelfond auffüllen.

4. Nach 20 Minuten Garzeit 1 EL Öl in einer Pfanne erhitzen und die Garnelen sowie die halbierten Jakobsmuscheln darin von jeder Seite 1 Minute braten und mit Salz, Pfeffer und etwas Zitronensaft würzen. Fügen Sie die Muscheln zu – geschlossene Exemplare aussortieren – und erwärmen Sie sie kurz darin.

5. Binden Sie den Risotto nach weiteren 10 Minuten Garzeit mit dem restlichen EL Öl sowie der Butter und würzen Sie ihn mit Salz, Pfeffer und Zitronensaft. Die geschmorten Tomaten hacken und mit den Artischockenböden darauf verteilen. Zum Schluss den Risotto mit den Meeresfrüchten und dem Basilikum garnieren.

S. 22, 76, 78, 96
WARENKUNDE Meeresfrüchte

S. 146
KÜCHENPRAXIS Muscheln

Garnelen mit Pak Choi

ZUBEREITUNGSZEIT 25 bis 30 Min.

ZUTATEN
- 12 Garnelenschwänze, ungeschält
- 500 g Pak Choi
- 4 Stängel Zitronengras
- 1 Bund Koriandergrün
- 1 EL Sesamöl, Salz
- 1 Stängel Zitronengras für die Garnitur
- Koriandergrün für die Garnitur

S. 22
WARENKUNDE Garnelen

S. 129
KÜCHENPRAXIS Garnelen

1. Die Garnelen bis auf den Schwanzfächer schälen und den Darm entfernen. Garnelenschwänze zu Schmetterlingen schneiden, wie auf S. 129 beschrieben, und die Garnelen bis zur weiteren Verwendung kühl stellen. Den Pak Choi waschen, abtropfen lassen und den Wurzelansatz abschneiden. Das Zitronengras waschen, abtropfen lassen und in Stücke schneiden. Die Korianderblättchen von den Stängeln zupfen.

2. Den Wok oder einen anderen Topf mit ½ l Wasser füllen, Zitronengrasstücke und das abgezupfte Koriandergrün zufügen, ein Dämpfkörbchen aus Bambus oder einen anderen passenden Dämpfeinsatz einstellen und das Wasser zum Kochen bringen.

3. Separat das Sesamöl erhitzen und den Pak Choi darin 1 Minute anschwitzen. Den Pak Choi in das Dämpfkörbchen legen, die vorbereiteten Garnelen darauf setzen und leicht salzen. Das Gefäß mit einem Deckel verschließen und die Garnelen etwa 5 Minuten darin dämpfen.

4. Dämpfkörbchen oder -einsatz aus Wok oder Topf nehmen. Sie können nun die Garnelen und den Pak Choi, nach Belieben mit einem halbierten Stängel Zitronengras und etwas Koriandergrün garniert, entweder direkt im Dämpfkörbchen auf den Tisch bringen oder Sie richten Garnelen und Pak Choi auf vorgewärmten Tellern an. Als Beilage passt in jedem Fall Basmati-Reis ausgezeichnet.

Unkompliziert

Nur im Dampf gegart und pur, ohne Zusatz von kräftigen Würzsaucen serviert, bestechen sowohl die Garnelen als auch der Pak Choi durch ihren intensiven Eigengeschmack. Ein weiterer Vorteil: Dieses Gericht ist im Handumdrehen fertig und hat zudem kaum Kalorien. Ideal als leichtes Mittagessen oder feine Vorspeise.

Kokosnudeln mit Kurkuma, Garnelen und Ananas

ZUBEREITUNGSZEIT 50 Min.

FÜR DIE WÜRZPASTE
- 4 Chilischoten
- 1 EL Schalottenwürfel
- 2 TL geschälter, klein gehackter Ingwer
- 1 TL geschälte, fein gehackte Kurkuma
- 1 TL Korianderkörner

FÜR DIE KOKOSNUDELN
- 200 g frisches Ananasfruchtfleisch
- 16 bis 20 Garnelenschwänze
- 400 ml Kokosmilch
- je 1 EL helle und dunkle Sojasauce
- 1 bis 2 TL Salz
- Palmzucker oder brauner Zucker
- etwas Limettensaft
- 240 g frische, 2 bis 3 mm breite chinesische Eiernudeln oder getrocknete Nudeln
- geraspelte Kokosnuss (Ersatz: Kokosflocken)
- Limettenspalten nach Belieben

1. Die Chilischoten für die Würzpaste von Stielansatz und Samen befreien und das Fruchtfleisch grob würfeln. Chiliwürfel mit Schalotten, Ingwer, Kurkuma und Korianderkörnern in einer Form bei 180 °C im vorgeheizten Ofen 10 Minuten rösten. Herausnehmen, etwas abkühlen lassen und alles im Mörser zu einer Paste verarbeiten.

2. Ananasfruchtfleisch reiben oder in feine Streifen schneiden. Garnelen schälen und vom Darm befreien. Im Wok oder in einem anderen Topf die Würzpaste mit der Kokosmilch, den beiden Sojasaucen, Salz und Palmzucker aufkochen.

3. Die Garnelen einlegen und in der heißen Kokossauce in etwa 3 Minuten gar ziehen lassen. Ananasfruchtfleisch zufügen und die Sauce mit Limettensaft, Salz und Palmzucker abschmecken.

4. Die Eiernudeln in kochendem Salzwasser al dente garen. Die Kokosraspel in einer Pfanne ohne Fett kurz rösten. Die Nudeln abgießen, gut abtropfen lassen und unter die Kokossauce mischen. Nudeln, Garnelen und Sauce gleichmäßig auf vorgewärmte Teller verteilen, mit den gerösteten Kokosraspeln bestreuen, nach Belieben mit Limettenspalten garnieren und sofort servieren.

WARENKUNDE KÜCHENPRAXIS **REZEPTE**
→ Kochen, Dämpfen und Dünsten

In Rotwein geschmorter Krake

ZUBEREITUNGSZEIT 3 Std. 15 Min.

ZUTATEN
- 1 Krake von 1 kg oder 2 kleine Kraken, je 500 g
- 2 Möhren, ½ Knollensellerie, 1 Stange Lauch
- ¾ l kräftiger Rotwein, 200 ml Rotweinessig
- 1 Bund glatte Petersilie, gewaschen und trockengeschüttelt
- 2 Lorbeerblätter, 15 Pfefferkörner, Salz
- 4 fest kochende Kartoffeln, 2 Schalotten, 1 EL Butter
- 60 ml roter Portwein, 2 EL kalte Butterflocken

1. Waschen Sie den Kraken und entfernen Sie die Innereien und Kauwerkzeuge, wie auf S. 156 gezeigt. Legen Sie den Kraken in ein Küchentuch und klopfen Sie ihn in etwa 10 Minuten mit der flachen Seite des Fleischklopfers vorsichtig weich.

2. Spülen Sie den Kraken kalt ab und bereiten Sie die weiteren Zutaten vor, wie in Step 1 rechts beschrieben.

3. Kochen Sie den Kraken zwischen 45 Minuten und 1 ½ Stunden in 3 l Wasser mit ½ l Rotwein, dem Rotweinessig, 2 Stängeln Petersilie, Lorbeerblättern, Pfefferkörnern und 2 TL Salz. Nach 30 Minuten das vorbereitete Gemüse im Ganzen zufügen und mitkochen. Nach 45 Minuten mit einer Fleischgabel in die Tentakel stechen, um zu überprüfen, ob der Krake weich ist.

4. Kraken und Gemüse herausheben und abkühlen lassen. Reduzieren Sie den Sud in etwa 1 ½ Stunden auf ¼ l. Krake und Gemüse in Stücke schneiden, wie in Step 2 rechts gezeigt.

5. Die Kartoffeln schälen, 1 cm groß würfeln und in Salzwasser etwa 5 Minuten blanchieren, dann abgießen. Petersilienblättchen abzupfen und fein hacken. Die Schalotten schälen und fein würfeln. In einer Kasserolle die Butter zerlassen und die Schalottenwürfel darin glasig anschwitzen. Mit Portwein, dem übrigen Rotwein und dem reduzierten Sud ablöschen und die Flüssigkeit auf die Hälfte einkochen. Die Kartoffelwürfel zufügen und weich kochen. Zum Schluss die Gemüse- und Krakenstücke untermischen und die kalten Butterflocken einrühren. Schmecken Sie den geschmorten Kraken mit Salz und Pfeffer ab und bestreuen Sie ihn mit Petersilie.

S. 116
WARENKUNDE Kraken

S. 156
KÜCHENPRAXIS Kraken

KRAKE UND GEMÜSE
vorbereiten und in Stücke schneiden

(1) Den Kraken abtropfen lassen. Messen Sie ½ l Wein ab. Die Möhren und die Sellerieknolle schälen, den Lauch putzen und gründlich waschen.

(2) Die Tentakel sowie den Körperbeutel des Kraken in etwa 1 cm große Stücke schneiden. 1 gekochte Möhre ebenfalls in 1 cm große Stücke schneiden. Vom gekochten Sellerie eine Scheibe abschneiden und 1 cm groß würfeln. Nach Belieben die Hälfte der Lauchstange – sofern sie nicht zu weich ist – schräg in 1 cm große Stücke schneiden und mitverwenden.

Braten und Frittieren

Von Klassikern wie Surf 'n' Turf über Languste aus der Pfanne bis hin zu Gambas, frittiert in Filoteig.

REZEPTE
→ Braten und Frittieren

Mit ein wenig Fingerspitzengefühl

Schützende Schalen bewahren edle Krustentiere in der Pfanne vor dem Austrocknen. Werden Meeresfrüchte im heißen Fett frittiert, übernimmt diese Aufgabe oft eine Hülle aus Teig.

VOR DEM BRATEN müssen lebende Krustentiere zunächst einmal in sprudelnd kochendem Salzwasser getötet werden. Eine Court-Bouillon (S. 159) muss es in diesem Fall nicht unbedingt sein, da die Krustentiere nur kurz, etwa 2 Minuten, im Sud bleiben. Anschließend nimmt man sie heraus, lässt sie kurz abkühlen und zerteilt sie dann nach Rezept. Zum Braten eignen sich vor allem halbierte größere Krustentiere wie Hummer oder Langusten, aber auch kleinere Garnelen oder Kaisergranate. Bei den Schaltieren sieht es anders aus: die wenigsten landen hier in der Pfanne. Gut zum Braten eignen sich beispielsweise Muscheln, die einen großen, fleischigen Schließmuskel haben wie die Jakobsmuschel und ihre Verwandten. Kleinere Muscheln oder Schnecken sind zum Braten weniger geeignet, sie schmecken besser gedämpft oder gekocht.

BUTTER ODER ÖL?

Freunde der klassischen französischen Meeresfrüchteküche bevorzugen in der Regel Butter zum Braten von Hummer, Langusten oder anderen Krustentieren. Der feine Buttergeschmack ergänzt Meeresfrüchte ideal. Anhänger der mediterranen Küche entscheiden sich dagegen oft für Olivenöl als Bratfett, weil es mit seinem Aroma besser zur Gesamtkomposition mancher Gerichte passt. Garnelen mit Knoblauch beispielsweise werden nicht nur in Spanien vorwiegend in Olivenöl gebraten.

BRATEN: AUF DEN PUNKT GENAU

Entscheidend beim Braten von Meeresfrüchten ist jedoch nicht allein das Fett, sondern vor allem auch die Bratdauer. Gerade kleinere Krustentiere oder Jakobsmuscheln werden durch die Einwirkung starker Hitze schnell trocken und zäh, sofern sie nicht von einer schützenden Hülle umgeben sind. Bei Krustentieren ist diese naturgegeben vorhanden, wenn man Garnelen, Kaisergranate oder Hummerhälften in der Schale brät. Der harte Chitinpanzer verhindert ein Austrocknen und gibt zugleich zusätzliche Geschmacksstoffe ab – ein willkommener Nebeneffekt. Darum empfiehlt es sich, wann immer möglich, Krustentiere in der Schale zu braten. Kommt das zarte Fleisch von Garnelen oder Jakobsmuscheln direkt mit dem heißen Pfannenboden in Berührung, gilt es, den richtigen Garpunkt nicht zu verpassen. Schon ein bis zwei Minuten Bratzeit von jeder Seite reichen aus – ein paar Augenblicke länger, und das kulinarische Vergnügen ist nicht mehr dasselbe.

GEWÜRZE GRIFFBEREIT HALTEN

Weil beim Braten alles so schnell gehen muss, ist das Vorbereiten der Zutaten sehr wichtig: Kräuter, Gewürze und alles, was außer den Meeresfrüchten sonst noch mit in Pfanne oder Wok soll, muss in Reichweite bereit stehen, die ganze Aufmerksamkeit dem Bratvorgang gelten. Es wäre doch einfach zu schade um die Delikatessen aus dem Meer.

KNUSPRIG-ZART UMHÜLLT

Beim Frittieren werden die Schalen in der Regel vor dem Garen entfernt. An ihre Stelle tritt eine schützende Hülle, die im einfachsten Fall aus Mehl, überwiegend aber aus Teig besteht. Ob ein Bier- oder Weinteig oder auch der zarte Tempurateig der Japaner verwendet wird, ist eine Frage des Geschmacks. Voraussetzung für ein gelungenes Ergebnis ist aber immer die richtige Temperatur. Das Frittierfett – in der Regel wird ein neutrales Pflanzenöl, etwa Sonnenblumenöl oder Erdnussöl verwendet – darf weder zu kalt noch zu heiß sein; 175 °C sind ideal. Wird eine größere Menge auf einmal frittiert, wie bei »Calamari fritti«, dürfen nicht zu viele Ringe auf einmal in die Fritteuse, sonst kühlt das Öl rasch ab und der Teig nimmt zu viel Fett auf. Besser ist es, die Meeresfrüchte portionsweise zu frittieren.

Entfetten nicht vergessen

Lassen Sie frittierte Meeresfrüchte nach dem Herausnehmen 2 Minuten auf Küchenpapier abtropfen, es saugt das überschüssige Öl auf und Sie sparen unnötige Kalorien.

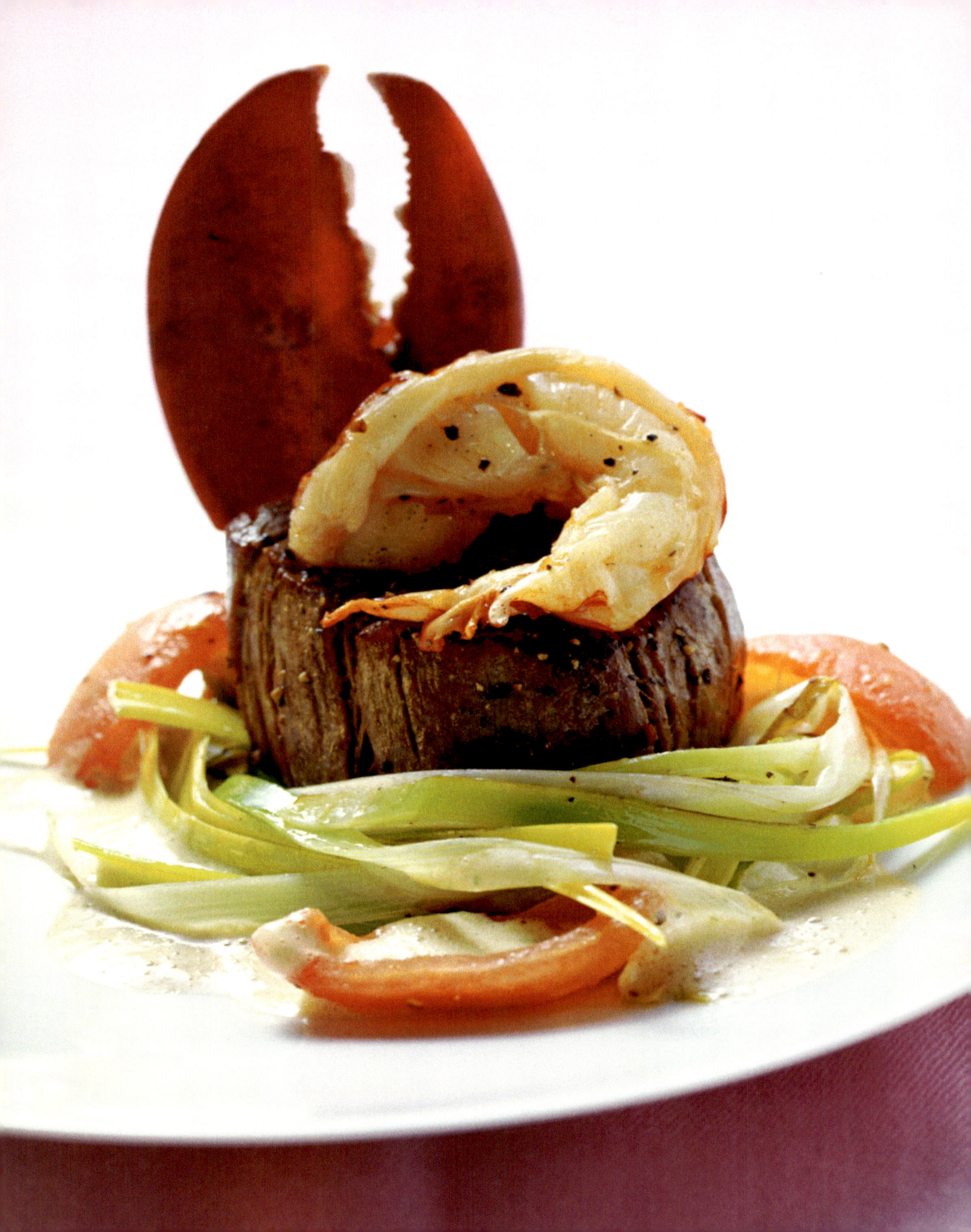

Surf 'n' Turf

ZUBEREITUNGSZEIT 40 Min.

ZUTATEN
- 1 EL Meersalz
- ½ EL Kümmel
- 2 kleine Hummer, je 400 g
- 1 dünne Stange Lauch
- 2 Tomaten
- 30 g Butter
- Salz, frisch gemahlener Pfeffer
- 4 Medaillons vom Rinderfilet (Tournedos), je 120 g
- 2–3 EL Olivenöl
- 150 ml Hummersauce (S. 297)
- 1 EL geschlagene Sahne
- 1 EL gehackte Estragonblättchen
- grob geschroteter Pfeffer

»Was die Amerikaner am meisten lieben, ist bei diesem köstlichen Gericht auf einem Teller vereint, das Beste aus dem Wasser (Surf) und vom Land (Turf): Delikater Hummer trifft auf zartes Filet vom Rind.«

1. In einem Topf 3 bis 4 l Wasser mit Salz und Kümmel zum Kochen bringen. Geben Sie die Hummer nacheinander – Kopf voraus – ins sprudelnd kochende Salzwasser und lassen Sie sie 6 bis 8 Minuten kochen. Herausnehmen, etwas abkühlen lasssen und die Hummerschwänze vorsichtig vom Kopfteil abdrehen. Die Schwänze halbieren, den Darm entfernen und das Fleisch ausbrechen. Die Hummerscheren abdrehen und beiseite legen.

2. Den Lauch putzen, waschen, abtropfen lassen und der Länge nach vierteln. Die Tomaten blanchieren, häuten, von Stielansätzen und Samen befreien und vierteln. Schwitzen Sie den Lauch und die Tomaten in 10 g Butter kurz an. Das Gemüse salzen, pfeffern und beiseite stellen.

3. Die Tournedos mit Salz und Pfeffer würzen. Erhitzen Sie das Olivenöl in einer Pfanne und braten Sie das Fleisch darin bei mittlerer Hitze etwa 3 Minuten von jeder Seite an. Herausnehmen und die Tournedos in Alufolie verpackt kurz ruhen lassen.

4. Lassen Sie die übrigen 20 g Butter in einer zweiten Pfanne aufschäumen und braten Sie die Hummerschwänze und -scheren darin von beiden Seiten kurz an. Die Hummersauce in einer Kasserolle erhitzen. Verteilen Sie das Lauch-Tomaten-Gemüse auf vorgewärmte Teller. Je ein Fleischstück mit einem halben Hummerschwanz und einer Hummerschere darauf anrichten. Die Sauce aufschlagen, die Sahne und den Estragon unterrühren und das Gemüse damit beträufeln. Alles mit grobem Pfeffer bestreuen und servieren.

Die Scheren knacken

Da die Scheren bei diesem Gericht im Ganzen serviert werden, empfiehlt sich zum Auslösen des Fleisches eine Hummerschere. Mit ihr knackt man die harte Schere wie mit einem Nussknacker. Anschließend lässt sich das Fleisch dann problemlos von Hand oder mit der Hummergabel herauslösen.

S. 45
WARENKUNDE Hummer

S. 136
KÜCHENPRAXIS Hummer

S. 297
REZEPTE Hummersauce

Garnelen auf Tagliatelle mit Pesto

ZUBEREITUNGSZEIT 1 Std. 30 Min.
RUHEZEIT 30 Min.

FÜR DIE TAGLIATELLE
- 400 g Mehl, 100 g Hartweizengrieß
- 15 g Salz, 2 Eier, 7 Eigelbe
- 2 EL Milch, 3–4 EL Olivenöl

FÜR DAS PESTO
- 100 g Basilikum, 40 g glatte Petersilie
- 1 Knoblauchzehe
- 100 ml Olivenöl
- 50 g Pinienkerne, im Mörser zerstoßen
- 2 EL frisch geriebener Pecorino
- 3 EL frisch geriebener Parmesan

FÜR DIE GARNELEN
- 12 Garnelenschwänze, geschält
- 1 EL Olivenöl, 1–2 Knoblauchzehen
- je 1 Zweig Thymian und Rosmarin
- Salz, frisch gemahlener Pfeffer
- Saft von 1–2 Limetten

1. Sieben Sie das Mehl in eine Schüssel und vermischen Sie es mit Grieß und Salz. Separat die Eier mit den Eigelben, der Milch und dem Öl verquirlen und die Mischung zu dem Mehl geben. Alles rasch verrühren, zu einem homogenen Teig verkneten und zugedeckt 30 Minuten ruhen lassen.

2. Inzwischen das Pesto zubereiten: Basilikum und Petersilie waschen, trockenschütteln, die Blättchen fein hacken und im Mörser zerreiben. Knoblauch abziehen und sehr fein hacken. Vermischen Sie die Kräuter mit dem Öl und dem Knoblauch. Die Pinienkerne zufügen und den Käse untermischen.

3. Den Teig mit der Nudelmaschine ausrollen, leicht mit Mehl bestauben und mit dem entsprechenden Vorsatz in Tagliatelle schneiden. Lassen Sie die Nudeln kurz antrocknen und garen Sie sie in Salzwasser al dente. Die Tagliatelle abgießen, abtropfen lassen und mit dem Pesto vermengen.

4. Die Garnelen vom Darm befreien, kalt abspülen und trockentupfen. Erhitzen Sie das Öl und braten Sie die Garnelen mit dem ungeschälten Knoblauch und den Kräutern darin 2 bis 3 Minuten an. Mit Salz, Pfeffer und Limettensaft würzen und die Garnelen auf den Nudeln anrichten. Sofort servieren.

Asiatische Nudeln mit Heuschreckenkrebsen

ZUBEREITUNGSZEIT 50 Min.

FÜR DIE KREBSE UND NUDELN
- 16 Heuschreckenkrebse oder Kaisergranate
- 500 g schmale Bandnudeln, Salz, 50 g Butter

FÜR DIE SAUCE
- 4 Schalotten, 50 g Butter
- 200 g Zitronengras, grob geschnitten
- 300 ml fruchtiger trockener Weißwein
- 1 l Fischfond (S. 161), Meersalz
- Cayennepfeffer, 50 g kalte Butter
- 50 g Crème fraîche, 50 g Sahne, geschlagen

FÜR DAS GEMÜSE
- 300 g Frühlingszwiebeln, 50 g Möhre
- je 50 g rotes Paprikafruchtfleisch, Shiitake-Pilze, Sojasprossen und gehackter Galgant (Ersatz: Ingwer), 1 EL Sesamöl
- 1 EL schwarzer Sesam, 1 EL Honig
- 2–3 EL Tamarindenwasser oder Zitronensaft
- 1 EL Balsamico, Minze, Chilipulver, Salz

S. 73
WARENKUNDE Heuschreckenkrebse

1. Die Heuschreckenkrebse 1 Minute blanchieren und bis auf das Schwanzsegment schälen. Die Karkassen waschen und abtropfen lassen. Das Schwanzfleisch waschen, leicht einschneiden oder halbieren und den Darm entfernen. Die Krebse kühl stellen.

2. Schälen Sie die Schalotten für die Sauce und schwitzen Sie sie in der Butter hell an. Zitronengras sowie Krebskarkassen zufügen, kurz anschwitzen und mit dem Weißwein ablöschen. Den Fischfond zugießen und die Flüssigkeit in etwa 30 Minuten auf ein Drittel reduzieren. Inzwischen die Nudeln in Salzwasser etwas mehr als al dente kochen, abgießen und beiseite stellen.

3. Das Gemüse vorbereiten: Waschen und putzen Sie die Frühlingszwiebeln, die Möhre sowie das Paprikafruchtfleisch und schneiden Sie alles in 2 mm breite Streifen. Von den Pilzen die harten Stiele entfernen und die Hüte ebenfalls in Streifen schneiden. Die Sprossen abbrausen und abtropfen lassen. Das Sesamöl im Wok stark erhitzen und die Gemüse- und Pilzstreifen darin unter Rühren kurz braten. Galgant, Sesam, Honig, Tamarindenwasser und Essig zufügen. Die Sprossen und ein paar Minzeblättchen untermischen. Zum Schluss die Nudeln darin kurz erwärmen und mit Chilipulver und Salz abschmecken.

4. Die Krebse kurz in Butter braten und salzen. Schmecken Sie die Sauce mit Salz und Cayennepfeffer ab und gießen Sie sie durch ein Passiertuch. Die kalte Butter in Stücken einmontieren, die Crème fraîche unterrühren und die geschlagene Sahne unterheben. Verteilen Sie die Gemüse-Nudel-Mischung auf Tellern, richten Sie die Krebse darauf an und übergießen Sie alles mit der Sauce.

WARENKUNDE　KÜCHENPRAXIS　**REZEPTE**
→ *Braten und Frittieren*

Languste mit Mandelvinaigrette

ZUBEREITUNGSZEIT 1 Std. 45 Min.
MARINIERZEIT 30 Min.

FÜR DIE LANGUSTE
- 2 Langusten, je 1 kg (Ersatz: Hummer)
- Salz, 4 EL Öl
- 60 g Butter

FÜR DIE ORANGEN-MANDEL-VINAIGRETTE
- 20 g gehäutete Mandelkerne
- 20 g mild eingelegte, entsteinte grüne Oliven
- 40 g getrocknete, in Öl eingelegte Tomaten
- 1 EL Aceto balsamico bianco
- Meersalz, Tabasco
- 2 EL Mandelöl (Ersatz: Haselnussöl)

FÜR DIE ORANGEN-SALATHERZEN
- 4 Salatherzen
- 100 ml frisch gepresster Orangensaft
- 10 g Zucker
- 1 Tahiti-Vanillestange (Ersatz: 2 Vanillestangen)
- 20 g kalte Butter, in Würfel geschnitten

S. 36
WARENKUNDE Languste
S. 135
KÜCHENPRAXIS Languste

»Languste aus der Pfanne variiert«

Zu einer gebratenen Languste oder auch zu gebratenem Hummer werden in der klassischen Meeresfrüchteküche gerne warme Saucen, etwa eine Hollandaise oder Béarnaise, manchmal auch kalte Saucen, etwa eine sehr feine Remoulade oder Cocktailsauce gereicht. Im oben stehenden Rezept schlage ich Ihnen zur gebratenen Languste eine fruchtige Orangen-Mandel-Vinaigrette vor. Eine also eher moderne Sauce, die typisch mediterrane Aromen wie Mandeln, Orangen, Oliven und sonnengetrocknete Tomaten vereint. In Kombination mit samtigem Mandelöl und würzigem Balsamico wird daraus eine harmonische, fruchtig-frische Sauce.
Sehr interessant als Begleitung zu den edlen Krustentieren aus der Pfanne und optimal auf den Charakter der Sauce abgestimmt sind die in aromatisiertem Orangensaft glasierten Salatblätter, die nur kurz der Hitze ausgesetzt werden und daher noch Biss haben. Alles in allem viel Frische und sanfte Würze in einem – ein Gericht, passend für einen schönen Sommertag.

Ingo Bockler

1. Säubern Sie die Langusten und kochen Sie sie – Kopf voraus – 2 bis 4 Minuten in sprudelndem Salzwasser. Herausnehmen und abkühlen lassen. Für die Orangen-Mandel-Vinaigrette die Mandeln grob hacken und in einer beschichteten Pfanne ohne Fett rösten. Die Oliven sowie die abgetropften Tomaten grob würfeln. Essig, Salz und Tabasco verrühren, das Mandelöl unterrühren und die Oliven- und Tomatenwürfel zugeben. Lassen Sie die Vinaigrette mindestens 30 Minuten bei Zimmertemperatur durchziehen.

2. Halbieren Sie die Salatherzen der Länge nach und entfernen Sie jeweils das untere Drittel mit dem Strunk. In einer feuerfesten großen Pfanne Orangensaft, Zucker, ausgeschabtes Vanillemark mitsamt der Schote aufkochen. Den Saft um ein Drittel reduzieren, dann nach und nach die kalte Butter einrühren und die Sauce damit binden. Die Salatblätter einzeln – Innenseite nach unten – in die Orangensauce legen und bei 180 °C im vorgeheizten Ofen 2 Minuten glasieren. Herausnehmen und die Vanilleschote entfernen.

3. Die Langusten halbieren und vorbereiten, wie auf S. 135 gezeigt. Erhitzen Sie das Öl in einer großen Pfanne und braten Sie die Langustenhälften darin kurz an. Die Butter zufügen und die Langusten auf beiden Seiten jeweils noch 8 bis 10 Minuten braten. Die Orangen-Mandel-Vinaigrette erwärmen und mit den glasierten Salatblättern auf vorgewärmte Teller verteilen. Jeweils eine Langustenhälfte darauf anrichten und mit der restlichen Orangensauce beträufeln.

Orangen und Vanille

Das feine Vanillearoma harmoniert in Kombination mit der fruchtigen Säure von Orangen ausgezeichnet mit Meeresfrüchten. Daher passen die glasierten Salatherzen als Garnitur auch gut zu gebratenen Jakobsmuscheln oder Hummer. Sie können auch einmal Chicoréeblätter ausprobieren.

WARENKUNDE KÜCHENPRAXIS **REZEPTE**
→ *Braten und Frittieren*

Kalmare mit Bohnen und Speck

ZUBEREITUNGSZEIT 1 Std. 20 Min.
EINWEICHZEIT 24 Std.

ZUTATEN
- 150 g getrocknete grüne Bohnenkerne
  (Ersatz: Flageolet-Bohnenkerne aus der Dose)
- 150 g getrocknete große weiße Bohnenkerne
- 600 g Kalmare, 150 g Keniabohnen, Meersalz
- 1 Bund Bohnenkraut, 2 Tomaten
- 6 EL Olivenöl, 20 g Schalottenwürfel
- 200 ml Gemüsefond, 50 g Butter, Pfeffer
- 1 EL fein geschnittenes Zitronat und Orangeat
- 100 g durchwachsener Speck,
  in lange, dünne Streifen geschnitten

S. 115
WARENKUNDE Kalmare

S. 154
KÜCHENPRAXIS Kalmare

1. Weichen Sie die grünen und weißen Bohnenkerne 24 Stunden vorher in kaltem Wasser ein. Die Bohnen abgießen und in frischem Wasser in etwa 1 Stunde weich kochen.

2. Die Kalmare waschen und vorbereiten, wie auf S. 154 beschrieben. Schneiden Sie die Kalmare in Streifen, wie unten in Step 1 gezeigt. Die Keniabohnen putzen, waschen und in Salzwasser in 3 bis 4 Minuten bissfest garen. Das Bohnenkraut waschen, trockenschütteln, die Blättchen abzupfen und hacken. Die Tomaten blanchieren, häuten, Stielansatz und Samen entfernen und das Fruchtfleisch klein würfeln.

3. Erhitzen Sie in einer Pfanne 3 EL Olivenöl und schwitzen Sie die Schalottenwürfel darin hell an. Die Bohnenkerne sowie die Keniabohnen zugeben und weiterverfahren, wie in Step 2 unten gezeigt.

4. Braten Sie separat in einer zweiten Pfanne die Kalmarstreifen im restlichen Olivenöl bei schwacher Hitze 3 Minuten an und arbeiten Sie weiter, wie in Step 3 unten gezeigt. Den Speck separat kross anbraten oder grillen. Richten Sie das Bohnengemüse mit den Kalmarstreifen an und garnieren Sie beides mit dem kross gebratenen Speck. Als Beilage dazu können Sie nach Belieben Gnocchi reichen.

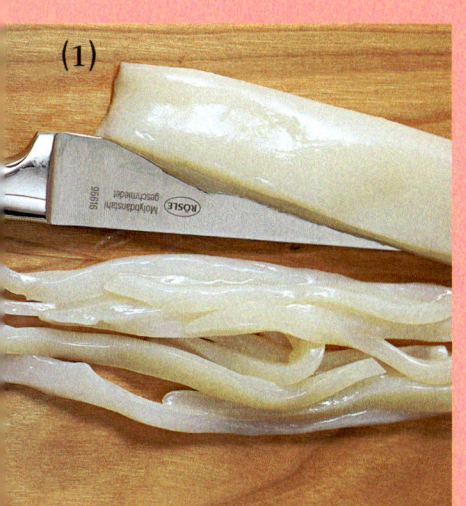

KALMARE VORBEREITEN
und mit den Tomaten anbraten

(1) Die Kalmare mit einem scharfen Messer der Länge nach in 3 bis 4 mm breite Streifen schneiden.

(2) Die Bohnenkerne sowie die Keniabohnen 1 bis 2 Minuten mit anschwitzen, mit dem Gemüsefond ablöschen und die Bohnen 10 Minuten köcheln lassen. Zwei Drittel des Bohnenkrauts unterrühren. 25 g Butter einrühren und die Bohnen mit Meersalz und Pfeffer abschmecken.

(3) Die Tomatenwürfel, das restliche Drittel Bohnenkraut sowie das Zitronat und Orangeat untermischen. Alles unter Rühren noch 2 Minuten anschwitzen, dann die restliche Butter einrühren.

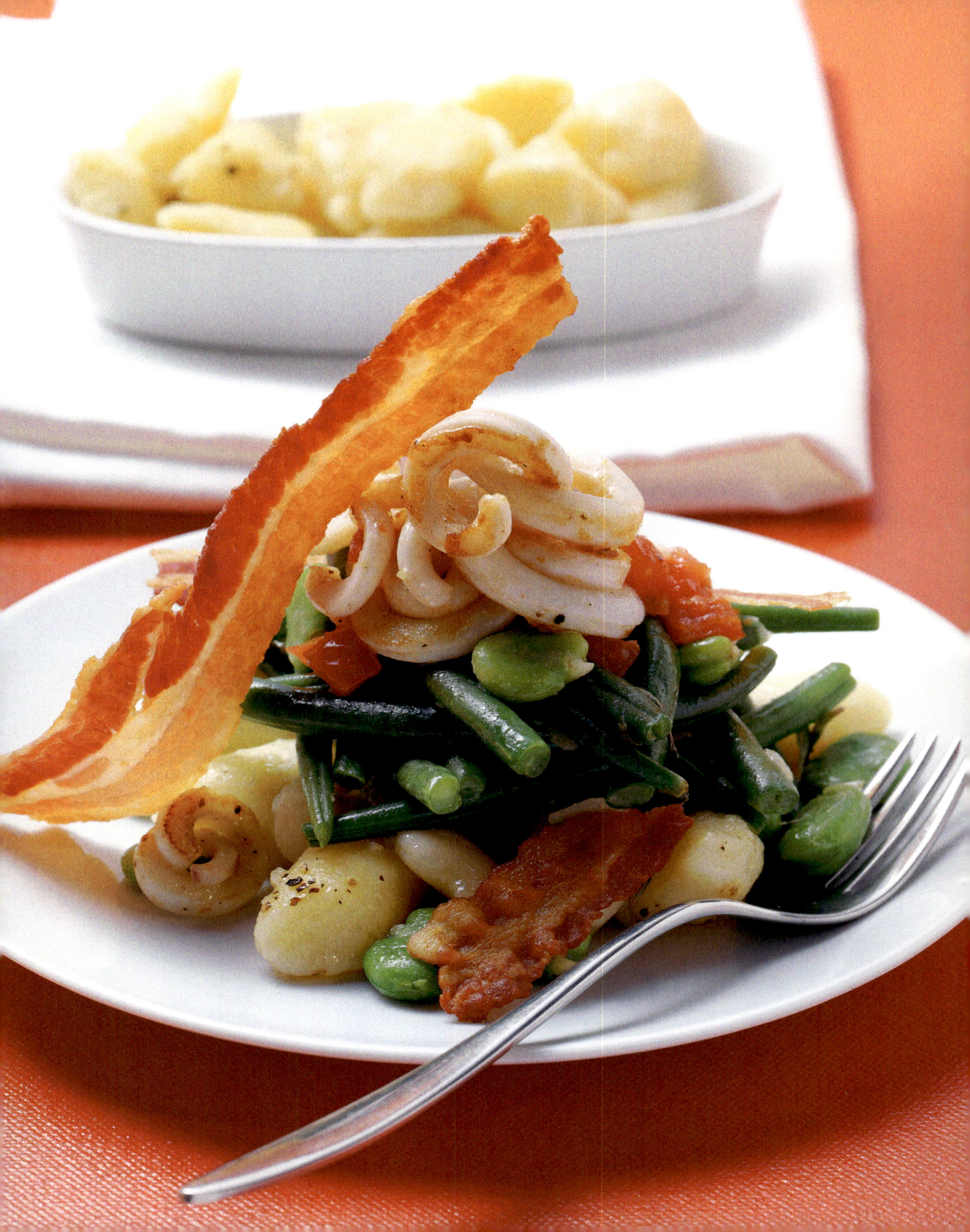

Panierte Jakobsmuscheln

ZUBEREITUNGSZEIT 40 Min.

ZUTATEN
- 2 Stauden Chicorée
- 50 g Butter, 1 Prise Zucker
- Salz, frisch gemahlener Pfeffer
- 3 große Orangen
- 50 g Sahne
- 8 große Jakobsmuscheln, ausgelöst
- Mehl, Semmelbrösel, 1 Ei
- 50 g Butterschmalz

S. 92
WARENKUNDE Jakobsmuscheln

S. 148
KÜCHENPRAXIS Jakobsmuscheln

1. Den Chicorée putzen, vom Strunk befreien und in einzelne Blätter zerteilen. Zerlassen Sie die Hälfte der Butter in einer Pfanne und schwitzen Sie die Chicoréeblätter darin 3 bis 5 Minuten an. Mit Zucker, Salz und Pfeffer würzen und die Chicoréeblätter lauwarm abkühlen lassen.

2. Für die Sauce die Orangen auspressen und den Saft in einer Kasserolle auf die Hälfte einkochen lassen. Restliche Butter und Sahne zufügen und die Sauce warm halten.

3. Das Muschelfleisch kalt abspülen, trockentupfen und leicht salzen. Mehl und Semmelbrösel separat in tiefe Teller füllen, das Ei in einem dritten tiefen Teller verquirlen. Wenden Sie die Muscheln in Mehl und klopfen Sie das überschüssige Mehl ab. Ziehen Sie die mehlierten Muscheln durch das Ei und wenden Sie sie dann in den Semmelbröseln.

4. Das Butterschmalz erhitzen und die panierten Jakobsmuscheln darin von beiden Seiten jeweils etwa 5 Minuten braten.

5. Richten Sie die glasierten Chicoréeblätter auf Tellern an. Die Orangensauce mit dem Pürierstab kurz aufschäumen und über den Chicorée gießen. Zuletzt die Jakobsmuscheln darauf verteilen. Dazu schmeckt knuspriges Weißbrot.

Zart und saftig

Weil sie in einer schützenden Hülle aus Mehl, Ei und Paniermehl gebraten werden, bleiben die Jakobsmuscheln hier besonders zart und saftig. Sie können die Zubereitungszeit etwas verkürzen, wenn Sie bereits ausgelöste Jakobsmuscheln, die so genannten »Nüsschen« kaufen, dadurch sparen Sie etwa 10 Minuten.

Gebratene Jakobsmuscheln mit Pinienkern-Polenta und Kapern

ZUBEREITUNGSZEIT 55 Min.

FÜR DIE POLENTA
- ½ l Geflügelfond (S. 163), 500 g Sahne
- je 1 Zweig Rosmarin und Thymian, Salz
- Pfeffer, Muskatnuss, 70 g Pinienkerne
- 250 g Polenta (feiner Maisgrieß)
- 2 EL frisch geriebener Parmesan
- 30 g Lauch, fein gwürfelt

FÜR DIE MUSCHELN
- 50 g feine Kapern
- 40 g getrocknete Tomaten, 5 EL Olivenöl
- 1 TL gehackte Petersilie, Salz, Pfeffer
- 12 Jakobsmuscheln, ausgelöst
- grobes Meersalz

1. Beginnen Sie mit der Polenta: Kochen Sie den Geflügelfond mit Sahne, Kräuterzweigen und Gewürzen kurz auf. In der Zwischenzeit die Pinienkerne in einer beschichteten Pfanne ohne Fett goldbraun rösten.

2. Gießen Sie die Fond-Mischung durch ein Sieb in einen feuerfesten Topf. Die Rosmarinnadeln und Thymianblättchen abstreifen, beides fein hacken. Erhitzen Sie die Fond-Mischung und rühren Sie die Polenta ein. Alles kurz aufkochen lassen, Parmesan, Lauchwürfel, Pinienkerne sowie Kräuter untermischen und die Polenta bei 175 °C im vorgeheizten Ofen auf der mittleren Schiene in etwa 15 Minuten fertig garen.

3. Kapern und getrocknete Tomaten fein hacken. Beides mit 2 EL Olivenöl und der Petersilie verrühren und mit Salz und Pfeffer abschmecken.

4. Die Polenta auf vorgewärmte Teller verteilen. Die Jakobsmuscheln im restlichen Öl von beiden Seiten je 1 Minute anbraten, auf der Polenta anrichten und mit grobem Meersalz bestreuen. Die Kapern-Tomaten-Mischung ringsum verteilen. Sofort servieren.

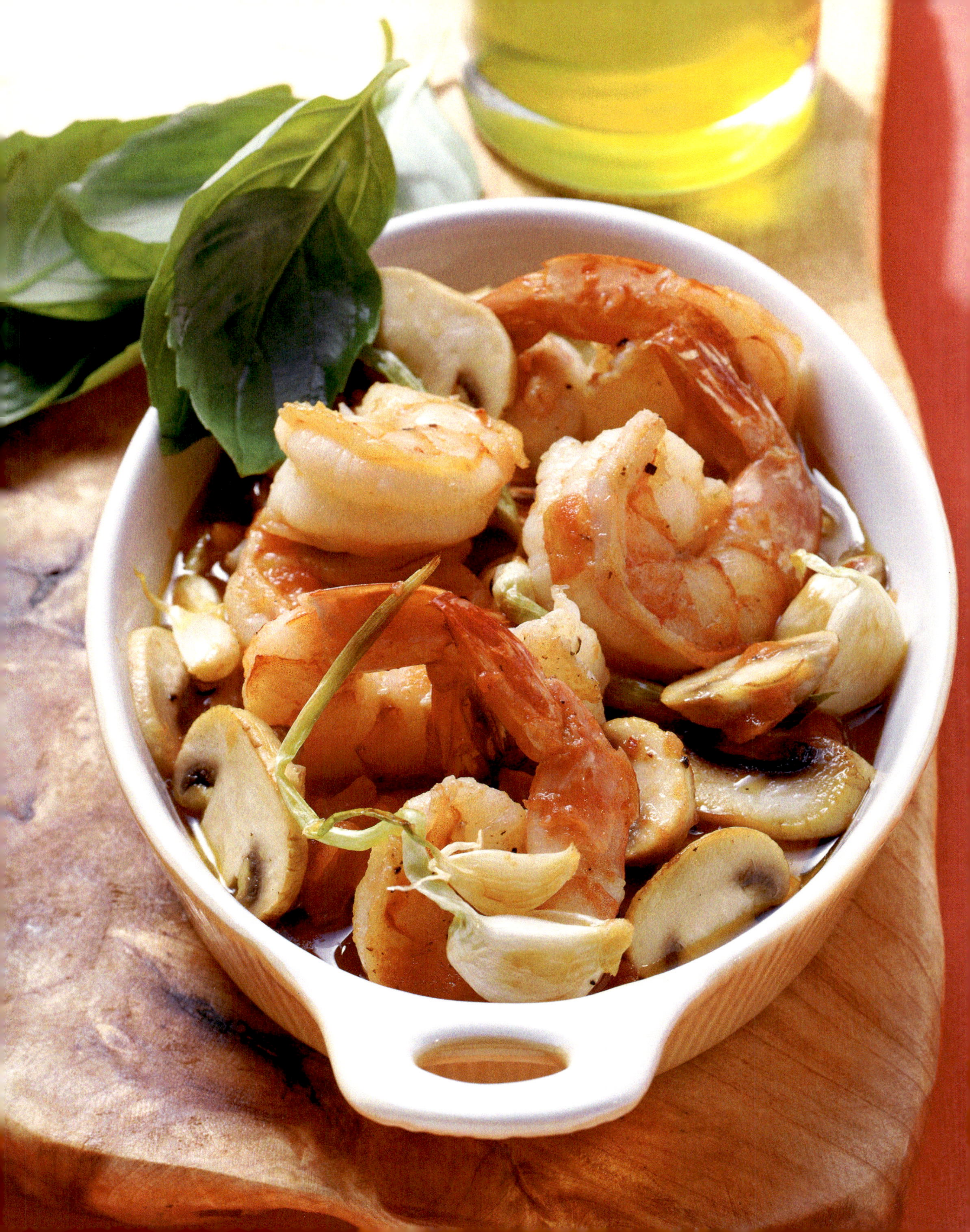

Knoblauch-Garnelen

ZUBEREITUNGSZEIT 45 Min.

ZUTATEN
- 5 mittelgroße Tomaten
- 250 g Champignons
- 10 Knoblauchzehen (50 g)
- 60 g Schalotten
- 4 Stängel glatte Petersilie, 6 Stängel Basilikum
- 24 Garnelenschwänze, ungeschält
- Salz, frisch gemahlener weißer Pfeffer
- Saft von ½ Zitrone
- 150–200 ml Olivenöl
- 5 cl Weinbrand, 5 cl trockener Sherry
- ¼ TL Sambal oelek
- 40 g kalte Butter, in Stücken

1. Die Tomaten vom Stielansatz befreien, blanchieren und häuten. Entfernen Sie die Samen und schneiden Sie das Fruchtfleisch in kleine Würfel. Champignons putzen und in feine Scheiben schneiden. Knoblauch und Schalotten schälen, den Knoblauch in Scheiben schneiden, die Schalotten fein würfeln. Die Kräuter waschen, trockenschütteln, Blättchen abzupfen und in feine Streifen schneiden.

2. Garnelenschwänze vorsichtig schälen, vom Darm befreien und nach Belieben wieder zurück in die Schalen geben. Mit Salz, Pfeffer und Zitronensaft würzen.

3. Erhitzen Sie das Olivenöl in einer Pfanne und braten Sie die Garnelen darin bei starker Hitze an. Knoblauch, Schalotten und Champignons zufügen und mitbraten, bis sie bissfest sind. Tomatenwürfel unterrühren und alles mit Weinbrand und Sherry ablöschen.

4. Schmecken Sie die Knoblauch-Garnelen mit Salz, Pfeffer und Sambal oelek ab. Kräuter zufügen und die kalte Butter unterrühren. Sofort servieren.

S. 22
WARENKUNDE Garnelen

S. 128
KÜCHENPRAXIS Garnelen

»Mit Safran und Fenchel«

Frische, in Olivenöl gebratene Garnelen mit reichlich Knoblauch, das ist ein klassisches Urlaubsgericht rund ums Mittelmeer. Auch in der gehobenen Küche gibt es diverse Rezepte für diese delikaten Krustentiere. So erinnert zum Beispiel auch eine Sauce mit aromatischen Tomaten und frischem Basilikum an den sonnigen Süden.

Mein besonderes Anliegen ist es, beim Kochen die geschmacklichen Traditionen eines Gerichtes beizubehalten und dennoch zu experimentieren. Daher habe ich bei meiner Sauce entsprechend »sanft« variiert. Das Ergebnis sind »Safran-Fenchel-Garnelen« – natürlich immer noch mit viel Knoblauch! Statt der Champignons nehme ich aber die gleiche Menge an blanchierten Fenchelstreifen; den Sherry ersetze ich durch Pastis (oder eine andere Anisspirituose) und neben dem Sambal oelek würze ich die Garnelen zusätzlich noch mit 1 Prise gemahlenem Safran.

Sowohl Fenchel als auch Pastis haben ein deutliches Anisaroma, das aber nicht zu dominant wirkt. Zudem spielt Fenchel in der mediterranen Küche eine wichtige Rolle. Pastis ist das Nationalgetränk der Franzosen, in anderen Ländern kennt man den Ouzo (Griechenland), Aniseta (Spanien), Sambucca (Italien) oder auch Raki (Türkei).

Christian Petz

WARENKUNDE KÜCHENPRAXIS **REZEPTE**
→ *Braten und Frittieren*

Gebratener Marron mit Kohlrabi

ZUBEREITUNGSZEIT 55 Min.

FÜR DIE KREBSE
- 4 Marrons, je etwa 225 g
  (Ersatz: andere Flusskrebse, etwa Edelkrebse)
- Salz, 6 EL Olivenöl
- Meersalz, frisch gemahlener Pfeffer
- etwas blanchiertes Kohlrabigrün nach Belieben

FÜR DIE KOHLRABISCHEIBEN
- 1 Kohlrabiknolle, geschält und bissfest gekocht
- 30 g Butter, 1 EL gehackte Estragonblättchen
- Meersalz, frisch gemahlener Pfeffer

FÜR DAS HASELNUSS-DRESSING
- 1 EL Estragonessig
- 1 EL Aceto balsamico bianco
- 20 ml Haselnussöl, 50 ml Olivenöl
- Meersalz, Pfeffer, 1 Prise Zucker

1. Spülen Sie die Marrons kalt ab und kochen Sie sie – Kopf voraus – in sprudelndem Salzwasser. Herausnehmen, kalt abschrecken und die Krebse auskühlen lassen. Die Scheren abdrehen, die Marrons halbieren und das Scherenfleisch ausbrechen, wie in den ersten beiden Steps rechts gezeigt.

2. Schneiden Sie den Kohlrabi in 20 etwa 2 mm dicke Scheiben. In einer Pfanne die Butter zerlassen und leicht bräunen. Die Kohlrabischeiben darin schwenken und den Estragon unterrühren. Schmecken Sie die Kohlrabischeiben mit Salz und Pfeffer ab.

3. Verrühren Sie für das Dressing beide Essig- und Ölsorten miteinander und schmecken Sie es mit Salz, Pfeffer und Zucker ab.

4. Die Marrons braten, wie in Step 3 rechts gezeigt. Nach Belieben etwas erwärmtes Kohlrabigrün auf Teller verteilen, darauf die Kohlrabischeiben legen, die gebratenen Marrons sowie die Scheren darauf anrichten und alles mit dem Haselnuss-Dressing beträufeln. Als Beilage dazu schmecken Nudeln.

S. 54
WARENKUNDE Marrons

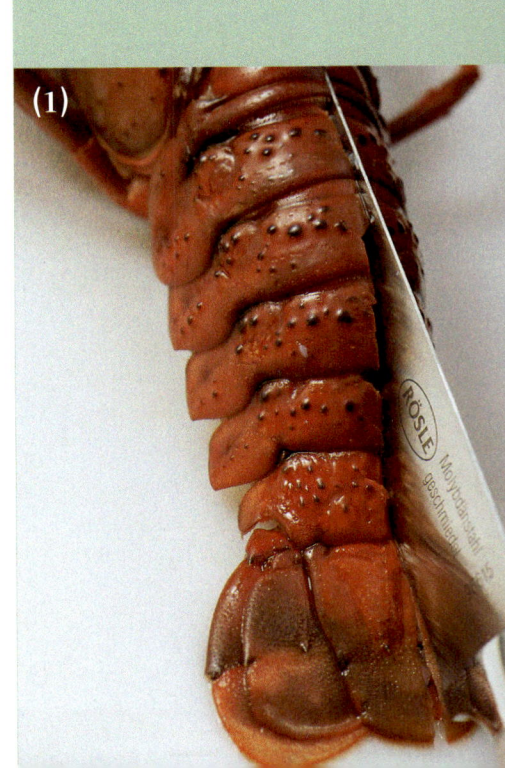

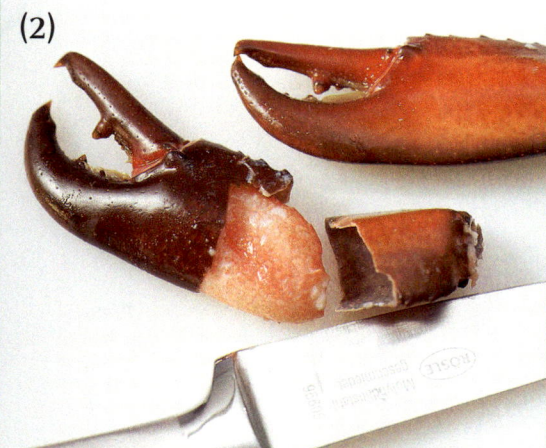

MARRONS HALBIEREN,
Scheren anschlagen und die Krebse braten

(1) Die gegarten Marrons jeweils am Rumpf festhalten, mit einem kräftigen Messer am Übergang von Rumpf und Schwanz einstechen und den Krebsschwanz der Länge nach mittig halbieren. Den Corail, sofern vorhanden, und die Innereien entfernen und die Krebshälften gut ausspülen.

(2) Die Krebsscheren mit einem kräftigen Messer anschlagen, die gesprungene Schale ablösen und das Scherenfleisch ausbrechen.

(3) In einer großen Pfanne das Olivenöl erhitzen. Die gut abgetropften Marronhälften mit Salz und Pfeffer würzen und im heißen Öl in der Schale 1 bis 3 Minuten braten. Das ausgelöste Scherenfleisch zufügen und 1 Minute mitbraten. Die Marrons anrichten, wie links beschrieben.

Krustentierpflanzerl mit Queller und Frisée-Salat

ZUBEREITUNGSZEIT 45 Min.

ZUTATEN
- 8 Riesengarnelen
- 1 ½ EL Hummer- oder Krebsbutter (S. 166)
- je 2 EL fein gewürfelte Möhre, Schalotte, Sellerie und Lauch
- etwa 200 g Queller (Glasschmalz, Ersatz: grüner Spargel) und etwas Frisée-Salat
- 80 g gekühlte Fischfarce (S. 237) (hergestellt etwa aus Zander; Ersatz: 1 Eiweiß und 1–2 EL Crème fraîche)
- 40 g Weißbrot, gerieben
- 1–2 Zweige Zitronenthymian, die Blättchen fein gehackt
- Salz, frisch gemahlener Pfeffer
- 2–3 EL Butterschmalz
- 150 ml Hummersauce (S. 297)

»Hervorragend schmecken die Pflanzerl auch als Hackbällchen mit ein paar Kapern direkt in einer Hummerbisque gegart und mit Reis serviert.«

1. Schälen Sie die Riesengarnelen und entfernen Sie den Darm, wie auf S. 128 gezeigt. Die Garnelen durch die mittlere Scheibe des Fleischwolfs drehen und bis zur weiteren Verwendung kühl stellen.

2. Erhitzen Sie die Hummerbutter in einer Kasserolle und schwitzen Sie das fein gewürfelte Gemüse darin 3 bis 4 Minuten an. Vom Herd nehmen und das Gemüse abkühlen lassen.

3. Den Queller in ungesalzenem Wasser blanchieren und abtropfen lassen. Die Frisée-Blätter waschen und trockenschleudern.

4. Vermengen Sie das Garnelenfleisch mit dem Gemüse, der Fischfarce, dem geriebenen Weißbrot und dem Zitronenthymian. Die Masse mit Salz und Pfeffer abschmecken, zu Bällchen formen und leicht flach drücken.

5. Braten Sie die Krustentierpflanzerl in heißem Butterschmalz goldbraun an und lassen Sie sie kurz auf Küchenpapier abtropfen. Die Hummersauce erhitzen. Die Krustentierpflanzerl auf Queller und Frisée anrichten und mit der Hummersauce übergießen.

S. 128
KÜCHENPRAXIS Garnelen

S. 166
KÜCHENPRAXIS Hummerbutter

S. 297
REZEPTE Hummersauce

Frittierte Garnelenbällchen

ZUBEREITUNGSZEIT 1 Std. 30 Min.

FÜR DIE GARNELENBÄLLCHEN
- 400 g Garnelen
- 1 Ei, 100 g Weißbrot
- 3 Stängel Koriandergrün
- 50 ml Kokosmilch
- Salz, 2 TL frisch gehackter Ingwer
- 2–3 TL gelbes Currypulver
- Maisstärke nach Bedarf

FÜR DAS LIMETTEN-MANGO-CHUTNEY
- 80 g Zwiebeln
- 300 g Mangofruchtfleisch
- 1 EL Sesamöl
- Saft von 1 Limette, 150 g Zucker, Salz
- 1 EL Apfelessig, 1 Stängel Minze

AUSSERDEM
- 200 g Tempuramehl (Asialaden)
- Öl zum Frittieren, 1 Stängel Minze

1. Stellen Sie zunächst das Chutney her: Dafür die Zwiebeln schälen und fein würfeln, das Mangofruchtfleisch 1 cm groß würfeln. In einem Topf das Sesamöl erhitzen und die Zwiebelwürfel darin hell anschwitzen. Limettensaft, Zucker, Salz, Essig, Mangowürfel und Minze zufügen. Alles aufkochen und 1 Stunde köcheln lassen. Füllen Sie das Chutney anschließend sofort in heiß ausgespülte Gläser und verschließen Sie diese luftdicht – so hält sich das Chutney im Kühlschrank bis zu 4 Monaten.

2. Befreien Sie die Garnelen von Schale und Darm, wie auf S. 128 gezeigt. Das Garnelenfleisch klein hacken, mit allen weiteren Zutaten für die Bällchen – mit Ausnahme der Maisstärke – vermengen und mit Salz abschmecken. Rühren Sie das Tempuramehl mit 40 ml Wasser an und lassen Sie es bis zur Verwendung quellen.

3. Formen Sie aus der Garnelenmasse 3 bis 4 cm große Bällchen. Sollte die Masse zu weich sein, können Sie noch etwas Maisstärke einarbeiten. Erhitzen Sie das Öl zum Frittieren im Wok oder in einem anderen hohen Topf. Die Bällchen im angerührten Tempurateig wenden und im heißen Öl frittieren. Herausnehmen und die Garnelenbällchen kurz auf Küchenpapier abtropfen lassen.

4. Servieren Sie die Garnelenbällchen nach Belieben auf einem Bananenblatt, reichen Sie das abgekühlte Chutney dazu und garnieren Sie alles mit ein paar Blättchen Minze.

S. 22
WARENKUNDE Garnelen

S. 128
KÜCHENPRAXIS Garnelen

FRÜHLINGSROLLE
vorbereiten und braten

(1) Die abgetropften Weißkohlblätter mit einem scharfen Messer in 1 bis 2 mm breite Streifen schneiden und wie die weiteren Zutaten bereit legen.

(2) Das untere Drittel des Teigblattes über die Füllung schlagen und fest aufrollen.

(3) Die Frühlingsrollen portionsweise im heißen Öl in 4 bis 6 Minuten goldbraun frittieren.

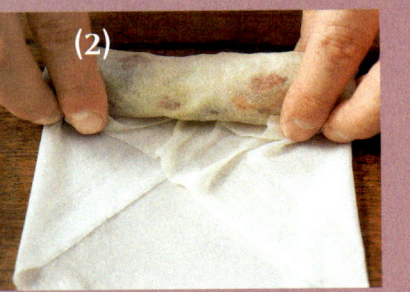

Frühlingsrollen mit Shiitake-Garnelen-Füllung

ZUBEREITUNGSZEIT 45 Min.

FÜR DIE FRÜHLINGSROLLEN
- 8 Riesengarnelen
- ¼ Kopf Weißkohl, etwa 350 g
- 100 g Shiitake-Pilze (Ersatz: 10 getrocknete Shiitake-Pilze)
- 100 g Austernpilze
- 2 EL Palmfett (Asialaden; Ersatz: Erdnuss- oder Sesamöl)
- 20 ml Reisessig oder Weißweinessig
- 2 cl Sherry medium, 2 cl Sojasauce
- Salz, frisch gemahlener Pfeffer
- 8 Frühlingsrollenblätter (etwa 21 x 21 cm oder 16 kleinere Teigblätter, etwa 12 x 12 cm)

AUSSERDEM
- 1 Eiweiß zum Bestreichen
- Erdnussöl zum Frittieren

WARENKUNDE   KÜCHENPRAXIS   **REZEPTE**
→ *Braten und Frittieren*

1. Schälen Sie die Riesengarnelen und befreien Sie sie vom Darm, wie auf S. 128 gezeigt. Die ausgelösten Riesengarnelenschwänze mit einem scharfen Messer klein würfeln und bis zur weiteren Verwendung kühl stellen.

2. Schneiden Sie vom Weißkohl den Strunk ab und entfernen Sie alle welken Blätter. Die Weißkohlblätter waschen, gut abtropfen lassen und in möglichst feine Streifen schneiden, wie in Step 1 links gezeigt. Von den Shiitake-Pilzen die harten Stiele entfernen und die Hüte in dünne Streifen schneiden. Die Austernpilze vom zähen Stielansatz befreien und die Hüte ebenfalls in dünne Streifen schneiden.

3. Erhitzen Sie das Palmfett – kein Palmin – im Wok und braten Sie die Weißkohl- und Pilzstreifen darin bei starker Hitze unter Rühren kurz an. Die gewürfelten Garnelen zufügen und 1 bis 2 Minuten mitbraten. Löschen Sie Kohl und Pilze mit dem Reisessig, dem Sherry und der Sojasauce ab und garen Sie alles in weiteren 1 bis 2 Minuten bissfest. Schmecken Sie die Shiitake-Garnelen-Füllung mit Salz und Pfeffer ab und lassen Sie sie abkühlen.

4. Die Frühlingsrollenblätter auf einer Arbeitsfläche ausbreiten und die Ränder mit Eiweiß bestreichen. Jeweils 2 EL Füllung – für die kleineren Teigblätter genügt 1 EL Füllung – im vorderen Drittel auf das Teigblatt setzen, die Ecken seitlich einschlagen und weiterverfahren, wie in Step 2 links gezeigt. Die Ränder gut festdrücken. Auf diese Weise die restlichen Frühlingsrollen fertig stellen.

5. Im Wok oder in einem anderen hohen Topf eine ausreichende Menge Erdnussöl auf 175 °C erhitzen und die Frühlingsrollen darin frittieren, wie in Step 3 links gezeigt. Die kleinen Frühlingsrollen nur 3 bis 5 Minuten frittieren. Mit dem Schaumlöffel herausheben und die Frühlingsrollen auf Küchenpapier kurz abtropfen lassen.

6. Servieren Sie die knusprigen Frühlingsrollen mit einer Sauce zum Dippen – entweder mit Sojasauce oder mit einer süßsauren Chilisauce.

S. 22
WARENKUNDE Garnelen

S. 128
KÜCHENPRAXIS Garnelen

»Mit Gemüsefüllung«

Statt der Garnelen-Füllung empfehle ich Ihnen, die Frühlingsrollen auch einmal vegetarisch zu füllen. Mischen Sie dafür dünne Streifen (Julienne) von Möhren, Sellerie und Lauch mit frischen, gut abgespülten und abgetropften Sojasprossen.

Lassen Sie das Öl im Wok heiß werden und braten Sie Gemüsestreifen und Sojasprossen darin unter Rühren bissfest an. Statt mit Reisessig würzen Sie die Mischung mit einem Spritzer Ketjap Manis – so heißt die süßere und dickflüssigere Variante der beiden in Indonesien verwendeten Sojasaucen; die andere wird Ketjap Asin genannt. Füllen und frittieren Sie die Frühlingsrollen, wie oben beschrieben. Und servieren Sie dazu nach Belieben eine süßsaure Chilisauce zum Dippen.

Markus Bischoff

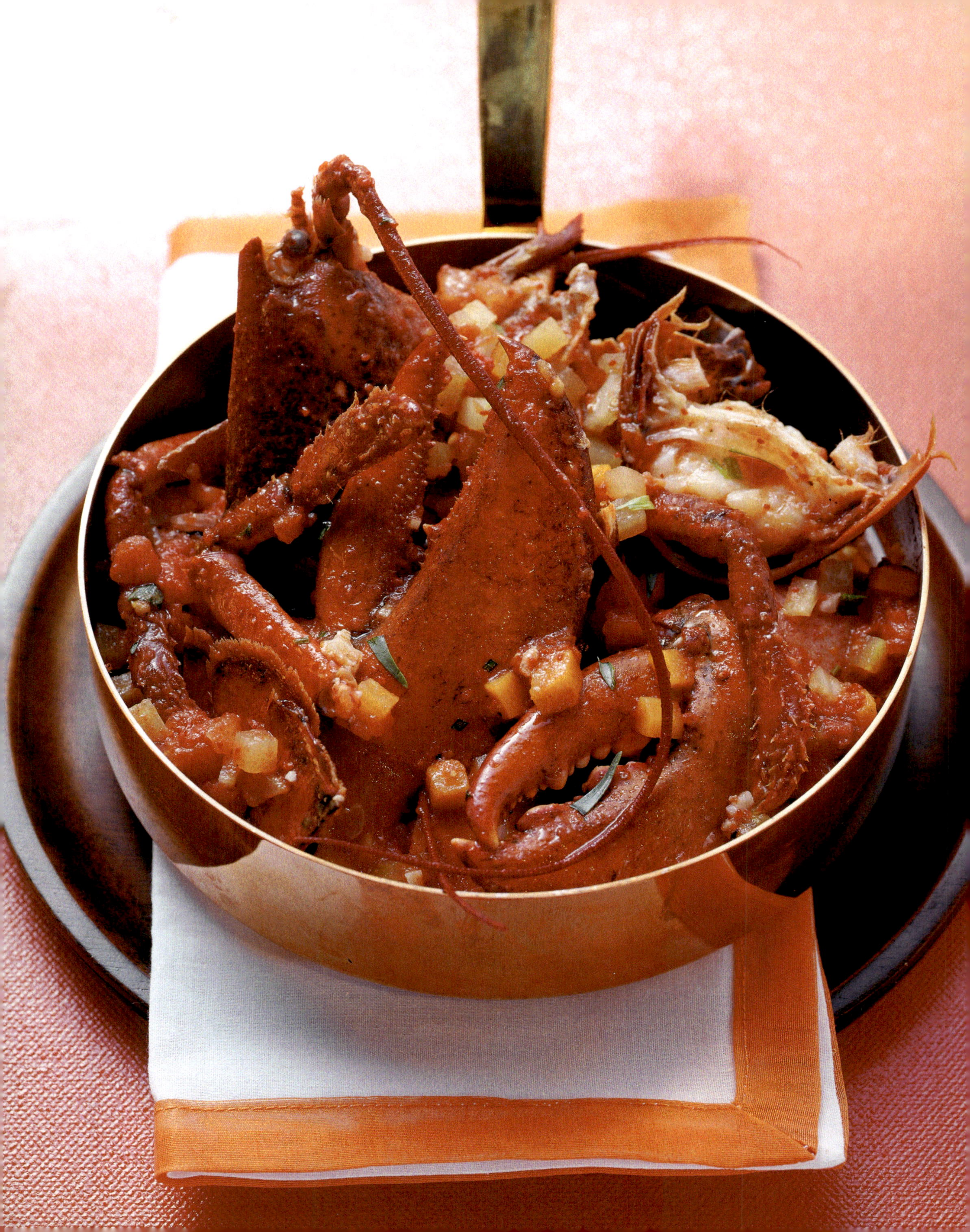

WARENKUNDE KÜCHENPRAXIS **REZEPTE**
→ *Braten und Frittieren*

Hummer à l'Armoricaine

ZUBEREITUNGSZEIT 1 Std.

ZUTATEN
- 2 Hummer, je 1 kg oder 4 Hummer, je 500 g
- Meersalz
- 20 g weiche Butter für Corailbutter (S. 167)
- 2 Schalotten
- ½ Knoblauchzehe, abgezogen
- je 50 g Staudensellerie, Knollensellerie, Möhre, Fenchelknolle und fest kochende Kartoffel
- 2 große Tomaten
- 1 Stängel Estragon
- 100 ml Olivenöl
- 20 g Butter
- 50 ml Weißwein
- 300 ml Fischfond (S. 161)
- 100 ml passierte Tomaten

S. 45
WARENKUNDE Hummer

S. 138
KÜCHENPRAXIS Hummer

S. 167
KÜCHENPRAXIS Corailbutter

1. Kochen Sie die Hummer nacheinander – Kopf voraus – in sprudelnd kochendem Salzwasser 2 Minuten. Die Hummer herausnehmen und zerteilen, wie auf S. 138 gezeigt. Aus dem Kopfteil jeweils nur den Magensack entfernen, die anderen Innereien (Leber) darin lassen. Enthalten die Hummer Corail, diesen vorsichtig entfernen und mit der weichen Butter zu Corailbutter verarbeiten, wie auf S. 167 gezeigt. Stellen Sie die Corailbutter bis zur Verwendung in den Kühlschrank.

2. Die Schalotten schälen und fein würfeln, den Knoblauch fein hacken. Schneiden Sie das Gemüse jeweils in 5 mm große Würfel. Die Tomaten blanchieren, häuten, Stielansatz und Samen entfernen und das Fruchtfleisch klein würfeln. Den Estragon waschen, trockenschütteln und die Blättchen fein hacken.

3. Erhitzen Sie das Olivenöl in einer großen Pfanne und arbeiten Sie weiter, wie in Step 1 unten beschrieben. Fügen Sie die Butter sowie die Schalotten-, Knoblauch- und Gemüsewürfel zu und braten Sie diese 2 bis 3 Minuten mit an. Alles mit dem Weißwein ablöschen und diesen fast vollständig verdampfen lassen. Den Fischfond und die passierten Tomaten zufügen und alles 5 bis 7 Minuten schmoren.

4. Nehmen Sie die Hummerstücke heraus und halten Sie sie zugedeckt im vorgeheizten Ofen bei etwa 80 °C warm. Die Sauce auf die Hälfte einkochen lassen und weiterverfahren, wie in Step 2 unten gezeigt. Schmecken Sie die Sauce mit Salz ab und binden Sie sie mit der Corailbutter oder ersatzweise mit 2 EL Olivenöl. Legen Sie die Hummerstücke wieder in die Sauce und servieren Sie sie mit Baguette.

HUMMERTEILE ANBRATEN
und die Sauce fertig stellen

(1) Die Hummerteile salzen und bei mittlerer Hitze unter häufigem Wenden etwa 5 Minuten braten, bis sich die Schalen rot verfärben; die Kopfteile zuerst auf der Schalenseite anbraten.

(2) Die gewürfelten Tomaten sowie den Estragon zur Sauce geben und untermischen.

WARENKUNDE KÜCHENPRAXIS REZEPTE
→ Braten und Frittieren

Frittierte Kalmare in Bierteig

ZUBEREITUNGSZEIT 1 Std. 15 Min.
QUELLZEIT 30 Min.

FÜR DEN BIERTEIG
- 3 Eier
- 150 g Mehl
- 1 EL Öl
- 200 ml helles Bier
- ½ TL Salz
- frisch gemahlener weißer Pfeffer

AUSSERDEM
- 1 kg Kalmare
- Öl zum Frittieren
- 1 unbehandelte Zitrone, in Spalten

1. Trennen Sie die Eier für den Teig und rühren Sie die Eigelbe in einer Schüssel mit dem Mehl und dem Öl glatt. Dann nach und nach das Bier unterrühren und den Teig mit Salz und Pfeffer würzen. Lassen Sie den Bierteig vor der Weiterverarbeitung etwa 30 Minuten quellen.

2. Die Kalmare vorbereiten, häuten, wie auf S. 154 gezeigt, und waschen. Die Arme und Flossen abtrennen und die Körper der Kalmare in gleichmäßig dicke Ringe schneiden. Flossen und Arme in 2 bis 3 cm große Stücke schneiden. Lassen Sie die Kalmarteile auf Küchenpapier abtropfen.

3. Die Eiweiße steif schlagen und den Eischnee portionsweise vorsichtig unter den Bierteig heben. Das Öl in einem hohen Topf oder in der Fritteuse auf 175 °C erhitzen. Ziehen Sie die Kalmarstücke einzeln durch den Bierteig und frittieren Sie sie portionsweise im heißen Öl in etwa 5 Minuten goldbraun. Mit dem Schaumlöffel herausheben, die Kalmarstücke auf ein mit Küchenpapier ausgelegtes Blech geben, mit Küchenpapier abtupfen und bei 80 °C im Ofen warm halten.

4. Die Kalmarringe mit Zitronenspalten auf Pergamentpapier anrichten und servieren. Gut passen dazu entweder eine Aioli (S. 303) oder auch ein fruchtig-scharfes Mango-Chutney (S. 305).

Wichtig: die richtige Temperatur

Damit die Kalmarringe schön goldbraun werden, muss das Öl beim Frittieren entsprechend heiß sein: Optimal ist eine Temperatur von 175 °C. Darunter saugen sie sich zu sehr mit Fett voll, ist das Öl zu heiß, geraten dünnere Stellen rasch zu dunkel. Auch dürfen nicht zu viele Stücke gleichzeitig frittiert werden, sonst kühlt das Öl zu sehr ab.

S. 115
WARENKUNDE Kalmare

S. 154
KÜCHENPRAXIS Kalmare

»Ausbackteig mit Wein und Curry«

Tintenfische, durch einen Ausbackteig gezogen und frittiert, sind eine Köstlichkeit. Klassisch wird der Teig aus Mehl, Bier und Salz hergestellt. Ich empfehle eine Variante mit Weißwein und einem milden oder schärferen Currypulver als pikante Alternative. Die Mengen entsprechen dabei jenen im Rezept links.

Beachten Sie bei der Herstellung des Ausbackteigs: Er soll das zarte Fleisch schützen und dennoch so durchlässig sein, dass der Tintenfisch auch gart. Vermengen Sie deswegen zuerst Mehl, Currypulver, Salz und Pfeffer. Geben Sie dann das Eigelb dazu und anschließend unter ständigem Rühren den Wein. Erst ganz zum Schluss wird das Öl untergerührt. Sind alle Zutaten gut vermischt, erfolgt eine Form der Gärung, wobei Kohlendioxidgas entsteht. Der Teig erhält dadurch sowohl eine gute Bindung als auch Geschmeidigkeit. Ganz besonders wichtig: Das steif geschlagene Eiweiß darf erst kurz vor dem Ausbacken untergezogen werden – so macht es den Teig angenehm luftig und locker.

Matthias Buchholz

WARENKUNDE KÜCHENPRAXIS **REZEPTE**
→ *Braten und Frittieren*

Langusten in Mandeltempura

ZUBEREITUNGSZEIT 50 Min.

FÜR DIE POLENTASUPPE
- 150 g Spinat, geputzt, 2 Knoblauchzehen
- 1 EL Olivenöl, Meersalz, Pfeffer
- 1 l Gemüsefond, 50 g Maisgrieß
- ¼ l Milch, 1 Msp. frisch geriebene Muskatnuss
- Nuss- oder Olivenöl nach Belieben

FÜR DEN TEMPURATEIG
- 1 Ei, 80 g Reismehl (Ersatz: Weizenmehl)
- 1 TL Mandellikör oder süßer Sherry
- 1–2 EL gemahlene Mandeln
- ½ TL Speisestärke, ½ TL Meersalz

AUSSERDEM
- ½ Ananas, quer halbiert, Pfeffer, Erdnussöl
- 2 Langustenschwänze, gekocht, ohne Schale und Darm
- Meersalz, Minz- oder Basilikumblättchen

1. Den Spinat für die Suppe gründlich waschen und abtropfen lassen. Knoblauch abziehen und fein hacken. Dünsten Sie den Spinat im heißen Öl mit dem Knoblauch 2 bis 3 Minuten an. Mit Salz und Pfeffer würzen und den Spinat in einem Sieb abtropfen lassen.

2. Bringen Sie den Gemüsefond zum Kochen und lassen Sie den Maisgrieß unter Rühren einrieseln. Die Suppe 10 bis 15 Minuten bei schwacher Hitze unter Rühren köcheln lassen. So viel Milch zugießen, bis sie die gewünschte Konsistenz hat. Die Suppe noch 5 Minuten kochen und mit Salz, Pfeffer und Muskat würzen.

3. Alle Zutaten für den Tempurateig vermischen, aber nicht aufschlagen; der Teig muss nicht glatt sein.

4. Die Ananas schälen und längs halbieren. Entfernen Sie das harte Innere und schneiden Sie die Hälften in ½ cm breite Scheiben. Eine beschichtete Pfanne ohne Fett erhitzen und die Ananasscheiben darin beidseitig bei mittlerer Hitze etwa 2 Minuten karamellisieren lassen. Großzügig mit Pfeffer würzen.

5. In einem hohen Topf ausreichend Erdnussöl erhitzen. Die Langustenschwänze längs halbieren, salzen, pfeffern und in den Tempurateig tauchen. Frittieren Sie die Langustenhälften einzeln je etwa 1 Minute im heißen Öl. Herausnehmen und auf Küchenpapier entfetten.

6. Verteilen Sie den Spinat in Schalen und übergießen Sie ihn mit der heißen Suppe. Darauf die Ananasscheiben und die Langusten – eventuell auf Spießchen – anrichten, mit Kräuterblättchen garnieren und nach Belieben mit ein paar Tropfen Nuss- oder Olivenöl beträufeln.

S. 36
WARENKUNDE Languste

S. 132
KÜCHENPRAXIS Languste

»Luxus aus dem Meer, ganz japanisch in luftig-leichter Teighülle serviert und kombiniert mit einer bodenständigen Suppe, ein schöner Kontrast! Statt der Langusten eignen sich auch Hummer oder Riesengarnelen zum Frittieren.«

Gambas in Filoteig frittiert

ZUBEREITUNGSZEIT 1 Std. 10 Min.

FÜR DAS GEMÜSE
- ½ l Olivenöl, 5 Basilikumblätter
- je 1 Zweig Thymian und Rosmarin
- 1 Knoblauchzehe, abgezogen
- 1 TL Koriandersamen
- 1 TL Pfefferkörner, 1 Fenchelknolle
- 1 Artischockenboden
- Salz, frisch gemahlener Pfeffer
- 1 Bund Frühlingszwiebeln
- 1 rote Paprikaschote
- je ½ gelben und grünen Zucchino
- 2 Tomaten, Saft von 1 Zitrone

FÜR DIE GAMBAS
- 12 Gambas (Riesengarnelen)
- Salz, 3 Eiweiße, 100 g Mehl
- 4 bis 5 Blätter Filoteig
- 1 l Öl zum Frittieren

S. 22
WARENKUNDE Garnelen

S. 128
KÜCHENPRAXIS Garnelen

1. Für das Gemüse das Öl auf 80 °C erhitzen, die gewaschenen und trockengeschüttelten Kräuter, den Knoblauch sowie die Koriander- und Pfefferkörner zufügen. Den Fenchel putzen und in Spalten, den Artischockenboden in Achtel schneiden. Würzen Sie beides mit Salz und Pfeffer und garen Sie das Gemüse 10 Minuten im heißen Öl. Die Frühlingszwiebeln putzen und nur das Weiße in 8 cm lange Stücke schneiden. Die Paprikaschote mit dem Sparschäler schälen und in größere Stücke schneiden. Zucchini putzen und quer in 1 cm dicke Scheiben schneiden. Tomaten blanchieren, häuten, von Stielansatz und Samen befreien und in Spalten schneiden.

2. Das restliche Gemüse ins heiße Öl geben und in 4 bis 5 Minuten bissfest garen. Nehmen Sie die Gemüsestücke heraus und gießen Sie das Öl durch ein feines Sieb. Messen Sie 50 ml ab – Rest anderweitig verwenden – und würzen Sie es mit Salz, Pfeffer und Zitronensaft. Das Gemüse mit dem Öl beträufeln und bei 80 °C im Ofen warm halten.

3. Die Gambas bis auf den Schwanzfächer schälen, vom Darm befreien und salzen. Die Eiweiße in einem Teller leicht schlagen, das Mehl in einen separaten Teller füllen und den Filoteig in feine Streifen schneiden.

4. Unmittelbar vor dem Servieren die Gambas in Mehl wenden, durch das Eiweiß ziehen und in den Teigstreifen wälzen. Das Öl auf 175 °C erhitzen und die Gambas darin kurz frittieren. Richten Sie das Gemüse mit den Gambas auf vorgewärmten Tellern an.

Attraktiv serviert

Diese ungewöhnliche Panade – im Grunde besteht sie ja aus dünnen Teigstreifen – ist unbedingt einen Versuch wert. Wichtig ist nur, dass das Öl die richtige Temperatur hat und dass die Gambas erst kurz vor dem Frittieren paniert werden.

WARENKUNDE KÜCHENPRAXIS REZEPTE
→ Braten und Frittieren

Heuschreckenkrebse mit Kartoffel-Kräuter-Püree

ZUBEREITUNGSZEIT 1 Std.

FÜR DIE KREBSE
- 24 Heuschreckenkrebse (Ersatz: Kaisergranate)
- 2 Schalotten, 3 Knoblauchzehen
- 5 EL Olivenöl, 50 g Butter
- 1 TL weiße Pfefferkörner
- 1 TL Fenchelsamen
- 1 EL gehackte Thymianblättchen
- 1 EL Tomatenmark, ¼ l Weißwein
- 4 cl Weinbrand, 6 cl Noilly Prat
- Salz, Cayennepfeffer
- Saft von 2 Zitronen, Pfeffer

FÜR DAS PÜREE
- 3 Zweige Thymian
- Fenchelgrün von 1 Fenchelknolle
- je ½ Bund Basilikum und Rucola
- 1 Knoblauchzehe, abgezogen
- 600 g mehlig kochende Kartoffeln
- 175–200 ml heiße Milch
- 80 ml Olivenöl, Salz, Pfeffer

1. Säubern Sie die Heuschreckenkrebse und schneiden Sie die Schwänze ab. Diese längs halbieren und den Darm entfernen. Die Köpfe waschen und abtropfen lassen. Schalotten und Knoblauch schälen, beides fein hacken.

2. Braten Sie die Köpfe in 2 EL Olivenöl bei starker Hitze an. Butter zufügen und kurz aufschäumen lassen. Schalotten- und Knoblauchwürfel, Pfefferkörner, Fenchelsamen und Thymian einrühren und alles hellbraun rösten. Tomatenmark unterrühren und kurz mitrösten. Löschen Sie die Karkassen mit Wein, Weinbrand und Noilly Prat ab und gießen Sie ⅛ l Wasser zu. Den Fond 20 Minuten köcheln lassen und durch ein feines Sieb abgießen. Die Sauce mit Salz, Cayennepfeffer und dem Saft von 1 Zitrone würzen und warm halten.

3. Die Kräuter, Rucola und Fenchelgrün waschen, trockenschütteln und die Blättchen fein hacken. Knoblauch sehr fein hacken. Die Kartoffeln in der Schale etwa 20 Minuten garen, pellen und noch heiß durch ein feines Sieb streichen. Mit der heißen Milch verrühren und das Olivenöl einrühren. Schmecken Sie das Püree mit Knoblauch, Salz und Pfeffer ab.

4. Die Heuschreckenkrebse mit Salz, Pfeffer und dem restlichen Zitronensaft würzen. Braten Sie die Krebse im übrigen Olivenöl erst auf der Schnitt-, dann auf der Schalenseite jeweils 3 Minuten. Die Kräuter unter das Püree ziehen und dieses mit den Krebsen und der Sauce anrichten.

Aus dem Ofen und vom Grill

Von Garnelen-Tartelettes mit Ziegenfrischkäse über Seeigelgratin bis hin zum halben Hummer vom Grill.

WARENKUNDE KÜCHENPRAXIS **REZEPTE**
→ *Aus dem Ofen und vom Grill*

Meeresfrüchte zart gebräunt

In vielen Küstenregionen gehört es zum Alltag: Grillen ist eine der wichtigsten Garmethoden für Meeresfrüchte. Aber auch aus dem Ofen schmecken Krusten- und Schaltiere ausgezeichnet.

IN DER SCHALE ÜBERBACKEN sind nicht allein Jakobsmuscheln ein Klassiker, auch für andere Schaltiere, etwa für Miesmuscheln und Clams, ist das Gratinieren im Ofen eine gängige Garmethode. Vom Grill bekommt man sie dagegen selten, und wenn, wurde das Muschelfleisch meist mit einer Scheibe Speck umwickelt. Allerdings ist der kräftige Speckgeschmack in Kombination mit Meeresfrüchten nicht unbedingt jedermanns Sache. In den USA sind solche Kombinationen aber durchaus beliebt.

SCHONENDES GAREN IM OFEN

Füllungen und Farcen auf Meeresfrüchtebasis garen oft zugedeckt im Ofen, wie zum Beispiel die Zucchiniblüten mit Krebsfleischfüllung, da der direkte Kontakt mit der starken Hitze beim Braten auf dem Herd Form und Geschmack der Masse stark beeinflussen würde. Dabei ist die Hitze in der Regel nicht allzu groß, schließlich soll die Füllung nicht austrocknen, sondern schön saftig bleiben. Auch ganze Krustentiere kommen gelegentlich nach dem Töten, Spalten und kurzen Anbraten auf dem Herd in den vorgeheizten Ofen, um dort langsam bei mittlerer Hitze fertig zu garen. Eine Methode, nach der beispielsweise die Bärenkrebse des folgenden Kapitels zubereitet werden.

ÜBERBACKEN UND GRATINIEREN

Viele klassische Gerichte der Meeresfrüchteküche, darunter der berühmte »Hummer Thermidor«, kommen zum Überbacken in den Ofen. Beim Gratinieren oder Überbacken werden die Zutaten meist vorgegart in Schalen oder Karkassen gefüllt. Überzogen mit einer sämigen Sauce – das kann eine Béchamel, eine Hollandaise oder eine andere Sauce auf Sahnebasis sein – kommen die Meeresfrüchte dann bei starker Oberhitze in den vorgeheizten Ofen. Hier darf die Temperatur ruhig so hoch wie möglich sein, gratiniert wird meist bei 250 bis 300 °C. Zu lange dürfen Krusten- und Schaltiere – für Sepien, Kalmare und Kraken eignet sich diese Garmethode nicht – jedoch nicht der Hitze ausgesetzt bleiben. Wenige Minuten Hitze genügen meist schon, um die Oberfläche leicht zu bräunen. Zu dunkel sollten sie nicht werden, dann ist der Geschmack aufgrund der Röststoffe zu streng und die delikaten Meeresbewohner trocknen aus.

GRILLEN ÜBER GLÜHENDEN KOHLEN

Das Gleiche gilt für gegrillte Meeresfrüchte: Zu dunkel sollten sie nicht werden; schwarze Stellen schmecken nicht und sind gesundheitlich bedenklich. Leicht gebräunt und saftig sind Garnelen, Hummer und Langusten vom Grill aber ganz wunderbar. Wichtig ist beim Grillen über Holzkohle das rechtzeitige Anfeuern: Wenn sich ein feiner weißer Aschebelag auf den glühenden Kohlen gebildet hat – das dauert zwischen 20 und 30 Minuten – ist die optimale Temperatur erreicht. Wird ein Gas- oder Elektrogrill verwendet, schaltet man in der Regel das Gerät 15 Minuten vorher ein. Damit die delikaten Krustentiere und Tintenfische nicht austrocknen, pinselt man sie während des Grillens mehrmals mit Öl oder Marinade ein. Dabei soll das Grillgut jedoch immer nur von einem dünnen Ölfilm umgeben sein, keinesfalls darf Öl in die Glut tropfen, denn dabei entstehen krebserregende Stoffe. Empfehlenswert ist daher beim Grillen über Holzkohle, eine Alu-Grillschale unterzustellen.

GRILLEN IN DER PFANNE

Wem das Anheizen des Grills zu lange dauert, greift stattdessen zur praktischen Grillpfanne: Auch mit ihr ist ein fettarmes Garen möglich. Die Pfanne wird ohne Zugabe von Fett auf dem Herd stark erhitzt, bevor dann die leicht mit Öl bepinselten Meeresfrüchte darin auf beiden Seiten gegrillt werden.

Würzig mariniert

Garnelen, Hummer und Langusten, aber auch Tintenfische, vertragen vor dem Grillen eine würzige Marinade aus Olivenöl, Zitronensaft und Kräutern. Ist auch Knoblauch mit dabei, darf er beim Grillen nicht verbrennen.

WARENKUNDE   KÜCHENPRAXIS   **REZEPTE**
→ *Aus dem Ofen und vom Grill*

Zucchiniblüten mit Krebsfüllung

ZUBEREITUNGSZEIT 1 Std. 5 Min.

ZUTATEN
- 8 Zucchiniblüten
- 32 Flusskrebsschwänze, gegart (etwa 200 g)
- je 1 kleiner grüner und gelber Zucchino
- 1 rote Paprikaschote, 2 TL Butter
- 2 Scheiben Brioche, je ½ cm dick (Ersatz: Weißbrot)
- 80 g Fischfarce (S. 237; hergestellt etwa aus Zander; Ersatz: 1 halbfest geschlagenes Eiweiß und 1–2 EL Crème double)
- 1 EL gehackte Estragonblättchen, Salz, Pfeffer
- 50 ml ungeklärter Krebsfond (S. 164)
- 1 EL Butter für Form und Sauce

S. 52
WARENKUNDE Flusskrebse

S. 164
KÜCHENPRAXIS Krebsfond

1. Befreien Sie die Zucchiniblüten vom Stempel und schneiden Sie die Stiele im Abstand von 1 bis 2 mm ein, wie in Step 1 links gezeigt. Die Hälfte der Flusskrebse ½ cm groß würfeln. Die Zucchini von Stiel- und Blütenansatz befreien, die Paprikaschote mit dem Sparschäler schälen und das Gemüse fein würfeln. Die Gemüsewürfel in 1 TL Butter kurz anschwitzen, dann abkühlen lassen. Schneiden Sie die Brioche-Scheiben in ½ cm große Würfel und rösten Sie diese in der restlichen Butter goldbraun an, dann ebenfalls abkühlen lassen.

2. Heben Sie das gewürfelte Krebsfleisch, die kalten Gemüse- und Briochewürfel sowie den Estragon unter die Fischfarce. Die Masse mit Salz und Pfeffer abschmecken und mit dem Spritzbeutel in die Blüten füllen, wie in Step 2 links gezeigt. Drehen Sie zum Verschließen der Blüten die Spitzen der Blütenblätter fest zusammen und setzen Sie die gefüllten Blüten in eine gebutterte feuerfeste Form.

3. Den Krebsfond angießen, die Form mit Alufolie verschließen und alles bei 180 °C im vorgeheizten Ofen 15 bis 20 Minuten garen. Herausnehmen, 4 Blüten quer halbieren. 1 TL Butter in den Fond rühren und die übrigen Krebsschwänze darin erwärmen. Je 2 halbierte mit einer ganzen Blüte, etwas Fond und 4 Krebsschwänzen anrichten.

»Mit feiner Muschelfüllung«

Zucchiniblüten lassen sich nicht nur wie im Rezept links beschrieben mit Krebsfleisch, sondern auch gut mit Muscheln, zum Beispiel mit Miesmuscheln, füllen.

Dazu mische ich das ausgelöste Muschelfleisch im Ganzen unter die Fischfarce und fülle die Zucchiniblüten dann damit. Zum Angießen verwende ich bei dieser Variante einen Muschelfond statt des Krebsfonds. Die restlichen Zutaten bleiben dieselben.

Eine weitere, interessante Möglichkeit ist folgende: Blanchieren Sie einige große Spinatblätter und wickeln Sie darin eine ausgelöste, mit Pfeffer und Salz gewürzte Jakobsmuschel ein. Drücken Sie diese in die Mitte einer mit Farce gefüllten Zucchiniblüte. Auch diese Variante schmeckt hervorragend und ist zudem auch optisch etwas Besonderes. Egal, welche Füllung Sie nehmen – noch besser schmeckt es, wenn Sie die rote Paprikaschote vorher im Backofen rösten und häuten.

Markus Bischoff

Feine Garnelen-Tartelettes mit Ziegenfrischkäse und Thymian-Sabayon

ZUBEREITUNGSZEIT 1 Std. 30 Min.
KÜHLZEIT 1 Std.

FÜR DEN MÜRBETEIG (FÜR 12 STÜCK)
· 125 g Mehl, 1 Ei, 1 Prise Salz
· 80 g kalte Butter, in Stücken
· ½ EL kalte Milch

FÜR DEN BELAG VON 4 TARTELETTES
· 12 Riesengarnelen (Black Tiger Prawns)
· 2 EL Olivenöl
· 65 ml Weißwein
· 1 EL Zitronensaft
· 1 Lorbeerblatt
· 5 Pfefferkörner
· 1 Bund glatte Petersilie
· 2 Knoblauchzehen
· 1 Prise Meersalz
· frisch gemahlener Pfeffer

S. 22
WARENKUNDE Garnelen

S. 128
KÜCHENPRAXIS Garnelen

FÜR DIE KÄSECREME
- 50 g Basilikum
- 100 g Ziegenfrischkäse (Ersatz: Ricotta)
- Saft von ½ Zitrone
- ½ TL Meersalz, frisch gemahlener Pfeffer

FÜR DIE HASELNUSSBUTTER
- 100 g Butter
- 50 g Haselnüsse, grob gehackt

FÜR DAS THYMIAN-SABAYON
- 4 Eigelbe
- 2 EL Weißwein
- 3–4 Zweige Thymian, die Blättchen abgezupft

AUSSERDEM
- 4 Tarteletteförmchen, 5–7 cm Durchmesser
- Butter und Mehl für die Förmchen

1. Verkneten Sie rasch alle Zutaten für den Mürbeteig – der Teig soll noch Krümel aufweisen und nicht ganz glatt sein. Dann den Teig in Folie wickeln und 1 Stunde im Kühlschrank ruhen lassen.

2. Die Garnelen schälen, wie auf S. 128 gezeigt, und kühl stellen. Spülen Sie die Schalen kalt ab, lassen Sie sie gut abtropfen und braten Sie sie in 1 EL Olivenöl bei starker Hitze an, bis sie sich rot verfärben. Mit 50 ml Weißwein ablöschen, 100 ml Wasser und den Zitronensaft zugießen. Lorbeerblatt, Pfefferkörner und 5 Stängel Petersilie zufügen und alles 10 Minuten köcheln lassen. Gießen Sie den Garnelenfond durch ein Sieb und stellen Sie ihn beiseite.

3. Basilikum waschen, trockenschütteln, die Blättchen abzupfen und fein hacken. Schlagen Sie den Ziegenfrischkäse mit dem Basilikum, dem Zitronensaft, Salz und Pfeffer auf – am besten mit der Küchenmaschine oder dem Handrührgerät – bis eine geschmeidige Creme entsteht.

4. Die Förmchen mit Butter fetten und mit Mehl ausstreuen, überschüssiges Mehl ausklopfen. Rollen Sie ein Drittel des Teiges auf einer bemehlten Arbeitsfläche 4 mm dick aus und frieren Sie den Rest ein. Aus dem Teig 4 Kreise – im Durchmesser 2 cm größer als die Förmchen – ausschneiden und die Förmchen damit auslegen. Die Tartletteböden im vorgeheizten Ofen bei 180 °C 10 Minuten blind vorbacken, herausnehmen und abkühlen lassen.

5. Die Garnelen nach Belieben längs halbieren oder ganz lassen, in jedem Fall aber den Darm entfernen, wie auf S. 128 gezeigt. Knoblauch schälen und mit etwas Salz fein hacken. Petersilie waschen, trockenschütteln und die Blättchen hacken. Erhitzen Sie den restlichen EL Olivenöl in einer Pfanne und braten Sie die Garnelen darin etwa 1 Minute an. Den Knoblauch zufügen und alles mit dem restlichen EL Weißwein ablöschen. Salzen, pfeffern und die Garnelen mit der Petersilie bestreuen, vom Herd nehmen und beiseite stellen.

6. Lösen Sie die kalten Tarteletteböden vorsichtig aus den Förmchen und füllen Sie sie mit der Käsecreme. Die Tartelettes mit den Garnelen belegen.

7. Für die Haselnussbutter die Butter unter Rühren in einem kleinen Topf leicht bräunen, dann die Haselnüsse einrühren. Nehmen Sie die Butter vom Herd und rühren Sie den Garnelenfond unter.

8. Für das Sabayon die Eigelbe, den Weißwein und den Thymian in eine Metallschüssel geben und über einem 80 °C warmen Wasserbad schaumig schlagen. Setzen Sie die Tartelettes auf ein Blech, verteilen Sie das Sabayon auf den Tartelettes und gratinieren Sie sie im vorgeheizten Ofen bei Oberhitze etwa 5 Minuten. Mit der Haselnussbutter servieren.

Wundervolle Vorspeise

Die Tartelettes eignen sich sehr gut als Bestandteil eines großen Menüs, da sie sich gut vorbereiten lassen. Sie können alles – mit Ausnahme der Haselnussbutter und des Sabayons – im Voraus zubereiten und müssen die Tartelettes dann nur noch füllen und gratinieren.

WARENKUNDE KÜCHENPRAXIS **REZEPTE**
→ *Aus dem Ofen und vom Grill*

Hummer im Spitzkohl auf Bärlauchschaum

ZUBEREITUNGSZEIT 3 Std.

FÜR DEN HUMMER
- 2 Hummer, je 500 g, Salz, 250 g Spitzkohlblätter
- 30 g Butter, 1 Schalotte, fein gewürfelt
- Muskatnuss, Cayennepfeffer
- 80 g mehlig kochende Kartoffel, gegart und gepellt
- 1 Ei, 50 g Sahne, 1 TL gehackter Estragon, etwas Limettensaft

FÜR DEN BÄRLAUCHSCHAUM
- 40 g Schalottenwürfel, 50 g Kartoffel, geschält und gewürfelt
- 40 g Butter, 4 cl Noilly Prat, 40 ml weißer Portwein
- 100 ml Hummer- oder Fischfond (S. 160, 161)
- 200 g Sahne, 80 g Bärlauch, 1 Bund glatte Petersilie
- Salz, Cayennepfeffer, 50 g Sahne, geschlagen

AUSSERDEM
- 4 Timbale-Förmchen, mit Butter ausgestrichen

1. Kochen Sie die Hummer – Kopf voraus – 2 bis 4 Minuten in sprudelndem Salzwasser. Herausnehmen, abkühlen lassen und das Fleisch ausbrechen, wie auf S. 136 gezeigt. Das Fleisch mit Ausnahme des Scherenfleisches klein würfeln. Die Kohlblätter in feine Streifen schneiden, blanchieren und gut abtropfen lassen.

2. Für den Spitzkohl die Butter zerlassen und die Schalottenwürfel darin glasig anschwitzen. Spitzkohl zufügen, kurz anschwitzen und mit Salz, Muskat und Cayennepfeffer würzen. Kartoffel, Ei und Sahne pürieren, den Spitzkohl unterheben und abschmecken.

3. Die Förmchen zu einem Drittel mit Spitzkohlmasse füllen. Das Hummerfleisch mit Salz, Cayennepfeffer, Estragon und Limettensaft würzen, mit einem Löffel mittig in die Förmchen füllen und festdrücken. Füllen Sie die Förmchen mit Spitzkohl auf, stellen Sie sie auf dem Herd in ein Wasserbad und garen Sie die Mischung 20 Minuten.

4. Die Schalotten- und Kartoffelwürfel in der Butter anschwitzen. Mit Noilly Prat und Portwein ablöschen, beides auf die Hälfte reduzieren. Fond und Sahne zugießen, 6 bis 8 Minuten köcheln lassen, dann den Bärlauch und die abgezupften Petersilienblättchen zufügen. Alles mit dem Pürierstab aufschäumen und mit Salz und Cayennepfeffer abschmecken. Zuletzt die geschlagene Sahne unterziehen. Den Hummer im Spitzkohl auf Teller stürzen, mit Bärlauchschaum umgießen und jeweils mit einer Hummerschere und etwas Bärlauch garnieren.

S. 45
WARENKUNDE Hummer

S. 136
KÜCHENPRAXIS Hummer

S. 160
KÜCHENPRAXIS Hummerfond

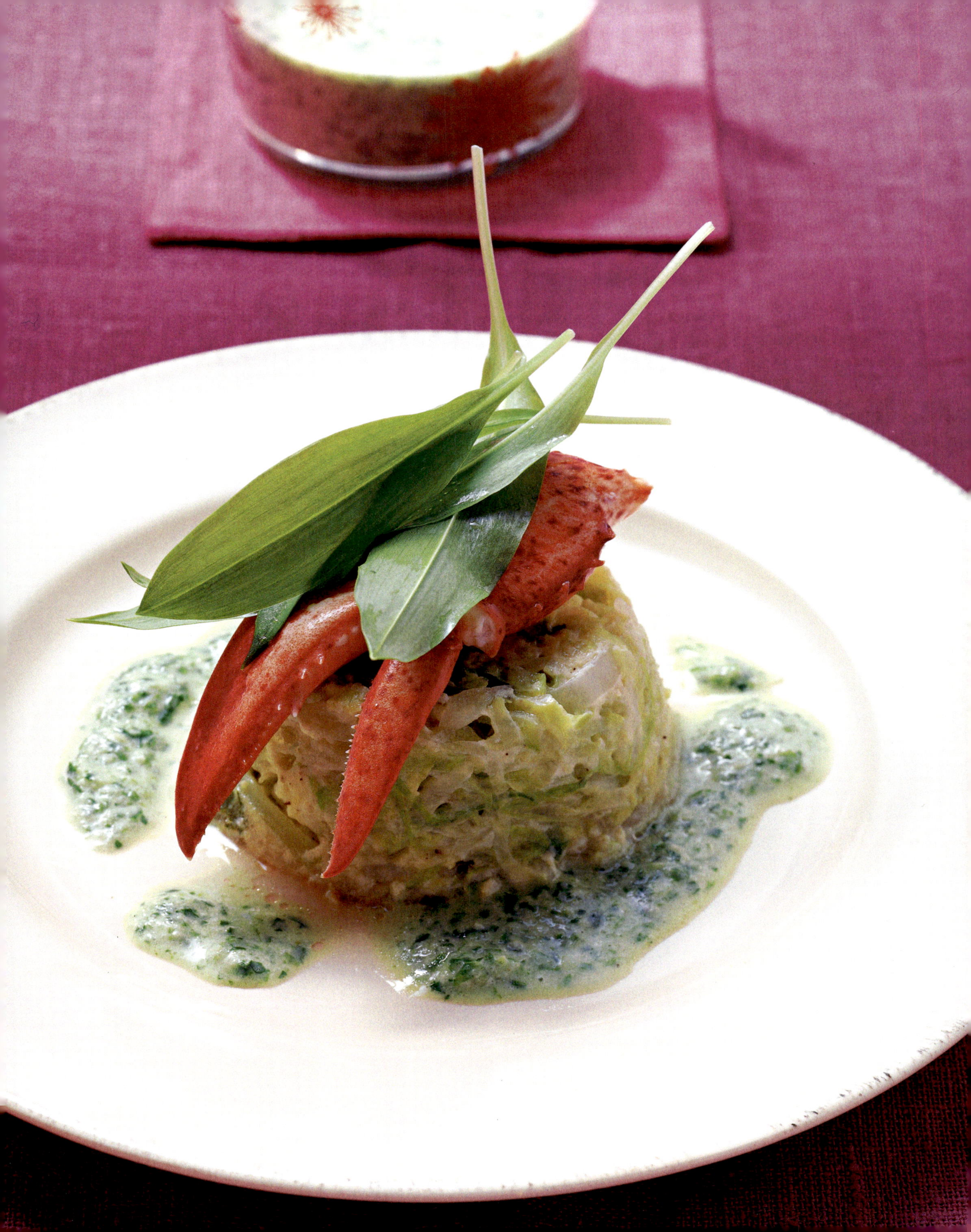

Wie der Hummer Thermidor zu seinem Namen kam

Eine der berühmtesten Zubereitungsarten der edlen Krustentiere ist »Hummer Thermidor«. Die wenigsten wissen jedoch, welchem Anlass wir die feine Delikatesse zu verdanken haben.

Der Ursprung des Gerichts liegt weit zurück in der französischen Geschichte: Zum ersten Mal serviert wurde es 1894 in Paris anlässlich der Premiere von »Thermidor«, einem Theaterstück des Revolutionsschriftstellers Victorien Sardou. Stück und Autor sind heute zu Recht in Vergessenheit geraten. Der am Premierenabend servierte »Hummer Thermidor« jedoch hat sich durchgesetzt.

Der Name geht auf den Revolutionskalender der Jakobiner zurück, die mit dem 22. September 1793 eine neue Zeitrechnung begannen. Der 11. Monat des neuen Kalenders fiel auf die Zeit vom 19. Juli bis zum 19. August und wurde Thermidor, von griechisch thermos (Hitze) und dor (Geschenk), genannt. Das nach ihm benannte köstliche Gericht fand so großen Anklang, dass es sich rasch über Paris hinaus verbreitete und auch heute nach mehr als 200 Jahren noch zum festen Kanon der internationalen Feinschmeckerküche gehört.

Margarethe Brunner

Hummer Thermidor

ZUBEREITUNGSZEIT 40 Min.

ZUTATEN (2 PORTIONEN)
- 1 Hummer, 700–800 g
- 2 l Court-Bouillon (S. 159)
- 4 cl Weinbrand, 20 g Schalottenwürfel
- 1 EL Butter, 50 ml Weißwein
- 400 ml Fischfond (S. 161), 4 EL Béchamel-Sauce
- ½ TL Dijon-Senf, Cayennepfeffer
- 2 EL geschlagene Sahne
- 40 g frisch geriebener Käse, etwa Gruyère

1. Kochen Sie den Hummer – Kopf voraus – in der sprudelnd kochenden Court-Bouillon 8 bis 12 Minuten. Herausnehmen, den Hummer etwas abkühlen lassen, längs halbieren, Innereien und Darm entfernen, wie auf S. 136 gezeigt. Das Fleisch ausbrechen, in breite Scheiben schneiden und in dem Weinbrand im Kühlschrank marinieren.

2. Schwitzen Sie die Schalottenwürfel in Butter an, löschen Sie sie mit dem Wein ab und lassen Sie diesen fast ganz einkochen. Den Fischfond zugießen und auf ein Viertel reduzieren, dann die Béchamel-Sauce mit dem Schneebesen kräftig unterrühren. Die Sauce durch ein feines Sieb in eine Kasserolle gießen, erneut aufkochen und den Senf unterrühren.

3. Die Karkassen ausspülen, trockentupfen, beide Hälften mit etwas Sauce ausgießen und die marinierten Hummerstücke darin verteilen. Die restliche Sauce aufkochen, kräftig mit Cayennepfeffer würzen und die Sahne unterheben.

4. Beträufeln Sie das Hummerfleisch mit der Sauce, bestreuen Sie es mit Käse und gratinieren Sie die Hälften unter dem vorgeheizten Grill 2 bis 3 Minuten, bis die Oberfläche leicht gebräunt ist. Als Beilage passen gebratene Kartoffeln und grüner Spargel.

S. 45
WARENKUNDE Hummer

S. 136
KÜCHENPRAXIS Hummer

»Meine grüne Variante«

Mit Spargel oder Spinat und einer Sauce Hollandaise lässt sich dieser große Klassiker aus dem Ofen wunderbar variieren.

Geben Sie zunächst 2 Hummer (je 700–800 g) nacheinander, Kopf voraus, in 4 l sprudelnd kochende Court-Bouillon (S. 159) und lassen Sie sie etwa 4 bis 5 Minuten ziehen. Herausheben und die Hummer längs halbieren. Lösen Sie das Fleisch aus den Karkassen und entfernen Sie den Darm, wie auf S. 136 gezeigt. Dann schneiden Sie das Schwanzfleisch in acht gleich große Scheiben. Brechen Sie die Scheren aus und garen Sie das Scherenfleisch noch 3 Minuten in der Court-Bouillon.

Die Karkassen waschen, abtropfen lassen, im Ofen bei 150 °C etwa 5 Minuten trocknen und anschließend mit ½ EL Dijonsenf ausstreichen. In einer Pfanne 1 klein gewürfelte Schalotte in 1 EL Olivenöl anschwitzen, 150 g geputzten, in Stücke geschnittenen grünen Spargel oder jungen Spinat dazugeben. Mit Salz und Muskat würzen und mit dem Saft von ½ Zitrone abschmecken. Den Spargel bissfest dünsten beziehungsweise den Spinat zusammenfallen lassen, herausheben und abtropfen lassen.

Füllen Sie den Spargel oder Spinat in die Karkassen und verteilen Sie die Hummerstücke darauf. Zum Schluss 8 EL Hummersauce (S. 297) aufkochen, 3 EL Sauce hollandaise (S. 299) einrühren und 1 EL geschlagene Sahne unterheben. Die Sauce über die Hummerhälften verteilen und diese im vorgeheizten Ofen bei 250 °C Oberhitze 2 bis 3 Minuten gratinieren.

Bobby Bräuer

WARENKUNDE   KÜCHENPRAXIS   **REZEPTE**
→ *Aus dem Ofen
und vom Grill*

Bärenkrebs mit Radicchio

ZUBEREITUNGSZEIT 40 Min.

FÜR DIE BÄRENKREBSE
- 4 Bärenkrebse, je 400 g (oder Tiefkühl-Bärenkrebsschwänze, Ersatz: Hummer), Salz, Pfeffer
- Saft von 1 Zitrone, 2 EL Olivenöl, 50 g Butter, in Stücken
- 2 Knoblauchzehen, abgezogen und halbiert oder 1 Knolle junger Knoblauch, halbiert
- 2 Zweige Thymian, 2 EL Pinienkerne

FÜR DEN RADICCHIO
- 4 Radicchio di Treviso (Ersatz: Radicchio di Chioggia)
- 2 EL Butter, Salz, frisch gemahlener weißer Pfeffer
- 350 ml roter Portwein, 200 ml Rotwein
- 1 Knoblauchzehe, abgezogen, 5 EL Sherryessig

1. Bereiten Sie den Radicchio vor, wie in Step 1 rechts gezeigt. Den Radicchio abtropfen lassen und trockentupfen.

2. Zerlassen Sie die Butter und schwitzen Sie die Radicchiohälften darin kurz an. Mit Salz und Pfeffer würzen und den Radicchio mit Portwein und Rotwein aufgießen. Die Knoblauchzehe sehr fein hacken und mit dem Essig zugeben. Lassen Sie den Radicchio bei schwacher Hitze köcheln, bis die Flüssigkeit leicht sirupartig ist, dann mit Salz und Pfeffer abschmecken.

3. Die Bärenkrebse säubern, 2 bis 4 Minuten – Kopf voraus – in Salzwasser oder Court-Bouillon kochen, wie auf S. 159 beschrieben. Herausnehmen, abkühlen lassen und den Rumpf vom Schwanz abdrehen, wie auf S. 140 beschrieben. Weiterverfahren, wie in Step 2 rechts gezeigt. Würzen Sie die Bärenkrebse mit Salz, Pfeffer und Zitronensaft und braten Sie sie an, wie in Step 3 rechts gezeigt.

4. Rösten Sie inzwischen die Pinienkerne in einer beschichteten Pfanne ohne Fett goldbraun. Die Bärenkrebse aus dem Ofen nehmen. Die Radicchiohälften mit etwas Sauce auf Teller verteilen, die Bärenkrebse darauf anrichten, mit der Bratbutter übergießen und mit Pinienkernen bestreuen. Sofort servieren.

S. 42
WARENKUNDE Bärenkrebse

S. 140
KÜCHENPRAXIS Bärenkrebse

RADICCHIO UND BÄRENKREBSE
vorbereiten und braten

(1) Radicchio jeweils der Länge nach halbieren und die Hälften 1 Stunde in lauwarmes Wasser legen, um die Bitterstoffe zu entfernen.

(2) Die Bärenkrebsschwänze der Länge nach mit einem kräftigen Messer mittig halbieren.

(3) In einer feuerfesten Pfanne das Olivenöl erhitzen und die Bärenkrebse darin bei starker Hitze auf der Schnittseite kräftig anbraten. Wenden, Butterstücke, Knoblauch und Thymian zufügen und die Bärenkrebse auf der anderen Seite kurz anbraten. Dann bei 180 °C im vorgeheizten Ofen in 3 bis 5 Minuten fertig garen.

Teubner Edition

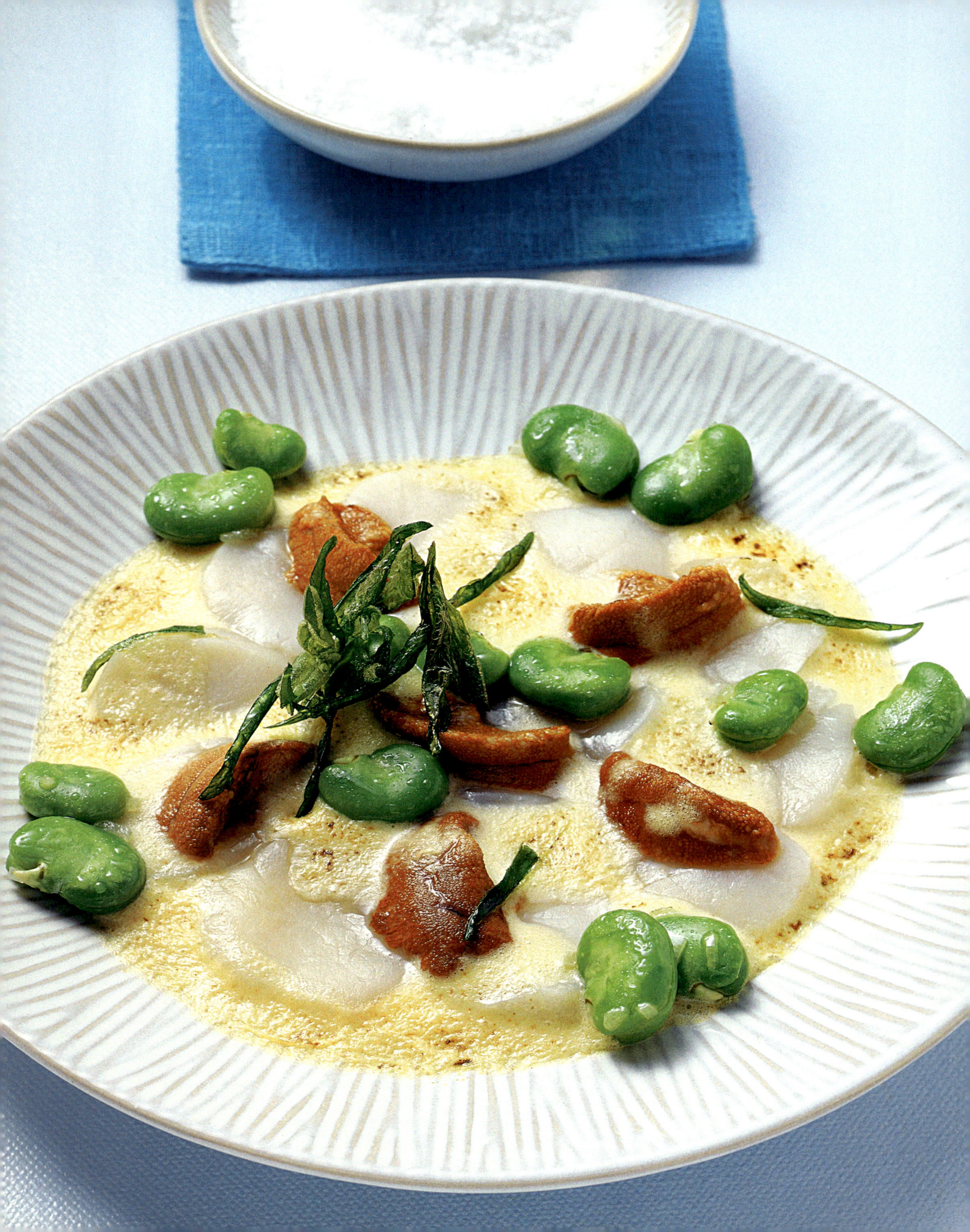

Seeigelgratin mit Jakobsmuscheln

ZUBEREITUNGSZEIT 1 Std.

FÜR DAS GRATIN
- je 6 große Seeigel und Jakobsmuscheln, 1 EL Olivenöl
- 1 Schalotte, geschält, 1 Knoblauchzehe, abgezogen
- 80 g Butter, 4 cl Noilly Prat, 4 cl trockener Sherry
- ½ TL Fenchelsamen, 1 Zweig Thymian, 4 Blätter Basilikum
- 2 Eigelbe, etwas Zitronensaft, Cayennepfeffer

AUSSERDEM
- 200 g große grüne Bohnenkerne (Ersatz: Tiefkühl-Ware)
- Salz, 20 g Schalottenwürfel, 1 EL Butter, Pfeffer
- 1 EL frittierte Estragonblättchen

1. Öffnen Sie die Seeigel, wie in Step 1 rechts beschrieben. Das Seeigelwasser durch ein feines Sieb gießen und beiseite stellen. Lösen Sie die Jakobsmuscheln aus und trennen Sie den Corail vom Muschelfleisch, wie in Step 2 gezeigt. Das Muschelfleisch quer in dünne Scheiben schneiden und auf leicht geölten Tellern verteilen.

2. Die grünen Bohnenkerne blanchieren, wie in Step 3 beschrieben. Schneiden Sie die Schalotte und den Knoblauch in Scheiben und schwitzen Sie beides in 20 g Butter mit den Fenchelsamen hell an. Mit Noilly Prat und Sherry ablöschen, das Seeigelwasser zugießen, die Kräuter zugeben und alles 5 Minuten reduzieren. Gießen Sie die Reduktion durch ein feines Sieb und lassen Sie sie etwas abkühlen. Die Eigelbe unterrühren und die Michung auf einem 80 °C heißen Wasserbad zu einem Sabayon aufschlagen. Die übrige Butter in Stücken unterrühren und das Sabayon mit Zitronensaft und Cayennepfeffer würzen.

3. Die Schalottenwürfel in der Butter hell anschwitzen, die blanchierten Bohnenkerne dazugeben, salzen und pfeffern. Die Seeigelzungen auf dem Muschelfleisch verteilen und weiterverfahren, wie in Step 4 gezeigt. Das Seeigelgratin nach 4 bis 5 Minuten – die Oberfläche sollte leicht gebräunt sein – aus dem Ofen nehmen. Die grünen Bohnenkerne auf dem Gratin verteilen und alles mit frittiertem Estragon garnieren.

S. 118
WARENKUNDE Seeigel

S. 157
KÜCHENPRAXIS Seeigel

SEEIGEL ÖFFNEN
und das Gratin fertig stellen

(1) Von den Seeigeln auf der flachen Seite mit der Schere einen Deckel abschneiden und die Flüssigkeit auffangen. Alle schwarzen Stellen im Inneren entfernen und die orangefarbenen Zungen (Gonaden) auslösen.

(2) Den orangefarbenen Corail (Rogen) vom weißen Muskelfleisch (Nüsschen) abziehen und anderweitig verwenden.

(3) Die grünen Bohnenkerne in Salzwasser blanchieren und in einem Sieb abtropfen lassen.

(4) Muschelfleisch und Seeigelzungen mit dem Sabayon bedecken und im vorgeheizten Ofen bei 200 °C kurz gratinieren.

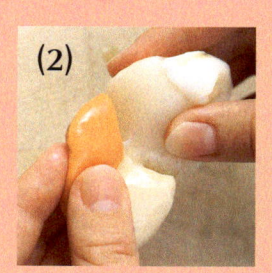

Jakobsmuschel-Zitronengras-Spieß vom Grill

ZUBEREITUNGSZEIT 1 Std.

FÜR DIE SPIESSE
- 8 dünne Stängel Zitronengras
- 2 Kaffirlimettenblätter
- 2 reife Birnen
- 16 ausgelöste Jakobsmuscheln, je 30 g (ohne Corail)
- 16 kleine Scheiben Yunnan-Schinken, jeweils 3 x 3 cm groß (Ersatz: San-Daniele- oder Parmaschinken)
- Salz, frisch gemahlener Pfeffer
- 40 g Butter

AUSSERDEM
- Alu-Grillschale
- etwas geriebener Daikon nach Belieben (Japanischer Rettich, Asialaden)
- 4–6 EL Sojasauce

1. Waschen Sie die Zitronengrasstängel sowie die Kaffirlimettenblätter heiß ab und trocknen Sie beides sorgfältig ab. Die Birnen waschen, trocknen und ungeschält jeweils in 8 Spalten schneiden, dabei das Kerngehäuse entfernen.

2. Stecken Sie die Jakobsmuscheln abwechselnd mit einer Birnenspalte und einem Stück Schinken auf die Zitronengrasspieße, so dass jeder Spieß mit 2 Jakobsmuscheln, 2 Birnenspalten und 2 Scheiben Schinken bestückt ist.

3. Die Spieße salzen und pfeffern. Lassen Sie die Butter hell aufschäumen und braten Sie die Kaffirlimettenblätter darin 5 bis 10 Minuten an.

4. Die Spieße mit der Butter beträufeln, auf den vorgeheizten Grill legen – bei einer Holzkohlenglut eine Alu-Grillschale unterstellen – und die Spieße 10 bis 15 Minuten von allen Seiten grillen – das geht auch in einer Grillpfanne. Servieren Sie die Spieße nach Belieben mit geriebenem Daikon und Sojasauce.

Garnelenspieße vom Grill

ZUBEREITUNGSZEIT 40 Min.

FÜR DIE SPIESSE
- 16 rohe Garnelenschwänze, ungeschält
- 8 Kirschtomaten, 4 Frühlingszwiebeln
- Saft von ½ Zitrone

FÜR DEN SALAT
- 4 getrocknete Tomaten, 1 Bund Basilikum
- 100 g schwarze Oliven, entsteint
- 150 g Spaghettini, Salz
- 50 g geröstete Pinienkerne
- 50 ml Olivenöl, Pfeffer

AUSSERDEM
- 8 Schaschlikspieße, 1 Zweig Thymian
- 10 ml Knoblauchöl (Fertigprodukt)

1. Schälen Sie die Garnelenschwänze und entfernen Sie den Darm, wie auf S. 128 gezeigt. Die Kirschtomaten halbieren und die Frühlingszwiebeln jeweils quer in vier gleich große Stücke schneiden.

2. Stecken Sie abwechselnd 2 Garnelen, 2 Tomatenhälften sowie 2 Frühlingszwiebelstücke auf die Spieße und beträufeln Sie sie mit Zitronensaft. Die Garnelenspieße bis zum Grillen in den Kühlschrank stellen.

3. Schneiden Sie für den Salat die getrockneten Tomaten sowie die abgezupften Basilikumblätter in dünne Streifen (Julienne). Die Oliven in feine Ringe schneiden. Kochen Sie die Spaghettini in stark gesalzenem Wasser in 5 bis 6 Minuten al dente, gießen Sie sie ab und schrecken Sie die Nudeln mit kaltem Wasser ab.

4. Vermischen Sie die Spaghettini in einer Schüssel mit den getrockneten Tomaten, dem Basilikum, den Oliven, den Pinienkernen und dem Olivenöl. Schmecken Sie den Salat mit Salz und Pfeffer ab.

5. Zupfen Sie von dem Thymianzweig die Blättchen ab und vermischen Sie sie mit dem Knoblauchöl. Die Garnelenspieße damit bepinseln und auf dem vorgeheizten Grill oder in einer Grillpfanne 4 bis 5 Minuten grillen. Den Spaghettini-Salat auf Tellern verteilen und jeweils zwei Garnelenspieße dazu über Kreuz anrichten.

Etwas Öl muss sein

Da Garnelen und andere Krustentiere beim Grillen rasch austrocknen, müssen sie vorher und am besten auch während des Grillens mit Öl bepinselt werden. Sie sind fertig, wenn das Fleisch fest und nicht mehr durchscheinend ist.

S. 22
WARENKUNDE Garnelen

S. 128
KÜCHENPRAXIS Garnelen

Halber Hummer vom Grill mit Wildkräutersalat

ZUBEREITUNGSZEIT 45 Min.

FÜR DEN HUMMER
- 3 l Court-Bouillon (S. 159)
- 2 Hummer, je 400–500 g (Ersatz: Languste)
- 40 g Butterschmalz

FÜR DEN WILDKRÄUTERSALAT
- 3 Bund Wildkräuter der Saison (etwa Bärlauch, Salbei, Brennnessel, Liebstöckel, Petersilie, Kornblumenblüten oder andere Blüten)
- 1 Hand voll frische Himbeeren

FÜR DAS HIMBEERDRESSING
- 100 g frische Himbeeren, (Ersatz: Tiefkühl-Ware, aufgetaut)
- 60 ml Aceto balsamico bianco, 70 ml Olivenöl
- 1 TL Senfpulver, 1 TL Honig, Salz

1. Die Court-Bouillon oder Salzwasser aufkochen und die Hummer einzeln – Kopf voraus – darin 4 Minuten kochen. Drehen Sie jeweils Kopfteil, Scheren und Beine ab und halbieren Sie die Hummerschwänze längs mit einem stabilen Messer. Darm entfernen und das Fleisch in der Schale lassen, das Scheren- und Beinfleisch auslösen, wie auf S. 136 gezeigt.

2. Die Wildkräuter in wenig Wasser waschen und trockenschleudern. Alle Zutaten für das Dressing mit dem Pürierstab aufschlagen und das Himbeerdressing mit Salz abschmecken.

3. Die Hummerschwanzhälften auf der Fleischseite mit zerlassenem Butterschmalz bepinseln und auf dem Grill oder in einer Grillpfanne 2 bis 3 Minuten grillen. Das ausgelöste Scherenfleisch ebenfalls kurz grillen. Die Wildkräuter mit dem Dressing vermischen und den Salat auf Teller verteilen. Je eine gegrillte Hummerhälfte auf dem Salat anrichten und mit Himbeeren garnieren.

S. 45
WARENKUNDE Hummer

S. 136
KÜCHENPRAXIS Hummer

S. 159
KÜCHENPRAXIS Court-Bouillon

»Mit dem fruchtigen Dressing wird das Gericht zum Erlebnis. Nach diesem innovativen Rezept lassen sich auch andere Frucht-Dressings herstellen: Statt der Himbeeren also etwa andere Beeren, Pfirsiche oder Äpfel verwenden – das Ergebnis ist gleichermaßen köstlich!«

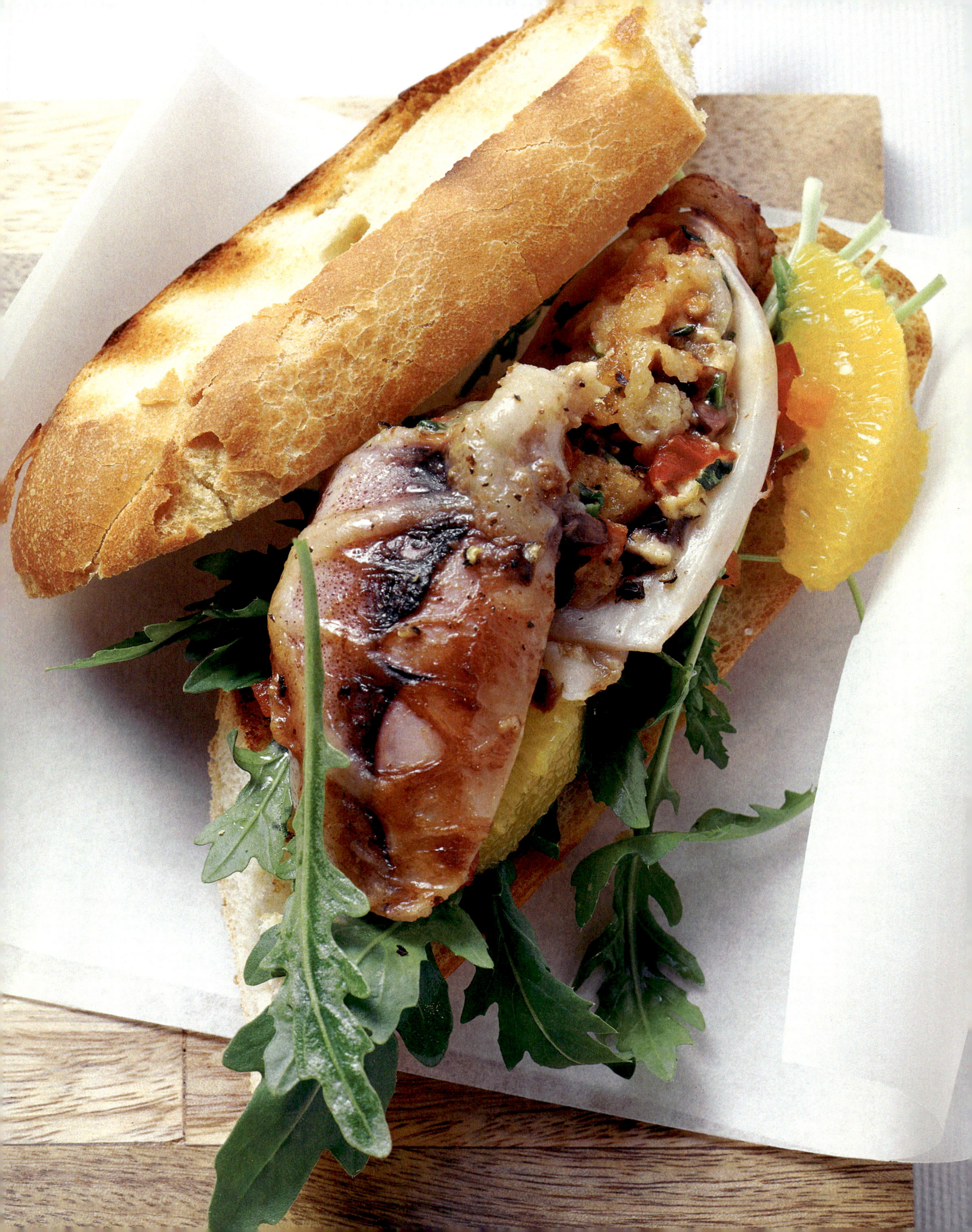

Mit Ziegenfrischkäse gefüllter Kalmar

ZUBEREITUNGSZEIT 2 Std.
RUHEZEIT 15 Min.

FÜR DIE KALMARE
- 120 g Rucola, geputzt und gewaschen
- 200 g Weißbrot ohne Rinde
- 120 g Butter
- 200 g Schalotten, geschält und fein gewürfelt
- 20 g Knoblauch, abgezogen und fein gewürfelt
- Salz, frisch gemahlener Pfeffer
- 4 Kalmare, je 200 g, küchenfertig, 4 EL Olivenöl
- 4 Crottins de Chavignol (Ersatz: andere kleine Ziegenkäse)
- 150 g getrocknete Tomaten in Öl, abgetropft
- 60 g schwarze Oliven, entsteint, 4 Eigelbe
- 2 Baguettes, Orangen-Paprika-Vinaigrette (S. 304)

AUSSERDEM
- 1 Schweinenetz, gewässert und in vier ausreichend große Stücke geschnitten (beim Metzger erhältlich)

S. 154
KÜCHENPRAXIS Kalmare

S. 304
REZEPTE Orangen-Paprika-Vinaigrette

1. Den Rucola trocknen und die Blätter in Streifen schneiden. Das Weißbrot klein würfeln. Lassen Sie 80 g Butter in einer Pfanne aufschäumen und rösten Sie die Brotwürfel darin ringsum goldbraun an. Herausnehmen, die Croûtons auf Küchenpapier abtropfen lassen und in einen tiefen Teller füllen.

2. Separat in einer Pfanne die übrige Butter zerlassen und Schalotten und Knoblauch darin glasig anschwitzen. Geben Sie den Rucola zu und dünsten Sie ihn 1 Minute mit an. Herausnehmen, auf Küchenpapier abtropfen lassen, salzen und pfeffern.

3. Die Kalmare waschen, trockentupfen, Arme und Flossen abtrennen. Beides klein würfeln und in 2 EL Olivenöl bei starker Hitze anbraten, dann auf Küchenpapier abtropfen lassen, salzen und pfeffern.

4. Die Ziegenkäse 5 mm groß würfeln. Tomaten und Oliven ebenfalls klein würfeln. Vermischen Sie alles mit den Eigelben, wie in Step 1 unten gezeigt und lassen Sie die Füllung 15 Minuten ruhen.

5. Die Kalmare füllen, wie in Step 2 und 3 gezeigt. Erhitzen Sie die übrigen 2 EL Öl und braten Sie die Kalmare darin ringsum an, dann bei 180 °C im vorgeheizten Ofen in etwa 20 Minuten fertig garen. Die Baguettes aufschneiden und grillen. Kalmare herausnehmen und jeweils mit etwas Rucola und der Orangen-Paprika-Vinaigrette in den quer halbierten Baguettes servieren.

KALMARE FÜLLEN
und in Schweinenetz wickeln

(1) Die Croûtons mit Schalotten, Rucola, Kalmarstücken, Käse-, Tomaten- und Olivenwürfeln sowie den Eigelben vermengen.

(2) Die Käse-Croûton-Masse mit Hilfe eines Teelöffels in die Körperbeutel der Kalmare einfüllen.

(3) Wickeln Sie die gefüllten Kalmare jeweils eng in ein Stück Schweinenetz, so kann die Füllung nicht austreten.

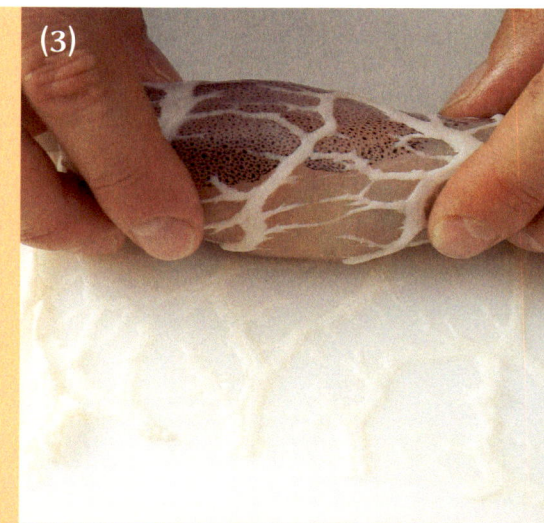

Delikate Saucen

Von den Klassikern der Saucenküche wie Hummer- und Weißweinsauce bis zu mediterranen und asiatischen Varianten.

Samtige Gaumenschmeichler

Ob klassisch, mediterran oder asiatisch: Die Aufgabe der begleitenden Saucen ist, den feinen Geschmack der edlen Meeresbewohner zu unterstreichen, überdecken sollen sie ihn nicht. Da heißt es aufpassen.

VIEL HILFT VIEL stimmt oft, aber nicht immer. Gerade was die Abstimmung der Saucen anbelangt, die zu Meeresfrüchten gereicht werden, ist weniger oft mehr. Starke Aromen und allzu dominante Gewürze werden hier eher sparsam verwendet. Und auch Knoblauch steht – abgesehen von der Aioli – meist nicht im Mittelpunkt. Häufig Verwendung finden stattdessen in Butter angschwitzte Schalottenwürfel, die dann mit Weißwein und Wermut abgelöscht werden sowie verschiedene aus Karkassen gekochte Fonds.

FONDS: DIE BASIS FEINER SAUCEN

Gekocht aus den Karkassen von Hummer, Garnelen oder Krebsen, aber auch von Weißfischen, sind aromatische Fonds die geschmackliche Grundlage vieler Saucen. So erhält eine Hummersauce ihr Aroma von den angebratenen und ausgekochten Schalen eines oder mehrerer Tiere. Für eine Weißweinsauce, die mit Sahne verfeinert wird, ist ein zuvor gekochter Fischfond das Ausgangsprodukt.

FEINE BUTTERSAUCEN

Schön sämig werden Saucen nicht allein durch Sahne, auch mit kalter Butter, Stück für Stück in die fast fertige Sauce einmontiert, das heißt, mit Schneebesen oder Pürierstab untergerührt, lässt sich eine leichte Bindung erzielen. Geschmacklich basieren auch diese Saucen zumeist auf einem Fisch- oder Geflügelfond – zwei Grundzutaten, die den feinen Geschmack der Meeresfrüchte ideal ergänzen.

AIOLI UND ANDERE

Zu kalten Meeresfrüchten passen gut dickflüssige, mit Cayennepfeffer oder Tabasco abgeschmeckte, leicht scharfe Saucen mit Mayonnaise – die selbstgemacht aus Pflanzenöl und frischem Eigelb natürlich am besten schmeckt. Knoblauchfreunde schätzen zu gebratenen oder gegrillten Meeresfrüchten, allen voran zu Krustentieren, eine Aioli. Zu gekochten Krustentieren schmeckt eine Sauce hollandaise auf Butterbasis hervorragend. Wichtig bei der Zubereitung von mayonnaiseartigen Saucen mit Öl oder Butter und frischem Eigelb ist, dass alle Zutaten Zimmertemperatur haben, damit die Mayonnaise nicht gerinnt und dass Öl oder Butter erst einmal tropfenweise untergeschlagen werden, bis sie von der Sauce ganz aufgenommen sind, bevor sie dann in dünnem Strahl zugegossen werden können. Haltbar sind Saucen auf Eigelbbasis nicht lange und sie dürfen ohne Kühlung auch nicht lange stehen.

MEDITERRANE NUANCEN

Neben Knoblauch spielt in den Mayonnaisesaucen der Mittelmeerküche die Schärfe von Chilis eine wichtige Rolle, die aber genau dosiert werden muss. Zu scharf darf es nicht werden, soll der feine Meeresfrüchtegeschmack im Vordergrund bleiben, daher hält sich, je nach Schärfegrad, die Menge der verwendeten Schoten in Grenzen.
Bei den Vinaigrettes, die ebenfalls ganz wunderbar zu kalten oder lauwarm servierten Meeresfrüchten passen, steht dagegen weniger die Schärfe als vielmehr eine angenehm erfrischende Säure im Vordergrund. Zitronensaft, Weißweinessig oder Aceto balsamico wird hier bespielsweise mit Olivenöl zu einer Emulsion aufgeschlagen und mit Salz, Pfeffer und verschiedenen Kräutern harmonisch abgeschmeckt.

AISATISCHE TÖNE

Aus den asiatischen Küchen bekannt sind Ingredienzen wie Ingwer und Zitronengras. Interessant ist hier die Orangen-Paprika-Vinaigrette mit Chili und Ingwer, bei der Aromen der Mittelmeerküche wie Olivenöl und Orangen auf den Geschmack Asiens treffen. Aber auch würzige Currysaucen oder Chutneys können zu Meeresfrüchten überzeugen.

Harmonisch abgestimmt

Vinaigrettes schmecken ausgewogener, wenn sie nicht allein aus Essig und Öl bestehen. Kommt noch ein Teil Geflügelfond hinzu, nimmt dieser der Säure die Spitze und das Ergebnis harmoniert gut mit Meeresfrüchten.

HUMMERSAUCE
zubereiten

(1) Das gewürfelte Gemüse mit Ausnahme des Knoblauchs mitbraten.
(2) Den Fond mit den Karkassen durch ein Sieb in einen Topf gießen.
(3) Die Crème fraîche einrühren und die Sauce erneut aufkochen.

Hummersauce

ZUBEREITUNGSZEIT 1 Std. 25 Min.

ZUTATEN
- 500 g Hummerkarkassen
- 2–4 große Knoblauchzehen
- 2 Schalotten
- 100 g Fenchelknolle
- 60 g Staudensellerie, 60 g Möhre
- 180 g Butter, 4 Stück Dosentomaten
- je 1 TL Fenchel- und Koriandersamen
- 1 Lorbeerblatt, 1 Zweig Thymian
- 5 cl Noilly Prat, 5 cl Pernod
- 10 cl Weinbrand
- 1 ½ l Fischfond (S. 161)
- 150 g Crème fraîche
- Salz, Pfeffer, Zitronensaft, Cayennepfeffer

1. Säubern Sie die Hummerkarkassen und waschen Sie sie gründlich aus, dann auf Küchenpapier trocknen lassen. Knoblauch und Schalotten schälen, beides klein würfeln. Fenchel, Staudensellerie und Möhre putzen oder schälen und ebenfalls klein würfeln.

2. Die Hummerkarkassen zerkleinern. Köcheln Sie die Butter unter Rühren in einem Topf, bis sie klar wird, dabei wiederholt den Schaum abschöpfen. Braten Sie die Hummerkarkassen in der geklärten Butter 4 bis 5 Minuten und arbeiten Sie weiter, wie in Step 1 links gezeigt.

3. Sobald das Gemüse eine goldgelbe Farbe hat, Dosentomaten, Knoblauch, Fenchel- und Koriandersamen sowie die Kräuter zufügen. Noilly Prat, Pernod und Weinbrand angießen, alles mit dem Fischfond aufgießen und etwa 1 Stunde kochen lassen. Dann weiterverfahren, wie in Step 2 gezeigt.

4. Den Fond auf 1 l reduzieren und weiterverfahren, wie in Step 3 gezeigt. Die Hummersauce mit dem Pürierstab aufschäumen und mit Salz, Pfeffer, Zitronensaft und Cayennepfeffer abschmecken.

S. 45
WARENKUNDE Hummer

S. 136
KÜCHENPRAXIS Hummer

»Hummersauce auf orientalische Art«

Eine Hummersauce passt zu vielen Gerichten mit Meeresfrüchten, aber auch zu vielen Fischgerichten sehr gut. Da man sie aus Karkassen, also im Grunde genommen aus dem »Abfall« von Hummern sehr leicht herstellen kann, ist sie in meiner Küche für vielfältigen Einsatz immer vorhanden. Die klassische Hummersauce wird im Rezept links beschrieben. Wichtig für die Zubereitung ist in jedem Fall die Kombination von Gewürzen mit aromatischen Spirituosen.

Probieren Sie doch einfach auch einmal meine orientalisch inspirierte Abwandlung der Hummersauce aus. Denn diese spielt ebenfalls mit genau diesen Geschmackskomponenten. Allerdings gebe ich zu den bereits im klassischen Rezept verwendeten Zutaten noch folgende hinzu: 1 Stück Sternanis, 2 Kardamomkapseln, 50 g Rosinen, 1 Stück Ingwer (etwa 1 cm dick, 3 cm lang, oder 1 TL frisch geriebenen Ingwer) und 2 Muskatblüten.

Anstatt des nach Anis schmeckenden Pernods verwende ich bei dieser Variante ¼ l Moscato d'Asti, der eine leichte Apfelnote mitbringt. Damit die Sauce nicht zu dünnflüssig wird, reibe ich noch eine kleine, rohe mehlig kochende Kartoffel ein. Und damit die Aromen nicht verfliegen, verwende ich an Stelle der Crème fraîche 50 g kalte Butter, die ich mit einem Pürierstab einmontiere.

Christian Petz

Drei feine Saucen mit Butter

ROTE BUTTERSAUCE – BEURRE ROUGE

ZUBEREITUNGSZEIT 1 Std. 15 Min.

ZUTATEN
- 350 g Karkassen von Weißfischen (etwa Zander, Seezunge oder Wolfsbarsch)
- je 30 g Möhre, Schalotten, Lauch und Petersilienwurzel
- 10 g Fenchelknolle
- ¼ Lorbeerblatt
- 20 g Butter
- 400 ml junger Rotwein
- 1 Zweig Thymian
- 120 g eiskalte Butter, in Stücken

1. Wässern Sie die Karkassen 30 Minuten unter kaltem Wasser. Das Gemüse schälen oder putzen und in Ringe oder Stücke schneiden.

2. Schwitzen Sie das zerkleinerte Gemüse mit dem Lorbeerblatt 3 bis 4 Minuten in der Butter an. Die Karkassen zugeben und die Flüssigkeit verdampfen lassen. Gemüse und Karkassen sollen leicht braten, aber nicht bräunen.

3. Löschen Sie beides mit dem Rotwein ab und gießen Sie 400 ml Wasser an. Alles aufkochen, dabei öfter abschäumen. Reduzieren Sie die Hitze und lassen Sie den Fond 25 Minuten köcheln.

4. Gießen Sie den Fond durch ein feines Sieb in eine Kasserolle, geben Sie den Thymian zu und reduzieren Sie die Flüssigkeit auf etwa 100 ml. Den Thymian herausnehmen und nacheinander die kalten Butterstücke mit dem Schneebesen einrühren – nicht aufschäumen, die Sauce verliert sonst ihre appetitliche Farbe.

WEISSE BUTTERSAUCE – BEURRE BLANC

ZUBEREITUNGSZEIT 30 Min.

ZUTATEN
- 40 g Schalottenwürfel, 2 EL Weißweinessig
- 150 ml trockener Weißwein
- 100 ml Fischfond (S. 161)
- 160 g eiskalte Butter, in Stücken
- Salz, Pfeffer, 1 EL geschlagene Sahne

1. Kochen Sie die Schalotten, Essig, Weißwein und Fischfond bei starker Hitze auf und reduzieren Sie die Flüssigkeit auf etwa 4 EL.

2. Gießen Sie die Reduktion durch ein feines Sieb in eine Kasserolle und erhitzen Sie sie erneut. Nacheinander die kalten Butterstücke einrühren, dadurch bekommt die Sauce eine homogene Konsistenz. Zum Schluss die Sahne unterziehen, die Sauce salzen, pfeffern und mit dem Pürierstab aufschäumen.

S. 161
KÜCHENPRAXIS Fischfond

SAUCE HOLLANDAISE

ZUBEREITUNGSZEIT 30 Min.

FÜR DIE REDUKTION
- 20 g Schalottenwürfel
- 1 Zweig Estragon
- 1 Stängel Petersilie, ½ Lorbeerblatt
- 4–6 weiße Pfefferkörner
- 2 EL Weißweinessig, 8 EL Weißwein

AUSSERDEM
- 180 g Butter, 3 Eigelbe
- je 1 Prise Salz und Cayennepfeffer
- 1 Spritzer Zitronensaft

1. Zerlassen Sie die Butter in einer Kasserolle. Wenn sich nach 5 bis 10 Minuten hellbraune Flocken bilden, die Butter vom Herd nehmen und etwas abkühlen lassen.

2. Alle Zutaten für die Reduktion in einem Topf zusammen mit 2 EL Wasser aufkochen und die Flüssigkeit auf ein Viertel reduzieren.

3. Gießen Sie die Reduktion durch ein feines Sieb in eine Metallschüssel. Die Eigelbe zufügen und die Mischung über einem 80 °C heißen Wasserbad aufschlagen, bis die Sauce leicht fest ist und die Spuren des Schneebesens gut sichtbar bleiben.

4. Nehmen Sie die Schüssel vom Wasserbad und schlagen Sie die Butter erst tropfenweise, dann in feinem Strahl unter. Die Sauce mit Salz, Cayennepfeffer und Zitronensaft abschmecken.

»Meine Rotwein-Butter-Sauce«

Schnell, einfach und besonders gut zu gebratenen Garnelen oder Hummer aus der Pfanne: Meine Buttersauce harmoniert nicht nur geschmacklich – dank des Portweins und Thymians – mit dem Krustentierfleisch, sondern setzt auch farblich einen schönen Akzent.

Früher wurden Buttersaucen noch mit Mehl angereichert – ich finde diese »ungebundene« Version zeitgemäßer und aromatischer. Und da man sie in 20 Minuten herstellen kann, ist sie eine schnelle Alternative für die klassische Rote Buttersauce, wie sie im nebenstehenden Rezept zu finden ist.

Für meine schnelle Variante kochen Sie 100 ml Rotwein (möglichst jungen Rotwein verwenden, wegen der Farbe) und 50 ml roten Portwein mit 1 Zweig Thymian, 1 klein gewürfelten Schalotte und 4 geputzten, klein gewürfelten Champignons sirupartig ein. Dann gießen Sie die Sauce durch ein feines Sieb und montieren sie mit 100 g kalten Butterwürfeln. Die Sauce mit Salz und etwas Zucker abschmecken und sofort servieren.

Bobby Bräuer

WARENKUNDE KÜCHENPRAXIS **REZEPTE**
→ *Saucen*

Drei feine Saucen zu Meeresfrüchten

WEISSWEINSAUCE – SAUCE AU VIN BLANC

ZUBEREITUNGSZEIT 30 Min.

ZUTATEN
- 1 Schalotte
- 100 ml trockener Weißwein
- 3 cl Noilly Prat
- 400 ml Fischfond (S. 161)
- 250 g Sahne
- 20 g kalte Butter, in Stücken
- Salz, Cayennepfeffer
- einige Tropfen Zitronensaft

1. Schälen Sie die Schalotte und schneiden Sie sie in feine Scheiben. Bringen Sie die Schalottenscheiben mit dem Weißwein und dem Noilly Prat in einer Kasserolle zum Kochen. Sobald die Mischung kocht, den Fischfond zugießen und die Flüssigkeit bei mittlerer Hitze auf ein Drittel reduzieren.

2. Gießen Sie die Sahne zu und kochen Sie die Mischung bei möglichst schwacher Hitze unter Rühren vorsichtig auf. Die Sauce etwa 5 bis 10 Minuten köcheln lassen, bis sie sämig ist und die gewünschte Konsistenz erreicht hat.

3. Die Sauce durch ein Sieb in einen Topf abgießen und die kalten Butterstücke einrühren. Schäumen Sie die Sauce mit dem Pürierstab luftig auf und schmecken Sie sie mit Salz, Cayennepfeffer und Zitronensaft ab. Durch Zugabe von Krebs- oder Garnelenbutter können Sie der feinen, milden Weißweinsauce verschiedene Geschmacksrichtungen geben.

VELOUTÉ – SAMTSAUCE

ZUBEREITUNGSZEIT 1 Std.

ZUTATEN
- 20 g Schalottenwürfel, 20 g Butter, 35 g Mehl
- ¾ l kalter, entfetteter Fisch- oder Geflügelfond (S. 161 oder 163)
- 250 g Sahne, Salz, weißer Pfeffer

1. Die Schalottenwürfel in der Butter glasig anschwitzen. Das Mehl zufügen und unter ständigem Rühren 10 bis 15 Minuten hell anschwitzen.

2. Gießen Sie den Fond schöpflöffelweise zu und rühren Sie ihn mit dem Schneebesen unter. Aufkochen und die Sauce 30 Minuten bei schwacher Hitze köcheln lassen, dabei öfter umrühren und abschäumen. Lassen Sie die Sahne auf die Hälfte, einkochen, rühren Sie sie unter und lassen Sie alles noch etwa 15 Minuten köcheln.

3. Gießen Sie die Sauce durch ein Passiertuch, dann das Tuch zusammendrehen, so dass die Velouté gut durch das Tuch gedrückt wird. Schmecken Sie die fertige Velouté mit Salz und Pfeffer ab.

NOILLY-PRAT-SAUCE

ZUBEREITUNGSZEIT 25 Min.

ZUTATEN
- 40 g Schalottenwürfel
- 40 g Champignons, geputzt und fein gehackt
- 30 g Butter, 1 Zweig Thymian, ½ Lorbeerblatt
- 50 ml trockener Weißwein, 5 cl Noilly Prat
- 300 ml Fischfond (S. 161)
- 100 g Sahne, 1 EL Crème fraîche
- Salz, Zitronensaft, Cayennepfeffer

1. Schwitzen Sie die Schalotten- und Champignonwürfel kurz in der Butter an und fügen Sie die Kräuter hinzu. Alles mit Wein und Noilly Prat ablöschen und die Flüssigkeit auf die Hälfte einkochen lassen.

2. Gießen Sie den Fischfond zu und reduzieren Sie ihn um die Hälfte. Sahne und Crème fraîche einrühren und alles kurz aufkochen. Dann die Noilly-Prat-Sauce mit Salz, Zitronensaft und Cayennepfeffer abschmecken und durch ein feines Sieb gießen.

Der letzte Schliff – Saucen und Butter

Zwar sagen Puristen, dass die beste Flüssigkeit, in der ein Meerestier gekocht werden sollte, das Wasser ist, aus dem es kommt. Dass sich der Geschmack des eiweißreichen, mageren Fleisches der Krustentiere aber auch köstlich in unserem Mund entfalten kann, wenn es mit einer feinen Sauce serviert wird, das müssen auch sie zugeben.

Gute Saucen basieren in der Regel auf zwei Grundbausteinen: Der eine ist ein Fond, zubereitet aus den Karkassen oder Schalen der Tiere; der andere sind Geschmacksträger, allen voran Butter. Ihr feiner Geschmack unterstreicht das jeweilige gewünschte Aroma, ohne es zu überdecken. So ist eine klassische »Beurre blanc« (S. 298) durch (fast) nichts zu überbieten.

Bei einer guten Sauce muss der Fond stimmen – so das Credo der Kochmeister. Auf diesem werden dann feine Saucen aufgebaut. Mit Hilfe von Bindemitteln wie Mehl, Ei oder Butter erhalten sie ihre Substanz, Flüssigkeiten wie Milch, Sahne, Wein und Spirituosen sorgen dann noch für zusätzlichen Geschmack. Und natürlich dürfen wohl dosierte Gewürz- und Kräuterzugaben nicht fehlen.

Da Krustentierfleisch teilweise eine leicht scharfe Note aufweist, werden gerne weitere »Scharfmacher« wie schwarzer Pfeffer, Cayennepfeffer und Safran, in letzter Zeit auch Chilischoten, Ingwer oder Knoblauch verwendet.

Im Zuge der »crossover«-Küche kamen außerdem noch die Aromen von Zitronengras, Vanille und Zimt als würzende Zutaten hinzu. Als Begleiter der edlen Krustentiere gelangen aber auch die einfache Weißweinsauce oder eine milde Sauce hollandaise wieder zu neuen Ehren, da sie das Aroma des jeweiligen Krustentiers und nicht sich selbst in den Vordergrund rücken.

Mediterrane Saucen

OLIVENÖL-VINAIGRETTE

ZUBEREITUNGSZEIT 20 Min.

ZUTATEN
- ¼ l Geflügelfond (S. 163)
- 50 ml trockener Weißwein
- 20 g Schalottenwürfel
- ½ Knoblauchzehe, abgezogen
- 1 Stängel Estragon
- 1 kleiner Zweig Thymian
- Saft von ½ Zitrone
- 3 EL Aceto balsamico bianco
- 150 ml Olivenöl
- Salz, frisch gemahlener Pfeffer

1. Kochen Sie den Geflügelfond mit dem Weißwein in einer Kasserolle zusammen mit den Schalottenwürfeln, der halben Knoblauchzehe sowie den Kräutern auf und lassen Sie die Flüssigkeit bei mittlerer Hitze auf etwa 50 ml einkochen. Die reduzierte Flüssigkeit durch ein feines Sieb gießen.

2. Zitronensaft und Essig einrühren, dann nach und nach das Olivenöl unterschlagen. Würzen Sie die Vinaigrette mit Salz und Pfeffer und verwenden Sie sie nach Belieben lauwarm oder auch vollständig ausgekühlt.

KRÄUTER-DRESSING

ZUBEREITUNGSZEIT 15 Min.
KÜHLZEIT 30 Min.

ZUTATEN
- 25 ml Olivenöl, 20 g Schalottenwürfel
- 100 ml Geflügelfond (S. 163)
- 50 ml Sonnenblumenöl
- 50 ml Traubenkernöl
- 1 EL Champagneressig (Ersatz: Weißweinessig)
- 1 TL Aceto balsamico bianco
- 1 Bund Kräuter der Saison (etwa Basilikum, Petersilie, Schnittlauch, Thymian, Estragon, Oregano)
- Salz, frisch gemahlener Pfeffer
- 1 Prise Zucker

1. Erhitzen Sie das Olivenöl in einem Topf und schwitzen Sie die Schalottenwürfel darin hell an. Mit dem Geflügelfond ablöschen und alles aufkochen lassen. Die beiden Öl- und Essigsorten zufügen, dann den Topf vom Herd nehmen und das Dressing abkühlen lassen.

2. Die Kräuter waschen, trockenschütteln und die Blättchen von den Stängeln zupfen. Geben Sie die Stängel während des Abkühlens mit in das Dressing. Die Blättchen fein hacken.

3. Das Dressing mit Salz, Pfeffer und Zucker würzen, kurz vor der Verwendung durch ein feines Sieb abgießen und zum Schluss die gehackten Kräuter unterrühren.

CHILI-KNOBLAUCH-DIP

ZUBEREITUNGSZEIT 20 Min.

ZUTATEN
- 3 Knoblauchzehen, abgezogen
- ½ rote Chilischote
- Saft von 1 kleinen Limette
- 1 Eigelb, Meersalz
- 200 ml Olivenöl

1. Die abgezogenen Knoblauchzehen zweimal in kochendem Wasser blanchieren und in Eiswasser abschrecken. Durch diese Behandlung verlieren die würzigen Zehen ihren starken Geruch und der Geschmack wird milder. Zerreiben Sie die blanchierten Knoblauchzehen im Mörser. Von der Chilischote Stielansatz und Samen entfernen und das Fruchtfleisch in sehr feine Streifen schneiden.

2. Geben Sie die Chilistreifen mit dem Limettensaft in eine Kasserolle und lassen Sie alles einmal kurz aufkochen; anschließend abkühlen lassen. Das Knoblauchpüree mit dem Eigelb glatt rühren und mit etwas Meersalz würzen. Das Olivenöl erst tropfenweise, dann in dünnem Strahl zugießen, dabei ständig rühren. Fügen Sie nun den Limettensaft tropfenweise unter Rühren zu, bis der Dip eine mayonnaiseartige Konsistenz hat.

AIOLI

ZUBEREITUNGSZEIT 20 Min.

ZUTATEN
- 40 g Knoblauch, Meersalz
- 60 g Kartoffel, gekocht, gepellt und durch die Kartoffelpresse gedrückt
- 1 frisches Eigelb, 150 ml Olivenöl
- Zitronensaft, einige Spritzer Tabasco

1. Den Knoblauch abziehen, grob hacken und anschließend mit etwas Salz in einem Mörser fein zerreiben. Verrühren Sie die durchgedrückte Kartoffel in einer kleinen Schüssel mit dem Knoblauchpüree und mit dem Eigelb, bis alles gut vermischt ist.

2. Das Olivenöl – wie bei einer Mayonnaise – erst tropfenweise zufügen, anschließen in einem dünnen Strahl zugießen, dabei ständig weiterrühren, bis die Sauce eine dickflüssige, mayonnaiseartige Konsistenz aufweist.

3. Schmecken Sie die fertige Aioli mit etwas Zitronensaft, Salz sowie nach Belieben mit ein paar Spritzern Tabasco ab und reichen Sie sie in einem Schälchen separat zu den Krusten- oder Schaltieren.

Dieselbe Temperatur

Achten Sie bei der Zubereitung der beiden Saucen auf dieser Seite darauf, dass alle verwendeten Zutaten Zimmertemperatur haben, denn nur dann bindet das Olivenöl optimal und die Aioli sowie der Chili-Knoblauch-Dip erhalten die gewünschste Konsistenz.

Asiatisch inspiriert: mit Ingwer und Chili

ORANGEN-PAPRIKA-VINAIGRETTE MIT CHILI UND INGWER

ZUBEREITUNGSZEIT 1 Std. 10 Min.
KÜHLZEIT 20 Min.

FÜR DIE VINAIGRETTE
- 1 unbehandelte Orange, 20 g Zucker
- 180 g rotes Paprikafruchtfleisch
- 30 ml Olivenöl
- 30 g Schalottenwürfel
- 20 g Knoblauch, abgezogen und geviertelt
- 100 ml Orangensaft
- 350 ml Krustentierfond (S. 160 oder 164)
- 1 Vanillestange
- Meersalz, frisch gemahlener Pfeffer
- einige Spritzer Tabasco

FÜR DIE EINLAGE
- 100 g rote Paprikaschote
- ½ Chilischote
- 20 g Knoblauch, abgezogen
- 1 EL Olivenöl
- 25 g eingelegter Ingwer, fein gewürfelt (Ersatz: frischer Ingwer, fein geraspelt)
- Meersalz
- frisch gemahlener Pfeffer

1. Die Orange heiß waschen, trocknen, die Schale sehr dünn abschälen und in 2 cm lange dünne Streifen schneiden. Blanchieren Sie die Orangenstreifen nacheinander dreimal in kochendem Wasser und schrecken Sie sie jeweils kalt ab. In einem Topf 60 ml Wasser mit dem Zucker aufkochen, die Orangenschalen zufügen und köcheln lassen, bis das Wasser fast verdunstet ist. Vom Herd nehmen und abkühlen lassen.

2. Das Paprikafruchtfleisch grob würfeln. Erhitzen Sie das Olivenöl in einem Topf und schwitzen Sie die Schalottenwürfel darin glasig an. Die Knoblauch- und Paprikastücke zugeben und kurz mitbraten, dann mit dem Orangensaft und dem Krustentierfond aufgießen. Das Vanillemark sowie die ausgekratzte Vanillestange zufügen und alles 20 Minuten bei schwacher Hitze köcheln lassen. Die Vanilleschote wieder herausnehmen, dann die Orangen-Paprika-Vinaigrette mit dem Pürierstab aufschäumen und durch ein feines Sieb gießen. Die abgekühlte Orangenschale einrühren. und die Vinaigrette mit Salz, Pfeffer und Tabasco abschmecken.

3. Die Paprikaschote für die Einlage mit dem Sparschäler schälen und das Fruchtfleisch fein würfeln. Chilischote von Stielansatz und Samen befreien und wie den Knoblauch fein würfeln. Erhitzen Sie das Olivenöl in einer Pfanne und schwitzen Sie die Paprika-, Chili-, Knoblauch- und Ingwerwürfel darin 30 Sekunden an. Alles mit Salz und Pfeffer würzen, auf Küchenpapier abtropfen lassen und unter die Vinaigrette rühren.

Die Vielseitige

Diese herrlich frische und fruchtige Vinaigrette ist ideal zu allen Krusten- und Schaltieren – egal, ob gedämpft, gebraten oder gegrillt: Sie passt einfach immer. Auch schmeckt die Vinaigrette warm und kalt. Variieren Sie einfach die Aromen, gut sind auch Curry, Zitronengras, Pernod und Safran.

MANGO-CHUTNEY

ZUBEREITUNGSZEIT 1 Std. 45 Min.

ZUTATEN
- 2 Mangos, je etwa 400 g
- 400 g Orangen, 4 Chilischoten
- 300 g Zwiebeln, ¼ l Weißweinessig
- 100 g Sultaninen
- 300 g Rohrzucker (Ersatz: brauner Zucker)
- 1 TL Salz, 4 große Pfefferminzblätter

1. Die Mangos schälen, das Fruchtfleisch vom Stein lösen und 1 cm groß würfeln. Schälen Sie die Orangen so, dass keine weiße Haut am Fruchtfleisch verbleibt und filetieren Sie die Früchte. Von den Chilischoten Stielansatz und Samen entfernen und das Fruchtfleisch in feine Streifen schneiden. Die Zwiebeln schälen und in feine Würfel schneiden.

2. Lassen Sie die Zwiebelwürfel mit etwa 100 ml Essig in einer Kasserolle bei schwacher Hitze köcheln, bis sie glasig sind. Dann die Mangowürfel, die Orangenfilets sowie die Sultaninen zugeben und kurz mitdünsten.

3. Den restlichen Essig, den Zucker und das Salz sowie die Chilistreifen zufügen. Lassen Sie alles zugedeckt bei mittlerer Hitze etwa 1 Stunde schmoren, bis die Mangowürfel weich sind und zerfallen. Das Mango-Chutney vom Herd nehmen und abkühlen lassen.

4. Die Pfefferminzblätter waschen, trockentupfen und in feine Streifen schneiden. Rühren Sie die Minze unter das Chutney und füllen Sie es in Gläser. Es hält sich im Kühlschrank mehrere Wochen.

CURRYSAUCE MIT ZITRONENGRAS

ZUBEREITUNGSZEIT 20 Min.

ZUTATEN
- 2 Schalotten, 3 Stängel Zitronengras
- 2 Knoblauchzehen
- 1 EL Olivenöl, 1 EL rote Currypaste
- 50 ml Weißwein, 5 cl Noilly Prat
- 200 ml Gemüse- oder Fischfond (S. 161)
- 100 ml Kokosmilch
- 2 EL Fischsauce (Nam pla)
- 1 TL Speisestärke, 1 EL Limettensaft

1. Die Schalotten schälen und grob würfeln. Das Zitronengras waschen, trocknen und leicht schräg in Stücke schneiden. Die Knoblauchzehen abziehen und grob hacken.

2. Erhitzen Sie das Olivenöl in einem Topf und schwitzen Sie die Schalottenwürfel darin mit der roten Currypaste 30 Sekunden unter Rühren an. Die Zitronengrasstücke und den Knoblauch zugeben, beides kurz mitbraten.

3. Löschen Sie alles mit dem Weißwein und dem Noilly Prat ab, gießen Sie den Fond zu und lassen Sie alles einmal aufkochen. Die Kokosmilch und die Fischsauce zufügen und untermischen.

4. Rühren Sie die Speisestärke mit dem Limettensaft an und binden Sie die Sauce damit leicht ab. Alles noch etwa 10 Minuten köcheln lassen, dann die Currysauce durch ein feines Sieb gießen.

GLOSSAR

ABSCHÄUMEN: Fonds, Saucen oder Brühen vom »Schaum« aus geronnenem Eiweiß und Trübstoffen befreien, der sich beim Kochen an der Oberfläche absetzt.

ABSCHRECKEN: Heißes Gargut in (eis)kaltes Wasser legen oder kalt abspülen, um den Garprozess zu stoppen.

ANSCHWITZEN: In Fett leicht angehen lassen, ohne dass das Gargut Farbe nimmt.

AQUAKULTUR: Aufzucht von Fischen, Krusten-, Schaltieren oder Algen unter kontrollierten Bedingungen, bei Salzwasser spricht man auch von »Marikultur«.

AUSBRECHEN: Das Fleisch von Krustentieren aus dem Panzer lösen.

BART: Bei Muscheln der außen sitzende Mantelrand, der vor dem Verzehr meist entfernt wird. Bei Miesmuscheln auch Bezeichnung für die Byssus-Fäden.

BLANCHIEREN: Gemüse in siedendem Salzwasser kurz kochen, um es von unangenehmen Geschmacksstoffen oder Verunreinigungen zu befreien oder um Häute und Schalen besser entfernen zu können.

BONITO-FLOCKEN: Getrocknete Flocken vom Bonito, einer Tunfischart. Werden für die Herstellung von Dashi verwendet.

BOUQUET GARNI: Würzsträußchen aus verschiedenen Kräutern, Gemüse und Gewürzen zur Verfeinerung von Fonds, Brühen und Saucen. Klassische Zusammenstellung aus Möhre, Sellerie, Petersilienwurzel, Petersilie, Thymian und Lorbeer.

BRUNOISE: In gleichmäßig feine Würfel geschnittenes Gemüse.

BYSSUS-FÄDEN: Braune Fäden, mit denen sich manche Muschelarten, beispielsweise Miesmuscheln, am Untergrund festheften können. Vor der Zubereitung werden sie von der Schale abgezogen.

CLAIRE: Meerwasserbecken, in dem Austern vor dem Verkauf »gemästet« werden, um sie von Sand und Schlick zu reinigen. Sie werden »Fines de Claires« genannt.

CONSOMMÉ: Besonders kräftige, klare Brühe oder Fond von Krustentieren, Fisch, Geflügel oder Fleisch.

CORAIL: Franz. Wort für »Koralle«. Bezeichnet den Rogen von Krustentieren und Jakobsmuscheln, der orangerot ist oder sich beim Garen orangerot verfärbt. Wird für die Zubereitung von Saucen, Suppen oder Würzbutter verwendet.

COURT-BOUILLON: Gut gewürzte Brühe, meist aus Wasser, Essig, Weißwein, Gemüse und Gewürzen, zum Garen von Fisch und Meeresfrüchten.

DASHI: Japan. Brühe, die aus kochendem Wasser, Kombu, einer Algenart, und Bonito-Flocken zubereitet wird. Dashi wird pur oder als Grundlage für andere traditionelle japanische Suppen verwendet.

ENTBARTEN: Bei Austern: Den Mantel mit den Kiemen entfernen. Bei Miesmuscheln: Die Byssusfäden von der Schalenaußenseite abziehen.

FARCE: Gewürzte gebundene Füllung für Pasteten, Terrinen aus zerkleinertem Geflügel, Fleisch, Fisch oder Krustentieren.

FARCIEREN: Mit einer feinen, gewürzten und gebundenen Masse (Farce) füllen oder bestreichen.

FOND: Grundbrühe (auf der Basis von Fisch, Fleisch, Geflügel oder Gemüse), die als Grundlage für die Herstellung von Suppen und Saucen verwendet wird.

GONADEN: Wissenschaftliche Bezeichnung für die Keimdrüsen von Fischen und Meeresfrüchten. Von Seeigeln werden nur die Gonaden verzehrt.

GRATINIEREN: Ein Gericht bei starker Oberhitze oder unter dem Grill überbacken, so dass es eine hell- oder goldbraune Kruste bekommt.

HÄLTERN: Zeitweilige Haltung von Fischen oder auch von Meeresfrüchten in Süß- oder Salzwasserbassins bis zum Zeitpunkt des Verkaufs.

JULIENNE: In sehr feine Streifen geschnittenes Gemüse. Wird als Einlage für Suppen oder auch als kleine Gemüsebeilage verwendet.

KARAMELLISIEREN: Gargut, etwa Gemüse, mit geschmolzenem Zucker überziehen. Dazu wird Zucker erhitzt oder Zuckersirup eingekocht, bis er gleichmäßig hell oder dunkel gebräunt ist.

GLOSSAR

KARKASSE: Bei Krustentieren Bezeichnung für Schalen und Panzer, bei Fisch Gräten, Köpfe und Schwänze, bei Fleisch und Geflügel auch die Knochen. Meist für die Herstellung von Fonds verwendet.

KLÄREN: Bei Kraftbrühen, etwa für Gelees, alle trübenden Bestandteile entfernen. Mit Hilfe von Eiweiß und fein gehacktem Fleisch oder Fisch werden diese Bestandteile beim Aufkochen gebunden und entfernt.

KOMBU: Seekohl *(Laminaria japonica)*, eine Braunalgenart mit hohem Glutaminsäuregehalt, wirkt deshalb geschmacksverstärkend. Wird getrocknet in Japan für die Herstellung von Dashi verwendet.

KREBSNASEN: Die Kopfbruststücke von gekochten Flusskrebsen ohne Schwanz und Scheren, eine traditionelle Garnitur der Gastronomie.

KRUSTENTIERE: Gastronomische und Handelsbezeichnung für Krebstiere (z. B. Hummer, Garnelen, Langusten, Krabben oder auch Flusskrebse).

MANTEL: Rückenhaut von Weichtieren, die fast den gesamten Körper umgibt. Aus dem Mantel wird die Schale gebildet.

MARK: Flüssigkeit aus Innereien und Meerwasser, die beim Zerteilen von Hummern oder Langusten austritt. Wird als Grundlage für Saucen verwendet.

MONTIEREN: Eiskalte Butterstückchen mit dem Schneebesen oder Pürierstab in eine Sauce oder Suppe einarbeiten. Dadurch wird die Flüssigkeit leicht gebunden, sämiger und erhält einen feinen Buttergeschmack.

MOUSSE: Luftige feine Masse, etwa vom Hummer, aus püriertem Fleisch, Fisch oder Krustentieren, meist gebunden mit Gelatine und gelockert mit Sahne.

NÜSSCHEN: Bezeichnung für das feste, weiße Muskelfleisch der Jakobsmuscheln.

ON THE HALF SHELL: Amerikanische Bezeichnung für Muscheln, die lebendfrisch in der Schale serviert werden.

PARIEREN: Fleisch, Fisch oder Meeresfrüchte von nicht essbaren Teilen befreien und gleichmäßig zuschneiden.

PARÜREN: Abfälle, die beim Parieren entstehen.

PASSIEREN: Flüssigkeiten, Pürees oder Farcen durch ein Tuch oder Sieb gießen oder durch ein feines Sieb streichen oder drücken.

PASSIERTUCH: Spezielles Tuch aus einem gazeähnlichen Gewebe (Etamin), das zum Durchseihen von Flüssigkeiten verwendet wird. Sie sind in gut sortierten Haushaltswarengeschäften erhältlich.

QUELLER: Auch Salzkraut oder Glasschmalz *(Salicornia europaea)* genannt. Blattlose Gemüsepflanze aus den Küstengebieten Nordwesteuropas. Zum Verzehr sind nur junge Pflanzen geeignet. Dient oft als Garnitur auf Meeresfrüchteplatten.

REDUZIEREN: Flüssigkeiten wie Fonds, Suppen oder Saucen im offenen Topf einkochen, um Geschmack und Aroma zu intensivieren.

SCHALTIERE: Manchmal auch Schalentiere; gastronomische und Handelsbezeichnung für essbare Muscheln und Meeresschnecken.

SCHULP: Länglich-ovale, poröse und sehr leichte Kalkschale in der Körperhöhle von Sepien; wird bei größeren Tieren vor dem Verzehr entfernt.

SCHWEINENETZ: Fetthaltige Gewebehaut des Bauchfells vom Schwein. Es wird oft als Hülle für Farcen oder zum Zusammenhalten von Rouladen verwendet. Das Fett tritt bei der Zubereitung aus.

SHELL ON: Handelsbezeichnung für ungeschälte Garnelenschwänze.

SOBA-NUDELN: Japanische Nudeln aus Buchweizenmehl, in der Form ähnlich wie Spaghetti.

SOFTSHELL CRABS: Engl. Bezeichnung für Krabben unmittelbar nach dem Häuten. Der Panzer ist dann so weich, dass er mitverzehrt werden kann.

SOMEN-NUDELN: Japanische Nudeln aus Weizenmehl, ähnlich wie Spaghetti.

TAIL ON: Bezeichnung für bis auf das Schwanzsegment geschälte Garnelen.

TAMARINDENSAFT: Wird aus dem getrockneten Mark von Tamarindenschoten hergestellt, das man in heißem Wasser einweicht und dann auspresst. Kann durch Zitronensaft ersetzt werden. Tamarindenmark ist im Asialaden erhältlich.

WEISSFISCHE: Nicht-wissenschaftlicher Sammelname für Fische mit magerem, weißem Fleisch, etwa Schellfisch, Alaska-Seelachs, Kabeljau oder Seezunge.

ZESTEN: Dünne, etwa streichholzlange Streifen der Schale von Zitrusfrüchten. Sie werden mit einem so genannten Zestenreißer direkt von der Frucht abgezogen. Größere Schalenstücke werden mit einem Messer fein geschnitten.

REGISTER

Das Register enthält Meeresfrüchtenamen (lateinische Namen kursiv), relevante Fachbegriffe aus der Küchenpraxis sowie Rezepte (mit • gekennzeichnet).

A

Abalone 105
Abschäumen 306
Abschrecken 306
Aburagani 58
Acanthocordia echinata 95
Achtarm 116, 117
Achtarmige Tintenfische 19, 116, 117
Aequipecten opercularis 93
Afrikanische Napfschnecke 106
Aguamar 119
Aioli 303 •
Akagai 90
Aka-nishi 108
Alaska king crab 58
Alaska-Kammmuschel 94
Alaska-Königskrabbe 58
Albueskæll 106
Albuskjell 106
Allmänräka 32, 33
Almeja 97
Almeja babosa 100
Almeja blanca 103
Almeja fina 100
Almeja japonesa 100
Almeja vieja 96
Almejón 91
Almendra de mar 91
Almindelig strandsnegle 107
Amande de mediterranée 91
Amande de mer 91
Amande marbrée 91
American cupped oyster 86, 88
American lobster 46
American oyster 86, 88
Amerikanische Auster 86, 88
Amerikanische Schwertmuschel 102
Amerikanischer Hummer 46
Anadara grandis 90
Ananas, Garnelen und Kurkuma, Kokosnudeln mit 243 •
Anomura 18, 55–59
Anschwitzen 306
Antarktische Königskrabbe 57
Aquakultur 29, 306
Aragosta 37
Aragosta mauritanica 38
Araignée de mer 61
Arca de Noe 90
Arca di Noè 90
Arca noae 90
Arche de Noé 90
Arche Noah 90
Archenmuscheln 90
Arcidae 90

Argopecten purpuratus 94
Aristaeomorpha foliacea 24
Aristeus antennatus 24
Ark shell 90
Arsella 101
Artischockensalat mit Hummer-mousse 182 •
Asari 100
Ascidiacea 118
Asian Oyster 86
Asian rapa whelk 108
Asiatic hardshell clam 98
Asiatisch gefüllter Taschenkrebs 201 •
Asiatische Auster 86
Asiatische Nudeln mit Heuschreckenkrebsen 251 •
Astacidae 18, 52
Astacus astacus 52
Astacus leptodactylus 52
Astakos 37, 46
Astice 46
Astrea rugosa 109
Atlantic deep sea scallop 92, 94
Atlantic oyster 86, 88
Atlantische Weiße Garnele 27
Atlantischer Tiefwasser-Scallop 92, 94
Ausbackteige 268–270 •
Ausbrechen 306
Ausbrechen von Bärenkrebsen 140
Ausbrechen von Flusskrebsen 141
Ausbrechen von Kaisergranaten 131
Ausbrechen von Taschenkrebsen 142
Auslösen eines Hummerschwanzes im Ganzen 132
Auslösen eines Langustenschwanzes im Ganzen 133
Auslösen von Clams 147
Auslösen von Jakobsmuscheln 148
Auster, Europäische 82, 84
Austern, 18, 82–89
Austern – gebacken, pochiert, gratiniert und im Speckmantel 176 •
Austern mit Himbeersauce 177 •
Austern öffnen 145
Austern, pochiert 177, 226 •
Austern, verschiedene Arten und Sorten 82–89
Austernbrecher 150
Austernzucht 87
Austern-Wan-Tan in Curry-Fenchel-Suppe 206
Australische Riesenkrabbe 69
Australkrebs, großer 54, 55
Australkrebs, kleiner 54
Austral-Languste 39, 41
Ayami-shikiri 119
Ayna 61

B

Baby clam 96
Babylonia formosae 111
Banana prawn 26
Bananen-Garnele 26
Banded wedge shell 101
Bärenkrebs mit Radicchio 284 •
Bärenkrebse 18, 42
Bärenkrebse ausbrechen 140
Bärlauchschaum, Hummer im Spitzkohl, auf 280 •
Bart 306
Bauchfüßer 104
Bec-de-jar 103
Beetle crab 118
Belangkas 118
Belon-Auster 82
Berberecho 95
Berbigão 95
Bernhardseinsiedler 55
Bernique 106
Beurre blanc 298 •
Beurre rouge 298 •
Beverazza 97
Bierteig, frittierte Kalmare in 268 •
Bigon 95
Bigorneau 107
Biou nègre 108
Bisque vom Hummer 205 •
Bittersweet 91
Bivalvia 18, 74–103
Black tiger prawn 26
Blåmusling 76
Blanchieren 306
Blåskjell 76
Blassrote Tiefseegarnele 24
Blaue Königskrabbe 58
Blaukrabbe 66
Block frozen 34
Bloody clam 90
Blue and red shrimp 24
Blue crab 66
Blue king crab 58
Blue land crab 71
Blue mussel 76
Böcek 37
Bocina 111
Bogavante 46
Bohnen und Speck, Kalmare mit 254 •
Bolinus brandaris 108
Bombetto 111
Bonito-Flocken 306
Botte di mare 119
Bouchot-Muscheln 78
Bouchot-Muscheln, getrocknete Tomaten und Oliven, Crostini mit 187 •
Bouquet 32
Bouquet garni 306
Bouquet géant 32, 33
Box crab 70

Brachyura 18, 57, 60–71
Brandhorn 108
Brasilianischer Bärenkrebs 42
Braten von Meeresfrüchten 126
Braune Garnele 26
Braune Venusmuschel 98
Brazilian slipper lobster 42
Breitkopf-Bärenkrebs 43
Brown shrimp 33
Brunoise 306
Bucarde 95
Bucchinidae 110
Buccin 108, 111
Buccinum undatum 111
Bucios 108
Buckie 111
Bulot 111
Bunte Languste 41
Busano 108
Butterkrebs 67
Buttermilchgelee, Meeresfrüchte in 188 •
Buttersauce, rote und weiße 298 •
Büyük ayı istakozu 42
Büyük çalpara 65
Búzio 108
Byssus-Fäden 306

C

Cabra 61
Cacciucco 215 •
Cadelinha 101
Calama 115
Calamar 115
Calamaretti, Gazpacho mit 211 •
Calamaretti, gefüllte, Tapa mit 190 •
Calamaretti, mit Garnelen gefüllte 191 •
Calamaro comune 115
Calamary 115
Calappa granulata 70
Calcinello 101
Çalı karidesi 33
California crab 62
California shrimp 33
California spiny lobster 40
Callinectes sapidus 66
Callista chione 98
Calmar 115
Calogmomi 90
Camarão da costa 29
Camarón blanco 28
Camarón blanco del pacífico 28
Camarón blanco norteño 27
Camarón común 32
Camarón de altura 29
Camarón gigante 32, 33
Camarón kuruma 25
Camarón nailon 30
Camarón patiblanco 28
Camarón rosado norteño 27

308 Teubner Edition

REGISTER

Camarón rosado sureño 26
Camarón tigre verde 25
Cambaridae 18, 52
Canailla 108
Cancer borealis 63
Cancer magister 62
Cancer pagurus 62
Cancridae 62
Cañeta 64
Cangrejo azul 71
Cangrejo de piedra negro 68
Cangrejo moro 68
Cangrejo moruño 69, 70
Cangrejo real 70
Cangrejo rojo 68, 70
Cangrejo rojo de la marisma 54
Cannello 102
Cannestrello 93
Cannocchia 73
Cannolicchio 102
Canoci 73
Capa margarota 95
Capa santa 92
Capa tonda 95
Cape spiny lobster 39, 41
Capeau 92
Cappa chione 98
Cappa gallina 97
Cappa liscia 98
Cappa santa 92
Cappalunga 102
Capparozzolo 96
Caracol de roca 108
Caramote 24
Caramote prawn 24
Carcino 64
Carcinus aestuarii 64
Carcinus maenas 64
Cardiidae 95
Cardisoma guanhumi 71
Carenguejo muoro 62
Caribbean spiny lobster 40
Caridea 22, 30–35
Carneiro 95
Carpaccio vom Kraken 181 •
Castanholas 90
Cava-cava triangular 43
Centolla 57, 61
Centolla chilena 60
Central American white shrimp 28
Cephalopoda 19, 112–117
Cerastoderma edule 95
Cervimunida johni 56
Ceviche vom Hummer mit Linsenkompott und glasiertem Chicorée 194 •
Chaceon maritae 68, 70
Chamaelea gallina 97
Champagner-Kerbel-Sabayon mit Scampi 232 •
Charybdis feriatus 65
Chataine 118, 119

Châteigne de mer 118, 119
Cherax destructor 54
Cherax tenuimanus 54, 55
Chestnut turban 109
Chicorée, glasierter, mit Ceviche vom Hummer und Linsenkompott 194 •
Chilean nylon shrimp 30
Chile-Langostino 56
Chilenische Kantengarnele 30
Chilenische Seespinne 60
Chili-Knoblauch-Dip 303 •
Chineesche wolhandkrab 71
Chinese mitten crab 71
Chinese Oyster 86
Chinesische Auster 86
Chionoecetes bairdi 61
Chionoecetes japonicus 61
Chionoecetes opilio 61
Chionoecetes tanneri 61
Chirla 101
Chlamys hastata hericia 94
Chlamys islandicus 94
Chlamys nobilis 94
Choco 114
Chutney mit Limetten und Mangos 263 •
Chutney mit Mangos und Orangen 305 •
Cicala 73
Cigala 50
Cigala de mare 43
Cigarra 42
Çingene pavuryasi 64
Claire 306
Clam 99
Clam japonaise 100
Clam-Chowder 213 •
Clams öffnen und auslösen 147
Clanque 103
Clovisse 97, 100
Cocktailsauce 174 •
Common cockle 95
Common limpet 106
Common octopus 116, 117
Common oyster 83, 84
Common sepia 114
Common shore crab 64
Common spiny lobster 37
Common whelk 108, 111
Concha 98
Concha de abanico 94
Concha de peregrino 92
Conchiglia di San Jacopo 92
Consommé 306
Consommé von Krebsen 164 •
Coque commune 95
Coque rayé 96
Coque rouge 95
Coquille St.-Jacques mediterrannéen 92
Corail 92, 148, 149, 306
Corailbutter 167 •

Coral cray 40
Corculum cardissa 95
Cornet 108
Cornetto di mare 108
Cornicha 103
Court-Bouillon 306
Court-Bouillons, verschiedene 159 •
Couteau 102
Cozza 76
Crabe bleu 66
Crabe chinois 71
Crabe des paletuviers 67
Crabe enragé 64
Crabe honteux 70
Crabe terrestre 71
Crabe verruqueux 69, 70
Crabe vert 64
Crangon crangon 33
Crangon franciscorum 33
Crassostrea angulata 84
Crassostrea ariakensis 86
Crassostrea commercialis 89
Crassostrea gigas 85, 86
Crassostrea gigas kumamoto 86
Crassostrea virginica 86, 88
Crayfish 52
Crevette blanche 26
Crevette charnue 25
Crevette géante tigrée 26
Crevette grise 33
Crevette kuruma 25
Crevette ligubam du nord 27
Crevette patte blanche 28
Crevette rodché du sud 26
Crevette rose du large 29
Crevette rose du nord 27
Crevette rouge 24
Crevette royale 24
Crevette royale blanche du pacifique 28
Crevette tigrée verte 25
Crostini mit Bouchot-Muscheln, getrockneten Tomaten und Oliven 187 •
Crustacea 17, 18, 20–73
Cuore edule 95
Curled octopus 117
Curry-Fenchel-Suppe mit Austern-Wan-Tan 206 •
Currysauce mit Zitronengras 305 •
Cuttle-fish 114
Cythère 98

D

Dämpfen von Meeresfrüchten 126
Dashi 306
Date shell 77
Dátil de mar 77
Datte de mer 77
Datte lithophage 77
Dattero di mare 77

Dattero di pietra 77
Decabrachia 19, 112–115
Decapoda 18, 20–71
Deep sea red crab 68, 70
Deep water rose shrimp 29
Deep water scampi 51
Deniz anasi 119
Dickschalige Trogmuschel 103
Dip mit Chili und Knoblauch 303 •
Dog cockle 91
Donace 101
Donacidae 101
Donax deltoides 101
Donax trunculus 101
Donax vittatus 101
Dormeur 62
Dornige Herzmuschel 95
Dreiecksmuscheln 101
Dungeness crab 62
Dünsten von Meeresfrüchten 127
Dwerginktvis 114
Dybhavsreje 31
Dybvannsreke 31

E

Ear shell 105
Eastern oyster 86, 88
Easy peel 35
Echinoidea 19, 118
Echte Garnelen 22, 30–35
Echte Krabben 57
Echte Samtmuschel 91
Echte Tintenfische 113, 114
Écrevisse 52
Écrevisse orientale 52
Edelkrebs 52
Edible cockle 95
Edible crab 62
Edible mussel 76
Edible pink conch 110
Eigentliche Garnelen 22, 30–35
Einhorn-Garnele 29
Einsiedlerkrebs 55
Eintopf mit Fisch und Meeresfrüchten, ligurischer 215 •
Eintopf von Kichererbsen mit Garnelen und Chorizo 212 •
Eledone 117
Eledone cirrhosa 117
Eledone moschata 117
Eledone musquée 117
Encornet 115
Ensis directus 102
Ensis ensis 102
Ensis minor 102
Entbarten 306
Eriocheir sinensis 71
Eriphia verrucosa 69, 70
Erizo de mar 118, 119
Escallop 92
Escupiña 91
Escupina gravada 96
Essbare Herzmuschel 95

Teubner Edition **309**

REGISTER

Essbare Wurzelmundqualle 119
Essenz: Hummeressenz mit Spargel 204 •
Estragonsauce und roter Mangold, Krustentierklößchen mit 236 •
Étrille 64
Étrille pélagique 65
Europäische Auster 82, 84
Europäische Languste 37
Europäischer Hummer 46
Europäischer date mussel 77
European lobster 46
Ezo-ibaragani 58

F

Fan shell 92
Farce 306
Farcieren 306
Fasolaro 98
Favollo 69, 70
Feine Garnelen-Tartelettes mit Ziegenfrischkäse und Thymian-Sabayon 278 •
Felsbohrer 103
Felsenauster 84
Felsen-Entenmuschel 72
Fenchel-Curry-Suppe mit Austern-Wan-Tan 206 •
Ferskvannskreps 52
Filoteig, frittierte Gambas in 272 •
Fines de Claires 84
»Fines de Claires«, pochierte 226 •
Fischfond 161 •
Flat oyster 83, 84
Flathead lobster 43
Fleshy prawn 25
Flion 101
Flodkräfta 52
Florida spiny lobster 40
Flügelschnecken 110
Flusskrebse 18, 52
Flusskrebse ausbrechen 141
Flusskrebse, gebraten, mit Kohlrabi 260 •
Flusskrebse, kühle Vichyssoise mit 217 •
Flusskrebse: Krebsessen 218
Flusskrebse: Krustentierklößchen mit Estragonsauce und rotem Mangold 235 •
Flusskrebse: Nudelsalat »Thai-Style« mit Flusskrebsen 197 •
Flusskrebse: Samtsuppe von 220 •
Flusskrebse: Zucchiniblüten mit Krebsfüllung 276 •
Föhrer Muscheln, Ravioli mit 239 •
Fond 306
Fond klären 164
Fonds 160–164 •
Formosan ivory shell 111
Frittieren von Meeresfrüchten 127

Frittierte Garnelenbällchen 263 •
Frittierte Kalmare in Bierteig 268 •
Frozen cooked 34
Frozen raw 34
Frühlingsrollen mit Gemüsefüllung 265 •
Frühlingsrollen mit Shiitake-Garnelen-Füllung 264 •
Furchengarnele 24

G

Galathée rouge 56
Galatheidae 56
Galazios kavouras 66
Galera 73
Galizier 52
Gamba carabinero 24
Gamba rosada 24
Gambas in Filoteig frittiert 272 •
Gamberetto grigio 33
Gambero bianco 29
Gambero rosso chiaro 24
Gambero sega 32
Gambon écarlat 24
Gambon rouge 24
Garida 24
Garmethoden für Meeresfrüchte 126
Garnaat 33
Garnelen 18, 22–35
Garnelen auf Tagliatelle mit Pesto 250 •
Garnelen aus Aquakultur 29
Garnelen im Handel 34, 35
Garnelen in Schmetterlinge schneiden 129
Garnelen mit Knoblauch 259 •
Garnelen mit Pak Choi 242 •
Garnelen schälen und vom Darm befreien 128
Garnelen und Chorizo, Kichererbseneintopf mit 212 •
Garnelen, Ananas und Kurkuma, Kokosnudeln mit 243 •
Garnelen, klare scharfe Suppe mit 209 •
Garnelen, roh marinierte 178 •
Garnelenbällchen, frittierte 263 •
Garnelen-Papaya-Salat im Eiernetz 198 •
Garnelen-Shiitake-Füllung, Frühlingsrollen mit 264 •
Garnelenspieße vom Grill 289 •
Garnelen-Tartelettes mit Ziegenfrischkäse und Thymian-Sabayon 278 •
Garnelen: Krustentierklößchen mit Estragonsauce und rotem Mangold 235 •
Garnelen: Krustentierpflanzerl mit Queller und Frisée-Salat 262 •
Garusolo 108
Garusolo femena 108

Gastropoda 18, 75, 104–111
Gazpacho mit Calamaretti 211 •
Gebackene Austern 176 •
Gebänderte Dreiecksmuschel 101
Gebratene Flusskrebse mit Kohlrabi 260 •
Gebratene Jakobsmuscheln mit Pinienkern-Polenta und Kapern 257 •
Gebratener Marron mit Kohlrabi 260 •
Gedoornde hartschelp 95
Gedrungener Bärenkrebs 43
Gefleckte Tiefwassergarnele 30, 31
Geflügelfond 163 •
Gefüllte Calamaretti, Tapa mit 190 •
Gefüllter Kalmar mit Ziegenfrischkäse 293 •
Gefüllter Taschenkrebs 200 •
Gefüllter Taschenkrebs, asiatische Art 201 •
Gegrillte Garnelenspieße 289 •
Gegrillte Hummerhälfte mit Wildkräutersalat 290 •
Gegrillte Riesengarnelen mit Pfirsich-Rettich-Salat 196 •
Gegrillter Jakobsmuschel-Zitronengras-Spieß 288 •
Gehäuse 75
Gehörnte Turbanschnecke 109
Geißelgarnelen 22–29
Gelbe Krabbe 69, 70
Gemeine Napfschnecke 106
Gemeine Sepia 114
Gemeine Strandschnecke 107
Gemeiner Heuschreckenkrebs 73
Gemeiner Kalmar 115
Gemeiner Krake 116, 117
Gemischte Meeresfrüchteplatte 174 •
Gemüse, mediterranes, und Kartoffelwürfel, Mischeltopf mit 214 •
Gemüsefüllung, Frühlingsrollen mit 265 •
Geoduck 103
Gerade Mittelmeer-Schwertmuschel 102
Geräte in der Meeresfrüchteküche 150
Gériocrabe rouge 68, 70
Gewone hartschelp 95
Gewone inktvis 114
Gguaiamu 71
Giant ark 90
Giant bittersweet 91
Giant Chilean barnacle 72
Giant Mexican limpet 106
Giant river prawn 32, 33
Giant scallop 92
Giant tiger prawn 26
Ginger prawn 25

Gkamp 50
Glatte Netzreusenschnecke 111
Glatte Teppichmuschel 100
Glatte Venusmuschel 98
Glattes Seeohr 105
Glatthorn-Garnele 29
Glattrücken-Garnele 28, 29
Globitos 114
Glycymeridae 91
Glycymeris gigantea 91
Glycymeris glycymeris 91
Glycymeris pilosa 91
Glycymeris violascens 91
Golden king crab 58
Gold-Königskrabbe 58
Golondrina 93
Gonaden 119, 157, 306
Goolwa cockle 101
Goshiki-ebi 41
Granat 33
Grancevola 61
Granchio melograno 70
Grand coque 95
Grande cigale 42
Grande coquille St-Jacques 92
Grande peigne 92
Granziporro 69, 70
Gratinieren 306
Gratinierte Austern 177 •
Gratinierter Hummer 283 •
Gray shrimp 33
Greasyback shrimp 28, 29
Great Atlantic scallop 92
Green lip abalone 105
Green tiger prawn 25
Greenshell mussel 77
Grillen von Meeresfrüchten 127
Grönland-Shrimp 31
Grooved carpet shell 100
Grosse langouste porcelaine 39
Große Pazifische Samtmuschel 91
Große Pazifische Schwimmkrabbe 65
Große Pilgermuschel 92
Große Seespinne 61
Große Steinkrabbe 68
Großer Australkrebs 54, 55
Großer Bärenkrebs 42
Großer Rückenfüßler 60
Großer kamschlep 150
Grote kamschelp
Grüne Languste 40, 41
Grüne Tigergarnele 25
Grünlippmuschel 77
Grünschalmuschel 77
Gweduck 103

H

Halber Hummer vom Grill mit Wildkräutersalat 290 •
Halbherzmuschel 95
Haliotidae 105
Haliotis kamtschatkana 105

Haliotis laevigata 105
Haliotis tuberculata 105
Haliotis tuberculata lamellosa 105
Hältern 306
Hamaguri 98
Handelsbezeichnungen für Garnelen 34
Hard clam 98
Hardshell clam 99
Haricot de mer 101
Haselnussbutter 279 •
Haselnuss-Dressing 260 •
Hauptmannsgarnele 25
Headless shell on 35
Heart cockle 95
Heart shell 95
Herkuleskeule 108
Hermit crab 55
Herzmuscheln 95
Heterocarpus reedei 30
Heuschreckenkrebs, gemeiner 73
Heuschreckenkrebse mit Kartoffel-Kräuter-Püree 273 •
Heuschreckenkrebse, asiatische Nudeln mit 251 •
Hexaplex trunculus 108
Hiatellidae 103
Himbeerdressing 290 •
Himbeersauce zu Austern 177 •
Hjertemuslinger 95
Hlap 46
Hokkai-ebi 30, 31
Holothuria argus 119
Holothurioidea 19, 118
Homard américain 46
Homard européen 46
Homaridae 18, 44–49
Homarus americanus 46
Homarus gammarus 46
Horned turban 109
Horseshoe crab 118
Hovring 62
Huître creuse 84
Huître creuse américaine 86, 88
Huître creuse du Pacifique 85, 86
Huître géante du Pacifique 85, 86
Huître plate 83, 84
Huître plate indigène 88
Hummer 18, 44–49
Hummer à l'Armoricaine 266 •
Hummer im Spitzkohl auf Bärlauchschaum 280 •
Hummer in Stücke teilen 138
Hummer mit Vanillegraupen 231 •
Hummer Thermidor 283 •
Hummer zerteilen 136
Hummer, gratiniert 283 •
Hummer, halber, vom Grill mit Wildkräutersalat 290 •
Hummer, mit Spargel oder Spinat gratiniert 283 •
Hummer, pochiert, auf spanische Art 234 •

Hummer, Transport und Lagerung 48
Hummer, verschiedene Arten 46
Hummerartige 45–55
Hummer-Bisque 205 •
Hummerbutter 166 •
Hummer-Ceviche mit Linsenkompott und glasiertem Chicorée 194 •
Hummer-Essenz mit Spargel 204 •
Hummer-Fischerei 45
Hummerfond 160 •
Hummergabel 150
Hummerhälfte vom Grill mit Wildkräutersalat 290 •
Hummermousse mit Salat von Artischocken 182 •
Hummermousse, schnelle Variante 182 •
Hummer-Pot-au-feu 205 •
Hummersauce 296 •
Hummersauce auf orientalische Art 297 •
Hummerschwanz im Ganzen auslösen 139
Hummer: Surf 'n' Turf 249 •

I

Ibaragai-modoki 58
Iceland scallop 94
Ikan mimi 118
Ikinua 118, 119
Illex 115
In Rotwein geschmorter Krake 244 •
Indopazifische Seegurke 119
Inglesa 91
Ingwer-Kürbis-Süppchen mit Jakobsmuscheln 216 •
Ise-ebi 38
Isländischen Kammmuschel 94
Issolon 98
Istakoz 46
Italienischer Taschenkrebs 69, 70
IQF – individually quick frozen 35
IWP – individually poly wrapped 35

J

Jakobsmuscheln 92
Jakobsmuscheln mit Korianderpesto 184 •
Jakobsmuscheln säubern und öffnen 148
Jakobsmuscheln, gebratene, mit Pinienkern-Polenta und Kapern 257 •
Jakobsmuscheln, Kürbis-Ingwer-Süppchen mit 216 •
Jakobsmuscheln, panierte 256 •
Jakobsmuscheln, Seeigelgratin mit 287 •

Jakobsmuschelparfait 185 •
Jakobsmuschel-Zitronengras-Spieß vom Grill 288 •
Japanese abalone 105
Japanese carpet shell 100
Japanese oyster 85, 86
Japanese spiny lobster 38
Japanische Auster 85, 86
Japanische Languste 38
Japanische Seegurke 119
Japanische Teppichmuschel 100
Japanischer Nudeltopf 208 •
Japonaise 85, 86
Jastog 37
Jasus lalandii 39, 41
Jasus novaehollandiae 39, 41
Jellyfish 119
Jonah crab 63
Jonahkrabbe 63
Julienne 306

K

Kaisergranate 18, 50, 51
Kaisergranate ausbrechen und den Darm entfernen 131
Kaisergranate, roh marinierte 179 •
Kaisergranate: Scampi mit Champagner-Kerbel-Sabayon 232 •
Kalifornische Languste 40
Kalifornischer Taschenkrebs 62
Kalmar, gefüllt mit Ziegenfrischkäse 293 •
Kalmare 19, 115
Kalmare küchenfertig vorbereiten 154
Kalmare mit Bohnen und Speck 254 •
Kalmare, frittierte, in Bierteig 268 •
Kaltwasserlangusten 39, 41
Kammmuscheln 92–94
Kamtschatka abalone 105
Kamtschatka-Seeohr 105
Kanal karidesi 32
Kapeasak 55
Kapeasaksirapu 52
Kapern-Tunfisch-Sauce 193 •
Kaplanguste 39, 41
Karamellisieren 306
Karavida 50
Karibische Landkrabbe 71
Karibische Languste 40
Karides 24
Karkasse 307
Karkassenfonds von Fischen 162
Karkassenfonds von Meeresfrüchten 162
Kartoffel-Kräuter-Püree mit Heuschreckenkrebsen 273 •
Kartoffelküchlein 198 •
Kartoffelsuppe, kühle, mit Flusskrebsen 217 •
Kavouromana 61
Kelp crab 61

Kerbel-Champagner-Sabayon mit Scampi 232 •
Kerevit 52
Keroncho 118
Kichererbseneintopf mit Garnelen und Chorizo 212 •
Kinesisk ullhåndkrabbe 71
Kinesiske uldhaandskrabbe 71
Klaffmuschel 103
Klare scharfe Suppe mit Garnelen 209 •
Klären 307
Kleine Pazifische Venusmuschel 97
Kleine Pilgermuschel 93
Kleine Schwertmuschel 102
Kleiner Australkrebs 54
Kleiner Bärenkrebs 43
Kletterseeigel 118, 119
Knieper 69
Knoblauch-Chili-Dip 303 •
Knoblauch-Garnelen 259 •
Knoblauch-Garnelen mit Safran und Fenchel 259 •
Knoblauch-Mayonnaise (Aioli) 303 •
Knotige Kammmuschel 94
Kochen von Meeresfrüchten 126
Kohlrabi mit gebratenem Marron 260 •
Kokkel 95
Kokosnudeln mit Kurkuma, Garnelen und Ananas 243 •
Kombu 307
Kongesnegl 111
Königskrabben, verschiedene Arten 57–59
Königsmantel 94
Kopffüßer 19, 112–117
Korai-ebi 25
Korianderpesto, Jakobsmuscheln mit 184 •
Kozica obična 32
Krabben 18, 60–71
Krabben, sonstige 70
Krabbenscheren, 61, 68
Krabbtaska 62
Krake, in Rotwein geschmorter 244 •
Kraken 19, 116
Kraken, Carpaccio vom 181 •
Kraken küchenfertig vorbereiten 156
Kräuter-Dressing 302 •
Kräuter-Kartoffel-Püree mit Heuschreckenkrebsen 273 •
Kräutersud, Schwertmuscheln im 225 •
Krebs-Consommé 164 •
Krebsfond 164 •
Krebsfüllung, Zucchiniblüten mit 276 •
Krebsnasen 307

REGISTER

Krebstiere 17, 18, 20–73
Krebstiere, sonstige 18, 72
Kreef 40
Kreuzkrabbe 65
Kreuzmuster-Teppichmuschel 100
Krustentiere 21–73, 307
Krustentierklößchen mit Estragonsauce und rotem Mangold 236 •
Krustentierpflanzerl mit Queller und Frisée-Salat 262 •
Küçük ayı istakozu 43
Kühle Vichyssoise mit Flusskrebsen 217 •
Kuka 42
Kuma-ebi 25
Kumamoto oyster 86
Kumamoto-Auster 86
Kurage 119
Kürbis-Ingwer-Süppchen mit Jakobsmuscheln 216 •
Kuruma shrimp 25
Kuruma-ebi 25
Kurzflossenkalmare 115

L

L'hermite orientale 55
Lagerung von Hummern 48
Lagosta ornamentada 39
Lagosta pintada 41
Lagostim 50
Lambi 110
Lamellate Venus 97
Langosta caribe 40
Langosta colorada 40
Langosta común 37
Langosta del golfo 40
Langosta mora 38
Langosta roja 40
Langosta verde 40, 41
Langostino 24
Langostino 56
Langostino amarillo 56
Langostino chileno 56
Langostino moruño 24
Langouste blanche 40
Langouste du Cap 39, 41
Langouste rose 38
Langouste rouge 37
Langouste royale 40, 41
Langouste verte 40, 41
Langoustine 50
Languste Bellevue 193 •
Languste halbieren und auslösen 135
Languste mit Mandelvinaigrette 252 •
Languste vorbereiten und kochen 132
Languste zerteilen 135
Langusten 18, 36–41
Langusten in Mandeltempura 270 •

Langustenschwanz im Ganzen auslösen 133
Langustenschwanz in Medaillons schneiden 133
Lapas 106
Lavagante 46
Le clam 99
Leito ama 103
Libidoclea granaria 60
Ligurischer Fischtopf 215 •
Limetten-Mango-Chutney 263 •
Limpet 106
Linsenkompott und glasierter Chicorée mit Ceviche vom Hummer 194 •
Lion's paw 94
Lithodes aequispina 58
Lithodes santolla 57
Lithodidae 57–59
Lithophaga lithophaga 77
Littorina littorea 107
Littorinidae 107
Loligo vulgaris 115
Longeirón 102
Longfinned squid 115
Louisiana Sumpf-Flusskrebs 54
Louisiana swamp crayfish 54
Loxechinus albus 119
Loxorhynchus grandis 61
Luda 114
Lula 115
Lumachino bombolino 111
Lyra 42, 43

M

Macrobrachium rosenbergii 32, 33
Macrocallista nimbosa 98
Mactre solide 103
Mactridae 103
Ma-gaki 85, 86
Magnosa 42
Magnosella 43
Maine lobster 46
Maja squinado 61
Mandeltempura, Langusten in 270 •
Mandelvinaigrette, Languste mit 252 •
Mango-Chutney 305 •
Mangold, roter, mit Krustentierklößchen und Estragonsauce 236 •
Mango-Limetten-Chutney 263 •
Mangrovenkrabbe 67
Manico di coltello 102
Manila clam 100
Mantel 307
Mantis shrimp 73
Marinierte Garnelen 178
Marinierte Kaisergranate 179
Mark 307
Marron 54, 55

Marron, gebratener, mit Kohlrabi 260 •
Marron, Samtsuppe vom 220 •
Marron: Nudelsalat »Thai-Style« 197 •
Maskeliyengeç 70
Mau lai 85, 86
Mauretanische Languste 38
Mavi yengeç 66
Mayonnaise 228 •
Mazzancolla 24
Mbirac 69, 70
Mediterranean mussel 76
Medusen/Scheibenquallen 19, 119
Meerdattel 77
Meeresfrüchte in Buttermilchgelee 188 •
Meeresfrüchte, verschiedene Garmethoden für 126
Meeresfrüchte, in Rieslinggelee 189 •
Meeresfrüchte, konservierte 165
Meeresfrüchte, sonstige 19, 118, 119
Meeresfrüchteplatte, gemischte 174 •
Meeresfrüchte-Risotto 240 •
Meeresfrüchte-Risotto nero 240 •
Meeresschnecken vorbereiten 149
Meeresschnecken/Vorderkiemer 18, 104–111
Meermandel 91
Meerohr 105
Megabalanus psittacus 72
Mejillón 76
Mejillón de roca 76
Mekugica 24
Menippe mercenaria 68
Mercenaria mercenaria 99
Meretrix lusoria 98
Metanephrops challengeri 51
Metapenaeus ensis 28, 29
Metapenaeus monoceros 29
Mexikanische Napfschnecke 106
Mexilhão 76
Midhi 76
Midye 76
Miesmuscheln 18, 76–80
Miesmuscheln in Riesling und Petersilie 224 •
Miesmuscheln in Weißwein 225 •
Miesmuscheln waschen und säubern 146
Mimi 118
Mit Garnelen gefüllte Calamaretti 191 •
Mit Ziegenfrischkäse gefüllter Kalmar 293 •
Mitella pollicipes 72
Mitilo 76
Mitilo commune 76
Mittelkrebse 18, 55–59

Mittelmeer-Dreiecksmuschel 101
Mittelmeer-Miesmuschel 76
Mittelmeer-Schamkrabbe 70
Mittelmeerschnecke 108
Mittelmeer-Strandkrabbe 64
Mocejone 76
Mollusca 17, 18, 74–117
Mollusken 19, 74–117
Molukkenkrebs 118
Montieren 307
Moreton bay bug 43
Moscardino 116, 117
Moschuskrake 116, 117
Mossel 76
Moule 76
Moule de Mediterranée 76
Mouscle 76
Mousse 307
Mud crab 67
Mud spiny lobster 40, 41
Mugarida lisa 111
Munida rugosa 56
Murex massue 108
Murice 108
Murice commune 108
Muricidae 108
Muschelfüllung, Ravioli mit 239 •
Muschelfüllung, Zucchiniblüten mit 277 •
Muscheln 18, 74–103
Muscheln in Weißwein 224, 225 •
Muscheln waschen und säubern 146
Muschelpfanne, portugiesische, mit Spanferkelkoteletts 228 •
Muscheltopf aus den USA 213 •
Muscheltopf mit mediterranem Gemüse und Kartoffelwürfeln 214 •
Muschelzucht 78–80
Musci octopus 117
Muscolo 76
Mutable nassa 111
Mya arenaria 103
Mye 103
Myidae 103
Mytilidae 18, 76–80
Mytilus edulis 76
Mytilus galloprovincialis 76

N

Namako 119
Nantantia 18, 22–35
Napfschnecken 106
Nassariidae 110
Nassarius mutabilis 111
Nasse ceinture 111
Nautilus 113
Navaja 102
Nécora 64
Necora puber 64
Nephropidae 45–55
Nephrops norvegicus 50

REGISTER

Nephropsidae 18, 50, 51
Neuseeländische Miesmuschel 77
Neuseeländischer Kaisergranat 51
New Zealand scampi 51
Nishiki-ebi 39
Noah's ark 90
Noble scallop 94
Nodipecten nodosus 94
Noilly-Prat-Sauce 301 •
Nordhavsräka 31
Nordseekrabben 33
Nordzeegarnaal 33
Northern abalone 105
Northern brown shrimp 26
Northern pink shrimp 27
Northern quahog 99
Northern white shrimp 27
Norway lobster 50
Nudeln, asiatische, mit Heuschreckenkrebsen 251 •
Nudel-Salat »Thai-Style« 197 •
Nudelteig 229, 239 •
Nüsschen 92, 148, 149, 307

O

Obigčna rakovica 64
Occhio di Santa Lucia 109
Octobrachia 19, 116
Octopoda 19, 116
Octopus vulgaris 116, 117
Oester 83, 84
Ofenkartoffeln 228 •
Öffnen von Austern 145
Öffnen von Clams 147
Öffnen von Jakobsmuscheln 148
Öffnen von Seeigeln 157
Old scallop 94
Olive 101
Olivenöl-Vinaigrette 302 •
Olympia flat oyster 88
Olympia oyster 88
Olympia-Auster 88
On the half shell 307
Ondé 111
Orangen-Mandel-Vinaigrette 252 •
Orangen-Paprika-Vinaigrette mit Chili und Ingwer 304 •
Orecchietta di mare 105
Oreille de mer 105
Ormeau 105
Ormer 105
Ornate rock lobster 39
Ornatlanguste 38, 39
Østers 83
Østers 83, 84
Ostión 83, 84
Ostión del norte 94
Ostión japonés 85, 86
Ostión virgínico 86, 88
Ostra 83, 84, 88
Ostra de Portugal 84
Ostrea edulis 82, 83, 84
Ostrea lurida/conchaphila 88

Ostreidae 18, 82–89
Ostrica 83, 84
Ostrica di Portugal 84
Ostron 83, 84
Ostseegarnele 32, 33
Ouriço do mar 118, 119
Oursin mediteranné 118, 119

P

Pacifastacus leniusculus 53
Pacific cupped oyster 85, 86
Pacific king oyster 85, 86
Pacific pink scallop 94
Pagurus bernhardus 55
Pagurus ssp. 55
Painted cray 39
Painted rock lobster 41
Pak Choi mit Garnelen 242 •
Palaemon adspersus 32, 33
Palaemon serratus 32
Palinuridae 18, 36–41
Palinuro 37
Palinurus elephas 37
Palinurus mauritanicus 38
Palourde 97, 100
Palourde croisée 100
Palourde japonaise 100
Pandalus borealis 31
Pandalus platyceros 30, 31
Panierte Jakobsmuscheln 256 •
Pannocchia 73
Panopaea abrupta 103
Panulirus argus 40
Panulirus guttatus 39
Panulirus interruptus 40
Panulirus japonicus 38
Panulirus ornatus 39
Panulirus penicillatus 40
Panulirus polyphagus 40, 41
Panulirus regius 40, 41
Panulirus versicolor 41
Papaya-Garnelen-Salat im Eiernetz 198 •
Paprika-Orangen-Vinaigrette mit Chili und Ingwer 304 •
Paracentrotus lividus 118, 119
Paralithodes camchatica 58
Paralithodes platypus 58
Paralomis multispina 58
Parapenaeus longirostris 29
Parastacidae 18, 52
Parieren 307
Paromola 60
Paromola cuvieri 60
Paromole 60
Parribacus spp. 43
Parüren 307
Passieren 307
Passiertuch 307
Patella barbara 106
Patella mexikana 106
Patella safiana 106

Patella vulgata 106
Patelle vulgaire 106
Patellidae 106
Pavurya 69, 70
Pazifik-Sandgarnele 33
Pazifische Felsenauster 85, 86
Pazifische Rotpunkt-Schwimmkrabbe 64
Pazifische Weiße Garnele 28
Pé de burrinho 97
Pé de burro 96
Pecten d'Amérique 92
Pecten jacobaeus 92
Pecten maximus 92
Pectinidae 92–94
Peeled deveined 35
Peigne coralline 94
Peigne de St.-Jacques 92
Peigne pourpré 94
Peigne sénateur 94
Pelagic swimming crab 65
Pelegrina 92
Pellegrina 92
Penaeoidea 22–29
Penaeus aztecus 26
Penaeus chinensis 25
Penaeus duorarum 27
Penaeus japonicus 25
Penaeus kerathurus 24
Penaeus merguiensis 26
Penaeus monodon 26
Penaeus notialis 26
Penaeus occidentalis 28
Penaeus semisulcatus 25
Penaeus setiferus 27
Penaeus stylirostris 28
Penaeus vannamei 28
Penteola 92
Peocio 76
Pepitona 90
Percebe 72
Perdigone 95
Perillo 91
Periwinkle 107
Perlboot 113
Perna canaliculus 77
Pesto-Tagliatelle mit Garnelen 250 •
Petit praire 97
Petite cigale 43
Pétoncle 92
Petoncle operculaire 93
Pétoncle violâtre 91
Pettine operculare 93
Petunculo 91
Pfahlmuschel 76
Pfeilkalmare 115
Pfeilschwanzkrebs 118
Pfirsich-Rettich-Salat mit gegrillten Riesengarnelen 196 •
Pharidae 102
Piede d'asino 91
Pieskorovna kozica 33
Pieuvre 116, 117

Pijlinktvis 115
Pilgermuschel 92
Pinienkern-Polenta und Kapern, gebratene Jakobsmuscheln mit 257 •
Pink shrimp 31
Pink spiny lobster 38
Pinto abalone 105
Pipi 101
Placopecten magellanicus 92, 94
Plate oyster 83, 84
Plesiopenaeus edwardsianus 24
Pleuroncodes monodon 56
Pochierte »Fines de Claires« 226 •
Pochierte Austern 177, 226 •
Pochierter Hummer auf spanische Art 234 •
Polenta mit Pinienkernen und Kapern, gebratene Jakobsmuscheln mit 257 •
Polentasuppe 270 •
Polpo bianco 117
Polpo comune 116, 117
Polvo 116, 117
Polvo do alto 117
Portugese oester 84
Portugiesische Auster 84
Portugiesische Muschelpfanne mit Spanferkelkoteletts 228 •
Portugisisk østers 84
Portuguaise 84
Portuguese cupped oyster 84
Portunidae 64–67
Portunus pelagicus 65
Portunus sanguinolentus 64
Pota 114
Pot-au-feu vom Hummer 205 •
Pouce pied 72
Poulp 116, 117
Poulpe 116, 117
Pourpre blanc 117
Poverazza 97
Praire 96, 99
Procambarus clarkii 54
Prosobranchia 18, 104–111
Pseudocarcinus gigas 69
Pullet carpet shell 100
Pulpo comun 116, 117
Pulpo de alto 117
Purple murex 108
Purpur-Kammmuschel 94
Purpurschnecke 108

Q

Quahog-Muschel 99
Quallen 19, 119
Queen conch 110
Queen scallop 93
Queller 307
Quisquilla 32, 33

Teubner Edition 313

REGISTER

R

Račič obićni 33
Racnjak 61
Radgarnele 25
Radicchio, Bärenkrebs mit 284 •
Rakovica crno pjegava 70
Rapa Whelk 108
Rapana venosa 108
Rapu 52
Raue Venusmuschel 96
Ravioli mit Föhrer Muscheln 239 •
Razor shell 102
Red crab 56
Red king crab 58
Red lobster 40
Red nosed cockle 95
Red shrimp 24
Red swamp crayfish 54
Reduzieren 307
Reisemantel 93
Reusenschnecken 110
Rhizostome 119
Rhopilema esculenta 119
Rhopilema nomadica 119
Riccio marino comune 118, 119
Riesenarchenmuschel 90
Riesenflügelschnecke 110
Riesengarnelen, gegrillt, mit Pfirsich-Rettich-Salat 196 •
Riesengarnelen: Gambas in Filoteig frittiert 272 •
Riesen-Seepocke 72
Riesenvenusmuschel 98
Rieslinggelee, Meeresfrüchte in 189 •
Rifflanguste 40
Rigardot 95
Rinderfilet und Hummer: Surf 'n' Turf 249 •
Ripario 64
Risotto mit Meeresfrüchten 240 •
Rivierkreeft 52
Rocher à pourpre 108
Rocher épineux 108
Roh marinierte Garnelen 178 •
Roh marinierte Kaisergranate 179 •
Romeiro 92
Rosa Garnele 29
Rosa Golfgarnele 27
Rosenberggarnele 32, 33
Roskildereje 32, 33
Rote Buttersauce 298 •
Rote Riesengarnele 24
Rote Tiefseegarnele 24
Rote Tiefseekrabbe 68, 70
Roter Mangold mit Krustentierklößchen und Estragonsauce 236 •
Rotfärbung von Krustentieren beim Kochen 158
Rotwein, Krake geschmorter in 244 •

Rotwein-Butter-Sauce 299 •
Ruditapes decussatus 100
Ruditapes philippinarum 100
Rufina 92

S

Sabayon mit Kerbel und Champagner, Scampi mit 232 •
Safian limpet 106
Sägegarnele 32
Sägezähnchen 101
Salat mit Krustentierpflanzerl 262 •
Salat mit Spaghettini 298 •
Salat »Thai-Style« mit Flusskrebsen und Nudeln 197 •
Salat von Artischocken, Hummermousse mit 182 •
Salat von Garnelen und Papaya im Eiernetz 198 •
Salat von Schwertmuscheln 186 •
Samtmuscheln 91
Samtsauce 301
Samtsuppe vom Marron 220 •
Sand crab 65
Sand gaper 103
Sandgarnele 33
Sandhest 33
Sangara 90
Santiaguiño 43
Sapateira 42
Satsuma-asari 97
Sauce au vin blanc 300 •
Sauce hollandaise 299 •
Sauce mit Tunfisch und Kapern 193 •
Saveriña 98
Sazae 109
Scallop 92, 94
Scampi 50
Scampi mit Champagner-Kerbel-Sabayon 232 •
Scapharca broughtonii 90
Schafkrabbe 61
Schälen und entdarmen von Garnelen 128
Schaltiere 75, 307
Scheermes 102
Scheibenquallen 118
Scheinkrabben 57–59
Scheren aufbrechen 136
Schiffskielgarnele 26
Schlicklanguste 40, 41
Schnecken 18, 75, 104–111
Schnecken waschen und säubern 149
Schneckenzange 151
Schneekrabbe 61
Schnelle Hummermousse 182 •
Schulp 307
Schwarzer Meeresfrüchte-Risotto 240 •
Schweinenetz 307
Schwertmuscheln 102

Schwertmuscheln im Kräutersud 225 •
Schwertmuscheln säubern und von Sand befreien 147
Schwertmuschelsalat 186 •
Schwertschwänze 19, 118
Schwimmkrabben 64–67
Scoglio troncato 108
Scouliki 73
Scylla serrata 67
Scyllaridae 18, 42
Scyllarides brasiliensis 42
Scyllarides latus 42
Scyllarus arctus 43
Scyphozoa 19, 118, 119
Sea scallop 92
Sea urchin 118, 119
Seabob 29
Seegurken 19, 118, 119
Seeigel 19, 118, 119
Seeigel öffnen 157
Seeigelgratin mit Jakobsmuscheln 287 •
Seeigelzungen 287
Seemuschel 76
Seeohr 105
Seescheiden 118
Seiche 114
Senegal-Garnele 26
Sepia officinalis 114
Sepien 19, 113, 114
Sepien küchenfertig vorbereiten und Tinte ausdrücken 152
Sepiidae 19, 113
Sepiola 114
Sepiola sp. 114
Sepiole 114
Sépiou 114
Sépoile 114
Seppia commune 114
Seppia officinale 114
Seppiola 114
Sheep crab 61
Shell on 307
Shiitake-Garnelen-Füllung, Frühlingsrollen mit 264 •
Signal crayfish 53
Signalkräfta 53
Signalkrebs 53
Sipia 114
Smalkloig sumpkräfta 52
Smooth callista 98
Smooth ear shell 105
Smooth scallop 92
Soba-Nudeln 307
Softshell clam 103
Softshell Crabs 66, 67, 307
Softshell Crabs säubern und küchenfertig vorbereiten 143
Somen-Nudeln 307
Sonstige Krabben 70
Sonstige Krebstiere 18, 72
Sonstige Meeresfrüchte 19, 118

Southern king crab 57
Southern pink shrimp 26
Southern rock lobster 39, 41
Southern spider crab 60
Spaghetti alle vongole 229 •
Spaghetti mit Venusmuscheln 229 •
Spaghettini-Salat 289 •
Spanferkelkoteletts, portugiesische Muschelpfanne mit 228 •
Spannocchio 24
Spargel, Hummer-Essenz mit 204 •
Speck und Bohnen, Kalmare mit 254 •
Speckled shrimp 29
Spieß mit Jakobsmuscheln und Zitronengras vom Grill 288 •
Spinous spider crab 61
Spiny king crab 58
Spiral babylon 111
Spirale von Babylon 111
Spisula solida 103
Spitzkohl auf Bärlauchschaum, Hummer im 280 •
Spot shrimp 30, 31
Spotted fish 119
Spotted Spiny Lobster 39
Springkrebse 56
Squat lobster 56
Squilla mantis 73
Squille ocellée 73
Stachelige Königskrabbe 58
Stachelschnecken 108
Star crab 64
Steindattel 77
Steinkrabben 68
Stevige strandschelp 103
Stichopus japonicus 119
Stone crab 68
Strahlige Venusmuschel 97
Strandgaper 103
Strandkrabbe 64
Strandreke 32, 33
Strandschnecken 107
Striped crayfish 41
Striped swimming crab 65
Striped Venus clam 97
Strombidae 110
Strombus gigas 110
Sucker 116, 117
Sud zum Kochen von Krustentieren 159
Südafrikanische Napfschnecke 106
Suga 64
Suminoe Oyster 86
Sumpfkrebs 52
Sunray Venus 98
Süppchen mit Kürbis, Ingwer und Jakobsmuscheln 216 •
Suppe mit Curry, Fenchel und Austern-Wan-Tan 206 •
Suppe, klare, scharfe, mit Garnelen 209 •

REGISTER

Surf 'n' Turf 249 •
Sydney rock oyster 89
Sydney-Felsenauster 89

T
Täglärapu 53
Tagliatelle mit Pesto und Garnelen 250 •
Tail on 307
Talaba 85, 86, 89
Tamarindensaft 307
Tapa mit gefüllten Calamaretti 190 •
Tapijtschelp 100
Tarabagani 58
Tartelettes mit Garnelen, Ziegenfrischkäse und Thymian-Sabayon 278 •
Tartufo di mare 96
Taschenkrebs 62
Taschenkrebs, gefüllter 200 •
Taschenkrebse 62
Taschenkrebse ausbrechen 142
Taskekrabbe 62
Tasmanian giant crab 69
Teke 32
Tellerina 101
Tellina 101
Tempurateig 270
Teripang 119
Teuthida 19, 115
Thenus orientalis 43
Thick trough shell 103
Thymian-Sabayon, feine Garnelen-Tartelettes mit Ziegenfrischkäse und 278 •
Tiefseegarnele 31
Tiefwasser-Scallop, Atlantischer 92, 94
Tiefwasser-Springkrebs 65
Tiger fish 119
Tiger prawn 26
Tinte von Sepien gewinnen 152
Tintenfische 19, 112–117
Tiram 85, 86, 89
Tiram batu 89
Todarodes pacificus 115
Todarodes sagittatrius 115
Torigai 95
Tourteau 62
Tourteau americain 62
Transport von Hummern 48
Trepang 119
Trilaterata 101
Tripang 119
Trogmuscheln 103
Tufted spiny lobster 40
Tunfisch-Kapern-Sauce 193 •
Turbanschnecke 109
Turbinidae 109
Turbo cornu 109
Turbo cornutus 109
Turbo scabre 109

U
Uchiwa-ebi 43
Ullhandskrabba 71
Ushi-ebi 26
Usuhira-awabi 105

V
Vabić 73
Vanillegraupen, Hummer mit 231 •
Vanlig strandsnegl 107
Vanne 92
Vanneau 93
Variegated crayfish 40
Veined rapa whelk 108
Velouté 301 •
Velvet swimming crab 64
Veneridae 96–100
Venerupis pullastra 100
Ventaglio 92
Venus lamellaris 97
Venus poule 97
Venus verrucosa 96
Venusmuscheln 96–100
Venusmuscheln: Spaghetti alle vongole 229 •
Venusschelp 97
Vernie 98
Verrucosa 96
Vichyssoise, kühle, mit Flusskrebsen 217 •
Vieira 92
Vigneau 107
Vinaigrette 179 •
Vinaigrette mit Olivenöl 302 •
Vinaigrette mit Orangen, Paprika, Chili und Ingwer 304
Violet bittersweet 91
Violette Samtmuschel 91
Volondeira 93
Vongola 97
Vongola verace 100
Vongole, Spaghetti alle 229 •
Vorbereiten von Kalmaren 155
Vorbereiten von Kraken 156
Vorbereiten von Meeresschnecken 149
Vorbereiten von Miesmuscheln 146
Vorbereiten von Schwertmuscheln 147
Vorbereiten von Seeigeln 157
Vorbereiten von Sepien 152
Vorbereiten von Softshell Crabs 143
Warty Venus 96
Wasabi-Dressing 196 •
Wedge clam 101
Weichtiere 17, 18, 19 74–117
Weinteig mit Curry 269 •
Weiße Buttersauce 298 •
Weiße Garnelenarten 27, 28

Weißer Seeigel 119
Weißfische 307
Weißwein, Muscheln in 224, 225 •
Weißweinsauce 300 •
Wellhornschnecke 110, 111
Wellhornschnecken waschen und säubern 149
Westamerikanische Auster 88
Western oyster 88
Western white shrimp 28
White-leg shrimp 28
Wijde mantel 93
Wildkräutersalat 188 •
Wildkräutersalat, halber Hummer vom Grill mit 290 •
Wollhandkrabbe 71
Wollige Schwimmkrabbe 64
Wrattige venusschelp 96
Wulk 111
Würzbutter 166 •
Würzpaste, asiatische, für Garnelen 243 •

X
Xanthidae 68
Xarleta 101
Xel 92
Xiphopenaeus kroyeri 29
Xiphosura 19, 118
Xiphosure 118

Y
Yabbie 54

Z
Zaagje 101
Zachypleus gigas 118
Zamoriña 93
Zari-gani 54
Zee-egel 118, 119
Zehnarmige Tintenfische/Tintenschnecken 19, 112–115
Zehnfußkrebse 18, 20–71
Zerteilen einer Languste 135
Zerteilen eines Hummers 136
Zesten 307
Zezavac 43
Ziegenfrischkäse und Thymian-Sabayon, feine Garnelen-Tartelettes mit 278 •
Zirrenkrake 117
Zitronengrascreme 193 •
Zucchiniblüten mit Krebsfüllung 276 •
Zucchiniblüten mit Muschelfüllung 277 •
Zula 114
Zungen (Seeigel-) 287

Unsere Spitzenköche...

MARTIN BAUDREXEL

MARKUS BISCHOFF

INGO BOCKLER

Martin Baudrexel lernte sein Handwerk in Montreal, Kanada. Seinen »journeyman« machte er im St. Pius Culinary Institute, mit diversen Praktika, u. a. im Hotel »Queen Elisabeth«.
Nach zwei Jahren im »Intercontinental«, Montreal, wechselte er ins »toqué!« zu Norman Laprise, wo er nach eigenen Angaben »das Kochen ein zweites Mal lernte«. Es folgten Aufenthalte in der Karibik und in Asien sowie diverse Kochabenteuer auf Yachten und sogar in einem Bushcamp. Danach ging es zurück nach Vancouver ins »Establishment« und dann ins »araxi« nach Whistler.
Im Juli 2003 kam er zurück nach München. Dort leitete er erst die Küche des »orangha«, aus dem das »rubico« hervorging, in dem er sowohl Küchenchef als auch Miteigentümer ist. Nebenbei ist er mit den »Kochprofis« in einer eigenen Fernsehsendung unterwegs.

Seinen Ruf als hervorragender Koch begründete Markus Bischoff in seiner Arbeit in den unterschiedlichen Spitzenrestaurants: So war er unter anderem in der »Auberge de l'Ill« im elsässischen Illhäusern, bei Eckart Witzigmann in der »Aubergine« in München und lange Jahre im »Leeberghof« am Tegernsee als Inhaber und Küchenchef tätig. Im eigenen, malerisch gelegenen Restaurant »Bischoff am See« am Tegernsee begeisterte er seine Gäste mit seinem außergewöhnlichen Kochstil, der bayerische, aber auch italienische und asiatische Akzente aufweist. Der Gault Millau verlieh Markus Bischoff 17 Punkte, und sein Restaurant schmückte sich mit einem Michelin-Stern. Der Feinschmecker Hotel & Restaurant Guide 2007 ehrte Markus Bischoff mit 3,5 F. Heute verwöhnt Markus Bischoff im edlen Clubrestaurant »Bischoff« der Dekra-Hauptverwaltung in Stuttgart Gourmets aus Kultur und Politik (www.bischoff-club.de).

Gute Produkte in ein gutes Essen zu verwandeln – das ist das ebenso einfache wie erfolgreiche Motto, nach dem Ingo Bockler kocht.
Nach seiner Ausbildung war er in den unterschiedlichsten Restaurants tätig, so im Hotel »Alpenhof« in Murnau oder dem Schlossrestaurant »Schöningen« in Niedersachsen.
Als Küchenchef im Restaurant »Merlin« in Großburgwedel erhielt er für seine kreative Küche den begehrten Michelin-Stern. Derzeit arbeitet er im Hotel »Hohenhaus« in Herleshausen. Die moderne Klassik bildet die Basis für seine Gerichte, die als individuelle Highlights aus seiner Küche kommen. So versetzt beispielsweise seine fruchtig-würzige Spezialität Penja-Pfeffer-Gelee und Apfel-Birnen-Chutney zu pochierter Gänseleber seine Gäste immer wieder aufs Neue in Entzücken.

BOBBY BRÄUER

MATTHIAS BUCHHOLZ

GERD EIS

München, Düsseldorf, Berlin und Kitzbühel, wo immer Bobby Bräuer am Herd stand und steht, begeistert seine Küche Gäste und Kritiker: »So modern kann Klassik sein«, schreibt die Süddeutsche Zeitung. Und diese Begeisterung schlägt sich auch in den Auszeichnungen seiner Küche nieder: Einen Stern erkochte er für das Restaurant »Königshof« in München, das Restaurant »Victorian« in Düsseldorf und die »Quadriga« im Brandenburger Hof in Berlin, wo er auch als Berliner Meisterkoch 2008 gekürt wurde.
In Kitzbühel wurde er vom Gault Millau Österreich im »Petit Tirolia« im Hotel Grand Tirolia zum Koch des Jahres gewählt. Jetzt ist er wieder in seine Heimat München zurückgekehrt. Dort begeistert er nun im Gourmet-Restaurant »EssZimmer« von Käfer in der BMW-Welt seine Gäste und wurde 2014 vom Guide Michelin bereits mit dem zweiten Stern ausgezeichnet.

Die Kochkarriere von Matthias Buchholz ist eine Erfolgsgeschichte: Ein Michelin-Stern, der mehrfache »Berliner Meisterkochtitel«, 18 Punkte Gault Millau und viele Auszeichnungen mehr erhielt er für seine Kochkunst, die sich vor allem durch »zeitgemäße Leichtigkeit und sinnliche Würzphantasie« auszeichnet.
Nach seiner Ausbildung zum Koch arbeitete Matthias Buchholz in diversen Restaurants, unter anderen im »Weinhaus Brückenkeller« in Frankfurt, im Restaurant »Schießhaus« in Gelnhausen, im Restaurant »Logenhaus« in Berlin und im Gourmetrestaurant »First Floor« in Berlin. Seit August 2011 begeistert der Sternekoch seine Gäste im »Buchholz Gutshof Britz«, in Berlin-Britz, mit exquisiter Landhausküche.

Nach seiner Ausbildung und Stationen wie dem Mainzer »Hilton« erlebte Gerd M. Eis seine kreativen Prägungen bei Johann Lafer im »Le Val d'Or«. Fortan gepackt von den Finessen der asiatischen Küche zog er nach Bangkok. Er verbrachte sieben Jahre in führenden Häusern Asiens, zuletzt als Küchenchef im Restaurant »Plume« im »Regent Hotel« in Hongkong. Zurück in Deutschland erkochte er sich in der legendären »Ente« im Hotel »Nassauer Hof« in Wiesbaden einen Michelin-Stern sowie 17 Punkte im Gault Millau. In seinen acht »Enten-Jahren« hat er sich mit seiner leichten, frischen und weltoffenen Küche einen Namen gemacht. Seit Ende 2008 nutzt Gerd M. Eis seine Kreativität für Innovationen und Verbesserungen auf dem Foodmarkt. Er gibt Kochkurse, ist als Privatkoch und Kochshow-Juror tätig, begleitet kulinarische Reisen und berät die Gastronomie.

BJÖRN FREITAG

CHRISTIAN PETZ

JÜRGEN SPERBER

Björn Freitag ist einer der jüngsten deutschen Köche mit Michelin-Stern: Sein eigenes Restaurant »Goldener Anker« in Dorsten, das er bereits als 24-jähriger übernahm, hat sich zu einem Spitzenrestaurant in Nordrhein-Westfalen entwickelt. Seinen handwerklichen Schliff erhielt der ehrgeizige junge Koch in Renommierhäusern wie der »Ente« in Wiesbaden oder dem »Brückenkeller« in Frankfurt. Seine eigene Handschrift ist heute in keinem Menü mehr zu übersehen: kreative Kombinationen mit frischesten Produkten, internationale Spezialitäten, aber auch regionale Küche. Seine Kochkünste zeigt der junge Sternekoch auch immer öfter im TV, etwa zum Thema »regionale Küche« oder »gesunde Gourmetküche«.

Nach der Ausbildung zum Koch startete Christian Petz seine Wanderjahre durch die besten Restaurants Mitteleuropas. So arbeitete er im »Königshof« in München, bei Eckart Witzigmann in der »Aubergine« in München und im Hotel »Hilton Plaza« in Wien. Seinen Ruf als Wiener Spitzenkoch begründete er im »Palais Schwarzenberg« und im »Meinl im Graben«, wo er bereits im zweiten Jahr nach der Eröffnung 17 Punkte von »Gault Millau« erhielt. Bis 2009 servierte der Kenner mediterraner Küche im »Palais Coburg« seine köstlichen Kreationen, für die ihn der »Guide Michelin« mit einem Stern ausgezeichnet hat. Seit November 2009 ist Christian Petz Partner der »Xocolat-Manufaktur« in Wien. Hier entstehen unter seiner Anleitung Schokokreationen, die geprägt sind von edlen Zutaten und höchster handwerklicher Kunst.

Jürgen Sperber war nach seiner Ausbildung zum Koch in zahlreichen Gourmetrestaurants tätig, unter anderem in »Petermanns Kunststuben« in Zürich oder dem Restaurant »Joel Robuchon« in Paris. Insbesondere seine Erfahrungen, die er in den Küchen Singapurs und Malaysias machte, kommen dem Gast nun in Sperbers eigenem Restaurant zugute: Im Januar 2001 eröffnete Jürgen Sperber in Abstatt den puristisch eleganten Hotelneubau »Sperber«. Unter dem Motto »East meets West« bereitet Jürgen Sperber hier kulinarische Highlights wie etwa »Lauwarmen Hummer mit Kokos-Vinaigrette« zu. Daneben begeistert er seine Gäste aber auch mit feiner regionaler Küche. Bereits im dritten Jahr nach der Hoteleröffnung zeichnete ihn der Gault Millau mit 15 Punkten aus.

EATVENTURE – KOCHEN IST ABENTEUER!

Auch Profis kochen nur mit Wasser! Sieden, Pochieren, Blanchieren, Dampfgaren und Sous-Vide – die Königsdisziplinen des Kochens werden Schritt für Schritt erklärt. TEUBNER verspricht großen Genuss. Dafür stehen 11 Spitzenköche, über 70 hervorragende Rezepte und eine atemberaubende Foodfotografie.

ISBN 978-3-8338-4572-7

TEUBNER

www.messerspitzen.de
www.facebook.com/messerspitzen.blog

IMPRESSUM

Verlag	© 2005 TEUBNER
	Ungekürzte, aktualisierte Sonderausgabe des Titels »Das große Buch der Meeresfrüchte« (ISBN 978-3-7742-6967-5)
	Grillparzerstr. 12, D-81675 München
	TEUBNER ist ein Unternehmen des Verlagshauses
	GRÄFE UND UNZER, GANSKE VERLAGSGRUPPE
	Leserservice@graefe-und-unzer.de
	www.teubner-verlag.de
Programm- und Verlagsleitung	Dorothee Seeliger
Projektleitung und Redaktion	Dr. Maria Haumaier
Fachinformation und wissenschaftliche Beratung	Dr. Michael Türkay
Bildredaktion	Claudia Bruckmann, Sonja Ott
Redaktion, Text und Lektorat	Katrin Wittmann, w & w Verlagsservice (Füssen)
Lektorat (Sondertexte)	Claudia Bruckmann
Assistenz	Sonja Ott
Strategische Mitarbeit	Dr. Sabine Wölflick
Herstellung	Susanne Mühldorfer
Beratung	Bobby Bräuer
Rezepte	Martin Baudrexel, Markus Bischoff, Ingo Bockler, Bobby Bräuer, Matthias Buchholz, Gerd Eis, Björn Freitag, Christian Petz, Jürgen Sperber
Freie Autoren	Historie, Sonderseiten, Rezeptvarianten, freie Mitarbeit: Stephanie Wenzel
	Sonderseiten: Margarethe Brunner, Ursula Heinzelmann, Cornelius und Fabian Lange, Robert Lücke, Jörg Zipprick
Fotografie	Alle Rezeptaufnahmen, Haupttitel, sowie Kapitelaufmacher: FoodPhotography Eising: Susie Eising und Martina Görlach
	Foodstyling: Michael Koch
	Requisite: Ulla Krause
	Alle Warenkunde- und Küchenpraxisaufnahmen: Foodfoto Teubner, Füssen, Odette Teubner, Andreas Nimptsch
	Foodstyling: Odette Teubner
	Schwarz-Weiß-Reportagen: Peter von Felbert
	(siehe Bildnachweis unten)
Gestaltungskonzept	independent Medien-Design (München), Sandra Gramisci
Layout und Satz	Gabriele Wahl, w & w Verlagsservice (Füssen)
Reproduktion	Repromayer, Reutlingen
Druck	aprinta druck, Wemding
Buchbinderei	m.appl, Wemding
Auflage	1. Auflage 2015
ISBN	978-3-7742-4904-6

Liebe Leserin und lieber Leser,

wir freuen uns, dass Sie sich für ein TEUBNER-Buch entschieden haben. Mit Ihrem Kauf setzen Sie auf die Qualität, Kompetenz und Aktualität unserer Bücher. Dafür sagen wir Danke! Ihre Meinung ist uns wichtig, daher senden Sie uns bitte Ihre Anregungen, Kritik oder Lob zu unseren Büchern. Haben Sie Fragen oder benötigen Sie weiteren Rat zum Thema? Wir freuen uns auf Ihre Nachricht!

Wir sind für Sie da!
Montag – Donnerstag:
8.00 – 18.00 Uhr
Freitag: 8.00 – 16.00 Uhr

Tel.: 0 08 00 - 72 37 33 33*
Fax: 0 08 00 - 50 12 05 44*
* (gebührenfrei in D, A, CH)

E-Mail:
leserservice@graefe-und-unzer.de

GRÄFE UND UNZER Verlag
Leserservice
Postfach 86 03 13
81630 München

GRÄFE UND UNZER

Ein Unternehmen der
GANSKE VERLAGSGRUPPE

Wir danken der Firma **RÖSLE** für die Bereitstellung der verschiedenen Küchenutensilien sowie der Firma **GAGGENAU** für die Bereitstellung des Herdes und der Firma **BULTHAUP** für die Überlassung der Werkbank. Wir danken auch Frau **Manuela Ferling**, Agentur Kochende Leidenschaft, für die Vermittlung der Köche (www.kochende-leidenschaft.de).

Bildnachweis:
S. 6: Görlach, Martina, S. 7: Mauritius-Imgages (Cuboimages), S. 8: StockFood (Leser, Nikolas), S. 10: aus: Ryff, deutsche Übersetzung zu Albertus Magnus »Thierkunde«, 1545, S. 11: akg-images, S. 29: CORBIS (Adam Woolfitt), S. 30: R. L. Lord *(Pandalus platyceros)*, S. 40: R. L. Lord *(Panulirus interruptus)*, M. Türkay *(Panulirus regius)*, S. 43: M. Türkay *(Scyllarides latus)*, S. 49: StockFood (Lehmann, Jörg), S. 59: M. Türkay *(Paralomis multispina)*, S. 81: StockFood (Petter, Oftedal), S. 87: StockFood (Lehmann, Jörg), S. 93, unten: akg-images, S. 109: Ulla Mayer-Raichle, S. 113: Ulla Mayer-Raichle, S. 117: Ulla Mayer-Raichle, S. 150/151:(5 Bilder) Fotograf Felbert, S. 162: Fotograf Felbert, S. 218/219: (3 Bilder) Fotograf Felbert, S. 318 (Mitte): Palais Coburg, Lehmann
Schwarz-Weiß-Fotos: S. 107, S. 112, S. 158, S. 165, S. 177, S. 182, S. 189, S. 193, S. 201 (unten), S. 205 (unten), S. 225 (unten), S. 235 (unten), S. 240, S. 252, S. 259, S. 265, S. 269 (unten), S. 277 (unten), S. 283, S. 297, S. 299 (unten), S. 301 alle Foodfoto Teubner
Syndication: www.jalag-syndication.de

Das Werk einschließlich aller seiner Teile ist urheberrechtlich geschützt. Jede Verwertung außerhalb der engen Grenzen des Urheberrechtsgesetzes ist ohne Zustimmung des Verlages GRÄFE UND UNZER GMBH unzulässig und strafbar. Das gilt insbesondere für Vervielfältigungen, Übersetzungen, Mikroverfilmungen und die Einspeicherung und Verarbeitung in elektronischen Systemen.

Umwelthinweis: Dieses Buch ist auf PEFC-zertifiziertem Papier aus nachhaltiger Waldwirtschaft gedruckt.

PEFC
PEFC/04-32-0928